YOUTUBE
김복준·김윤희의
사건의뢰

대한민국
살인사건

1

사건 현장으로부터의
리포트

대한민국 살인사건 1

초판 1쇄 발행 2019년 11월 11일
3쇄 발행 2021년 8월 15일

지은이 김복준·김윤희
기획 박동민
책임편집 박일구
디자인 구민재page9

펴낸이 강완구
펴낸곳 써네스트 브랜드 우물이있는집

출판등록 2005년 7월 13일 제2017-000293호
주소 서울시 마포구 망원로 94, 2층 203호 (망원동)
전화 02-332-9384 **팩스** 0303-0006-9384
홈페이지 www.sunest.co.kr

ISBN 979-11-86430-91-0(04330)
     979-11-86430-90-3 세트

이 도서의 국립중앙도서관 출판시도서목록(CIP)은
e-CIP홈페이지(http://www.nl.go.kr/ecip)와
국가자료공동목록시스템(http://www.nl.go.kr/kolisnet)에서
이용하실 수 있습니다.
(CIP 제어번호 : CIP2019042373)

YOUTUBE
김복준·김윤희의
사건의뢰

대한민국
살인사건

1

김복준·김윤희 지음

사건 현장으로부터의
리포트

우물이 있는 집

1986년

1차 사건 9월 15일 오전 6시 30분, 태안읍 안녕리 풀밭, 71세 이씨
2차 사건 10월 20일 오후 10시, 태안읍 진안리 농수로, 26세 박씨
3차 사건 12월 12일 오후 11시, 태안읍 안녕리 축대, 25세 권씨
※ 생존자의 증언 : 40대 후반의 박씨, 범인의 인상착의 진술
4차 사건 12월 14일 오후 12시, 정남면 관항리 논둑, 22세 이씨

1987년

5차 사건 1월10일 오후 8시 50분 태안읍 황계리 논, 18세 홍양
6차 사건 5월2일 오후 11시 태안읍 진안리 야산, 29세 박씨
※ 12월 24일 수원 화서역 여고생 김양 살인사건

1988년

7차 사건 9월7일 오후 9시 30분 팔탄면 가재리 농수로, 54세 안씨
8차 사건 9월16일 오전 2시 태안읍 진안리 주택, 13세 박양
※ 1989년 7월 25일 범인 22세 윤씨 검거,
이춘재의 자백으로 인해 재검증 중

1990년

9차 사건 11월15일 오후 5시 30분 태안읍 병점리 야산, 14세 김양

1991년

10차 사건 4월3일 오후 8시 50분 동탄면 반송리 야산, 69세 권씨

2006년

4월 2일 마지막 10차 사건 공소 시효 만료

2019년

7월 경찰, 이 사건 유력 용의자로 다른 범죄로 수감 중인 이춘재(56) 특정
10월 1일 이춘재, 10건의 화성사건과 다른 4건 등 14건의 범행 자백

1장

화성연쇄
살인사건

INTRO

경기도 화성군 태안읍을 중심으로 1986년부터 1991년까지 6년 동안 10여 명의 여성이 살해된 사건입니다. 최초의 사건은 1986년 9월 15일에, 그리고 마지막 사건은 1991년 4월 3일에 발생했습니다. 이 사건의 공소시효는 마지막 사건이 2006년에 만료되었기 때문에 범인을 검거하더라도 법적인 처벌을 할 수 없게 되었습니다. 2019년 9월 18일에 처제살인사건으로 무기징역을 선고받아서 수감 중이던 용의자가 특정되었고, 2019년 10월 1일에 용의자 이춘재가 기존사건 포함 모두 14건의 범행을 자백했습니다. 2019년 10월 28일, 이 책이 출간된 이후에도 계속해서 사건의 전말을 조사하고 있습니다.

이 책에 실린 내용은 유튜브 《김복준 김윤희의 사건의뢰》에서 2019년 8월 6일부터 2019년 8월 12일까지 게시된 것입니다. 그때까지는 화성연쇄살인사건은 해결되지 않은 미제사건이었기 때문에 사건현장에서 직접 수사를 하셨던 하승균 서장님이 직접 출연하셔서 '형사의 시선'으로 비라본 사건의 내막에 대해 말씀하신 내용을 정리했습니다.

화성연쇄살인사건의 모든 것

김윤희 오늘은 화성연쇄살인사건인데요. 어마어마한 전설의 그분과 이야기를 나누겠습니다. 하승균 서장님이신데요. 화성연쇄살 인사건하면 항상 우리가 떠올리게 되는 멋진 형사 분이십니다. 제가 설명 드리는 것보다는 김복준 교수님께서 설명해 주시는 것이 나을 것 같아요.

김복준 김윤희 프로파일러께서는 하승균 선배님이 임실경찰서장이실 때 경찰에 들어왔기 때문에 서장님 직함이 기억에 남아 있을 거예요. 하승균 서장님께서는 대한민국 경찰에서 형사의 역사 이고 살아있는 전설입니다.

하승균 그렇게 평가 주셔서 감사합니다. 우리 김복준 교수님과는 과거 에 의정부에서 만나서 같이 고생을 많이 했어요. 저도 가끔 방 송에 나오면 김 교수 생각이 나고는 했어요.

김윤희 요즘 젊은 분들은 화성연쇄살인사건을 모르실 수도 있겠지만, 영화『살인의 추억』으로 많이 알려진 사건입니다. 제가 방송을 시작하기 전에 기사를 찾아봤는데, 하승균 서장님 기사를 보다가 깜짝 놀란 부분이 있었어요. 각각의 사건마다 범행동기가 모두 다르다는 말씀을 하셨는데, 그 이야기를 듣고 저는 '대한민국 최초의 프로파일러셨구나.'라는 생각을 했어요. 용의자의 범행동기를 정확하게 알아야 그 용의자를 통해서 알아낼 수 있는 것이 많아진다. 뿐만 아니라, 사건에 대해 객관적으로 접근할 수 있고 사건의 실체에 더 가까이 다가갈 수 있다는 말씀도 하셨더라고요. 저희가 프로파일링 교육을 받을 때, 제일 중요한 것이 'Why?'라는 이야기를 하거든요. 그 기사를 읽는데 현장 형사 분의 말씀이었기 때문에 프로파일러의 입장에서 묘한 기분이 들었어요. 저희가 책으로 배웠던 내용을 현장에서 실제사건을 통해 겪으신 것이잖아요. 저는 가슴에 와 닿는 것이 많았어요. 사건마다 Why?라고 생각해 보고, 또 범인에 대해서 또는 용의자에 대해서 생각하는 마음이 모든 수사의 처음이자 단초라는 생각을 했어요.

하승균 감사합니다. 오늘은 화성연쇄살인사건과 관련해서 질문을 해 주실 것 같은데 개인적으로 숙연해지는 느낌이 있어요. 지금에 와서 다시 화성연쇄살인사건과 관련된 이야기를 하는 것이 옳은지 옳지 않은지에 대해서도 여러 가지로 생각이 많았습니다. 그럼에도 불구하고 이렇게 나오게 된 이유는 지금까지도 저의 일생에서 이루지 못한 꿈 때문일 겁니다. 비록 공소시효는 지났지만, 지금이라도 방송을 통해서 또 다른 제보가 주어지고, 그래서 범인을 검거한다면 우리 사회의 정의를 바로 세우는 것은 물론 저의 개인적인 소망도 이루어지지 않을까라는 생각을 했습니다. 비록 법적으로 처벌할 수는 없다고 하더라도, 퇴임한 형사로서 반드시 이 세상에 정의가 존재한다는 것을 알리는 계기가 되지 않을까 해서 나왔어요.

'진짜 형사' 하승균

김복준 화성연쇄살인사건은 최종 사건이 2006년에 공소시효가 만료되었습니다. 이제는 범인을 잡는다고 하더라도 법정에 세울 수는 없습니다. 그렇지만 형사들은 포기하지 말아야죠. 형사가 사건을 포기하면 범인들은 정말로 발 뻗고 편히 잠들 테니까요. 화성연쇄살인사건을 떠올릴 때 처음으로 생각나는 사람이 하승균 선배님입니다. 저도 수차례 부분적으로 수사에 참여하기도 했지만, 저희 같은 사람들은 이것저것 눈앞에 주어진 일들만 처리했기 때문에 사건의 내막을 깊이 있게 알지 못합니다. 아마 선배님께서는 거의 5년 동안 지원을 나가셨고, 화성연쇄살인사건의 처음부터 끝까지를 수사하셨기 때문에 이 사건에 관해서 만큼은 그 전모를 가장 잘 파악하고 계신 분이라는 생각이 듭니다. 1차, 2차 사건까지는 현장에 계시지 않았고, 3차 사건부터 수사에 참여해서 사건을 분석하고 수사를 하셨던 것으로 알고 있습니다. 그리고 선배님에 대해서 말씀을 드리자면, 저는 경기도경찰뿐만 아니라 대한민국의 경찰들 중에서 어쨌든 형사들의 살아있는 전설은 선배님이라고 생각합니다. 제가 경찰학교나 경찰수사연수원에서 강의할 때도 "그분은 진짜 형사다."라고 말합니다. '진짜 형사'라고 이야기하는데, 무슨 사족이 필요하겠습니까? 오늘 직접 만나 뵙고 갑자기 울컥했던 것은 예전에는 운동도 많이 하셔서 근육질의 몸이었는데 세월이 흘렀다는 것이 느껴졌기 때문이었습니다.

하승균 감사합니다. 저는 형사는 우선적으로 체력이 필요하다고 생각했고, 그 생각은 지금도 변함이 없습니다. 범죄 용의자들을 제압하기 위해서는 압도적인 체력과 체격이 필요하다고 느꼈기 때문입니다. 그래서 보디빌딩 등의 운동을 통해 근육을 키우기도 했어요. 제가 현장에서 형사들을 선발할 때 중요한 평가 요소 중의 하나가 체력과 체격이었어요. 수원경찰서 형사계장을 할 때나 경기도경찰청 강력주임을 할 때에는 조금 부족한 지원자들에게는 "운동도 하고 체력을 기른 다음에 내년에 봅시다." 라고 해서 1년 후에 운동을 통해 체력과 체격을 갖추어서 다시 지원하면 그때 가서 선발하는 일들이 꽤 많았어요. 형사는 항상 스스로 자신감을 가져야 하는 것 같아요. 그런데 요즘 신문이나 방송에서 경찰관들이 취객에게 휘둘리고, 또 폭행을 당하는 장면을 보면서 저는 문제가 있다는 생각이 들었어요. 그것은 형사의 모습이 아니에요. 형사는 자신의 몸과 정신으로 국민들을 보호할 수 있어야 한다고 생각하거든요.

김복준 옳으신 말씀이에요. 제가 형사생활 32년을 하고 퇴직했는데, 그렇게 생각을 하시고 직접 실천하셨기 때문에 앞에 계시지만 제가 제일 존경하는 분이라고 말씀드릴 수 있는 것입니다. 선배님께서는 2006년 화성연쇄살인사건의 공소시효가 만료되었을 때 퇴임을 하셨어요.

하승균 맞아요. 2006년에 명예퇴직 했어요. 제가 임실경찰서장을 마치고 와서 퇴임신청을 했는데, 그 당시에 이택순 경기경찰청장께서 경찰청 최광식 차장의 전화를 받고는 명예퇴직 서류를 훑어보면서 "하 서장님, 지금 경기 서남부 지역의 연쇄살인범 때문에 후배들이 이렇게 고생하고 있는데 혼자 나가서 쉬면 마음이 편할 것 같으십니까?"라고 이야기 하시는 거예요. 경기 서남부 지역의 연쇄살인범이 강호순으로 밝혀지기 전이었거든요. 그래서 사무실 배정해 주시고 브리핑을 받으라고 해서 "제가 임실에 있을 때부터 이미 사건의 내용을 들어서 잘 알고 있다."고 말씀드렸어요.

김복준 서남부 지역에서 발생했던 연쇄살인과 화성연쇄살인사건과의 관련성을 파악하기 위해 관심을 가지고 있으셨던 거죠?

하승균 당시에 경기경찰청 강력계 심○○ 팀장을 통해서 자료를 계속해서 받고 있었어요. 또 화성에서 발생한 사건이지만, 연쇄살인사건에서는 배제된 여대생 노 모양 사건이 있어요. 그 사건은 지금도 해결이 되지 않아서 미제사건으로 남아 있어요. 그 사건이 발생했을 때부터 제가 자료를 받고 있었거든요. 기본적으로 어느 정도는 사건을 파악하고 있었던 거죠. 제가 사건 발생 지역 주변에 있는 5개의 관할 경찰서장들과 연석회의를 했고, 이후로 그 사건을 3개월 동안 수사하고 퇴임했어요.

김복준 경기 서남부 지역의 연쇄살인사건 때문에 퇴직이 3개월 미뤄지신 것이네요.

김윤희 그때 강호순이 화성연쇄살인사건과 연관이 있을지도 모른다는 말이 있었어요.

하승균 미제사건으로 남아 있는 여대생 노 모양 사건은 그때 제가 두 달 동안 수사했는데, 그 사건의 범인이 강호순인 것 같았어요.

김복준 여대생인 노양이 수영하러 갔다가 납치 살해된 사건이었죠?

하승균 네, 그 사건 맞아요. 그 사건은 제가 퇴임하면서 반드시 추궁을 해야 한다는 부탁을 하고 나왔어요. 강호순이 범인인 것 같았는데, 강호순은 증거를 가져오면 자백하겠다고 했답니다.

김복준 네, 강호순은 지금도 그렇게 이야기하고 있어요. 증거를 손에 쥐어줘야 인정을 하는 유형이에요.

하승균 그런데 수사를 하는 입장에서는 입증이 가능한 사건들로 기소할 수 있는 상태가 되어 있는데, 만약에 불확실한 사건을 잘못 기소했다가는 수사 전체에 대한 불신으로 이어질 수 있기 때문에 그 사건을 기소하지는 않았어요.

김복준 아주 조심스러운 부분입니다. 사실은 저도 그 사건에 대해 상당히 관심이 있었거든요. 옷가지들을 길에다 흩뿌려놓는 등의 사건 내용을 보면 강호순의 수법과 아주 유사하다는 생각이 들

경기 서남부 지역 연쇄살인범(강호순) ─────────

2005년 10월 불을 질러 아내와 장모를 살해했고, 2006년 9월 정선군청 여직원을 시작으로 2008년 12월 군포 여대생까지 모두 9차례에 걸쳐 10명의 부녀자를 살해한 혐의로 구속 기소되었다. 1심과 2심 모두 사형이 선고되었고, 이후 상고를 포기함으로써 현재까지 사형수로 생활하고 있다.

었어요. 그런데 명백한 증거로 뒷받침을 할 수가 없었기 때문에 기소까지 하지는 않았던 것 같습니다.

'화성'의 시작, X자 모양으로 꺾인 다리

김복준 그러면 지금부터 본격적으로 화성연쇄살인사건에 들어가 보겠습니다. 이 사건은 정확하게 1986년 9월부터 1991년 4월 사이에 일어났습니다. 1차 사건의 피해자는 71세의 여성인 이씨였습니다. 이분은 1986년 9월 14일 11시경에 경기도 화성군 정남면에서 열무 7단과 고추 5근을 준비해서 수원시장에 내다 팔았고, 돌아오는 길에 태안읍 안녕리에 살고 있는 딸 정씨의 집에 가서 잠을 잤어요. 그리고 다음날인 9월 15일 아침 6시 30분경에 딸 정씨의 집에서 나왔다고 합니다. 이후에 행방불명이 됐는데, 대략 4일 정도 지난 9월 19일 오후 2시경에 화성군 태안읍 안녕리에 있는 염씨 소유의 목초지에서 성추행 당한 후에 사망한 상태로 발견된 사건입니다. 이것이 1차 사건의 개요입니다. 이 사건에서 피해자의 사망 원인은 손으로 목을 졸라서 살해했기 때문에 액살이었고, 정액 반응은 음성이었으며 혈액형은 B형으로 도출이 됐다고 하는데 지금까지는 맞는 거죠?

하승균 네, 맞아요.

김복준 지금부터는 오류에 대해 말씀해 주실 수 있을 것 같은데요. 영화 『살인의 추억』에서는 항상 '비오는 날 빨간 옷 입은 여성'를 살해하는 것으로 나왔고, 또 이 부분이 영화를 통해 유명해졌기 때문에 대부분의 사람들이 그렇게 생각하거든요.

하승균 그 부분은 언론의 작품입니다. 가십성으로 지방지에 보도되었는데, 범인은 영화에서처럼 비만 오면 범죄의 욕구를 느끼고 빨간 옷을 입으면 이틀 내에 죽는다는 말이 실제로 떠돌기도 했어요. 하지만, 10건의 사건 모두를 살펴봤을 때, 빨간 옷을 입은 경우는 오직 4차 사건에서 희생당한 여성 한 분밖에 없었어요. 그리고 비 오는 날도 6차 사건 단 하나밖에 없습니다. 4차 사건 때에는 빨간 옷을 입은 여성이 농수로라고 할 수 있는 곳에서 발견되었지만, 우산 없이 다닐 수 있는 정도로 비가 흩뿌리듯 내렸기 때문에 영화를 통해서 사람들에게 알려진 내용은 사실과 상당히 다른 것입니다.

김윤희 언론을 통해서 이런 이야기들이 너무 많이 나왔기 때문에 실제로 여경 분이 비 오는 날 빨간 옷을 입고 사건 현장 부근에 나가 있었다는 말이 있거든요.

하승균 그와 관련된 부분은 나중에 말씀드릴게요. 6차 사건에서부터 그 부분과 관련된 이야기들이 있습니다. 차근차근 가시죠.

김윤희 그리고 제가 또 하나 궁금한 것은 공개 자료에서는 혈액형이 B형으로 확정됐다는 이야기는 나오지 않거든요. 그런데 말씀하시는 내용에서는 혈액형이 B형으로 나왔다는 것이잖아요.

하승균 혈액형이 B형이라는 것에 굉장히 관심을 가졌던 이유는 10건

액살과 교살

액살과 교살은 모두 목을 졸라서 사람을 죽이는 것을 의미한다. 액살은 손을 사용하고, 교살은 끈과 같은 도구를 이용한다는 점에서 차이를 보인다.

의 사건 중 피해자의 사체와 유류품에서 B형 혈액형이 많이 검출되었기 때문이에요.

김복준 이 사건에서는 피해자의 하의가 벗겨진 상태였거든요. 그리고 이 부분이 아주 중요할 것 같은데, 피해자의 다리를 X자 모양으로 꺾어 놨어요.

하승균 그 부분은 범인이 상당한 시간 동안 살해당한 여성분의 곁에서 머물렀다는 보고서 내용의 근거가 됩니다. 범인이 성폭행을 하려고 했지만, 고령의 피해자가 계속해서 저항을 했기 때문에 다리를 X자로 묶어놓은 것이었어요. 결과적으로는 그 상태에서 성폭행을 했어요. 그 과정에서 상체에 압박이 가해졌기 때문에 피해자분이 상당히 많은 양의 구토를 했어요. 나이가 많은 여성이었기 때문에 옆에 토사물이 있는 상태에서 숨이 끊어졌던 것 같아요. 그런데 그 상태가 상당한 시간 동안 유지되었기 때문에 사체의 다리가 X자 형태로 경직되었을 것이라는 추정이 가능하거든요. 만약 숨이 붙어 있는 상태에서 바로 눕혔다면 무의식적인 상태에서 다리를 편안하게 폈을 거예요. 하지만, 다리가 X자 형태로 경직이 되었다는 것은 숨을 거둔 이후에도 압박을 가했기 때문이라고 볼 수 있어요.

김복준 이 사건에서도 유류물이 있었습니다. 질액을 채취 했고요. 위의 내용물도 확인했습니다. 그 밖의 소지품으로는 보자기 3장, 베지밀 1병 등이 있었어요. 조금 전에 말씀드린 대로 질액을 채취해서 검사했는데 정액 반응에서 음성이 나왔습니다. 피해자 이씨는 A형이었고, 범인으로 추정되는 사람은 B형이었다는 거죠.

공식보고서에는 강간 확인 불능이라고 나와 있거든요.

하승균 네, 맞아요. 강간은 확인 불능이었어요. 질액 채취가 되지 않았기 때문이에요. 질액을 채취하지 못했지만, 하의를 벗기는 등의 정황으로 봤을 때 강간을 했을 것이라고 판단했던 거죠. 그 이유는 상식적으로 봤을 때 젊은 남성이 70세가 넘은 노인을 상대로 성폭행을 하고 싶다는 욕구가 생기지 않거든요. 그 상황에서 성적 욕구를 느낀 사람이라면 당연히 성폭행을 했을 것이라고 유추한 거예요.

김복준 우리가 화성연쇄살인사건을 분석해 보면 몇 가지 특징이 있어요. 일단 성범죄를 수반하는 것 같아요. 그런데 나이를 따지지 않거든요. 71세부터 14세까지 나이를 구분하지 않고 성폭행을 저질렀어요. 그런데 제가 화성사건을 분석하면서 발견했던 중요한 특징은 범인이 흉기를 사용했던 것은 2차 사건에서 드라이버로 공격한 것이 유일했어요.

하승균 드라이버 같은 것으로 젖가슴을 찌른 흔적이 남아 있었어요. 흉기를 드라이버로 볼 수도 있지만, 손톱깎이로도 가능하다는 이야기가 있었거든요. 말씀하신 것처럼 이전 사건은 물론 이후 사건에서도 범인은 흉기를 사용하지 않았어요.

김복준 범인은 범행도구로 항상 피해자의 옷가지나 유류품을 활용했어요. 이 사건은 1986년 9월 20일에 국립과학수사연구소에서 부검을 했는데, 사망의 원인은 결국 경부압박질식사였고, 설골의 골절, 즉 목뼈가 부러진 것으로 나왔습니다.

김윤희 그런데 확실히 현장에 계셨던 분을 직접 뵈었더니, 사건에 대해 상당히 다른 해석이 가능해 지는 것 같습니다. 범인이 피해자의 다리를 X자로 묶은 것을 두고 일부의 사람들은 범인의 유희, 또는 놀이일 것이라고 해석하거든요. 그런데 지금 설명하신 내용을 듣고 보니 훨씬 명확해지는 것 같습니다.

하승균 그 부분은 이 사건만으로 설명한 것이 아닙니다. 7차 사건에서도 나오겠지만, 피해자를 살해한 다음, 범인이 현장에 상당한 시간을 머물렀다고 짐작할 수 있는 흔적이 남아 있거든요.

김복준 저는 1차 사건에 대해서는 의문이 조금은 풀렸습니다. 이 사건을 보면서 "어떤 범인이 사람을 살해하고 난 다음에 다리를 X자로 꺾어놓고 가느냐?"라는 의문을 가졌고, "그때 이미 연쇄살인범의 징후가 보였다."는 것으로 해석을 했거든요.

하승균 저도 법의학적인 자료를 찾아보면서 나름대로 이 사건을 재구성해 봤어요. 사람이 숨을 거둔 다음에 적어도 5분 이상을 그 상태로 내버려두면, 자활능력이 없어져서 활동을 할 수 없기 때문에 경직, 즉 그대로 굳어버리고 됩니다. 젊은 사람이었다면, 그리고 근육이 발달했을 경우에는 부분적으로 이완이 될 수도 있는데 노인이어서 불가능했을 거예요.

김복준 사건 현장에서 사체 주변에 토사물이 많았다는 것도 그 해석을 뒷받침하는 것 같습니다.

"향숙이 예뻤다."는 가상의 인물

김복준 2차 사건은 1986년 10월 21일 밤 10시입니다. 그날 비는 오지 않았고 흐린 날이었습니다. 피해자는 25세의 여성 박씨입니다.

박씨는 송탄시 신장동에 살았고, 직업은 없었습니다. 박씨는 맞선을 보려고 송산면에 있는 수양어머니의 집에 갔다가 귀가하기 위해 밤 8시경에 버스를 타려고 나온 이후에 행방불명 된 것이거든요. 그리고 3일 후인 10월 23일 오후 2시 50분경에 화성군 태안읍 진안리 832번지에 있는 농수로에 있는 시멘트 구조물에서 사체가 발견됩니다. 완전한 나체 상태로 유기된 사체였다고 합니다. 이 사건도 사망의 원인이 액살로 나와 있는데요. 결국은 손으로 목을 조른 거죠.

하승균 설골이 부러지는 등의 상태로 봐서, 손으로 목을 눌러서 질식사시킨 거예요.

김복준 농사일을 하는 윤씨가 발견해서 신고를 했는데요. 사건 현장의 사진을 보면 사각 형태의 농수로인데 가로 부분이 조금 넓은 직사각형으로 되어 있어요. 이 사건의 경우에는 액살이 명백했는데, 혀가 조금 돌출되어 있었지만 심하지는 않았습니다. 무릎과 발등, 손등을 보면 끌려 다니면서 쓸린 자국을 확인할 수 있었습니다. 이분의 사체에서는 정액이 도출되었던 것 같습니다.

하승균 정액 반응이 나왔어요.

김복준 정액 반응은 나왔는데, 혈액형은 판정불능이었다고 합니다.

하승균 이 사건도 현장에서 우유팩과 모발, 담배꽁초 등의 유류품이 발견되었습니다. 우유팩에 남아 있던 타액은 B형이었고, 모발이 6본 발견되었어요. 그 중에는 피해자와 동일한 O형도 있었어요. 그리고 담배꽁초에서도 B형이 검출됐어요.

김복준 정액 반응을 통해 B형을 찾은 것이 아니라, 담배꽁초 등 현장에서 범인이 남긴 것으로 보이는 유류품에서 B형을 도출했다는 것이죠. 이것이 2차 사건이었습니다.

김윤희 조금 전에 가슴에 찔린 흔적들이 있다고 말씀하셨잖아요. 그렇게 찌르는 행동은 살해 전에 한 것인가요? 그렇지 않으면 살해 후에 했던 행동인가요?

하승균 제 경험상 상대를 제압하기 위한 목적이나 위협하려는 목적이었을 것이라고 생각해요. 깊이 찔러서 상처를 남길 정도는 아니었고, 찔린 흔적을 확인할 수 있는 정도였어요. 위협하기 위한 행동이었을 뿐, 타살과는 아무런 관계가 없었어요.

김복준 경부압박 질식사로 결론이 났기 때문에 사인과도 무관해요.

김윤희 아, 그리고 2차 사건에서 수사 받았던 사람 중에 『살인의 추억』에서 "향숙이 예뻤다."라는 대사로 유명해진 인물이 있었다고 하더라고요. 그 인물의 실제모델이 이 2차 사건에서 피해자에게 예쁘다고 말하면서 계속 쫓아다니던 약간 모자란 사람이 있었다고 하더라고요. 맞나요?

하승균 그것도 작품의 재미를 위해 만들어진 인물일 뿐입니다.

김윤희 그렇군요. 그런데 우유팩이 발견됐고 그 우유팩에 남아있던 타액에서 B형이 나왔다고 말씀하셨거든요. 범인이 우유를 마셨다고 생각하시는 거죠?

하승균 네, 우리는 그렇게 봤어요. 범인이 일정한 장소에서 식사를 하는 등의 규칙적인 행동을 하지 못했을 것이기 때문에 피해자를 찾아서 농수로 등의 장소를 다녔을 것이고 아마도 우유 같은 것을 마셨을 것이라고 생각했거든요. 이 여성은 불행하게도 그 장소에서 범인과 조우했던 것이죠.

김복준 네, 범인은 논둑에서 잠복하기도 하고, 또 버스정류장 근처에 숨어있기도 했을 것이라고 예측하고 있었어요. 지금 저희가 2차 사건까지 했는데요, 일단 1차부터 10차까지 간단하게 설명하면서 궁금했던 것들을 계속해서 여쭈어보겠습니다.

속옷을 뒤집어씌우는 패턴의 등장

김복준 3차 사건은 1986년 12월 12일 밤 9시경에 안녕리에 거주하는 26세의 권씨입니다. 수원시 세류동에 있는 이태리 제과점 앞에서 버스에 승차했고요. 귀가하기 위해서 버스를 탔던 거죠. 그리고 밤 11시에 행방불명이 되었습니다. 그런데 이분은 굉장히 늦게 발견이 됐어요. 이듬해인 1987년 4월 23일에 발견되었는데 132일 만이었습니다. 1987년 4월 23일 오후 2시경에 안녕리에 있는 화신기업의 원료창고 옆에 있는 축대에서 발견되었습니다. 바지 형태의 내의를 이용해서 입에 재갈을 물려놓았고, 속옷을 얼굴에 뒤집어씌웠습니다. 이때부터 속옷을 뒤집어씌우기 시작했어요. 살해방법은 교살이었습니다. 나체 상태였고, 부패가 상당히 진행된 상태였습니다. 사체는 피해자의 옷과 잡초 등으로 덮여 있었는데 추행을 당한 상태였다고 합니다. 이분의 사체에서는 정액 양성반응이 나왔지만, 다른 것들은 판정 불능이었다고 합니다. 이분이 행방불명된 날도 맑은 날이었습니다. 이 3차 사건은 아마 피해자의 남편 분이 수원에서 야간작업을 하셨던 것 같은데, 남편 김씨와 수원시 세류 2동 이태리제과 앞 노상에서 헤어진 다음에 집 앞까지 와서 살해당한 것 같습니다. 집에서 겨우 50m 떨어진 곳에서 강간, 교살 당한 상태로 발견이 됐어요. 이 사건에서는 음모 채취를 했고, 팬티와 거들, 7부 정도 길이의 내의와 목장갑, 휴대폰, 핸드백과 그 밖의 소지품이 발견되었습니다. 이 사건에서도 정액 양성반응이 나왔는데, 혈액형은 불명이었다는 거죠.

하승균 우리의 경험칙에 비추어봤을 때, 132일 만에 부패된 사체에서 정액 양성반응이 나왔다는 것은 신뢰하기 어려웠어요. 당시 수사본부에 국립과학수사연구소 직원들이 나와 있었기 때문에 저희가 이의를 제기하지 않았어요. 범인을 검거해서 확인하면 될 것이기 때문에 그 부분은 문제될 것이 없다고 생각했거든요. 그리고 이 사건이 3차 사건이 아니라 4차 사건이 될 수도 있었어요. 뒤에 나올 4차 사건의 사체가 먼저 발견이 됐거든요. 그런데 나중에 권씨의 시신이 발견되고 날짜를 확인한 다음에 이 사건이 3차로 바뀌었던 겁니다. 이 사건에서는 범인의 것으로 추정되는 목장갑이 증거물로 발견되었어요. 여성인 권씨가 목장갑을 끼고 다니지는 않았을 것이기 때문에 범인의 것이라고 생각했어요. 그리고 12월이면 추운 계절이기 때문에 범인이 목장갑을 끼고 있었을 것이라고 생각했던 거예요. 당시에 범인은 흙을 파서 피해자의 시신을 완전히 덮어놓았어요. 기록에는 축대라고 되어 있지만, 축대 바로 아래쪽으로 물이 흐르는 수로 부근이었어요. 다음해 봄에 그 땅의 주인이 농사를 짓기 위해 삽으로 물꼬를 트려고 했는데, 삽이 잘 들어가지 않아서 주변을 정리하는 과정에서 사체가 나온 거죠. 이 사건은 사체의 부패가 너무 심해서 처음부터 증거물에 대해서는 기대를 하지 않았어요.

김복준 시체가 너무 부패해서 부검자체가 불가능했다고 나와 있습니다. 목장갑에서도 특별한 것은 발견되지 않았습니다.

김윤희 어쨌든 목장갑이 피해자 근처에 있었기 때문에 범인의 것이라고 판단하신 거죠.

하승균 아닙니다. 피해자의 시신과 같이 묻혀 있었어요. 범인의 것으로 추정되는 물건은 목장갑이 유일했어요.

김복준 이 사건부터 속옷을 얼굴에 뒤집어씌웠지 않습니까?

하승균 여기에서 범행수법이나 범행의 양태 같은 것들이 구체적으로 나오기 시작합니다. 제가 3차 사건부터 참여했다고 하는데, 실제로는 제가 이 4차 사건부터 참여한 거예요.

김복준 그렇죠. 3차 사건부터 지원을 나가셨는데, 이후에 이 사건의 사체가 발견되면서 3차 사건과 4차 사건의 순서가 바뀌었잖아요. 그렇기 때문에 4차 사건부터 지원나가신 것이 되네요.

탐문, 그리고 범인을 목격한 생존자와의 만남

하승균 실제로 4차 사건을 수사하던 중에 공식적인 사건 보고서에는 분류가 되어 있지 않은 사건이 있습니다. 3차 사건과 4차 사건 사이에 일어났던 사건입니다. 4차 사건이 일어나기 전에 4차 사건의 피해자인 이씨가 발견된 현장 근처에서 동일한 수법으로 피해를 당한 피해자가 있었습니다. 여기에서 생존한 피해자와 관련된 이야기를 조금 할게요. 사건이 발생한 지도 오래 됐고 다행히 그분의 인적사항도 지금까지 알려지지 않았거든요. 4차 사건을 수사하는 과정에서 "범행을 당했는데 생존한 사람이 있다."는 소문을 들었어요. 생존자를 찾는 일이 굉장히 힘들었어요. 생존자는 자신의 신원이 노출되거나 사건이 알려지는 것을 원치 않았기 때문이었습니다. 하지만, 여러 경로를 통해서 접촉한 다음 생존자의 신원이 드러나지 않는 범위에서 수사에 참고할 수 있는 자료를 얻었어요. 수사요원 중에 팀장 2명이 그 피해자 분을 만났어요. 만남 자체를 비밀로 했고, 이후로도 만난 일이 없었어요. 피해자 분이 제시했던 만남의 조건이었거든요. 사건의 내용을 보면 4차 사건의 피해자인 이씨가 당하기 이틀 전이었고, 거의 비슷한 시간이었어요. 이분은 성경책이 들어있는 가방을 들고 교회로 가는 중이었는데 뒤에서 인기척이 났다고 해요. 그래서 뒤를 돌아봤는데, 어두운 상태였기 때문에 사람은 보이지 않고 갑자기 손을 뻗어서 목을 감고는 어딘가로 질질 끌고 갔다고 합니다. 대략 150m에서 200m를 끌려간 다음에 범행을 당했는데 수법이 똑같아요. 거들을 벗겨서 그 여성분의 얼굴에 씌웠다고 합니다.

김복준 이것은 처음으로 나오는 사건입니다.

하승균 이 사건에 대한 이야기는 될 수 있으면 하지 않으려고 했어요. 그 여성분의 입장을 고려할 필요가 있었고, 또 그렇게 서로 '신사협정'을 맺었기 때문입니다. 그 여성분의 거들을 벗긴 다음에는 스타킹을 벗겨서 뒤로 손을 묶었어요. 그리고 나머지 한쪽 스타킹을 이용해서는 입에 재갈을 물렸어요.

김복준 두 손을 결박하고 입에 재갈을 물리는 수법이 똑같습니다.

하승균 범행수법을 보면 범인의 성격이 어느 정도는 드러나잖아요. 피해를 당하고 돌아가신 분들께는 정말 죄송스러운 일이지만, 피해사건들을 종합해 보면 용의자를 특정할 수도 있거든요. 당시의 상황을 보면, 범인이 피해여성의 얼굴에 거들을 뒤집어씌운 다음 성폭행을 했어요. 이 여성은 당시에 40대 후반이었어요. 얼굴에 거들을 씌웠는데, 거들의 고무줄이 조금 느슨했던 모양이에요. 풀밭에 쓰러진 상태에서 성폭행을 당했기 때문에 고통이 엄청났다고 합니다. 저항도 있었고 고통에 몸부림을 치다 보니 얼굴에 뒤집어씌웠던 거들이 갑자기 머리 위로 올라가버렸어요. 그 상태에서 범인의 얼굴을 마주하게 된 거죠.

김복준 범인과 눈이 마주친 것이네요.

하승균 범인이 이미 성폭행을 끝낸 상태였는데, 피해여성의 옆에 무릎을 꿇은 상태로 앉아서는 "에이 XX!"이라는 욕설과 함께 침을 뱉고 있었다고 했어요. 수사 자료를 보면, 어두운 밤이나 공포에 사로잡혀 있으면 실체를 과장되게 파악하는 경우가 있잖아요. 그 부분을 감안하더라도 피해자의 진술을 토대로 했을 때, 당시 범인의 나이는 25세 정도였고 갸름한 얼굴에 방위병 같은 머리를 하고 있었다는 것을 파악할 수 있었습니다.

김복준 방위병 같다는 것은 스포츠형 헤어스타일이라는 겁니다.

하승균 그렇죠. 체격은 비교적 호리호리했는데 전체적으로 앳된 느낌이었다고 진술을 했습니다.

김복준 목소리는 저음이었다고 하는데…….

하승균 목소리가 저음이라고 했던 진술은 피해자의 입장에서 그렇다는 것이고, 범인이 주변 통행인들에게 들리는 것을 우려했기 때문에 목소리를 낮추었을 수도 있어요.

김복준 저도 "범인의 목소리는 저음이다."라고 단정 짓는 것은 문제가 있다고 생각해요.

하승균 일부러 목소리를 낮게 깔고 말했을 수도 있다는 거죠.

김복준 그렇죠. 그래서 저음이라고 생각했을 수도 있는 것이거든요.

하승균 그때 상황으로 돌아가 보면, "야, 이년아 가방 가지고 있었잖아?"라고 범인이 물어서 "내가 끌려오느라고 가방을 놓쳤다."라고 했고, 다시 "가방에 돈 있지?"라고 물었다고 피해여성이 상황을 진술했어요. 그 진술을 듣고 저희도 가방에 돈이 있었느냐고 물었어요. 그래서 알게 된 사실이 하나 있었는데, 가방 속에 현금과 함께 10만 원 권 수표 한 장이 들어 있었어요. 이 내용을 수사보고서에 기록하지는 않았지만, 당시에 수사진들은 10만 원 권 수표가 결정적인 증거가 될 수도 있다고 생각했는데, 결국 그 수표는 회수되지 않았어요. 아무튼 그렇게 해서 "XX년, 없기만 해봐."라고 욕설을 하면서 범인이 그 길을 되짚어서 갔어요. 그 상황에서 피해여성이 곧바로 도망을 갔다고 알려져 있지만, 실제로는 겁에 질려서 도망을 가지 못했어요.

김복준 네, 사람들이 일반적으로 생각하는 것과 달리 공포스러운 상황에서는 꼼짝 못하는 경우가 많아요.

하승균 가방을 찾으면 살려주겠지 하는 마음이었다고 해요. 그런데 잠시 후에 범인이 돌아오더니 "야이 XX같은 년아, 없잖아. 도대체 어디 있어?"라고 소리쳐서 틀림없이 있다고 대답했다는 거예요. 범인이 찾지 못했지만 분명히 어딘가에 있었겠죠. "XX같은 년 없기만 해봐. 죽여 버릴 테니까."라고 하면서 다시 갔어요. 그때에서야 여성분이 도망가야 한다는 생각으로 논두렁에서 몸을 굴렸다고 해요. 그리고 묶인 상태로 일어서서는 불빛만 보고 뛰어갔던 거죠. 범인은 가방을 찾으러 갔는데, 반대 방향으로 뛰어갔겠죠. 당시에는 그곳이 너무 어두웠기 때문에 대략 5m 정도의 거리에서도 사람이 보이지 않았어요.

김복준 그랬겠죠. 지금은 그래도 가로등이나 방범등이 설치되어 있겠지만, 당시에 시골길은 정말로 깜깜했거든요.

하승균 피해여성이 불빛만 보고 뛰어갔는데 범인도 피해여성이 도망간다는 사실을 알았을 수도 있어요. 보이지 않더라도 소리는 들리잖아요. 하지만, 도망가는 발자국 소리를 들었다고 해도 보이지 않았기 때문에 어디로 가는지를 알 수는 없었겠죠.

김복준 그 상황에서는 찾을 수가 없는 거죠.

하승균 그 여성을 쫓아갔다가 자칫 잘못해서 잡힐 수도 있잖아요.

김복준 그 여성이 불빛 보고 달려갔기 때문에 그 동네의 어느 집인가에 들어갔겠죠.

하승균 문을 두들겼더니 집주인이 나와서 여성의 결박을 풀어주고 집에 연락도 했던 것 같아요. 그 사실이 우리 형사들의 귀에도 포착된 거예요. 화성연쇄살인사건에서 최초로 범인의 윤곽이 드러난 것이 바로 그때였어요.

김복준 그런데 선배님 그 피해여성의 진술이 나중에 몽타주 작성할 때 참고가 됩니까?

하승균 그 부분은 나중에 다시 이야기하겠지만, 일단 7차 사건에서 범인을 목격했던 강씨와 엄씨의 진술을 이 피해여성의 진술과 비교했는데 상당히 비슷했어요.

김복준 7차 사건에서 버스운전기사 강씨와 안내양 엄씨가 또 다른 목격자였어요. 강씨는 돌아가셨더라고요.

김윤희 서장님, 그런데 "범행을 당했는데 생존한 사람이 있다."는 것과 같은 정보는 어떻게 얻으신 거예요?

하승균 조금 전에 말씀 드린 것처럼 탐문의 결과입니다. 요즘의 형사들은 저 같은 옛날 형사에 비해 훨씬 합리적이고 과학적인 수사를 하는 것 같아요. 하지만, 탐문이라는 기법에 대해서는 저나 김교수님 같은 구닥다리 형사들이 더 잘 알지도 몰라요. 탐문은 형사와 제보자 또는 사건 현장의 사람들이 마음의 문을 열어야 비로소 효과가 있는 수사기법이에요. 닫힌 마음의 문을 열고 들어가서 내가 얻으려고 하는 자료를 얻어야 하는데, 일반적으로 젊은 형사들은 그렇게 하지 않더라고요.

김복준 너무 권위적으로 접근하는 형사들도 있어요. 신분증을 내밀면서 "나 형사요."라는 식의 탐문으로는 성과를 얻기 힘들어요.

하승균 제가 나중에 6차 사건과 관련해서 이야기할 때 탐문에 대해 자세한 이야기가 나올 것 같아요. 그 부분은 그렇게 남겨 두죠.

범인의 부드러운 손과 낮은 톤의 목소리

김윤희 저는 이 사건에서 궁금했던 것 중에 하나가 영화를 보면 범인의 손이 부드러웠다는 부분이 나오는데요. 이 사건, 또는 7차 사건의 목격자들이 진술했던 내용이 아닌가요?

하승균 범인의 손을 직접 만져본 사람은 없었어요. 그리고 일반적으로 누군가의 손을 자세하게 보는 사람은 아주 드물지 않나요? 얼굴을 제대로 본 사람도 찾기가 힘들었는데, 손을 본 사람은 없었을 것 같아요. 범인의 손과 관련된 목격자의 진술도 없었어요. 그런데 유일하게 범인과 직접 대화를 했던 사람이 있었어요. 나중에 이야기할 7차 사건에서의 버스 운전기사인데, 17km 정도를 가는 동안에 대화를 했어요. 당시의 버스에는 운전기사 옆에 불룩하게 솟아오른 보닛bonnet이 있었어요.

김복준 1990년대까지는 버스 운전석 옆에 엔진을 덮고 있는 보닛이 있었습니다.

하승균 보닛 옆에 좌석이 두 개 있었어요. 그 두 개의 좌석 중에 한 자리에 앉아있는 범인과 모두 네 차례에 걸쳐서 대화를 했어요. 아마 그때 버스기사의 진술이 범인의 손을 언급한 유일한 장면일 겁니다. 버스운전기사 분이 범인에게 담뱃불을 붙여주면서 손을 봤거든요. 그런데 버스운전기사 분의 진술에서 나왔던 이야기 중에서도 손이 부드럽다는 내용은 없었어요.

김복준 그렇죠. 담뱃불을 붙여주면서 손을 봤더니 시계를 차고 있었는데 그 안쪽에 문신이 있었다는 것이었어요. 그밖에도 범인의 손을 만져본 사람이나 손이 부드럽다는 진술은 없었습니다. 저는 범인의 손이 부드럽다는 이야기와 범인의 목소리가 저음이 었다는 이야기가 비슷한 맥락을 가지고 있다는 생각이 듭니다. 마치 범인이 원래부터 저음의 목소리를 가지고 있었고, 또 손 이 부드러웠다는 소문들이 퍼져 있는데 오늘 선배님께서 나오 서서 근거 없는 이야기라는 사실을 밝혀 주셨습니다.

김윤희 저도 인터넷을 검색해 봤는데, 저음의 목소리, 호리호리한 체 격, 손이 부드러운 남자라는 이야기는 항상 있었어요.

김복준 특이하게 누가 욕을 잘 한다는 이야기를 썼더라고요.

하승균 저는 책에서도 경험했던 사실을 그대로 전달하기 위해서 노력 했습니다. 저음의 목소리와 관련된 이야기는 한 적이 없어요.

김복준 저는 선배님께서 쓰신 책을 읽어 봤는데, 저음의 목소리라는 말은 없었어요. 그런데 대한민국에서 이 사건을 다루는 거의 모든 책과 유튜브 등에서는 저음의 목소리, 손이 부드러운 남 자라는 이야기가 나와 있어요. 범행 과정에서 작게 이야기할 수밖에 없었기 때문에 저음이었던 거예요.

'비오는 날의 빨간 옷을 입은 여인'

김복준 다음에는 4차 사건입니다. 4차 사건은 1986년 12월 14일 밤 11시경에 발생했고, 피해자는 정남면 관항리에 사는 21세의 이 씨였습니다. 이씨는 당시에 섬유회사에서 사원으로 일하고 있 었다고 합니다. 이씨는 어머니 김씨와 함께 수원 시내로 가서 맞선을 봤습니다. 맞선 보는 자리를 주선한 다음에 어머니 김 씨는 먼저 귀가를 했는데, 이씨는 맞선 봤던 남성과 수원에서 데이트를 했던 것 같습니다. 맞선 본 남성과의 데이트 자리를 정리한 다음, 밤 9시 57분경에 수원에서 정남면으로 가는 버스에 승차를 했고 밤 11시에 하차했다고 합니다. 버스에서 하차한 것까지는 행적이 확인되었기 때문에 버스에서 내려서 귀가하던 중에 행방불명이 된 것이겠죠. 이 사건에서도 시간이 꽤 지난 다음에 사체가 발견됐습니다. 12월 21일 낮 12시 30분경에 관항리에 있는 농수로 옆에 있는 둑에서 사체를 발견했고, 성폭행을 당한 흔적이 남아있었다고 합니다.

하승균 들깨단이에요.

김복준 네, 들깨단 속에서 발견됐는데요. 이 사건은 심각해 보입니다.

하승균 여기에 대해서는 제가 설명을 할게요. 이 버스가 막차였다고 하는데, 이씨가 버스에서 내린 그 시간은 같은 버스에 탔던 사람이 증언을 했어요. 그리고 버스에서 내린 다음에 함께는 아니었지만, 뒤에 오는 것으로 알고 걸어갔다고 합니다.

김복준 버스에서 같이 내렸군요.

하승균 그렇죠. 분명히 내렸는데 그 사람들은 앞서 갔던 것 같아요. 그런데 이씨의 집에서는 딸이 돌아올 시간이 지나도 돌아오지 않았기 때문에 부모님들이 이곳저곳으로 전화도 하고, 밤늦게 딸이 집으로 들어오는 길에 나가서 확인도 했다고 합니다. 당시에는 이미 몇 건의 사건이 발생한 다음이었기 때문에 흉흉한 소문이 돌고 있었어요. 혹시나 하는 마음으로 딸을 찾아 나왔는데 결국 찾지 못했어요. 다음날에는 동네 사람들을 동원했는데, 사람들이 길 양쪽으로 퍼져서 수색했어요. 그렇게 찾다 보니 사건 현장인 들깨 밭을 발견한 거예요. 들깨를 수확한 다음에 말리려고 한 단 한 단 묶은 들깨를 쌓아놓았는데, 동네 분이 그곳을 지나가다가 이씨의 사체를 발견했던 것이었어요. 들깨단을 쌓아놓은 아랫부분에 빨간 것이 있어서 뭔가 하고 들어봤더니 이씨의 사체가 있었다는 거죠. 지난 시간에 말씀하셨던 '빨간 옷'은 4차 사건에서 처음으로 등장하게 됩니다.

김복준 그렇죠. 4차 사건에서 처음으로 빨간 옷이 나왔습니다.

하승균 이 사건에서도 저희가 아쉬워하는 부분이 있었습니다. 그때까지만 하더라도 지금과 달리 웬만한 사건이나 사고는 경찰에 신고를 하지 않았어요. 특히 이곳은 시골이었기 때문에 그 정도가 심했어요. 이 사건도 곧바로 신고하지 않았어요. 동네 분들이 모여서 들깨단을 들어낸 다음에 사체를 확인하고 나서 경찰에 신고를 했기 때문에 사건 현장이나 증거물들이 유실되어버린 거죠. 저희가 사건 현장에 도착해서 봤더니 현장 주변에 여러 개의 담배꽁초와 머리카락 등 그 짧은 시간에 너무 많은 것들이 버려져 있었어요. 사람들이 담배 피우고, 머리 긁적거리고 해서 현장에 떨어진 것들로 보였어요. 현장에서 무엇인가를 발견할 수 있다는 기대감은 완전히 포기할 수밖에 없었어요. 그럼에도 불구하고 이 사건이 중요했던 이유는 범인이 사체를 훼손한 최초의 사건이었기 때문이었어요.

김복준 맞습니다. 비가 내린 것도 이 사건이 처음입니다. 그날 비가 왔고 빨간 옷을 입은 여성이 피해자였습니다. "비오는 날에 빨간 옷을 입은 여성이 죽는다."는 말은 영화 『살인의 추억』에서 재미를 더하기 위해서 창작한 내용이지만, 영화의 모티브가 된 것이 이 사건이라는 것은 분명해 보입니다. 그리고 범인의 특이한 수법 중 하나가 얼굴을 속옷으로 뒤집어씌우는 것이지 않습니까? 이 사건에서는 한 단계 더 나갔습니다.

하승균 3차 사건의 권씨, 그리고 이 사건이 일어나기 이틀 전에 발생했던 생존 여성도 얼굴을 거들로 뒤집어씌웠잖아요. 범행수법이 완전히 똑같아요. 동일범이라는 이야기가 되겠죠.

김복준 네, 동일범이라고 생각됩니다. 그리고 이 사건부터 한 단계 더 나간 것이 우산 손잡이로 여성의 중요부위를 마구 훼손합니다.

하승균 우산 손잡이에 피가 묻어 있었는데 범인에 의해 묻었던 것이겠죠. 우산 끝이 휘어져 있었는데, 아마 중요부위를 관통해서 골반이나 척추 등의 뼈에 부딪혔기 때문이라고 합니다. 제가 보기에는 죽인 다음에 그런 행동을 했던 것 같았는데, 한 마디로 전형적인 사이코패스인 거죠.

김복준 자료사진을 보면, 우산 손잡이가 휘어져 있습니다.

하승균 그 부분을 손으로 잡고 찔렀기 때문에 우산의 끝부분과 함께 손잡이까지 휘어진 거예요.

김복준 그렇습니다. 그리고 교살, 즉 여성이 입고 있던 블라우스를 줄의 형태로 꼬아서 목을 졸랐습니다. 이 사건에서도 핸드백, 의류, 소지품 등이 흩어져 있었습니다. 손수건의 타액과 정액 검사에서는 모두 양성반응이 나왔지만 판정 불능이었다고 합니다. 피해자의 혈액형이 B형이었고, 팬티의 혈흔이나 모발, 음모 등에서도 혈액형은 B형으로 나왔습니다. 그리고 피해여성의 사망원인은 경부압박 질식사였는데, 목에서부터 우측 쇄골까지 표피 박탈이 있었고 처녀막이 파열된 상황이었다고 합니다. 이 사건부터는 범인이 속옷을 뒤집어씌우는 것에서 한 단계 더 나가 피해자의 중요부위를 잔인하게 난행하는 패턴을 보이기 시작했습니다. 그리고 들깨 밭에서 들깨단이 쌓여 있는 틈에 사체를 유기합니다. 화성연쇄살인사건을 분석하다 보면, 범인이 왜 그렇게 행동하는지를 알 수는 없는 '루틴' 같은 것이 있습니다. 야외에서 범행을 하는 것은 급습을 해야 하기 때문에 당연한 것이지만, 범행을 저지르고 난 다음에는 사체를 감추는데 저는 그 이유를 알 수가 없더라고요. 들깨 밭, 목초지, 배수구 등에 반드시 사체를 숨기지 않습니까?

하승균 일반적으로 범죄자들은 두 가지의 생각을 공통적으로 가지고 있잖아요. 하나는 사건 현장을 빨리 벗어나고 싶다는 생각이고, 다른 하나는 피해자를 은닉하고 싶다는 생각입니다. 화성연쇄살인사건의 범인 역시 권씨의 사체를 땅에 묻었듯이 이씨의 사체도 들깨단으로 덮어놓은 것이겠죠.

김복준 결박은 항상 피해자의 옷가지를 꼬아서 뒤로 묶더라고요. 앞으로 묶는 결박의 형태가 아니라 항상 뒤로 묶는 형태라는 것이죠. 이 사건의 경우에도 뒤로 묶어놓고는, 그 매듭이 지어진 곳에 우산을 올려놨어요. 이 사건이 비 오는 날 빨간 옷을 입었다는 바로 그 사건이었습니다.

스스로 옷을 입은 피해자들

김복준 이제 5차 사건입니다. 이 사건은 저도 지원을 나갔는데 태안읍 황계리에 사는 피해자 홍양은 당시에 고3이었고, 18살이었습니다. 정말 마음이 아팠어요. 1987년 1월 10일 밤 8시 50분경에 수원 시내에서 친구 김양을 만난 다음 시내버스를 타고 밤 10시 35분경에 황계리의 구 도로에서 하차를 했는데 집에 돌아오는 도중에 행방불명이 됐습니다. 사체가 발견된 것은 다음날인 1월 11일 오후 1시경이었습니다. 발견 장소는 황계리의 논바닥이었는데, 논의 주인인 최씨가 경운기로 볏짚단을 싣는 도중에 사체를 발견했습니다. 발견 당시에 홍양의 시신은 브래지어와 목도리 등의 옷가지로 양손이 뒤로 묶여 있었고, 양말로 재갈이 물린 상태로 짚더미 사이에 유기되어 있었습니다. 이 사건 역시 살해 방법은 교살입니다. 맑은 날이었고 혈액형은 검출되지 않았는데 정액은 양성 반응이 나왔습니다.

하승균 실제로는 홍양의 블라우스 끈에서 혈흔을 채취해서 검사했는데 혈액형이 B형이었어요. 또 피해자의 속옷과 치마에서도 혈흔이 채취 되었는데 역시 B형이었어요.

김복준 블라우스 끈이라면 손에서 난 땀이나 체액 같은 것일 수도 있을 것 같은데요.

하승균 정액 반응은 아니고, 블라우스 끈에 혈흔이 일부 있었어요. 아쉬운 것은 이 사건 이전에 발생했던 사건들도 마찬가지지만, 현재의 수사기법이라면 모두 검출해낼 수 있을 겁니다. 이 부분과 관련해서는 나중에 7차 사건과 '8차 사건'(일반적으로는

9차 사건) 사이에 화성연쇄살인사건에 포함되지 않은 살인사건에서 대한민국의 수사기법이 획기적으로 발전하는 계기가 등장합니다. 유전자 수사기법과 관련된 일들을 7차 사건과 '8차 사건'(일반적으로는 9차 사건) 사이에 설명할게요.

김복준 국립과학수사연구소 최상규 박사님께서 일본에 갔던 것 말씀이시죠. 어쨌든 이 사건에서 발견된 아주 특이한 수법이 있었어요. 범인이 강간을 한 다음에 원래 상태로 옷을 입혀 놨어요.

김윤희 저도 궁금한 것이 하나 있습니다. 4차 사건에서도 피해여성의 옷이 투피스였는데, 모두 입혀져 있었다고 알고 있거든요.

하승균 네, 맞아요.

김복준 범행 이후에 옷을 입혔다는 거죠.

하승균 범행 이후에 옷을 정돈했을 수도 있겠죠. 하지만, 손을 뒤로 묶은 상태에서 옷을 입힐 수는 없잖아요. 저는 여성들이 옷을 입게 한 다음에 범행을 계속했을 가능성이 있다고 봅니다.

김복준 합리적으로 생각해 보면 선배님 말씀이 맞는 것 같습니다.

하승균 손을 뒤로 묶은 상태에서 어떻게 옷을 입히겠어요. 이후의 사건들을 분석해 보면, 범인이 피해여성들을 강간한 후에 그냥 보내줄 것처럼 행동했다는 생각이 들었어요.

김복준 범인이 성폭행을 하고는 그냥 보내줄 것처럼 해서 옷을 입게

8차 사건

일반적으로는 9차 사건이라고 한다. 이 당시에 하승균 서장님은 흔히 말하는 8차 사건이 화성연쇄살인사건이라고 생각하지 않았기 때문에 9차 사건을 '8차 사건'이라고 말하고 있다. 이춘재의 자백과 피의자였던 윤씨의 재심신청으로 수정될 것으로 보인다.

만든 다음에 피해자들을 살해하고 묶었다는 이야기가 되네요. 합리적인 것 같은데, 한편으로는 정말 어이가 없습니다.

하승균 그렇게 해야 상황을 합리적으로 설명할 수가 있어요.

김윤희 기록에는 범인이 옷을 입힌 것처럼 표현이 되어 있더라고요.

하승균 옷을 입힐 수 없는 상황이고 스스로 입어야 가능합니다.

김복준 제 생각에도 범인이 그렇게까지 번거롭게 할 이유가 없을 것 같습니다. 그래서 범인이 옷을 입혔다는 것은 사실이 아닌 것 같습니다. 이 사건에서도 설골 골절이 있었는데, 아마 상당히 심하게 목을 조른 것 같아요. 사체의 발견을 지연시키기 위해서 사체를 짚더미 속에다가 숨겨놓았고, 양말로 재갈을 물려놨더라고요.

한국형 연쇄살인의 시작, 그리고 '운이 나쁜' 형사

하승균 이 사건에 대해서 제가 기억하는 몇 가지를 별도로 메모해 왔습니다. 5차 홍양 사건 이후로 수사의 범위와 용의자를 특정 하는 방법으로 비디오테이프 대여점이라는 것을 떠올렸어요. 당시에는 비디오테이프 대여점의 수도 증가하고 있었고 영업도 상당이었는데, 이 비디오테이프 대여점에 구비된 외국 비디오테이프들의 상당수가 성폭행, 납치, 살인 등의 내용을 주로 담고 있었어요. 그래서 '범인이 틀림없이 비디오테이프를 대여해서 본 후에 동일한 방법으로 범행을 진행하고 있다.'고 생각을 했었어요. 당시에 우리나라에서는 이런 방식의 범행을 찾아볼 수 없었고, 당시의 상황과 맞아떨어지는 부분도 없었거든요. 그래서 '외국 영화를 통해 범행수법을 수입 했을 수도 있겠구나.'라는 생각을 했고, 형사들에게 비디오테이프 가게에 가서 이런 종류의 비디오테이프를 빌려간 사람들의 명단을 확보해서 별도의 전과 조회를 해 보고 거기서 용의자를 찾아보자는 제안을 했어요. 저는 범인이 그렇게 범행수법을 착안했고, 또 실행하고 싶다는 충동을 느꼈다고 생각했어요.

김복준 범행수법 중에 뒤쪽으로 결박해서 묶은 것이나, 입에다 스타킹이나 양말 같은 것으로 재갈 물린 것 등은 당시에 우리나라에서 흔히 찾아볼 수 있는 살인사건의 형태가 아니었어요.

하승균 게다가 현장의 경험으로 미루어봤을 때, 내가 사건의 범인이라고 한다면 피해자를 살해한 다음에는 현장을 빨리 벗어나야 해요. 그런데 왜 수고스럽게 시간을 들여서 다시 옷을 입게 만든 다음에 죽이냐는 거죠. 그리고 죽였으면 그냥 현장을 벗어나면 되잖아요. 왜 굳이 우산으로 사체를 훼손하고 9차 사건에서 나오는 것처럼 칼로 사체에 흔적을 남기느냐는 것이죠. 범인은 사건 현장에서 피해자의 숨이 끊어질 때까지 괴롭혔을 가능성도 있다는 생각이 들었어요.

김윤희 오늘날에는 이렇게 잔인한 수법을 사용하는 범죄자들이 너무 많기 때문에 저처럼 범죄심리학을 공부하는 사람들에게는 이런 수법들이 자연스럽게 느껴지는 측면이 있어요. 그런데 저도 우리나라에서는 화성연쇄살인사건을 통해 처음으로 들었어요.

하승균 당시에는 볼 수 없었던 사건이었어요.

김복준 당시에는 살인사건이 원한이나 치정, 그리고 그것도 아닐 경우

에는 채권채무 관계 때문에 발생하는 것이 전부라고 해도 과언
이 아니었어요.

하승균 그렇죠. 원한, 치정, 채무 그 세 가지 유형 중에 하나였어요. 그
렇지 않으면 우발적으로 살해하는 경우인데, 이것은 살인이 아
니라 폭행이나 상해치사 정도로 처리되는 사건이에요.

김복준 네, 저희는 살인사건이 일어나면 원한 아니면 채권채무, 치정
관계 정도의 수준에서 수사를 진행했었거든요. 이 사건은 그
자체로 아주 획기적인 일이었어요. 대한민국에서 연쇄살인이
최초로 일어났는데, 그 한가운데에 선배님께서 계셨던 거죠.

하승균 글쎄요, 연쇄범죄는 분명하지 않지만, 연쇄살인사건으로는 제
생각에도 화성연쇄살인사건이 처음이에요. 나중에 유영철이나
강호순, 정남규 같은 범죄자들이 이 사건을 어느 정도는 모방
했던 것 같아요.

김복준 물론 이전에 김대두 같은 경우를 '연쇄살인'이라고 부르기는
하지만, 연쇄살인범의 특성이라는 측면에서 분석해 보면 실제
로 연쇄살인의 유형에 부합하지 않는 측면들이 존재하거든요.

하승균 제가 형사로서는 운이 나빴다고 할까요. 한편으로는 불행이라
고 할 수도 있는데 김대두라는 살인범이 우리 관내에서 두 사
람을 살해했어요.

김대두 사건 ───

1975년 8월 13일부터 10월 7일까지, 55일 동안 전남 광산에서 마을주민 안씨를 살해한 것을 시작으
로 전남 무안, 경기 평택, 서울 등에서 9차례에 걸쳐서 17명을 살해한 혐의를 받았던 연쇄살인범이다.
1976년 12월에 사형 선고를 받았고, 12월 28일 사형이 집행되었다.

김복준 네, 맞습니다. 평택이니까 화성 쪽에 있었겠네요.

하승균 김대두의 현장검증을 할 때에도 제가 직접 데리고 갔어요.

김복준 오산에서 발생했던 거죠? 그렇죠, 경기경찰청에서 굵직한 강력
사건의 현장에는 항상 선배님이 계셨으니까요.

하승균 운이 나쁜 거죠.

김복준 선배님 그것이 운이 나쁜 것인가요?

하승균 저는 어떤 사명감 같은 것보다는 운명적으로 '너는 형사를 해
라.'라고 해서 그렇게 되었던 것 같아요.

김윤희 조심스럽지만, 여쭤보고 싶은 것이 있는데요. 현장에 가면 유가
족들을 많이 보시게 되잖아요. 그때 유가족이 달려들어서 항의
하면 회의감 같은 것을 느끼시지는 않나요?

하승균 아니요, 그렇지 않아요. 물론 달려들고 항의도 합니다. 범인을
검거하고, 범인이 멀쩡한 모습으로 현장검증을 할 때에는 돌을
던지는 분들도 있기 때문에 형사들을 배치해서 억제시킵니다.
대체로 그러다가 그만 둬요. 그런데 어떤 사건의 경우에는 사
람이 정말로 비정하다는 생각이 들 때가 있어요. 살해당한 사
체를 가족들이 보고 직접 확인해야 하는데 유족들 대부분은 가
까이에 와서 확인하지 않아요. 저만큼 떨어져서 "맞아요. 맞아."
라고 말할 뿐, 다가와서 직접 확인하는 경우는 거의 없거든요.

김복준 그렇습니다. 저도 그런 경험이 있는데 형사들은 현장에서 눈
뜨고 보기 힘들 정도로 부패해서 악취가 심한 사체도 살펴보거
든요. 그런데 정작 "어머니가 맞습니까?" 또는 "가족분이 맞습
니까?"라고 확인하기 위해 유족들을 모시고 오면 입구에서부터

코를 막고 들어오지 않는 경우가 많거든요. 그럴 때는 비정해 보이지만 이해해야죠.

빗물에 지워진 범인의 흔적

김복준 이제 6차 사건으로 넘어 가겠습니다. 6차 사건은 1987년 5월 1일 밤 11시경에 태안읍 진안1리에 거주하는 29세의 주부 박씨입니다. 1987년 5월 1일은 비가 왔습니다. 29세의 주부 박씨가 우산을 들고 남편을 마중나갔는데 그날 밤에 행방불명이 됐습니다. 그리고 행방불명된 지 7일 만인 5월 9일 오후 3시경에 진안1리에 있는 야산에서 발견됐습니다. 자신이 입고 있던 블라우스와 브래지어의 끈, 그리고 러닝셔츠로 목이 졸렸는데, 상의가 벗겨진 상태에서 추행을 당한 것으로 보였다고 합니다. 사체는 소나무가지단으로 은폐된 상태였다고 합니다. 살해 방법은 역시 교살이었고 혈액형은 판단하지 못했습니다.

하승균 네, 이 사건을 조금 상세하게 설명하자면 주부 박씨가 남편 마중을 나갔는데 그날은 비가 억수같이 쏟아졌어요. 제가 집에 가서 자고 아침 일찍 수사본부에 나갔는데, 밤사이에 내린 비때문에 처마 끝이 휘어질 정도로 비가 많이 내렸던 날이었어요. 5월 1일 밤 11시경이면 남편이 마지막 버스를 타고 올 시간이었어요. 그래서 우산을 들고 집에서 150m 정도 떨어져 있는 버스정류장으로 나갔어요. 그런데 11시 30분쯤에 도착한 남편은 아내가 나와 있지 않았기 때문에 비를 맞고 집으로 갔다고 합니다. 집에 갔더니 불은 켜져 있고 아내는 없었어요. '어디

갔겠지.' 하는 생각으로 집안에서 그냥 기다렸어요. 다음날까지 밤새워 기다려도 아내가 돌아오지 않았는데, 남편은 다음날 출근을 했어요. 이렇게 해서 신고가 늦어졌던 겁니다. 행방불명된 시점에 신고가 되지 않았어요.

김복준 바로 신고를 하지 않았는데, 그 당시엔 그런 경우가 많았어요.

하승균 지금 같으면 어림도 없는 일이지만, 그 당시에는 웬만한 일은 경찰에 신고하지 않고 그냥 넘어갔어요. 흔히 있는 일이었어요. 심지어 7일이 지난 5월 9일이 되어서야 실종 신고를 했어요. 첫날에는 아무런 생각이 없었는데 다음날도 아내가 들어오지 않았기 때문에 그때서야 이 근처에서 살인사건이 많이 일어났다는 생각을 했다는 겁니다. 그 집에서 파출소까지의 거리가 얼마 되지 않았어요. 수사본부가 있는 곳까지도 대략 300m 남짓이었어요. 이 사건이 일어났을 때 처음으로 경찰관들이 합동 수색을 했어요. 사체가 발견된 곳은 소나무의 가지를 쳐서 묶어서 쌓아 놓은 곳이었어요. 경찰관들은 경험상 과거 이씨도 그랬고 권씨도 그랬기 때문에 혹시나 해서 소나무가지단을 들춰봤더니 그 속에 상의가 완전히 벗겨진 상태의 사체가 발견된 것입니다. 바지는 트레이닝 복을 입고 갔었는데, 슬리퍼나 우산과 함께 찢겨져 있었어요. 그때는 저도 시체가 발견됐다는 소식을 듣고 나가서 시신을 확인했어요. 그런데 우산을 가져갔으면 아내가 버스정류장 근처에 있어야 하는데 어떻게 이곳에서 사체가 발견되었는지가 궁금해서 주위를 살펴봤더니 버스정류장과 사체가 발견된 야산 사이에 대략 200평 정도의 밭이 있었어요. 사체가 발견된 곳은 버스정류장에서 밭을 지나야 했는데 두 부부가 살았던 집과 불과 70m밖에 떨어지지 않은 곳이었어요. 아무튼 그 밭에 족적이 있었어요. 여성의 것으로 보이는 족적은 슬리퍼를 신었고 몸이 가벼웠기 때문에 깊이 패어 있지 않았고, 범인의 것으로 보이는 족적은 비교적 깊게 패어 있었어요. 범인이 운이 좋았던 것인지 우리 경찰들이 운이 나빴던 것인지는 알 수 없지만, 비가 많이 왔기 때문에 흙바닥에 찍힌 족적들이 모두 매몰이 된 상태였어요. 처음에는 발자국이 선명하게 찍혔겠지만, 비가 많이 내렸기 때문에 흙벽이 무너진 것이었어요. 매몰된 상태였기 때문에 실제로는 더 컸을 것이라고 생각되었지만, 제가 족적을 자로 쟀을 때는 245mm밖에 되지 않았어요. 결국은 족적이나 신발의 문양도 채취하지 못했어요. 10차에 걸친 사건들 중에서 유일하게 족적이 있었지만 불행하게도 어마어마하게 비가 내렸기 때문에 족적 확보에는 실패했던 것입니다.

'마음을 열어라.' 탐문수사의 방식

김복준 그런데 선배님, 그 당시에 마을사람들에 대한 탐문에서 성과가 있었다고 하던데요. 사건 당일 박씨가 자신의 남편을 기다리느라고 우산 하나는 쓰고 하나는 들은 채로 버스정류장에 서 있었는데 그 옆에 키가 작은 남자를 봤다는 마을 주민이 있었거든요. 낯선 사람이 피해자 박씨 옆에 서 있는 것을 봤다고 그 마을 주민이 이야기했다는 내용이 있었거든요.

하승균 물론 그분을 모셔서 여쭈어봤어요. 여러 명의 형사들을 세워 놓고 물었더니 "저 사람과 비슷하다."라고는 하는데 그 이상은 알지 못했어요. 그때의 키 작은 남자가 범인일 수도 있었겠지만, 저희가 이미 취득했던 '생존자'의 진술과는 상당한 차이가 있었어요. 결국 버스정류장에서 비를 피했던 낯선 남자는 찾지 못했어요. 그리고 다른 한편으로는 형사들이 팀별로 수사를 할 때에는 자기 구역이라는 것이 있어서 자기의 섹터에만 집중하기 때문에 "저 섹터는 다른 사람이 잘 해 주겠지."하는 마음이 생기거든요. 돌이켜보면 그 부분이 아쉬워요.

김복준 그것이 문제예요. 크로스 체크하는 것이 쉽지 않거든요. 그리고 그럴 수밖에 없는 부분도 있어요. 당시에는 지원 나가서 주인 의식을 가져야 한다는 생각이 희박했거든요.

하승균 그 부분이 제가 하고 싶은 이야기 중의 하나입니다. 그리고 이 사건에서 탐문에 대해서 이야기를 해 볼게요. 6차 사건이 일어 났을 때, 비가 많이 내린 것은 농민들의 입장에서는 아주 좋은 일이었어요. 모를 심어야 하는 시기였기 때문이에요. 그래서 탐문을 나가보면 동네 주민들이 한 사람도 빠짐없이 모두 논에 가서 모를 심고 있었어요. 그 상황에 형사들이 수첩을 들고 모 심는 주민들 근처로 다가가면 쳐다보지도 않아요. 형사라는 것도 알고 당연히 와서 뭔가를 물어보려고 한다는 것도 알지만, 그냥 모심기만 하고 있는 거예요. 그래서 탐문 수사 방법을 생각하다가 제가 수원 시내에 나가서 양담배를 사왔어요. 멘톨, 즉 박하향이 나는 양담배를 사왔어요.

김복준 그렇죠. 과거에는 양담배를 탐문용으로 많이 사용했었죠.

하승균 누구나 양담배는 바로 알거든요. 그런데 당시에는 양담배 판매
하는 것과 구입하는 것이 불법이었지만, 너무 다급했기 때문에
그것은 문제가 되지 않았어요. 아무튼 형사들에게 양담배를 나
눠 주고서는 탐문 수사의 방법을 알려줬어요.

김복준 네, 맞습니다. 탐문의 기법이 필요하죠.

하승균 우선, 절대 수첩을 주머니에서 꺼내지 말아라. 그분들이 형사인
줄 알면 피하려고 하실 것이기 때문에 논에 가서는 아무 소리
도 하지 말고 양말을 벗고 바짓가랑이를 걷어 올리고 물속으로
들어가라. 아무것도 묻지 말고 모를 심는 분들께 담배 붙여드
려라. 손으로 모를 심으면 담배를 피울 수가 없잖아요. 그러면
모를 심던 분들도 형사라는 것을 알지만 일단 고맙다는 생각이
들 것 아니겠어요.

김복준 그렇죠. 성의가 느껴지죠.

하승균 몇 번 하다보면 쉬는 시간이 돌아오잖아요. 그러면 못줄 잡는
사람과 논에서 같이 일하는 사람들이 쉬어가면서 하자고 말씀
을 하실 것이다. 그때 "담배나 한 대 피실까요?"하면서 양담배
를 내밀어라. 양담배가 귀할 때였기 때문에 박하담배가 마음에
들지 않더라도 싫어하지는 않을 것이다. 그리고는 바로 심문
에 들어가면 아무 말도 들을 수가 없다. 그러니까 그 순간에 사
람들에게 묻지 말고 그냥 혼잣말로 이야기해라. 어떤 이야기를
하느냐면 "범인을 잡지 못하면 이 동네 주민 중에 누군가가 또
당할 것 같은데, 정말 큰일이네. 범인을 꼭 잡아야 되는데 큰일

이야. 이렇게 나와서 농사를 짓는 것을 보니 여기 계신 분들은 별일 없으신 모양이다."라고 하면 모두 무슨 말인지 알 것이다. 그리고 사람들이 다가오면 "틀림없이 주민 분들은 우리가 알지 못하는 것을 알고 계실 것 같은데, 그것을 알려주셔야 우리가 범인을 잡을 수 있다."고 공략을 해라. 이것이 탐문의 요령이잖아요. 상대의 마음을 열고 들어가는 것이 중요해요.

김복준 요즘에는 탐문 수사 부분이 많이 퇴색했죠. 형사들이 질문을 하고는 그 앞에서 바로 수첩에 적는 경우도 있어요. 그러면 안 되거든요. 내용 이야기하는 것을 적으면 말하면서 부담감 느끼기 때문에 바로 적는 것은 문제가 있는 행동이에요.

빨간 옷을 입은 여경, 그리고 잠복

하승균 그리고 범인을 유인해 보자는 생각에서 여경들이 등장을 합니다. 화성연쇄살인사건에서는 달도 없는 깜깜한 밤에 범행이 이루어졌어요. 달이 떠 있는 날은 범인이 나오지 않았거든요. 그래서 깜깜한 밤에 여경에게 빨간 옷을 입게 해서 10m 앞에 세워봤더니 그냥 검게 보였어요. 빨간 옷이 검게 보인다는 것은 빨간 옷이 보이지 않는 거예요.

김복준 의미가 없는 거죠.

하승균 빨간 옷 입은 여성을 범행 대상으로 했다는 것은 언론의 작품이에요. 당시에는 다방 같은 곳에서 빨간 옷을 입으면 죽는다는 소문이 무성해서 다방의 여종업원들이 빨간 옷을 입지 않았어요. 뿐만 아니라, 서울 시내 옷가게에서 빨간 옷이 자취를 감추었을 정도였다고 합니다.

김복준 정말 답답한 일입니다.

하승균 범인은 틀림없이 잠복했거나 시내버스 타고 피해자들을 뒤따라온 다음 인적이 드문 시골길에서 범행을 했을 것이라고 생각했어요. 그래서 그 당시에 여경들을 20명씩 차출을 했어요.

김복준 당시에 여경들이 많이 나갔어요.

하승균 차출된 여경들에게는 호루라기를 하나씩 나눠줬어요. 만약에 누가 뒤에 따라붙으면 바로 호루라기를 불어야 한다고 신신당부를 했어요. 여경들이 피해를 당하지 않도록 여경이 움직이는 노선을 미리 정해주고 그 중간 중간에 형사들이 잠복을 했어요. 잠복했던 형사들도 들판에서 잠복하느라고 모기들 때문에 고생했지만, 여경들은 정말 고생 많이 했어요. 그렇게 고생했지만, 범인이 뒤따라와서 범행한 것이 아니고 항상 미리 잠복했다가 범행을 했을 것이기 때문에 여경을 통한 유인은 성과를 거두지 못했어요.

김복준 그랬겠네요.

하승균 범인 역시 잠복을 했기 때문에 범행대상을 찾지 못한 날들도 있었겠지만, 범인이 범행 대상을 만났다면 그 사람은 범인에게 살해당했을 가능성이 높아지는 것입니다.

김윤희 그렇다면 범인이 잠복하는 곳은 자기가 잘 알고 있는 아주 익숙한 장소일 거라는 거죠?

하승균 그래서 범인의 입장에서 생각해 봤어요. '내가 범인이라면, 내가 어디에 있는 것이 좋겠는가?'를 떠올리게 되겠죠. 이제까지

의 사건을 돌아보면, 우선 시내버스가 정차하는 장소가 있어야
합니다. 그 당시의 시골 상황을 살펴보면, 수원 시내에서 버스
가 정류장에 도착하고 누군가가 내리는데 하차한 지점에서 자
기 집까지는 논길이나 밭길을 100m, 200m, 멀리 가는 사람은
400m를 걸어 갔어요. 범인이 잠복해 있는 곳에 피해자가 나타
나지 않으면 그 날은 공칠 수도 있을 거예요. 오늘은 이렇게 해
서 잠복해 보고 내일은 저쪽에서 잠복해 보는 거죠. 그래서 나
중에는 잠복을 하는 방법이나 위치도 새롭게 구상해 보고, 그
렇다면 몇 시에 잠복을 해야 되느냐는 것에 대해서도 착안을
했어요. 이것은 나중에 다시 설명이 나올 겁니다.

1번 국도를 벗어난 최초의 사건

김복준 이 6차 사건 때는 남편을 마중 나갔던 여성이었습니다. 하의는
원래 입었던 상태 그대로였지만, 상의는 나체 상태로 되어 있
었는데 실제로 사체의 얼굴은 설치류와 같은 작은 동물들에 의
해 심하게 훼손이 됐어요.

하승균 맞아요. 설치류일 거예요. 들쥐들이 많았어요. 이 사건뿐만 아
니라, 다른 사건에서도 들쥐에 의한 사체 훼손이 있었어요.

김복준 홍양 사건도 그랬는데, 그 상황에서 형사들은 정말 미칠 것 같
습니다. 그것 때문에 사건 해결이 어려워지거든요. 가슴이 아프
기도 하고요. 이 사건에서도 우산에서는 지문이 발견되지 않았
어요. 팬티에서 정액 양성 반응이 나왔고, 트레이닝 복 상의에
서도 정액 양성 반응이 나왔는데 A형이었어요. 확인했더니 박

씨 남편의 혈액형이 A형이었어요. 부검결과에서 사인은 역시 경부압박 질식사였고, 들쥐 등에 의한 사체의 사후 손상이 많았습니다. 이것이 6차 사건이었습니다. 범인에 대한 윤곽조차 파악하지 못한 상태에 있다가 그나마 범인의 발자국이라도 발견한 최초의 사건일 겁니다.

하승균 족적 채취에는 실패를 했지만, 그래도 범인의 흔적을 유일하게 파악한 사건입니다.

김복준 네, 범인이 유일하게 흔적을 남긴 사건이었죠. 영화 『살인의 추억』을 보면, 형사들이 묘지가 있는 곳에 엎드려서 창호지에 진흙을 묻혀서 '점'을 보는 장면이 나오거든요. 이 사건이 그 장면의 모티브가 됐을 겁니다. 피해여성의 경우에는 슬리퍼를 신고 있었어요. 그리고 족적은 석고법이라고 해서 테두리를 만들어놓은 다음에 석고를 부어서 신발 밑창의 문양이나 발의 크기 등을 채취를 하는데 말씀하신 것처럼 발자국이 빗물에 의해 매몰되었기 때문에 족적 채취에는 실패 했습니다.

하승균 245mm라면 15세 내외의 청소년들의 발 크기죠.

김복준 들쥐에 의해서 사체 훼손이 심했고, 살해 방법은 교살입니다. 피해자의 옷가지를 이용해서 결박한 것도 동일합니다.

김윤희 그런데 6차 사건은 이전의 사건들과 비교했을 때 장소, 즉 위치적으로 조금 차이가 있다고 들었거든요.

하승균 네, 맞습니다. 1번 국도를 중심으로 봤을 때, 6차 사건은 1, 2, 3, 4, 5차 사건이 발생했던 1번 국도의 테두리에서 벗어난 유일한 사건이기도 합니다. 그동안의 사건들과는 달리 국도의 건너

편에서 발견되었거든요.

김윤희 그래서 이 사건은 그동안의 화성연쇄살인사건과 다른 별개의 사건이거나 모방사건이 아니냐는 말이 있었어요. 그런데 그렇지 않다는 말씀이신 거죠?

하승균 단언컨대 아니에요. 피해자를 묶은 매듭이 있거든요. 이야기하기 좋아하는 사람들이나 일부의 언론에서는 모방범죄의 가능성이 높다고 말해요. 하지만, 사건의 형태나 수법으로 보면 결코 모방범죄가 아닙니다. 제가 특히 형사들에게 강조했던 부분은 피해자를 묶은 매듭이었어요.

김복준 매듭과 관련된 부분은 책에도 쓰셨죠.

하승균 범인은 매듭을 묶은 다음에 항상 가위로 잘랐어요. 이 사건에서도 6개의 매듭을 가위로 잘랐어요.

김복준 묶인 부위의 양옆을 잘라서 가져갔다는 거죠.

하승균 그 매듭을 놓고 비교해봤는데 이 사건 역시 동일했습니다. 당시에 그렇게 많은 비가 내리지 않았다면, 다른 사건들처럼 사체의 훼손이 심각했을 수도 있고 사체를 은닉하는 수법도 훨씬 교묘했을 가능성이 있어요. 생각해 보세요. 범인은 장대비가 내리는 와중에 야외에서 여성을 성폭행할 정도로 비정상적이고 욕망을 억제하지 못하는 놈이었어요. 비가 너무 많이 내렸기 때문에 그곳에서 오래 지체할 수 없었을 거예요. 그래서 살해한 다음에 사체의 훼손도 심하지 않은 상태에서 주변의 소나무단 속에 사체를 은닉했을 것이라고 봤어요.

김윤희 책에 쓰신 것처럼 모방 범죄가 아니라는 말씀이시군요.

하승균 그럼요. 절대로 모방범죄이거나 우발적으로 일어난 사건일 수는 없어요.

'8차 사건', 대한민국 과학수사의 출발

하승균 책에 나오지 않은 사건이 하나 있습니다. 7차 사건과 8차 사건 (사실은 9차 사건) 사이에 진안리의 한 가정집에서 14세의 박양이 강간, 살해된 상태로 집 안에서 발견되었습니다. 하필이면 사건이 많이 발생했던 진안리와 병점리 인근이었다는 거죠.

김복준 선배님 이 사건은 8차 사건으로 다루어야 할 것 같은데요.

하승균 8차는 14세의 김양 사건입니다. 저는 이 사건을 연쇄살인사건으로 포함시키지 않기 때문에 차이가 있는 것이겠죠.

김복준 순서상으로는 8차 사건이지만, 그렇게 보실 수 있습니다. 이 사건의 범인은 경찰에서 검거했던 사건이기 때문에 당연히 그렇게 보실 수 있습니다.

하승균 이 사건이 중요한 이유가 있습니다. 이 사건은 우리나라 과학수사의 효시라고 기록된 사건이기 때문입니다.

김복준 맞습니다. 티타늄이죠.

하승균 그래서 이 사건을 이야기하지 않을 수가 없어요. 이 사건이 발생했다는 신고를 받고 현장에 갔더니, 건넌방에서 박양이 죽어 있었는데 이불이 반쯤 젖혀져 있었어요. 박양의 방, 즉 건넌방에서 문 하나를 지나면 안방이었어요. 안방에서는 부모님이 자고, 건넌방에서 박양이 자고 있었는데 아이가 살해당한 것이잖아요. 처음에는 범인이 이제 집 안으로까지 침입했다는 생각이 들었기 때문에 굉장히 심각한 일이라고 생각했어요. 제가 봤을 때에는 강간을 당한 후에 살해된 것 같았는데, 다행스럽게도 이불 속에서 음모가 발견이 되었어요. 지금까지 이야기했던 6개 사건의 공통점이 사건 현장이 잔디밭이나 논 등 모두 야외라는 것이었어요. 그래서 잔디를 낫으로 정성스럽게 모두 베어낸 다음에 깨끗한 포대에 담았어요. 그리고 시멘트 바닥을 잡티 하나 없이 모두 쓸어낸 다음에 포대에 있는 잔디를 시멘트 바닥에 부어서 돋보기로 머리카락이나 음모를 찾았어요. 그렇게까지 했음에도 찾지 못한 증거물이 이 사건에서는 이불 위에 떨어져 있었던 거예요. 결정적인 증거물이 나왔는데 얼마나 좋았겠어요.

김복준 박양은 아직 어려서 음모가 굉장히 작고 가늘었는데, 유난히 굵어서 어른의 것이 분명한 음모 두 점이 발견됐죠.

하승균 그래서 최○○ 박사께 부탁을 했어요. 실제로 국립과학수사연구소는 경찰의 지휘를 받는 기관이 아니에요. 그래서 저는 한 번도 과학수사계의 잘못을 지적하지도 않았고 비난해 본 적도 없어요. 무엇보다 당시에는 수사기법이라고 할 수 있는 것이 없었기 때문에 비난할 수도 없었어요. 그런데 지금 같으면 문제제기를 할 수 있었겠죠. 당시에 최○○ 박사가 생화학 과장이었는데 수사본부에서 우리와 함께 있었어요. 그래서 최○○ 박사가 증거물을 가지고 일본 경시청으로 갔어요.

김복준 네, 그랬죠. 당시에는 유전자분석기술이 없었기 때문에 최○○ 박사가 일본으로 갔어요.

하승균 경시청에 가서 며칠 후에 분석 자료를 받아서 왔어요. 그리고 우리들을 모이라고 해서 갔더니 그 음모에 일반인들보다 300배 이상 높은 티타늄과 구리, 아연 등이 섞여, 있다는 말을 하는 거예요. '이제 이 사건이 해결되나 보다.'라고 생각했어요. 쉽게 말하자면, 요즘에 마약을 하는 사람들의 모발을 채취해서 검사하면 마약 성분이 검출되잖아요. 그것과 동일한 원리로 호흡으로 어떤 성분들이 체내에 들어가면 음모나 머리카락 등을 통해 검출된다는 것이었어요. 그러면 티타늄과 구리, 아연 등이 검출되는 경우는 어디에 해당될 수 있는지를 물었어요. 최○○ 박사의 설명에 따르면 일반 가정집에서 생활하는 회사원이나 학생 등에게서는 검출되지 않는 성분들이고, 이렇게 일반인에 비해 300배나 높게 나오는 것은 관련직업에 종사하는 사람이어야 한다는 것이었어요. 이런 시골에서는 경운기 수리점이나 자전거포, 또는 자동차 서비스 공장에서 일하고 있거나 최근까지 일했던 사람들이라는 결론을 내렸어요. 전직, 현직 직원들의 명단을 작성해서 그 사람들의 모발을 임의 제출 받는 것으로 결정을 내렸어요. 우리나라에서 모발 채취하는 것이 화성사건에서부터 유행이 됐어요. 그래서 눈에 띄는 사람들은 누구든 머리카락을 뽑아 오는 거예요.

김복준 정말 가리지도 않고 사람들의 머리카락을 마구 뽑았어요.

하승균 어쨌든 그 중에서 똑같은 모발이 하나 나왔어요. 제가 가봤더니 사건 현장에서 250m 떨어진 곳에 경운기 수리점이 있는데, 그곳에서 일하는 22살의 윤씨였어요. 다리에 장애가 있었는데,

용의자를 데려가서 추궁을 했더니 자백을 했다고 해요. 윤씨라는 젊은이가 불편한 다리로 항상 박양의 집 앞을 지나다녔다고 해요. 그런데 피해자 박양 집의 오래된 돌담이 빗물에 젖어서 무너져 있었기 때문에 윤씨가 지나가다 보면 그 집에 있는 여자 아이가 보였을 것 아니겠어요?

김복준 윤씨가 지나다니면서 봤던 사람은 피해자 박양이 아니라 박양의 언니라고 하던데요.

하승균 경운기 수리점에서 퇴근할 때마다 그곳을 지나가고, 또 가끔 무너진 돌담 너머로 들여다보기도 하고 그랬다고 합니다. 사건 당일에는 호기심이 발동을 했고, 결국 집에 들어갔어요. 손에 침을 묻혀서 방문 창호지에 구멍을 내고 방 안을 살펴봤는데, 밤 11시쯤이었기 때문에 자고 있었을 것 아니에요. 몇 번을 망설이다가 손을 침으로 적셔서 다시 방문 창호지에 구멍을 낸 다음에 손을 집어넣어서 문고리를 젖히고 방에 들어가서 박양을 강간했다는 거예요. 결과적으로 7차 사건과 8차 사건 사이에 일어났던 이 사건은 우리나라에서 DNA 수사기법을 처음으로 활용한 사건으로 기록 되었습니다.

김복준 일반적으로 이 사건을 8차로 분류하거든요. 간단하게 개요만 짚고 넘어가죠. 이 사건이 발생한 것은 1988년 9월 15일 밤 11시경입니다. 피해자는 태안읍 진안리에 거주하는 박씨의 두 딸 중에 막내에요. 14세의 중학교 1학년 학생인 박양입니다. 안방에서 가족들과 TV를 보다가 먼저 자신의 방으로 건너갔는데, 다음날인 9월 16일 아침 6시가 넘도록 박양이 일어나지 않아서 아버지가 깨우러 들어갔다가 죽어있는 박양을 발견한 겁니다. 질내에 열창이 있었고, 이불을 덮고 누운 상태로 사망해 있었는데 당시에 음모 두 점을 발견했습니다. 앞에서 설명하신 것처럼 범인은 22세의 윤씨이고, 경운기 수리공이었습니다. 성인의 음모와 어린 아이의 음모는 차이가 있어서 쉽게 구분할 수 있습니다. 처음에는 용의자 900명을 도출했고, 다시 50명으로 압축을 했어요. 머리카락을 엄청나게 많이 뽑았고, 그 과정에서 욕도 엄청나게 얻어먹었다고 합니다.

하승균 당시에는 사건 수사의 당위성 때문에 사전에 양해도 구하지 않고 그냥 했어요. 지금 같으면 어림도 없는 일이겠죠.

김복준 지금은 불가능합니다. 그래서 900명에서 50명으로 압축을 했는데, 줄이고 줄여서 남은 사람들의 머리카락은 중성자 방사화 분석법을 사용해서 조사했고 범인을 특정했습니다. 중성자 방사화 분석법으로 알루미늄, 망간, 티타늄 등의 특정 원소가 발견되었을 때, 이를 비교해서 확정한 사람이 동일인이 아닐 확률은 아주 낮다고 합니다. 사건이 발생했던 이듬해인 1989년 7월 25일이었는데 검거된 윤씨도 자백을 했고 결국 무기징역을 선고 받았습니다. 이 사건은 엄밀하게 이야기해서 거의 잡

중성자 방사화 분석법 Neutron Activation Analysis [경찰학 사전]

중성자 방사화 분석은 총기사건에서 사수(射手) 감별, 체모의 동일성 판단, 환경오염 원인추정, 고고학적 연대 추정 등에 활용된다. 이 분석방법은 감도가 좋기 때문에 극미량 원소들의 분석이 가능하며 많은 원소들을 동시에 분석할 수 있고, 또한 비파괴 분석이 가능하기 때문에 분석 후에 시료를 그대로 보존할 수 있다.

았다고 생각했던 화성연쇄살인사건의 범인은 아니었던 거죠.

하승균 저는 윤씨가 화성연쇄살인사건의 범인이 아니라고 생각했어요. 너무 어렸고 다리에 장애가 있었거든요. 생존자였던 여성분으로부터 들었던 범인의 신상정보에 비춰봤을 때 차이가 확연했어요. 그리고 화성연쇄살인사건의 7번째 사건의 목격자에게 전해 들었던 범인의 모습과도 차이가 컸어요. 저는 7차 사건의 두 사람과 '생존한 목격자'가 말하는 용의자의 특징이 거의 일치했기 때문에 아니라는 확신이 있었어요.

김복준 당시에는 정말로 난리가 났었잖아요. 아무튼 목격자들의 진술로 그렇게 확신하신 것이네요.

하승균 저는 이 사건이 해결되고, 추석이 며칠 남지 않았던 시점에 수원경찰서 형사계장으로 복직을 했어요. 사건들이 너무 밀려 있었기 때문이에요. 이후로는 한 달에 한두 번씩 화성에 가서 결재만 했어요. 나머지 일들, 구속영장 신청이나 일상적인 업무의 대부분은 현장에서 알아서 처리했어요.

김복준 맞아요, 선배님. 수원경찰서 형사계장으로 복귀하셨어요.

하승균 이듬해 2월 12일에 승진 시험이 있었어요. 제 자랑 같지만, 제가 형사계에 있으면서 승진 시험으로 경위가 됐거든. 형사계장으로 복직해서 바로 경감 시험 준비를 했어요.

김복준 그렇게 고생해서 수사했는데, 진급시험을 치르지 않으면 진급을 할 수가 없었어요. 정말 욕하면 안 되지만, 지금 생각해도 욕이 나오네요.

하승균 아니에요. 그냥 김교수도 그렇고 우리가 멍청했던 거예요. 아시겠지만, 형사계에 근무하면서 경위, 경감 시험을 봐서 진급한 전례가 없어요. 저는 경장에서 경사로 진급을 할 때에는 살인 사건을 해결해서 특진을 했고, 경사로 진급한 지 3년 만에 시험을 통해 경위로 진급을 했거든요.

김복준 거의 최초가 아닐까 싶어요.

하승균 그 일이 경기도경찰청이나 다른 경찰서에서도 화제가 됐다고 하더라고요. 그래서 내친 김에 경감도 한 번 도전해 보자고 했어요. 형사계 복직해서 업무를 마친 다음에 집에 들어가서 새벽 3시까지 시험공부를 했어요.

수원 화서역 여고생 살인사건

하승균 그런데 그 즈음에 화성연쇄살인사건으로 분류하지는 않았지만, 00여고생 살인사건이 발생합니다. 그 사건으로 제가 형사계장에서 직위해제가 되었어요.

김복준 네, 알고 있습니다. 그 때 선배님 고생하셨죠.

하승균 제가 이 사건은 이야기를 하고 넘어가야 할 것 같아요. 화성연쇄살인사건으로 분류되지 않았기 때문이에요. 저는 그 사건이 실제로 화성연쇄살인사건이라고 생각합니다. 그 당시에 아마 1987년 12월 24일에 그 학생이 사망했거든요. 12월 24일 크리스마스 이브에 여학생의 오빠가 케이크를 사서 집으로 왔어요. 크리스마스 케이크를 많이들 사잖아요. 오빠가 사 온 케이크를 열어본 그 여고생이 손가락으로 생크림을 찍어 먹었는데, 가족들이 함께 먹을 케이크에 먼저 손을 댔다고 엄마가 노발

대발해서 야단을 쳤다는 거예요. 그랬더니 그 여고생이 나가서 죽어버리겠다고 트레이닝 복 차림으로 나가버린 거예요. 그런데 그 사건은 어디에도 신고가 되지 않았어요. 아무튼 여학생이 사라진 날은 12월 24일이에요. 당시에는 시무식을 1월 4일에 했어요.

김복준 그렇죠. 시무식은 1988년 1월 4일이었겠네요.

하승균 저는 집에서 시험공부를 했지만, 형사들은 명절 연휴에도 그렇지만 시무식 할 때까지가 모처럼 한가한 시기에요. 아주 중요한 사건이 일어나지 않으면 집에서 쉬어요. 그런데 시체가 발견됐다고 1월 4일에 비상소집을 한 거예요. 이번에도 화성에서 시체가 발견되었다고 들었기 때문에 "화성 어디야?"라고 물었더니 "아니에요, 수원 화서역이에요."라고 하는 거예요. 수원 화서역이라는 말을 듣고는 일단 안심을 했어요. 화서역이라면 화성 사건은 아니잖아요. 그래서 현장에 나갔더니 5차 사건이었던 홍양 사건과 똑같이 볏단을 쌓아놓은 곳이었어요. 1월 4일에 그 논의 주인이 볏단을 옮기다가 시체를 발견한 거예요.

김복준 네, 볏단을 경운기로 옮기다가 발견했어요.

하승균 이 사건도 홍양 사건과 동일하게 논 주인이 볏단을 경운기로 옮기는 과정에서 시체가 나왔거든요. 깜짝 놀라서 여고생의 사체를 확인했더니 재갈을 물리고 목을 조른 것이 화성연쇄살인사건의 수법과 동일했어요. '큰일 났다. 화성연쇄살인사건의 범인이 여기까지 와서 범행을 저질렀나?'라는 생각이 들었어요. 하지만, 당시에는 화성연쇄살인사건이 수원으로 넘어온다는 것은 상상도 못하고 있었어요. 그래서 범인을 잡으면 된다는 생각으로 일단 보안을 유지하라고 지시했어요. 그날이 1월 4일이었기 때문에 수원 시내의 정자파출소에 수사본부를 설치했어요. 1월 5일까지는 제가 수사 지휘를 하고 형사들에게 "이 사건은 화성연쇄살인사건의 연장선상에서 보고 해야 한다. 하지만, 화성연쇄살인사건이라고 이야기하지는 마라."라고 이야기했어요. 이 사건을 해결하고 범인을 검거하는 과정에서 다른 형사들이 부담을 느낄 수 있기 때문이었어요.

김복준 굉장히 힘들어지죠

하승균 단순하게 별개의 사건으로 처리하면 된다는 거죠. 다만 검거하면 그때 화성연쇄살인사건과 연결하면 되기 때문에 일단은 우리들의 힘으로 사건의 수사에 착수한다는 것을 설명했어요. 1월 6일에는 서장님께 "1월 12일이 승진시험일인데 연가를 내고 마지막 시험공부를 하겠습니다."라고 했더니 "시험 봐서 승진하겠다는 것을 어떻게 막겠어요. 대신 시험 보고 나면 책임지고 해결하는 겁니다."라고 해서 약속을 했어요. 뭐 못 잡을 것 같아도 일단은 잡는다고 해야 하는 것 아니겠어요?

김복준 그럼요. 당연히 못 잡을 것 같아도 일단은 잡는다고 해야죠.

하승균 "책임지고 잡겠습니다."라고 했더니 출근 카드에 사인을 해 주시더라고요.

과잉수사와 청소년 '용의자'의 죽음

하승균 형사과장께도 이야기하고 1월 8일부터는 경찰서에 나가지 않왔어요. 그렇게 마무리를 하고 있는데 다음날인 1월 9일에 형사과장의 전화가 왔어요. "형사계장님, 시험이고 뭐고 다 틀렸어요. 우리는 끝났어요."라고 하는 거예요. 그래서 시험이 며칠 남지도 않는 사람에게 무슨 농담을 저렇게 하나라고 생각하면서 "무슨 말씀이세요?"라고 했더니 "일단 나와서 보세요. 형사들이 사람을 죽여 놨어요."라는 거예요. "정말이세요?"라고 했더니 "지금 내가 농담을 왜 해요. 여기 도립병원입니다."라고 말하면서 전화를 끊었어요. 경찰서 앞에 수원도립병원이 있었어요. 전화를 끊고 나갔더니 침대 위에 사람이 누워 있고, 형사와 수사과장, 그리고 형사 반장 두 사람이 옆에 서 있었어요. 침대 위에 누운 사람이 발작을 하고 있었어요. 이미 뇌사상태인 것이었어요. 어떻게 된 거냐고 물었더니 여고생 사건을 수사하던 형사가 동네에서 "밤마다 이 근처를 돌아다니는 사람이 있다."는 첩보를 들은 거예요.

김복준 불량 청소년 두 명이 있다는 첩보였어요.

하승균 형사가 첩보를 수사해서 결국 두 명의 청소년들을 잡았어요. 그리고 분리해서 심문을 했는데 두 사람이 별건 자백을 한 거예요. 우선, 근처 교회에서 헌금을 훔쳤다는 자백을 했기 때문에 그 건으로 영장을 신청해서 영장을 받아냈어요. 그 상황에서 두 사람 중에서 한 사람을 불러서 추궁을 했는데 자백을 했던 모양이에요. 화성연쇄살인사건은 단독 범행이었어요. 그런데 두 사람이 함께 했다고 자백을 했어요. "피해자의 시계는 어떻게 했어?"라고 했더니 "산에다 버렸습니다."라고 해서 수갑을 채운 상태에서 두 사람을 데리고 갔다는 거예요. 형사들의 말에 의하면, 시계를 찾는 척하다가 기회를 노려서 수갑을 찬 채로 도주를 했는데, 도주 중에 언덕에서 굴러서 머리를 다쳤다는 거예요. 사건은 이것이 전부였어요. 뇌사상태인 사람을 돌이킬 수는 없기 때문에 수사과장의 말처럼 시험도 끝나고 경찰생활도 끝났다는 생각을 했어요. 모두 지휘책임이 있잖아요.

김복준 그 사건이라면 경찰서장은 직위해제가 되는 거죠.

하승균 당연히 세 사람 모두 직위해제 됐어요. 그래서 "과장님 말씀대로 우리는 끝난 것 같습니다. 그런데 제가 일체의 상황 보고와 관련된 보고서를 쓰겠다."고 했어요. 그리고 형사반장에게 담당 형사 세 명을 숙직실에 감금 조치 하라고 했어요. 형사들도 앞에서 지키게 했어요. 담당 형사들에게도 이것은 전체를 위한 것이기 때문에 어쩔 수 없다고 직접 불러서 말했어요. 서장이나 수사과장이나 나는 모두 끝났고, 어차피 책임을 져야 되는 것이잖아요. 그리고 서장, 수사과장, 그리고 저와 형사 세 명까지 검찰로 연행이 됐어요. 연행돼 갔더니 자필진술서를 쓰라는 거예요. 담당 검사가 박영수 검사라고 최근에 특별검사였던 분이었어요. 박영수 검사는 강력전담이었고, 화성연쇄살인사건 초창기부터 저와 함께 사건현장을 같이 다녔기 때문에 안면이 있었어요. 어쨌든 자필진술서를 썼어요. 상황이 이러저러해서 이렇게 됐다고 솔직하게 썼죠. 잠시 뒤에 박영수 검사가 "하계장님은 나가보세요."라는 거예요. 사실은 형사계장과 형사과장을 구속하라고 대검찰청으로부터 지시가 내려왔는데, 제가 집에서 시험 준비를 하겠다고 연가를 낸 첫날에 박영수 검사가 박카스와 담배를 사서 파출소를 방문했던 거예요. 제가 자리에 없는 것에 대해서 형사과장을 통해 자초지종을 들었는데, 그 이야기를 검사장께 보고한 거예요. 그래서 지휘 책임이 없다고 나가라는 것이지만, 동료들이 그곳에 있는데 어떻게 나가겠어요. 못 나간다고 했더니 옆에 있던 형사과장이 저에게 나가서 형사들 지휘하고 유가족들께도 사죄하고 원만하게 합의하는 것이 좋겠다고 해서 나왔어요. 당시에 사건의 지휘라인에 있던 서장, 수사과장, 그리고 수사계장까지 모두 직위해제 됐잖아요. 그래서 수원 화서역 김양 살인사건의 수사는 그대로 끝나버린 거죠. 이 사건은 화성연쇄살인사건과 연계해서 수사할 수 있었는데 그대로 끝난 거예요.

김복준 이 사건은 화성연쇄살인사건과 비슷한 점이 있었어요. 사건 현장이 야산이었고, 스타킹과 팬티 등을 이용해서 피해자를 묶었고, 그 상태에서 강간하고 살해했던 범행수법이 매우 유사했습니다. 그리고 불량 청소년이라고 나오는 두 사람이 자백도 하고, 현장의 지도까지도 본인들이 스스로 작성을 했다고 나와 있는데 여기까지는 사실입니까?

하승균 잘 알잖아요. 나중에 들어봤더니 단지 공명심으로 자백을 한 거예요. 그 두 사람은 절대로 범인이 아니에요. 3차 사건에서부터 현장에서 많은 사람들의 진술들을 통해서 머릿속에 범인이 이렇게 생겼다는 이미지를 가지고 있잖아요.

김복준 대략적으로는 그려지죠.

하승균 이렇게 행동하고 이렇게 생긴 사람은 범인 아니라는 것이 분명하거든요. 그렇게 했는데 이 꼬맹이들을 잡아와서 심문을 하고 추궁을 한 거예요. 그 당시에는 나도 운이 없었지만, 구속된 형사들도 운이 없었어요. 제가 승진시험에 욕심을 내지 않았다면 그 두 사람을 용의자로 지목해서 조사하지도 않았겠죠.

김복준 그렇죠. 처음부터 사건이 일어나지도 않았겠죠.

하승균 양심상 그렇게 할 수는 없어요. 아무튼 그 사건은 그렇게 유야무야 넘어가게 됐어요. 피해자의 입장에서는 억울하게 사건을 해결하지도 못한 상태로 끝났지만, 한 가지 분명한 것이 있었어요. 이 사건으로 인해서 '화성연쇄살인사건의 범인이 수원에 사는구나.'라는 생각이 다음에 나오는 7차 사건과의 연결되면서 확정이 됩니다.

김윤희 그러면 이 사건은 공식적으로 화성연쇄살인사건에 들어가지 않지만, 연쇄살인사건 중의 하나라고 보시는 거죠?

하승균 화성 인근에서 발생했던 9개의 사건을 묶어서 화성연쇄살인사건이라고 하는 것은 수사본부에서 공식적으로 이야기한 것입니다. 이 사건을 억지로 화성연쇄살인사건이라는 레테르를 붙일 필요는 없지 않나요? 굳이 말하자면 수사를 진행하다가 그만뒀기 때문이라고 할 수도 있어요. 제가 개인적으로 분석하고, 판단해본 결과는 화성연쇄살인사건이라고 말할 수 있어요. 하지만, 죽은 사람은 아니라는 거죠. 화성연쇄살인사건은 단독범행인데 두 명이 범인이라고 자백했고, 당시의 인상착의에서 드러난 특징이 전혀 다르기 때문이에요.

김복준 이 두 명의 용의자들은 처음에 단지 지푸라기로 불을 지르면서 돌아다녔다고 진술했던 것 아닙니까?

하승균 네, 그랬어요. 화성연쇄살인사건의 범인은 그렇게 어리석지 않거든요.

김복준 네, 알겠습니다. 제가 봐도 이 두 사람은 아닌 것 같습니다. 지금까지 이야기했던 수원 화서역 김양 살인사건은 번외 편으로 들어갔던 것입니다. 아무튼 선배님께서는 이 사건의 범인과 화성연쇄살인사건의 범인이 동일 인물이라고 보시는 거죠.

하승균 지금도 저는 그렇게 생각합니다. 그 이유는 7차 사건에서 용의자가 화서역 사건의 현장 근처에서 내렸기 때문입니다. 버스 기사가 용의자를 고등동에 내려줬는데, 이 사건의 피해자도 고등동에 살았어요. 용의자가 피해자를 따라가서 살해했어요.

드디어 목격자 출현

김복준 7차 사건은 안씨 사건인데 그럼 지금부터 살펴볼까요? 안씨는 54세의 중년 여성으로 화성 팔탄면에 거주하시는 분입니다. 안씨는 수원시 교동에서 분식점을 하는 아들을 돕고 있었다고 합니다. 1988년 9월 7일 밤 8시 40분경에 분식점 일을 마치고 돌아오는 길에 시내버스를 타고 밤 9시 30분경에 마을 입구에서 하차를 했어요. 하차한 다음 집으로 돌아오는 길에 행방불명됐고, 다음날인 9월 8일 오전 9시 30분경에 팔탄면 가재리에 있는 농수로에서 발견되었습니다. 머리 꼭대기인 두정부와 안면부, 목 부분인 경부, 그리고 회음부에 피하출혈이 있는 상태에서 설골이 골절되어 있었습니다. 설골 골절은 목뼈가 부러졌다는 거죠. 양말과 손수건으로 재갈이 물려져 있었고 블라우스 소매 같은 것을 꼬아서 교살, 즉 목을 졸랐습니다. 이 사건에서는 정말로 특이한 점이 있었습니다.『살인의 추억』이라는 영화에서도 이 부분은 그대로 사용을 했는데요. 여성의 질 내에서 복숭아 조각이 나왔습니다. 두 개의 복숭아를 아홉 조각을 낸 다음에 삽입을 했던 것입니다. 이 사건이 7차 사건입니다.

김윤희 복숭아 조각이라는 것이 씨인가요?

하승균 아니요, 복숭아의 과육인데 당시에 피해자 분이 집에서 드시려고 샀던 것 같아요. 사서 가지고 가던 것을 범인이 피해자를 농락하고 살해한 다음에 난행을 한 것입니다. 이전의 4차 사건이나 다른 사건의 일부에서도 드러나는 것처럼 여성의 중요부위에 난행을 하는 수법이 이 사건에서도 나와요. 이 사건이 발생했을 때에는 제가 조금 전에 말씀 드린 것처럼 직위해제 되고 나서 2개월 반을 집에서 쉬고 있었는데, 징계 결과는 감봉 3월이었어요. 그리고 경기도경찰청 강력주임으로 복직 발령이 났어요. 잘 아시다시피 직위해제 후에 복직 발령을 하면 멀리 시골이나 다른 지역으로 발령이 나는 것이 일반적이잖아요. 그런데 강력주임으로 발령을 내서 화성연쇄살인사건을 수사할 수 있었기 때문에 한편으로는 고마웠어요. 그렇게 강력주임으로 발령이 났는데 이 사건이 발생했고 신고가 들어왔어요. 과거에 일어났던 사건도 해결하지 못해서 전전긍긍하고 있는데 속된 말로 '골이 띵한' 거예요. 제가 쓴 책에서도 과장 없이 이야기했지만, "형사가 범인을 잡아야 형사"라는 것 아니에요. 지금까지 일어난 사건만으로도 형사라고 이야기를 못할 정도로 부끄럽고. 자괴감을 느끼면서 지냈거든요. 그런데 사건이 또 일어났다고 하니 어떻게 해야 할지를 모르고 있었는데 경기도경찰청 형사 과장께서 빨리 현장에 가자고 전화를 하셨어요. 그렇게 현장에 가 봤더니 바로 '이 장소'였던 거예요. 현장에 나가기 전에 그 쪽에 전화해서 "시체는 건드리지 말고 그대로 두라."고 해서 경기도경찰청 형사 과장님과 제가 시체 수습을 합니다. 목을 조른 매듭도 자르고, 지금의 국립과학수사연구소와 같은 과학수사연구원 직원에게 핀셋으로 복숭아 조각도 꺼내라고 해서 사건 현장도 수습하고 있었어요. 현장을 수습하면서 주변을 살펴봤더니 현장 주변은 이미 동네 사람들의 발자국이 어지럽게 남겨져 있고, 담배를 피우고는 꽁초를 여기저기에 버렸어요. 한마디로 엉망이었어요. 현장에서 범인과 관련된 흔적이나 증거물이라고 할 수 있는 것은 아무것도 없었어요. 수습을 해 놓은 다음에 곰곰이 생각을 했어요. 범인이 지금까지 저지른 사건은 모두 화성군 태안읍 일대에서 발생했는데 이 사건은 그때까지 연쇄사건이 발생했던 곳과는 전혀 다른 지역이라는 생각이 들더라고요.

김복준 7차 사건은 팔탄면이기 때문에 한참 떨어져 있는 거죠.

하승균 태안읍으로부터는 25km 정도이고, 수원역에서부터는 17km 떨어진 곳입니다. 위치상으로는 전혀 다른 사건이라는 것이 되죠. 저는 이 사건 역시 시체를 발견하기 전까지는 연쇄사건이 아니라고 생각했어요. 살인사건이 일어났지만, 팔탄면에서 일어났다고 해서 다행이라는 생각까지 들었어요. 그런데 현장에 가서 시체를 보는 순간, '그 놈이 여기까지 왔구나. 정말 큰일 났다.'고 생각했어요. 화성연쇄살인사건의 범인이 아니라면 누가 사람을 강간하고 살해한 다음에 도망가지 않고, 시간을 낭비하면서 여성의 중요부위에 복숭아를 집어넣는 그런 짓거리를 하겠어요. 당시에 팔탄면에서 안씨 사건이 일어나기 전까지 태안읍 방면에는 경찰기동대 2개 중대가 배치되어 있었어요. 연쇄사건을 예방한다는 차원에서 저녁 8시부터 새벽 2시까지 기동대장의 인솔 하에 20, 30m 간격으로 2인 1조씩 배치되어 있었기 때문에 범인이 범행장소를 팔탄면으로 옮겨 왔던 거예요. 당시에 경기도경찰청 형사 과장께서는 이 사건을 몰랐어요. 화성사건을 처음 경험하는 것이었어요. "과장님, 유감스럽게도 연쇄사건입니다."라고 했더니 왜 연쇄사건이냐고 물어서 설명을 했어요. 정말 큰일이잖아요. 그동안은 뜸했거든요. 그래서 17km 떨어진 곳까지 어떻게 왔겠는가를 생각했죠. '범인이 오토바이를 타고 왔나? 자전거를 타고 왔나?' 오토바이를 타고 왔다면 반드시 바퀴자국이 남아있을 것이라고 생각하면서 현장을 관찰하다 보니 아주 결정적이고 중요한 단서가 눈에 들어왔어요. 그 사체가 누워있는 현장은 논두렁에 있는 농수로였어요. 거기서 이렇게 서서 봤더니 우리가 서 있는 곳보다 대략 1m 50cm정도 높은 지점에서부터는 논이 시작되고 있었어요. 높은 곳에 올라서서 논을 쳐다보고 있었는데, 유난히 한쪽

논두렁에만 30cm 내지 40cm 정도의 풀이 양쪽으로 누워 있었어요. 9월이었기 때문에 논두렁에 풀이 무성하게 자라 있었어요. 그런데 한쪽의 논두렁에만 풀이 양쪽으로 누워 있다는 것은 사람이 지나갔다는 의미이거든요. 이상하다는 생각이 들었어요. 다른 곳은 그렇지 않은데 사건 현장, 그것도 사체가 발견된 곳에서부터 풀이 양쪽으로 누워있는 모습이 자연스럽지는 않잖아요. 그래서 제가 따라갔습니다. 사건 현장으로부터 대략 350m 정도를 계속해서 따라갔더니 2차선 도로가 나왔어요.

김복준 도로로 연결이 되어 있었네요.

하승균 네, 도로로 연결이 되어 있었어요. 그 방향에는 동네가 있는 것도 아니고 집이 있는 것도 아니었어요. 그런데 누군가가 지나갔다는 것이잖아요. 그때 그곳에 서서 잠깐 생각을 하고 있었는데 바짓가랑이가 축축해져 있더라고요.

김복준 논둑길을 따라가면서 바지에 이슬이 묻었던 것이네요.

하승균 이슬 때문에 풀이 양쪽으로 갈라졌다는 것을 알았어요. 풀잎이 이슬을 머금고 있는데 그곳을 사람이 지나가면 풀이 갈라지게 되거든요.

김복준 그렇죠. 그래서 범행 현장에서부터 갈라져 있었던 것이네요.

하승균 그곳이 간밤에 지나간 자리가 분명하다고 생각했어요. "범인이 이곳으로 지나갔구나."라는 생각이 머리에 떠오르는 순간부터 가슴이 뛰기 시작하는 거예요. 그러면 범인이 이곳까지는 어떻게 올 수 있는가를 생각했어요. 혹시 근처에 자전거나 오토바이를 세웠는지를 봤는데 아닌 것 같았어요. 그러면 혹시 버스나 택시를 타고 왔나를 생각했어요. 이곳에서부터 대략 7, 8km 떨어진 곳이 발안읍인데, 발안읍내에서 이곳으로 오는 버스노선의 정류장이 있었어요. 택시를 타고 왔을 가능성은 낮기 때문에 우선 버스를 찾아보자는 생각을 했어요. 피해자 분이 그날 밤 8시 40분경에 시내버스를 탔고, 밤 9시 30분경에 마을 입구에서 하차를 했다는 사실을 바탕으로 사망시간을 추정할 수 있잖아요. 사망추정시간을 전후해서 사건 현장에서 수원 시내로 나가는 버스를 찾아보자는 생각으로 수원시내에 있는 버스 터미널로 갔어요. 그곳에서 버스의 배차를 관리하는 사람을 찾아가서 어젯밤 8시 이후에 발안에서 수원 시내로 나오는 버스가 있었냐고 물었어요. 그랬더니 있다고 해서 그 버스를 운행하는 회사를 찾아갔어요.

김복준 가재리죠. 가재 1, 2, 3리가 있더라고요.

하승균 그렇죠, 가재리에요. 배차 관리자가 경진여객이라고 알려줬어요. 경진여객의 막차가 8시인데, 터미널에서 출발해서 8시 45분에 버스가 그곳을 지나갔다는 거예요. 배차시간표에 나와 있는 것이기 때문에 분명한 것이잖아요. 그래서 경진여객 사무실로 찾아 가서 어젯밤에 수원 시내로 들어오는 막차가 어디 있는지를 물었어요. 그 버스는 화서 쪽으로 운행을 나갔는데 11시쯤에 돌아온다고 하는 거예요. 그 버스 기사님은 강씨고, 버스안내양은 엄씨였어요. 그래서 11시까지 기다렸어요. 경진여객의 담당자가 버스 기사님과 버스안내양을 모시고 제가 기다렸던 장소로 왔어요. 상황을 설명하고, 혹시 어젯밤에 발안에서 출발했는데 돌아오는 중간에서 사람을 태운 일이 있느냐고 물었더니 버스기사님이 옆에 있는 버스안내양을 보고는 "엄양아, 한참 전에 우리가 앰뷸런스하고 경찰차가 경광등 켜고 있는 곳을 지나갔는데 너도 봤지? 어젯밤에 그 근처에서 젊은 친구 하나 태웠잖아?"라는 거예요. 그랬더니 그 엄양이라고 불린 버스안내양이 "네, 젊은 총각 하나 태웠죠."라고 말했어요. 그 말을 듣는 순간 '아, 이제 됐다.'라는 생각이 들었어요. 그분들에게 당시의 상황을 아주 소상하게 물었는데, 이분들이 첫차로 운행을 나갔는데 그때가 시체를 발견했던 시간이어서 앰뷸런스와 경찰차가 서 있었던 거예요. 그래서 "무슨 일인가?"하고 잠깐 버스를 세웠는데 밖에 있던 사람들이 "살인사건이 났대요."라고 했다는 겁니다. 버스기사인 강씨와 버스안내양 엄씨는 어제 돌아오면서 이곳에서 젊은 사람이 버스에 탔다는 이야기를 하면서 오전에 그곳을 지나갔다는 거예요.

김복준 상황이 정확하다는 것이네요.

범인의 인상착의로 몽타주를 그리다

하승균 기억에 남는 것이 있느냐고 물었는데, "아주 또렷하게 기억하는데 정말 싸가지 없는 놈이었어요. 그 젊은 놈이."라는 것이 버스기사님의 첫마디였어요. 겉옷을 팔위에 걸치고는 손을 흔들면서 버스를 세웠다고 해요. 아마 지나칠 것 같아서 그랬겠죠. 손을 흔들고 있었기 때문에 버스를 세우고 태웠다고 해요. 버스에 올라타더니 잠시 두리번거리다가 보닛 옆 좌석에 앉았어요. 운전석과는 불과 1m도 되지 않는 거리였겠죠.

김복준 보닛을 사이에 두고 기사분과 범인이 나란히 앉아 있는 거죠.

하승균 그렇죠. 어젯밤의 이야기였기 때문에 범인의 행동을 거의 기억하고 있었어요. 그래서 아주 자세하게 상황을 진술했었어요. 그 상황을 간단하게 정리하면, 좌석에 앉아서 뒤를 한 번 돌아보고는 한숨을 쉬었다고 해요. 아마 버스에 타려고 뛰었기 때문이었던 것 같아요. 그리고는 주머니에서 담배를 꺼내 입에 물고는 담뱃갑을 구겼다는 거예요. 마지막 담배라는 거죠.

김복준 당시에는 버스 안에서 담배를 피기도 했는데, 아무튼 담뱃갑을 버스 안에 버렸다는 것이네요.

하승균 담뱃갑을 버리고는 무언가를 찾아요.

김복준 라이터가 없었다는 거죠.

하승균 라이터가 없었던 것 같아요. 버스기사 분에게 "아저씨, 담뱃불 좀 있어요? 라이터 있어요?"라고 했다는 거예요. 버스기사인 강씨는 "싸가지 없는 놈이 그렇게 말해서 한 손으로 운전하면서 다른 손으로 라이터를 켜 줬어요."라고 말하는데, 아마 그 사람이 범인이라는 인식을 갖고 있었기 때문에 조금 더 부정적으로 말했을 수 있다는 생각이 들어요. 아무튼 불을 켜 줬더니 담배를 입에 물고 라이터 불이 꺼지지 않도록 손으로 라이터 불 주변을 감싸면서 담뱃불을 붙였다고 해요. 버스기사 강씨가 그 순간에 봤던 것이라고 진술한 내용이 있었어요. 손목에 시계를 찼었는데 전자시계였고, 시계 밑으로 밤톨만한 크기의 까만 것이 있었는데 문신인지 점인지는 분명하지 않다고 했어요. 우리가 중요하게 생각했던 것은 한쪽 새끼손가락에 봉숭아물을 들였더라는 것, 그리고 특히 다른 쪽 손에는 무거운 것에 짓눌려서 찢어졌다가 아문 것처럼 보이는 상처가 있었다는 것이었어요. 진술이 상당히 구체적이잖아요. 해결할 수 있는 실마리를 찾은 것이기 때문에 가슴이 뛰는 거예요. 그 사람이 어디서 내렸느냐고 물었더니 고등동 터미널이라는 거예요. 그 말을 듣는 순간, 바로 수원 화서역 김양 살인사건이 겹쳐지더라고요. 김양의 집이 고등동 터미널에서 직선거리로 대략 150m 정도 떨어진 곳이었어요. 그 순간에 저는 범인이 수원에 살고 있다는 확신을 가졌어요.

김복준 수원에서 왔다 갔다 하면서 범죄를 저지르고 있다는 것이네요.

하승균 아무튼 그때 엄청나게 기대를 했었어요. 버스기사 분과 버스안내양이 굉장히 중요한 목격자였기 때문에 사건 해결을 위해 반드시 필요하다는 생각을 했고, 그래서 경진여객 사장님께 "사장님, 좀 도와주십시오. 정말 중요한 사건인데, 이 회사의 버스에 범인이 탔고 버스기사님과 버스안내양이 범인을 목격했습니다. 사건 해결을 위해 이 두 분이 저와 함께 한 달 동안만이라도 수사에 참여했으면 좋겠습니다. 그래서 두 분이 회사의 일을 하지 못하더라도 급여를 지급해 주시기를 부탁드립니다."라고 말씀을 드렸더니 사장님께서 알았다고 승낙을 해 주셨어요.

하승균 다음날부터 수사본부장께 허락을 받아서 수원의 역전파출소에 강씨와 엄씨가 한 달 동안 매일 출근을 했어요. 역전파출소에 출근을 했던 이유는 범인이 내린 장소이기도 하고, 또 당시에 정확하게 밝히지는 않았지만 수원 화서역 김 양 살인사건의 현장이 그 근처였거든요. 그렇게 우리 팀 10명과 두 사람의 목격자가 역전파출소에서 생활하기 시작했었어요.

김복준 수원역에서 버스 타는 사람들을 확인하기 위해서 그랬던 거죠?

하승균 이 사람들을 어떻게 할 것인지를 생각하다가 비디오카메라 하나를 구입했어요. 당시에 금성사에서 비디오카메라가 처음으로 나왔었어요. 그 비디오카메라를 들고 고등동사무소에 가서 25세에서 35세 사이의 개인주민등록증 사진을 전부 찍었어요. 지금까지 범인을 목격한 두 사람이 갸름한 얼굴형에 키가 168cm 정도라는 진술이 거의 일치했고, 얼굴을 보면 알 수 있다고 했기 때문이었어요.

김복준 키는 165cm에서 170cm 사이라고 생각했었죠.

하승균 그 근거는 목격자들이 비슷하다고 지목한 사람들의 키를 실제로 모두 쟀어요. 그리고 엄씨가 버스안내양이잖아요.

김복준 용의자가 문에 서 있을 때의 모습과 자신의 키를 비교했었죠.

하승균 용의자가 손님들이 내리는 문에 섰는데, 버스의 하차 계단에 서 있는 엄씨를 내려다보면서 문을 짚고 있었다는 거예요. 이런 것들을 감안했을 때 키는 165cm에서 170cm 사이라고 생각했어요. 몸은 가늘었고 눈썹이 조금 치켜 올라갔는데 눈꼬리가 찢어져 있었고, 얼굴은 뾰족한 느낌이 들 정도로 갸름한데 이마는 조금 튀어나온 것 같았다고 해요. 엄 양이 이야기한 것 중에 범인의 특이한 모습은 허리가 약간 구부정했다는 것이었어요. 그래서 이 두 사람의 목격자에게 비디오카메라로 형사들이 찍어온 주민등록증 사진을 확인하게 했어요.

김복준 화성 사람들 전부를 확인했던 거예요?

하승균 총 25개 동사무소, 면사무소에 등록되어 있는 사람들을 전부 확인시켰어요. 모텔에서 방 하나를 얻어서 TV에 잭을 연결시켜서 강씨와 엄씨가 앉아서 보는 거예요. 밥은 시켜서 먹고, 간식도 사다 드리고 형사 한 명이 옆에 있다가 "잠깐요."하고 두 사람이 지적하는 사람은 화면을 중지시키고 인적사항을 확인해서 주면, 형사들이 이 사람의 직업, 전과, 인상, 특징 등을 세분화해서 우리가 생각하는 범인에 가까운 사람들을 선별해서 수사에 들어가고, 다른 팀에도 넘겼어요. 수사본부에서는 우리 팀이 거의 유일한 희망이었어요. 수사본부장께서 거의 매일 확인 전화를 했어요. 수사 팀도 모처럼 활기를 찾았는데 그것도 하루 이틀이죠. 20일 정도 지난 후에는 모두 지쳤어요. 비슷하다고 지적하는 사람들의 인적 사항을 확인해 보면, 어떤 사람은 대학생이에요. 용의자가 아니라는 거죠. 또 어떤 사람은 전과도 없고 우리가 찾는 용의자와 비슷하지도 않은데 알리바이까지 확실한 거예요. 그렇게 25개 동사무소, 면사무소에 등록된 25,000명을 확인했어요. 물론 성과는 없었어요.

김복준 아무튼 그분들이 다 보신 거네요.

하승균 지나고 나서 할 이야기는 아니지만, 고생한다고 생각해서 한 번씩 찾아가 보면 어떤 때는 졸고 있어요. 화면은 지나가는데 졸고 있는 거예요. 그 사이에 범인의 사진이 지나갔으면 어떻게 할 수가 없잖아요.

김복준 선배님, 그렇게 화면을 보고 확인하는 것이 쉽지 않습니다.

하승균 그렇게 해서 놓쳤을 수도 있지만, 아시다시피 주민등록이 말소된 경우도 있잖아요. 또 이사 간다고 신고해 놓고 이사를 가지 않은 사람은 주민등록에서 누락되어 있기 때문에 화면 촬영 자체에서 배제됐을 것 아니에요. 그런 사람이 동사무소 하나에 1년에 수십 명, 수백 명이 된다는 거예요.

김복준 맞아요. 수백 명이에요.

하승균 이 사건의 용의자가 그런 사람들 중에 한 사람일 수도 있잖아요. 아마 안정적인 직업을 갖지 못했을 것이기 때문에 그럴 가능성이 높았어요. 어쨌든 그렇게 해서 강씨와 엄씨가 두 달 동안 수사에 참여했지만 성과는 거의 없었어요. 7차 사건이 일어나고 일말의 단서를 찾았기 때문에 저를 포함한 모든 형사들이 열정을 쏟아 부으며 수사를 했는데 그 결과는 얼마 후에 8차 사건이 터지는 것이었어요. 정말 참담했어요.

김복준 그때 몽타주를 만드셨죠?

하승균 네, 버스기사 강씨의 진술을 토대로 몽타주를 만들었어요.

김복준 당시에는 몽타쥬를 펜으로 그렸잖아요. 그 몽타주를 정말 엄청나게 붙이고 다녔습니다. 이 사건의 피해자인 안씨 같은 경우에는 상체만 나체 상태였어요. 속옷은 벗겨서 가슴 위에 올려 놓고, 복숭아를 아홉 조각으로 나눠서 중요부위에 집어넣은 다음 치마만 입혀뒀어요.

하승균 버스 기사가 한쪽 새끼손가락에 봉숭아물을 들였다고 진술했잖아요. 아마 봉숭아물이 아니라 피해자의 혈흔이었을 것이라는 생각이 들어요. 복숭아를 잘라서 중요부위에 집어넣는 등의 행위를 하는 과정에서 묻었을 거예요. 그 사실을 이야기하지는 않았어요.

김복준 현장에 있었던 형사들은 봉숭아물이라고 생각했어요.

하승균 다만 형사들이 봉숭아물에 집중해서 수사를 했다면 그것은 문제가 있어요. 새끼손가락에 봉숭아물을 들인 사람을 잡았다고 해도 그 사람은 범인이 아니기 때문이에요. 이미 지워지고도 남을 시간이었거든요.

김윤희 이렇게 사소해 보이는 증언이나 증거물 하나가 실제로 범인을 추정할 때에는 심각한 오류로 이어지기도 하잖아요.

화성연쇄살인사건의 결정판, '무능한 형사'의 눈물

김복준 그리고 선배님 입장에서 보면, 이 사건이 '8차 사건'(사실은 9차 사건)이 되겠죠. 조금 전에 다루었던 여학생은 화성연쇄살인사건이 아니기 때문입니다.

하승균 연쇄사건이 아니기 때문에 빠지는 것이 맞죠.

김복준 그래서 '8차 사건'으로 가는데 1990년 11월 15일 오후 4시 20분경에 태안읍 능리에 거주하는 14세의 여학생입니다. 이 사건은 제가 지원을 갔었는데 가슴이 아팠어요. 중학교 1학년 학생이었는데 학교를 마치고 친구인 이양과 함께 터널처럼 생긴 지하도를 통과하고는 바로 헤어졌어요. 그 지하차도에서 5시경에 헤어지고, 혼자서 집으로 가던 중인 5시 30분경에 행방불명이 됐는데 다음날인 11월 16일 09시 50분경에 태안읍 병점

5리 삼성석재공장 뒤편 야산의 7부 능선에서 사체로 발견되었어요. 브래지어로 재갈을 물린 다음에 블라우스하고 스타킹을 이용해서 교살되었는데, 양팔과 양 발목을 몸 뒤쪽으로 연결해서 결박을 한 상태였고 두정부에 타박상이 있었어요. 그리고 잔인하게도 양쪽 가슴 부분에 면도칼로 대략 10여회 정도를 그은 상처가 있었어요. 또한, 중요부위에는 볼펜, 수저와 포크를 삽입했어요. 범인이 안씨 사건에서부터 중요부위에 물건을 삽입하기 시작했습니다. 사망의 원인은 경부압박 질식사였는데 이 사건에서 검출된 혈액형은 B형이었습니다. 마을사람들이 실종자를 수색하는 중에 발견했습니다. 이 사건은 화성연쇄살인사건의 결정판이라고 할 정도로 가장 잔인하게 사체를 훼손한사건이었습니다.

하승균 이 사건이 발생했을 때, 저는 실제로 정말 많이 울었어요. 형사로서의 무능함이 사무치더라고요.

김복준 당시에 모두가 자괴감을 느꼈죠.

하승균 처절했어요. "내가 정말로 형사 맞나?" 이 어린 아이의 시체를 봤는데 말을 못하겠더라고요. 그리고 면도칼로 그었다고 했잖아요. 생활반응vital reaction이 없었어요. 죽은 후에 그었다는 거죠. 아시다시피 살아 있는 상태에서 그으면 피가 쏟아지거든요. 그런데 면도날이 지나간 자리에 피가 비치는 정도였어요.

김복준 네, 죽은 다음에 그은 것이었어요.

하승균 면도날은 학생의 필통에서 나온 것이었어요. 솔직하게 제가 어제 화성연쇄살인사건을 정리하는데 이 여학생 생각이 나더라고요. 제가 나중에 양평에서 일가족 4명의 살인사건을 수사하다가 자동차 극장에 동료 형사와 함께 가서 영화를 보고 있는데, 이 사건이 그대로 나오는 거예요.

김복준 『살인의 추억』 영화에 그대로 나옵니다.

하승균 마치 짐승을 묶는 것처럼 손발이 뒤로 묶여 있었어요. 그 장면을 자동차 극장에서 보면서 정말 엄청나게 울었어요. 옆에 동료 형사가 있었기 때문에 모르게 하느라고 의자를 뒤로 젖혀서 울고 있는데, "졸리세요?"라고 해서 눈에 뭐가 들어간 것 같다고 했던 기억이 있거든요. 어제도 이 사건을 정리하다 보니 현장에서 봤던 그 여학생의 처참했던 모습도 생각이 나고, 또 자동차 극장에서의 그 장면도 생각이 나더라고요. 그때 제가 강력주임이었는데 '내가 형사가 맞냐? 정말 형사를 그만두고 싶다.'는 생각을 정말 많이 했어요. 이 사건이 18시 30분경에 병점리 쪽에 있는 야산에서 발생했는데, 당시에 그 근처에는 8시가 되면 의경들을 배치했어요. 범인은 8시에 의경이 배치된다는 것을 알고 그 이전에 범행을 저지른 거예요.

김복준 그랬어요. 의경들이 배치되기 바로 직전이었어요.

하승균 18시 30분이면 어둠이 시작되기 전이에요. 범인이 해가 있는 동안에는 범행을 저지른 일이 없었기 때문에 기동대에서도 이를 근거로 저녁 8시부터 다음날 새벽 2시까지 의경을 배치했던 거예요. 그런데 그 직전에 근처 야산에 잠복해 있다가 혼자 지나가는 여학생을 타깃으로 삼았던 거잖아요. 자율방범대나 의경 등을 모두 합치면 5년 동안에 200만 명이 배치되어 있었

화성연쇄살인사건

79

거든요. 이렇게까지 했는데도 검거는커녕 범행을 막지도 못한 거예요. 그래서 계속해서 신경이 쓰이는 거예요. 사체가 발견된 곳이 5~6년생 소나무 아래였는데, 며칠이 지난 다음에 다시 현장을 찾아서 근처 잔디밭에 누웠어요. 그때가 11월이었기 때문에 숲 속에는 추운 느낌이 들고, 햇빛이 그리울 때였는데 아마 잔디밭에 누웠던 시간이 7시 30분이나 8시 정도였을 거예요. 팔을 베고 잔디밭에 누워서 범인에게 제압당하는 피해자 입장에서 범행 당시의 상황을 떠올려봤어요. 현장에서 영감을 얻어 보려 했던 거죠. 어쨌든 그 사건 역시 집중적으로 수사를 했지만, 예방도 못하고 검거하지도 못했던 것은 수사 전반에 문제가 있었던 것 같아요. 웬만한 혈흔이나 정액흔, 그리고 쪽지문 같은 것은 제대로 분석할 수가 없었어요. 당시에는 과학수사기법이 미진했어요.

김복준 그때는 과학수사라는 것이 거의 없었죠.

하승균 이 사건은 만약에 현장에 뭔가가 떨어져 있었다면 유전자 수사기법을 동원했을 수도 있었을 거예요.

김복준 사실은 범행 장소가 야외였기 때문에 성폭행을 했다고 하더라도 음모 같은 것을 발견하는 것은 어려웠을 거예요. 완전히 오픈된 곳이잖아요. 영화 『살인의 추억』에서는 형사 두만의 역할을 맡은 송강호씨가 목욕탕에 하루 종일 앉아서 털이 없는 사람을 찾는 장면이 있어요. 사건 현장에서 털이 발견되지 않았기 때문에 범인이 무모증에 걸렸다고 생각하는 것이었어요. 영화는 그렇게 만들었더라고요. 선배님 말씀하신 것처럼 중학교

1학년 김양 사건은 대한민국의 형사라면 모두 같은 심정이었을 겁니다. 그때 수사에 참여했던 다른 수사관들도 아마 선배님과 똑같이 범인을 잡아서 반드시 법의 심판을 받게 해야 한다고 생각했을 겁니다.

하승균 열심히 했어요. 김양 사건 전에도 우리 팀에서는 폐차 직전의 봉고차를 구해서 운전하고 다녔어요. 그러면 탐문나간 형사들은 수사본부에 들어오지 않고 차 안에서 수사 보고를 하고, 그렇게 보고 받은 내용을 정리해서 혼자 수사본부에 보고하는 이동 수사본부처럼 움직였거든요. 온갖 짓을 다 해봤어요.

김복준 당시의 수사 환경에서 할 수 있는 모든 것을 다 해봤다고 생각합니다. 수사는 지속성이 생명인데, 그때는 하루건너 한 번, 이틀건너 한 번 하는 식으로 시위가 있었어요. 그러면 형사들이 수사를 하다 말고 시위 진압을 나가야 했어요.

하승균 그나마 이 사건을 담당했던 형사들은 데모 진압에서 진압복을 입은 상태에서 현장에 투입되지는 않았잖아요.

김복준 네, 그렇기는 했어요. 저처럼 지원 나간 형사들은 뽑혀서 갔다가 다시 돌아오는 식으로 같은 자리만 맴돌았던 것 같아요. 이 사건은 모두에게 상처만 남긴 상태에서 끝났어요.

잡지는 못해도 더 이상 발생하지는 않도록 하라

김복준 이후에 이상한 사건 하나가 발생합니다.

김윤희 제가 질문 하나만 하고 넘어갈게요. 7차 사건, 즉 버스 기사님과 버스안내양이 범인을 목격했던 사건과 지금 다룬 '8차 사건'

인 김 양 사건의 간격이 가장 길잖아요. 사건과 사건 사이의 간격이 1년 2개월인데, 어쨌든 수사가 아주 촘촘하게 진행되고 있었고, 화성 인근 지역에 배치된 병력의 수도 상당했기 때문에 범인 스스로가 위협을 느껴서 범행을 저지르지 못했다고 볼 수 있지 않나요?

하승균 아마 그랬을 거예요. 화성연쇄살인사건의 범인은 지금까지의 모든 사건들을 살펴봤을 때, 반드시 다시 범행을 할 수밖에 없는 인간이에요. 범행을 저지르지 않고는 견딜 수 없는 거죠. 그런데 그전까지 사건이 일어났던 화성군 태안읍 일대에서 17km나 떨어진 곳에서 사건이 발생했기 때문에 경기도경찰청에서는 정말 난리가 난 거예요. 제가 사건에 집중하느라고 말씀 드리지 못했지만, 그 과정에서 화성경찰서장이 이미 두 명이나 경질되었고 지휘 책임도 아주 엄격하게 물었어요. 그래서 사건을 예방하는 것이 당면과제였거든요.

김복준 잡지는 못해도 사건이 발생하지는 않도록 하라는 거예요.

하승균 당시에 화성에는 아마 대한민국뿐만 아니라 전 세계에서 최고의 치안 서비스를 제공했을 거예요. 경찰차를 총 동원해서 지나가는 사람들을 집에 데려다주기까지 했어요. 파출소에 가서 태워 달라고 하라는 것을 방송으로 알렸어요. 역설적이지만, 주민들의 입장에서는 7차 사건 때문에 경찰차를 타고 목적지까지 경찰들의 경호를 받는 최고의 치안 서비스를 받았던 거죠. 아무튼 사건의 예방에 굉장히 신경을 썼어요. 그래서 범인의 범행 시간이 저녁 6시 30분으로 당겨진 거죠. 8시 이후부터는 의경들을 배치했기 때문이었을 거예요.

김윤희 그러면 범인은 이 지역을 크게 벗어나지 않고 계속해서 지켜보고 있었을 가능성이 높았네요?

하승균 그렇게 봤어요. 다만, 불심검문을 강화하고 경계 병력도 촘촘하게 배치했지만, 그것을 계속 유지할 수는 없었어요. 시간이 지나면서 주민들의 불만이 고조되었기 때문이에요. 어느 정도의 시간이 경과한 후에는 경계 병력을 이용해서 불심검문도 할 수가 없었어요. 모발채취 등으로 주민들의 불평이 상당했거든요. 그래서 범인도 지역을 이탈하지 않을 수 있었을 거예요.

김복준 불심검문에서 모발도 채취했지만 구강에서 DNA를 채취했는데 당시에 상당히 거부감이 심했어요.

하승균 그렇게 불만이 팽배해졌고, 또 불심검문을 하더라도 특별히 흉기를 소지하는 등의 경우가 아니면 크게 의심을 받지 않거든요. 범인은 범행의 특성상 흉기를 사용하지 않았기 때문에 불심검문에도 크게 신경을 쓰지 않았을 수도 있어요.

마지막 사건, 그리고 유사범죄들

김복준 그러다가 일반적으로는 10차 사건이라고 이야기하는데 '9차 사건'이 일어납니다. 어쨌든 10차 사건의 피해자는 1991년 4월 3일 오후 3시 30분 동탄면 반송리에 거주하는 69세의 권씨입니다. 수원에 살고 있는 장녀 홍씨의 집에 있다가 4월 3일 밤 8시 20분경에 수원 임광아파트 앞에서 시내버스를 탔어요. 그리고 밤 8시 50분에 동탄면 오산리 노상에서 하차해서 집으로 돌아오던 중에 행방불명됩니다. 다음날인 4월 4일 9시 30분경에 권씨의 집 앞에서 대략 150미터 떨어진 야산에서 성추행을 당한 사체로 발견이 되었는데 살해의 방법은 교살입니다. 이 사건에서는 족적이 두 점 나왔지만, 이것은 감정이 불가능했습니다. 정액을 검출했고, 혈액형은 B형으로 나왔어요. 이 사건은 범행의 수법 등을 봤을 때 동일범의 소행이 아닌 것으로 분류할 수도 있거든요.

하승균 많은 사람들은 그렇게 이야기하는데 2차 사건의 피해자였던 71세의 이씨와 비슷한 나이대라는 점, 그리고 중요부위에 양말을 삽입해서 사체를 농락했다는 점은 동일범의 소행이라는 것을 뒷받침하고 있어요. 그리고 우리의 분석과 전혀 달랐던 것은 범행 장소가 동탄면이라는 것이었어요.

김복준 범행 장소는 완전히 다른 거죠.

하승균 경찰이 배치되지도 않았어요. 범인이 17km나 떨어진 화서역 앞에서, 그리고 시간을 조금 앞당겨서 여중생 김양 사건을 벌이는 것으로 보면 굉장히 머리를 쓴 것이거든요. 그리고 다음 사건이 동탄면인데, 이곳은 당시에 경찰력이 거의 미치지 않았던 곳이에요.

김복준 그곳까지는 배치하지 못했어요.

하승균 범인이 심사숙고한 다음에 마지막 사건을 저지른 거예요.

김복준 선배님께서는 동일범의 소행으로 본다는 말씀이신 거죠.

하승균 생각해 봐요. 69세의 노인에게 성적인 충동을 느끼는 사람은 아주 드물 거예요. 1차 사건 때도 그렇지만, 새벽 5시에 노인에게 성욕을 느끼는 것은 정상이 아니잖아요. 그런 면에서 저는 범행 대상인 객체가 동일하다고 생각해요. 그리고 장소를 옮기고, 중요부위에 이물질을 삽입하는 수법 등을 봤을 때 동일범의 소행이라고 생각해요. 저는 화성연쇄살인사건의 범인이 아니면 그런 짓을 할 사람이 없다고 봅니다.

김윤희 이 사건에서 검출된 유전자가 앞에 사건에서 검출된 유전자와 다르다는 언론의 보도가 있었어요.

하승균 그것은 언론에 보도된 내용일 뿐이에요. 정액에서 B형 반응은 나왔지만, 유전자 검사를 했다는 것은 나오지 않았잖아요.

김복준 그 당시의 과학수사에서 도출된 사실은 솔직히 말씀 드려서 과학적인 증거로도 부족한 측면이 있고, 100% 신뢰할 수가 없어요. 결국 수법으로 범인을 유추할 수밖에 없을 것 같아요.

하승균 변명으로 들릴 수도 있고, 또 지금에 와서 하는 이야기지만 당시에 형사들이 너나 할 것 없이 너무나 많은 분석 자료들을 국립과학수사연구소로 보냈어요. '내가 보낸 것에서 해결됐으면 좋겠다.'는 생각으로 확인도 하지 않고, 용의자로 생각되지 않는 사람의 것도 상관하지 않고 보냈기 때문에 국립과학수사연구소에서도 작업량이 폭주했을 거예요.

김복준 증거물과 증거물 아닌 것이 제대로 정리도 되지 않은 상태에서 마구 뒤섞여 있었어요.

하승균 그것을 모두 시료로 해서 실험을 해야 하는 것이잖아요. 아주 적은 양의 시료를 사용하더라도 수백 건이나 되는 것들을 비교하면 시료가 없어지거든요. 수사력만 낭비되는 것이라는 생각이 들었어요. 과학수사계에서도 어쩔 수 없이 불평하는 것이겠지만, 분석할 수 있는 시료 자체가 없어져 버리는 거예요.

김복준 최○○ 박사가 정확하게 집어서 이야기한 것이 있어요. 1996년 10월 24일 오후 2시에 강서구 화곡7동에 거주하는 17세의 김양이 취업실습 나갈 곳을 알아보기 위해서 친구를 만나러 나간 다음에 행방불명이 됐어요. 1996년 11월 3일 오후 4시에 오산시 지곳동 농로 주변에 있는 시멘트 배수관에서 발견이 됐어요. 발견이 됐을 당시에는 완전한 나체 상태였는데, 스타킹으로 입에 재갈을 물렸고 전신에 26개의 자상이 있었어요. 발견했던 사람은 44세의 김씨였고, 성묘 갔다가 귀가하던 중에 용변 보다가 사체를 발견해서 신고했거든요. 이 시기가 범행의 공백기이긴 합니다만 이 사건은 어떻게 보십니까?

하승균 저는 서울에서 범행을 저지른 다음에 사체를 차에 싣고 화성 지역에 유기함으로써 화성연쇄살인사건에 연결시키려는 의도를 가진 유사범죄로 분석을 했어요.

김복준 그럼 이 사건은 선배님께서 보시기에도 화성연쇄살인사건의 범인이 저지른 것은 아니고 모방 범죄로 보인다는 거죠?

하승균 네, 이 사건에서는 범인이 차량을 이용했잖아요.

김복준 그렇죠. 화성연쇄살인사건에서는 차량을 이용했던 사건은 없었습니다.

하승균 화성연쇄살인사건의 범인은 버스 등의 대중교통이나 걸어 다니면서 사람들의 눈에 띄지 않는 곳에서 범죄를 저질렀는데 이 사건은 차량을 이용했어요. 범행수법이 다르다고 할 수 있어요.

김복준 그렇네요. 이 사건은 차량을 이용한 범죄인데, 사실 화성연쇄살인사건의 범인은 차량이 없었을 것으로 생각됩니다.

하승균 화성연쇄살인사건의 범인은 차량이 없었어요. 그리고 당시에는 자가용을 가지고 있는 사람이 흔치 않았어요.

김복준 흔치 않았죠. 오산이 화성과 가깝고 농로에 있는 시멘트 배수관에서 사체가 발견되었기 때문에 같은 사건으로 분류하는데 실제로 오산과 화성의 거리는 꽤 먼 편입니다.

하승균 이 사건의 범인은 물론이고, 화성연쇄살인사건을 모르는 사람은 거의 없잖아요. 그래서 사체를 어디다 버릴까 해서 화성 부근에 유기한 것으로 당시에 결론을 내렸어요.

김복준 단지 비슷한 것은 스타킹으로 재갈 물렸다는 것이고, 이 사건에서 특징적인 사실은 전신에 26개의 자상이 있었다는 겁니다. 사망의 원인이 자상이었어요. 만약에 동일범의 소행이라면 범인이 흉기를 사용해서 살해했다는 것인데, 화성연쇄살인사건에서 흉기를 사용한 것은 단 한 건도 없었어요. 최상규 박사께서는 이 사건도 화성연쇄살인사건에 포함되어야 하는 것 아니냐는 의견을 제시 했는데, 저도 이 사건이 포함되는 것에 대해 의문이 있었어요.

공명심, 자백, 가정교사 식 심문

하승균 화성연쇄살인사건의 범인 검거와 관련해서는 형사라면 누구나 공명심이 있었어요. 그래서 이곳저곳 돌아다니다가 다방종업원이 수상하고 의심스러운 사람이 있다고 하면, 임의로 데려다가 밤을 새워서 조사해요. 그리고 조사과정에서 학습을 시켜서 범인으로 자백을 하게 만드는 어처구니없는 일도 많았어요. 당시에는 사건을 담당하는 수뇌부에서도 자백을 받아서 기자회견 하겠다는 팀들의 보고를 신뢰하지 않았어요. 자백을 받은 담당형사를 배제시킨 상태에서 조사해 보면 학습 당한 것이 대부분이었어요. 그 부분은 아주 힘들었어요.

김복준 '가정교사식 심문'을 했던 거예요. "당신, 그날 이렇게 했잖아." 라는 식으로 진술 내용을 '가정교사'처럼 알려주는 거죠.

하승균 형사소송법의 정신으로도 중대 사건의 범인일수록 엄격한 증명이 있어야 하잖아요. 그런데 자백만으로 발표를 하면, 기자들이 대서특필하는 거예요. 이 사건과 관련해서는 안타까운 일도 많았어요. 저와 같은 팀에서 일하던 동료 한 사람도 뇌출혈로 쓰러졌어요. 지금도 반신불수의 상태로 살아가고 있어요. 형사들도 고생 많이 했어요. 그때 형사들은 형사가 아니면 안 된다고 생각하는 사람들이 많았어요.

김복준 그때 생각하면 정말 고생했던 것 같아요. 화성연쇄살인사건은 잘 알려진 것처럼 4만 116명의 지문을 대조했고, 180명을 대상으로는 모발 감정까지 하는 등 수사와 관련해서 다양한 진기록을 남겼어요. 그 과정에서 억울하게 누명을 쓴 다수의 피해자분들도 발생했어요. 뿐만 아니라, 경찰 중에서도 과로와 스트레스로 건강을 잃는 등의 피해를 입은 분들이 많았습니다. 정말 죄송스럽고, 또 한편으로는 안타까운 일입니다. 저희는 조건이 충족되지 않은 상태에서 오직 발로 뛰고, 탐문하고 다녔습니다.

그때는 형사들이 구두를 신으면 혼났잖아요. 그래서 항상 운동화만 신고 다녔어요. 그런데 요즘 후배 형사들은 과학수사나 CCTV에 너무 의존하는 것 같은 생각이 들기도 합니다. 수사는 그것이 전부가 아니잖아요.

화성연쇄살인사건이 낳은 '화성괴담'

김복준 아무튼 지금까지는 선배님께서 사건들을 팩트에 근거해서 설명을 했는데, 당시에 몇 가지 '화성괴담'이 있었어요. 용의자로 지목된 사람들이 스스로 목숨을 끊는 등의 불상사와 가슴 아픈 이야기들이 있습니다. 9차 사건 용의자였던 38세의 차씨는 1990년 3월에 화성군 태안읍 병점역 철길에서 달려오는 기차에 몸을 던져 자살했죠. 또 다른 용의자였던 19세의 청년은 갑자기 암으로 사망했어요. 겨우 19살이었는데 너무 안타까웠어요. 1991년 4월에는 32세의 장씨는 용의자로 의심을 받아서 아파트 옥상에서 투신을 했습니다.

하승균 장씨는 잘 모르겠는데, 암으로 죽었다는 19세의 청년은 분명하게 기억이 납니다. 이 청년은 동네 사람이 남의 집을 기웃거리는 등 행동이 수상하다고 신고를 했던 경우예요.

김복준 그래서 수사대상이 됐던 거죠.

하승균 윤씨 성을 가진 청년이었는데, 키가 작고 둥근 얼굴에 탄탄한 몸을 가지고 있었어요. 그 청년에게 자백을 받았더라고요.

김복준 당시에는 자백도 많이 받았어요.

하승균 자백 내용 중에 "손톱깎이로 찔렀다."는 이야기가 있었어요.

김복준 맞아요.

하승균 청년 윤씨는 2차 사건의 피해자였던 박씨가 맞선을 봤던 장소에서 아주 가까운 동네에 살고 있었어요. 자백을 받았기 때문에 이 청년이 범인이라고 하는데 석연치 않은 구석이 있었어요. 경기도경찰청 형사 과장께서 사건을 살펴봤으면 좋겠다는 연락을 했어요. 제가 "자백한 내용에 손톱깎이까지 나와 있는데, 그 손톱깎이 어디 있다고 했어요?"라고 물었더니 개울에 내다버렸다고 했다는 거예요. 그래서 제가 윤씨를 만나서 대략 6시간 동안 이야기를 했어요. 우선 생존자였던 여성분에게 들었던 인상과는 전혀 달랐어요. 전체적으로 너무 둥글둥글하고 키도 작았어요. 그리고 최초의 혐의도 연쇄살인사건이 아니라 이웃동네에서 담 너머로 여성들을 쳐다보다가 동네 사람에 게 들킨 것이었어요. 일반적으로 여성에게 관심이 있으면 쳐다보기도 하고 따라가기도 하잖아요. 제가 봤을 때 연쇄살인사건과 관련해서는 특별한 혐의점이 없었어요.

김복준 그런데 형사가 데려가서 자백을 받은 것이네요.

하승균 그런데 그 청년이 나중에 암으로 죽었어요.

김복준 네, 1997년에 암으로 죽었답니다.

하승균 그 청년은 송치가 됐지만, 범인으로 적시되지 않았기 때문에 바로 나왔던 것으로 알고 있었는데 암으로 죽었어요.

김복준 그리고 7차 사건의 용의자였던 박씨는 증거 불충분으로 석방된 후에 아버지의 무덤 근처에서 목을 매 자살합니다.

하승균 언론에서 이 시기에 있었던 사건들을 발췌해서 '화성괴담'이라고 하는데, 일부는 형사들에 의해서 용의자로 수사 받았던 사람이 맞습니다. 하지만, 그렇지 않은 사람들도 있거든요. 아파트에서 투신했던 사람을 제가 모르는 이유는 형사나 수사본부와 관련이 없는 사람들이기 때문이에요.

김복준 아파트에서 투신했던 사람은 아니라는 거죠. 또 심령술사가 4차, 5차 사건의 용의자를 제보했다는 이야기가 있더라고요.

하승균 그 부분은 당시 수사본부의 체제와 관련이 있었어요. 경기도경찰청에서 저는 강력주임이었는데 형사계가 있었어요. 당시의 형사계장이 보기에 강력계는 모두 나가서 고생을 하고 있는데, 형사계는 사무실에 앉아서 편하게 있다는 생각에 강력계를 돕겠다는 의지가 있었어요. 사건이 미궁에 빠져있었기 때문에 두 가지의 비책을 제시했어요. 하나는 점을 봤는데 굿을 하면 효과가 있을 것이라고 했나 봐요. 굿을 했다는 이야기 들었지만 사실 확인을 하지는 않았어요. 나중에 들어봤더니 웃으면서 기자들에게 가십으로 노출될 것 같아서 굿을 하고도 쉬쉬했다고 하더라고요. 다음으로는 심령술사를 찾아갔었는데 그 사람이 범인에 대한 제보를 했다는 거예요. 저기에 있는 어느 동네의 언덕을 넘어가면 집이 하나 있는데 양철로 된 처마가 있을 것이고, 그 집에 사는 사람은 손가락이 하나가 없을 것이다.

김복준 그것 찾느라고 저희가 엄청나게 돌아다녔잖아요.

하승균 그래서 형사계장이 혹시 모르는 일이니 한 번 찾아보자고 하는 거예요. 혹시나 하는 마음으로 찾았는데 심령술사가 말한 사람이 실제로 있는 거예요. 나중에 알고 봤더니 이 심령술사가 사전에 돌아다니면서 확인했던 내용이었어요.

김복준 미리 동네를 살펴보고 왔던 것이었어요.

하승균 심령술사는 이 사건을 이용해서 자신이 용하다는 것을 소문내려는 의도를 갖고 있었는데 우리가 속은 거죠. 뿐만 아니라, 또 하나의 가십이지만 대전의 둔산경찰서의 모 팀장이 대전교도소에 있는 살인범이 화성연쇄살인사건의 피해자 두 명을 자신이 죽였다고 자백했다고 하면서 제게 전화를 했어요.

김복준 실제로 그 제보는 사실 확인을 했잖습니까?

하승균 확인 결과 아니었어요. 그런 자백을 했던 이유는 자기가 저지른 살인사건은 이미 1심이 끝났고, 2심이 진행 중이었는데 화성연쇄살인사건과 연결되면 재판을 미룰 수가 있다는 것 때문이었어요. 저에게 가장 인상적이었던 사건은 화성연쇄살인사건을 이용해서 이혼한 전남편을 범인으로 몰아가려는 것이었어요. 남편이 수상하다는 제보를 해서 왜 수상하냐고 했더니 화성에 살았고 직장도 그곳에 있었는데 부부관계를 할 때마다 이상한 성적 요구를 한다는 거예요. 이혼을 했는데 빨리 재혼을 하기 위해 남편을 연쇄살인범으로 제보한 것이었어요.

김복준 오랫동안 해결되지 않는 사건이 있으면 이상한 제보들을 해서 수사를 방해하고 형사들을 괴롭히는 사람들이 있어요.

하승균 또 한 번은 당시 경찰대 교수 분이 전화를 했어요. 사람을 보낼 테니 시간을 내서 만나보라는 거예요. 안양에 있는 정신병원에 입원해 있는 환자였는데, 7차 사건인 가재리 사건의 피해자를 자기가 죽였다는 거예요. 그래서 제가 당신의 병원을 방문하겠다고 하고는 가서 봤는데 우리가 찾는 인상이나 신체적 특징과는 전혀 다른 사람이었어요. 정신병자까지 화성연쇄살인사건을 이용할 정도였기 때문에 화성괴담이라는 가십은 일일이 이야기할 수가 없어요.

김복준 굿하고 심령술사 찾아 가신 분은 제가 모시던 상사시거든요. 그런데 정말로 점을 좋아합니다. 심지어 이분은 용의자의 집에 흰 소복 차림으로 들어가서 귀신인 것처럼 행동하면서 범인을 잡아보자는 이야기를 하신 적도 있었어요. 아무튼 열정은 대단하신 분이었어요.

하승균 그렇죠. 좋게 보면 그렇게라도 도와주려는 것이었어요.

김복준 다음으로는 박양 사건을 해결했던 최순경에 대한 이야기도 있습니다. 최순경은 범인을 잡아서 특진했어요. 그런데 1999년에 교통사고로 사망했어요. 그 죽음과 화성연쇄살인사건을 연관시키는 등의 억측 때문에 '화성괴담'이라는 말이 생겼습니다. 하지만, 화성괴담은 근거도 없는 이야기들이 인터넷에 떠돌면서 확산된 것일 뿐입니다.

하승균 제게 화성연쇄살인사건과 관련된 뒷이야기를 취재해 보라고 하면 저부터도 몇 가지는 쉽게 만들어낼 수 있어요. 다방 몇 군데 돌아다니면서 이런저런 이야기들을 각색하고, 확대하면 되거든요. 그런데 수사에 도움이 되지 않을 뿐만 아니라, 형사들은 애초에 그런 이야기를 신뢰하지도 않아요. 저희들은 용의자의 특징, 즉 '용의자 적격'이라는 것을 머릿속에 집어넣고 있어요. 예를 들면, 제가 정리해 놓은 것도 있어요. 제가 형사들에게 혹시 이런 사람이 있으면 눈여겨보고 집중해서 보라고 했던 것들이죠.

형사 하승균이 말하는 화성연쇄살인사건의 용의자

김복준 그 내용을 알려주시면 도움이 될 것 같습니다.

하승균 화성연쇄살인사건의 용의자로서의 적격은 키가 168cm 정도, 다만 ±2cm 정도를 감안해야 합니다. 몸은 호리호리하고, 얼굴은 갸름하며, 눈 꼬리가 약간 치켜 올라갔다는 겁니다. 1986년과 1987년 사이에는 스포츠형 헤어스타일을 하고 다녔습니다. 시간이 지나서 헤어스타일도 체형도 얼굴의 형태도 달라졌을 수 있지만, 주의 깊게 봐 주시길 부탁드립니다.

김윤희 당시 스포츠형 헤어스타일이 유행했던 것은 아니죠?

하승균 대체로 장발이 유행했었어요. 저희가 생존했던 분께 들은 이야기가 있는데 그분의 워딩을 그대로 인용해 보면, "방위 소집자처럼 짧다."고 했어요. 그 말에 착안해서 멀지 않은 곳에 있는 공군 부대의 방위병들도 조사했어요. 스포츠형 헤어스타일과 상반신이 약간 구부정하다는 것은 버스기사와 버스안내양의 공통된 진술이기도 합니다. 그리고 범인은 흡연자라는 것이에요. 버스기사 분이 침을 뱉으면서 담배를 핀다고 했잖아요.

김복준 진흙 묻은 발을 보닛에다 올려놓고 담배를 피웠다고 했죠.

하승균 침을 뱉었다는 것은 생존했던 여성분도 동일하게 진술했어요.

김복준 그것은 일종의 습관이거든요.

하승균 인상착의를 설명한 다음에는 단독 범행이고, 절대로 2인 이상이라고 생각하지 말라고 당부하고 싶습니다. 그리고 참고하되 절대적이지 않은 것은 자료에 나타난 B형일 가능성입니다.

김복준 B형이 많았어요.

하승균 양부모일 가능성도 있지만, 편부 내지 편모슬하에서 문제아로 성장했을 가능성이 있다. 아버지가 술꾼이고 노동자일 것이고 집에서 자주 싸우거나 자식들에게 폭력을 행사했을 것이다. 폭행당하던 엄마가 사라져서 여성에 대한 분노를 가지고 있을 것이다. 그리고 범인은 단독 생활을 즐길 것이다. 동네에서 친구도 잘 만나고지 않고 집에 혼자 조용히 지내는 편에 속하는데, 남들이 볼 때에는 얌전한 총각이라고 생각할 수 있다. 그리고 성격은 내성적일 수 있는데, 충분한 교육을 받지 못했을 것이다. 또 여성에 대한 증오와 편견이 있을 수 있다. 직업은 노동과 관련된 일에 종사했던지, 아니면 지금도 종사하고 있을 수 있다. 전과가 있는데 여성을 대상으로 한 범죄와 연관되어 있을 가능성이 높다. 주변사람들과 대화할 때 습관적으로 욕설을 내뱉고, 침을 자주 뱉을 수도 있다. 이런 요건을 갖춘 사람을 주의 깊게 보라고 하면서 형사들과 함께 공유했던 내용입니다.

김윤희 수사와 관련된 이야기를 들으면서 제가 느낀 것은 "수사가 예술이구나."라는 것이었어요. 요즘에는 CCTV나 과학적인 수사 기법들이 동원되지만, 과거에는 그렇지 못했잖아요. 그런데 풀이 갈라진 길을 따라 나오셨고, 또 그 과정에서 추정하는 부분이 멋있었거든요. 그래서 수사는 창작이고 예술이라는 생각이 들었어요.

하승균 표현이 훌륭하네요. 저는 형사들은 특히 수사를 지휘하는 리더들은 그야말로 '컨덕터', 지휘자라야 한다고 생각했어요. 각자의 악기 소리가 좋은 것보다는 조화를 이루는 것이 중요해요. 형사는 범인을 지목하는 개인의 의견에 집중하기 보다는 항상 서로 대화를 통해 종합해 나가는 것이 중요하다는 겁니다. 어떤 의미에서 형사는 범인을 검거하기 위해 뜬구름을 잡고 다니는 직업이지만, 사건을 해결하면 그 성취감은 말로 표현할 수가 없거든요.

김복준 기가 막히죠. 잠깐이지만 구름 위에 둥둥 떠가는 기분이죠.

하승균 제가 26살에 형사계의 형사로 들어가서 30대 초반에 사건을 해결해서 경장, 경사로 특진을 했어요. 형사계에서 정년퇴직 하면서도 살인범을 하나도 검거하지 못하는 경우도 있거든요. 저는 형사가 멋있는 직업이라고 생각했어요. 다른 형사들이 범인 데리고 현장검증을 하러 가면, 저는 검거한 사람이기 때문에 '방관자'가 되는 거죠. 영동시장에서 백합꽃을 한 송이 사서 양복 입고 넥타이를 매고 현장에 갔어요. 현장에 가서 보면, 수사 참여했기 때문에 시체가 누워있던 방향을 알잖아요. 그러면 시체가 누워있던 방향 그대로 백합꽃을 놓고 나는 당신과의 약속을 지켰다고 하고 돌아와요. 저는 수사를 시작할 때 속으로 "꼭 잡아줄 테니 편안히 잠드시라."고 약속을 하거든요. 약속을 지켰다는 것을 누구에게 이야기하겠습니까? 누구에게도 이야기할 수 없지만, 이게 얼마나 멋있는지 몰라요.

김복준 저희들이 항상 "꼭 잡아줄게."라는 약속을 생각하잖아요. 그런데 꼭 잡아준다는 약속을 해놓고 못 지키는 것이 제일 서럽죠.

김윤희 하나만 더 여쭤볼게요. 아마 많은 분들이 궁금해 하실 것 같은데 지금 화성연쇄살인사건의 살인범이 살아 있을까요?

하승균 저는 반반이라고 봐요. 범인이 죽었을 수도 있다고 보는 것은 범인의 성격을 보면 혼자서 술을 마시는 스타일일 거예요. 그래서 건강관리가 되지 않았을 수 있다는 생각이 있거든요. 그렇지 않으면 다른 사건으로 검거돼서 오랜 징역 생활을 하면서 살고 있을 수도 있다고 생각해요. 이 사건은 공소시효가 지났단 말이에요. 범인이 살아있다면 같은 수법이 아니라고 해도 반드시 어딘가에서 또 범행을 할 겁니다. 자신이 화성연쇄살인사건의 범인으로 잡히면 여러 가지 문제가 될 수도 있기 때문에 수법을 달리 해야겠다고 생각할 수도 있어요.

김복준 범인이 살아있다면 나이가 대략 50대 중반 정도 되는 거죠?

하승균 제가 계산을 해 보니 그 정도일 것 같아요. 1988년에 버스기사 강씨가 스물 여섯, 스물 일곱 정도 됐다고 했어요. 버스안내양 엄씨에게 "그 자식 스물일곱 살 정도 되어 보이지?"라고 했을 때 버스안내양 엄씨도 그렇다고 했어요. 그 사건 2년 전에 생존자인 박모 여인에게 진술을 들었을 때에도 스물다섯, 스물여섯 살로 보였다고 했어요. 그러면 2년 후에는 스물일곱 살이 맞잖아요. 지금 58세에서 60세 정도겠죠?

김복준 1988년에 27세면 지금은 57세 정도 됐을 겁니다.

하승균 살이 찌지는 않았을 거예요. 범인의 성격상 긴장과 자학 때문에 스트레스가 심해서 여전히 말랐을 것이고 많이 늙었을 거예요. 몽타주를 보고 범인을 찾으려고 한다면 불가능할 수도 있어요.

김복준 몽타주를 통해서 유추하는 것은 큰 의미가 없을 것 같아요.

김윤희 제가 면담했던 사건 중에 이○○이라는 사건이 있어요. 범인의 나이대는 10살 정도 어려요. 중요부위에 나뭇가지나 화장품을 집어넣었던 사건인데 조금 전에 비디오테이프 이야기 하셨잖아요. 이상한 동영상을 몇 편이나 모아놨었어요. 그것을 보면서 탐닉했었고, 또 온몸에 장미 문신이 있었어요. 그런데 갑자기 이○○이 범인은 아니라고 하더라도 약간 비슷한 성향을 가지고 있었겠다는 생각이 들었어요. 면담과정에서는 거의 이야기를 하지 않았거든요

하승균 몇 년이고 어디였어요?

김윤희 1995년에 서울 광진구 약수터에서 처음으로 살인사건이 일어났어요. 그리고 그 일대에서도 살인사건이 있었어요.

하승균 그 당시에 용의자의 나이는 어떻게 되나요?

김윤희 첫 사건이 1995년이었는데, 당시에 20대 초반이어서 나이대가 맞지는 않는 것 같아요.

하승균 우리가 거스를 수 없는 것은 나이와 지역의 연고라는 것이에요. 그리고 나머지는 조금 전에 이야기했던 범인 적격이라는 것이죠. 이것들을 종합해서 분석을 해야 할 것 같아요.

김윤희 나이대가 맞지 않아서 저도 그 사람은 아닐 것 같은데, 성향 자체를 봤을 때는 비슷해서 그런 범죄자를 면담했을 때 참고를 하면 좋겠다는 생각이 들었어요.

김복준 수법은 비슷하다는 거네요. 화성 주변에서 살았던 흔적이 있는 지를 따져봐야겠네요.

하승균 그 후로 제가 기회 있을 때마다 후배들에게 부탁하고 요구하는 것은 수법은 절대적인 것이 아니라는 겁니다. 수법은 자기가 좋아하는 방법이거나 즐겨 쓰는 방법, 그리고 자신 있는 방법 두 가지 중에서 선택할 뿐이에요. 그러나 범죄자들은 교도소 등을 통해 새로운 수법을 배울 수도 있어요. 그래서 늘 변하는 거예요. 항상 변화하는 가운데 변하지 않는 것은 당시의 목격자들, 연고감, 나이대, 그리고 신체 특징 같은 것이에요.

화성은 끝나지 않았다

김윤희 서장님이 쓰신 책『화성은 끝나지 않았다』는 절판됐어요.

하승균 제가 "화성은 끝나지 않았다."라고 제목을 붙인 이유는 제가 현직에 있을 때였는데 이 사건을 '추억'이라고 하는 거예요. 실제로『살인의 추억』이라는 영화가 나오기 1년 전쯤에 누군가가 보여주더라고요. 이 시나리오가 맞는지 확인해 달라고 해서 봤더니『살인의 추억』이라고 되어 있었어요. 영화도, 영화를 만든 사람도, 영화를 본 사람들까지도 추억이라고 할 수 있겠지만, 저에게는 추억이 아니고 추억일 수 없다는 의미입니다.

김복준 화성은 선배님 입장에서 아직 끝나지 않은 거죠?

하승균 제가 현직에 있을 때인 2003년에도 경기도경찰청 강력계장이면 경기도 내의 강력사건을 아침마다 보고서로 받잖아요. 실제로 저는 어디서 강간치상 또는 강간살인, 그리고 성폭행 사건이 일어나면 범인의 인상과 신체적 특징을 물어봐요. 그리고 1985년에서 1990년 사이에 화성이나 수원 쪽에 가서 살았거나 직업을 가져본 적이 있느냐고 물어보고 연락이 오면 제가 직접 나가보는 거예요.

김윤희 전에 기사에서 서장님께서 범인을 악마라 지칭하면서 편지 썼던 것을 봤어요. 지금 만약에 살아있다면 혹시 하실 말씀 있으세요?

하승균 할 말도 없지만, 이야기를 한다고 해서 살아있는 범인에게 무슨 영향이 있겠습니까? 저는 세상에 반드시 정의가 있기 때문에 어떤 형태로든 응징을 받았으리라고 봐요. 그래도 신문이나 방송, 특히 요즘은 케이블 TV에서 사건이 났다고 하면 습관적으로 수법이 비슷하다거나 그렇지 않다고 하면서 보게 됩니다.

김윤희 저는 화성연쇄살인사건에 대해서 언론에서도 보고, 자료로도 봤지만 무언가 그림이 그려지는 것은 이번이 처음이었거든요. 저한테 너무 뜻 깊은 시간이었고요. 저는 말씀하시는 내내 사명감이라는 말을 생각했어요.

하승균 형사는 정의감과 사명감이 없다면 형사가 아니라고 생각해요. 아무리 과학이 발달해도, 그래서 범인과 용의자를 과거보다는 쉽게 찾아낼 수 있다고 해도 반드시 사명감과 정의감이 있어야 해요. "내가 하지 않으면 안 된다." "나는 형사다."라는 마음으로 파고들지 않으면 범죄는 사라지지 않고 사건도 해결되지 않을 것이기 때문입니다.

김복준 저는 후배들이 누가 뭐래도 사명감이라는 것이 있어서 형사를 한다고 생각해요. 적어도 형사들은 그렇다고 믿습니다.

하승균 지금도 경기도에 50세 이상 된 형사들이 형사 보직을 가지고 있다는 것 자체가 고마워요.

김복준 요즘에는 하지 않으려고 해요. 정말 그렇습니다.

하승균 경기도 형사들이 타지역 형사들보다 고생을 많이 했어요. 2005년까지 살인사건이 45시간에 한 건씩 났어요. 사건은 서울에서 일어났는데 사체는 경기도에서 발견되는 경우도 많았어요.

김복준 여행성 범죄가 많았어요.

하승균 45시간이면 이틀에 한 번씩 일어났다는 말이죠. 지금은 다행히도 CCTV나 휴대폰 때문에 범죄가 많이 줄었어요.

김복준 화성연쇄살인사건은 범죄현장에 "너는 자수하지 않으면 사지가 썩어서 죽을 것이다."를 써서 허수아비로 세워놨었잖아요. 범인이 혹시 선배님의 방송을 본다면 명심해야 할 것 같아요.

하승균 범인이 살아있다고 해도 정상인으로 살고 있지는 못할 거예요.

김윤희 오늘 너무 감사합니다.

하승균 오늘 제가 이 사건을 방송을 통해서 말씀 드린 내용이 수사 자료의 제보로 이어지고, 또 그것으로 인해 사건 해결에 도움이 된다면 제가 평생 안고 사는 마음의 빚과 현직에 있을 때에 못다 이룬 꿈을 만회할 수 있는 기회가 될 수 있다는 조그마한 희망 때문에 이 자리에 나왔습니다. 감사합니다.

화성사건의 범인(이춘재)이 밝혀진 이후
하승균 서장의 심경

꿈에서도 찾아 헤매던 범인이 밝혀졌다는 소식에 잠시 온몸의 근육이 다 풀리고 잠시 멍한 공허를 느끼고서야 어떤 감격에 취해 있을 때, 발 빠른 어느 기자가 소감을 물어와 나도 모르게 "하느님, 감사합니다."라고 영광을 돌린 것은 그만큼 사건 하나하나가 처절한 현장의 기억으로 뼛속까지 새겨져 있었고 내 삶에 암적 존재가 되어 있었지만 내 업보라고 체념하고 지내다가 비로소 내 영혼의 해방이라고 생각하여 너무 좋았습니다.

그러나 며칠이 지난 지금 범인이 현장 부근 진안리에 살았고, 경찰 조사도 받았다는 보도에 허탈한 심정으로 현직에 있는 후배에게 확인을 했습니다. 그 결과, 보도내용이 모두 사실이고 기록도 남아 있다는 대답에 말문이 막혔습니다. 용의자를 상대로 몽타주를 활용했더라면 하는 아쉬움이 남습니다.

요즈음 적극적으로 언론 인터뷰에 응한 이유도 제가 그 수사과정 전체를 책임질만한 위치나 지위에 있지 않았다고 해도 아날로그 수사팀장으로서 그 당시의 수사 환경을 모르는 후배들을 대신하여 사실에 기초한 해명을 한 것인데 "한물 간 구시대의 선배들이 수사를 제대로 못해 놓고 언론에 변명으로 일관해서 문제를 키운다."는 불평이 많다는 말에 이래저래 가슴이 아픕니다.

30년 전 그때도 유전자를 분석할 수 있는 기술이 있었더라면, 그때도 폐쇄회로가 곳곳에 설치되어 있었더라면, 휴대폰이 항상 우리 주머니에 있었더라면, 지금처럼 시골길에 가로등이 밝혀져 있었더라면 하는 사치스러운 생각을 해 봅니다. 하지만, 요행을 기대하고 범인이 실수해서 남겼을지도 모르는 현장의 다양한 유류품을 정성껏 수집 보존했고, 그것을 이용해서 끈질긴 노력으로 범인의 유전자를 세 건의 사건에서 찾아낸 국립과학수사연구소분들과 후배 형사분들게 감사의 박수를 보냅니다.

사건이 사실상 해결됐지만, 응어리가 남는 것은 공소시효를 넘겨 범인에게 마땅히 물어야할 응분의 처벌을 할 수 없다는 것입니다. 범인이 또 다른 살인으로 무기징역을 받았지만, 오로지 가석방을 목표로 모범수로 위장해서 생활하고, 또 가까운 시일 내에 가석방을 기대했다는 이야기를 듣고는 '참, 그놈답다.'는 생각이 들었습니다. 무슨 말이냐고요? 나는 당시 팀원들에게 "용의자가 발견되면 그 자가 거주하는 동네 주민, 이장, 반장 등에게 그 자의 품행을 묻게 될 텐데 아마 그 사람은 착하고 얌전하고 예의 바르고 나쁜 짓을 할 사람이 아니라는 말, 즉 모범청년이라는 평을 들을 수 있는데 바로 그런 사람을 놓치지 말라."고 강조했습니다.

경험상 술에 취해서 이웃과 싸움질이나 시비가 잦은 사람은 이런 유형의 살인을 할 수 없기 때문입니다. 언론의 보도 내용에 따르면, 당시의 이웃주민들이 이구동성으로 "그럴 리가 없다."고 했다는 말을 듣고 실소를 하고 말았습니다. 또, 저는 그놈은 자의로 살인을 그만 둘 놈이 아니라고 단언했습니다. 그놈의 수법에서 놈이 살인을 즐겼다는 흔적이 확실히 엿보였고 불행히도 저의 판단이 맞아서 자신의 처제를 살해했습니다. 뿐만 아니라, 1987년 12월 24 밤에 수원 화서역 인근에서 여학생을 살해했고, 분명 또 다른 피해자가 있다고 굳게 믿고 있습니다.

한편, 7차 사건 직후에 범인을 태우고 수원까지 왔던 버스기사와 버스안내양의 기억을 기준으로 범인의 몽타주를 작성했던 저는 최근 놈의 고등학교 졸업식 때 찍은 사진과 몽타주를 대조해 보고 자긍심을 느꼈습니다. 어느 기자가 몽타주와 놈의 사진이 너무 닮아 소름이 돋았다는 말로 대신합니다.

그때 그 버스기사분이 몇 년 전에 지병으로 세상을 떠나셨는데, 다시 한 번 명복을 빕니다. 저는 이 세상은 정의의 신 께서 지배하고 있다고 믿습니다. 인간의 능력이 미천하면 귀 감이 되는 방법으로 범인을 징계하십니다. 요즈음 뒤죽박죽 혼탁한 세상살이에도 어김없이 징계자의 손길을 느낍니다.

마지막으로 김교수의 기개 넘치고 매서운 논평에 공감합 니다. 우리는 단지 월급쟁이로서의 공직자가 아니고 정의와 사명감으로 무장했던 공직자였다고 자부해 봅니다.

김복준 저는 선배님의 열정과 정의감을 잘 알고 있습니다. 마음 고생 이 많으시겠지만, 힘내시고 강건하게 계십시오. 선배님의 숙제, 그 운명 같은 한을 누가 쉽게 짐작하겠습니까? 건강 관리하시 고, 조금 지나면 허심탄회하게 소감을 밝히실 수 있는 자리를 준비하겠습니다. 안녕히 계십시오.

2003년 사건의 개요

11월 5일 오후 6시 18분, 어머니와 통화 후 실종
11월 14일 오후 12시 50분, 의정부시 낙양동 도로공사 현장에서 휴대폰 발견
11월 28일 휴대폰 습득 사실 경찰에 신고, 공책과 책 등 유류품 발견

2004년 사건의 개요

2월 8일 10시 15분 오전 아침 10시 15분
포천 이동교리 옹달샘 가든 진입 배수로에서 사체 발견

수사의 진행

수사대상자 총 1569명으로 동종 전과자 112명,
자퇴한 청소년들도 229명, 불량 학생 281명, 변태 성욕자 7명,
제보자 수사 64명 등

이 사건을 다룬 TV 프로그램

SBS 교양 프로그램『그것이 알고 싶다』
OCN 드라마『라이프 온 마스』

매니크어살인사건으로 바뀐 것들

2장

매니큐어
살인사건

INTRO

"이 사건과 관련해서는 어느 방송이라고 할 것 없이 인터뷰가 정말 많이 들어옵니다. 이번에 『그것이 알고 싶다』에서도 저에게 인터뷰가 들어왔어요. 지금까지는 모든 인터뷰를 거절했어요. 지금 제가 『그것이 알고 싶다』라는 프로그램의 내용이 맞다거나 틀리다는 것을 이야기 하고 싶은 것이 아니라 적어도 당시에 저와 저의 동료들이 화장품 가게에 진열되어 있는 매니큐어 정도를 수사하지 않을 정도로 허술하지 않았다는 것을 말씀드리고 싶었습니다."

담당 형사였던 김복준 교수의 회한,
그리고 수사 과정의 문제점들

포천 매니큐어
살인사건

김윤희 이번에는 다룰 사건은 김복준 교수님과 아주 사연이 깊은 사건입니다. 포천 여중생 살인사건, 일명 '매니큐어살인사건'으로 알려져 있습니다. 저는 가끔 교수님이 이 사건에 대해 이야기 하실 때 들었기 때문에 교수님께서 어떤 심정인지를 잘 알고 있습니다. 아무튼 이 사건에 대해 이야기를 하는 것이 많이 꺼려지셨을 텐데 용기를 내서 하시게 됐어요. 그 이유 중의 하나가 최근에 『그것이 알고 싶다』에서 이 포천 여중생 살인사건을 다뤘기 때문입니다. 교수님께서 『그것이 알고 싶다』방영 후에 저에게 전화를 하셔서 포천 여중생 살인사건을 이야기해 보자고 하셨어요. "교수님 괜찮으시겠어요?"라고 했더니, 『그것이 알고 싶다』에서 잘못 알려진 것들에 대해서 바로 잡아야 될 의

무감을 느낀다고 말씀하셨어요. 그래서 힘겹게 이 사건을 이야기하게 됐습니다.

김복준 『그것이 알고 싶다』에서 방송을 했기 때문에 잘못 알려졌다기보다는 조금은 오해의 소지가 있는 부분이 있는 것 같다는 생각이 들었어요. 특히, 실제로 현장에서 그 사건을 담당했던 형사로서 제가 방송도 하고 있잖아요. 《사건의뢰》를 진행하고 있는 입장에서 시청자분들이 "아니, 자기가 저 사건을 담당해 놓고서 입을 닫고 있는 것은 예의가 아니지 않냐?"고 말씀하실 수도 있을 것 같아요. 포천 여중생 살인사건은 엄밀히 이야기하면 미제사건 아닙니까? '미제사건을 하는 것이 맞나?'라는 생각도 했는데 이번만큼은 미제사건을 다뤄도 괜찮을 것 같다는 생각으로 선택을 해 봤어요.

김윤희 형사들도 그렇고 프로파일러들도 그렇겠지만, 자기의 가슴 속에 품고 가는 사건들이 있어요. 교수님께서는 이 포천 여중생 살인사건이 가슴 속에 품고 가는 사건이라고 합니다.

"엄마, 나 지금 걸어가고 있어요."

김윤희 그럼, 사건의 개요를 살펴보도록 하겠습니다. 2003년 11월 5일, 이날은 2004학년도 대학수학능력시험이 있었던 날이었다고 합니다. 경기도 포천시 소흘읍 송우리에서 일어난 사건입니다.

김복준 2003년 11월 5일, 정확하게 이야기하면 18시 18분 18초경이에요. 항상 《사건의뢰》를 보시는 시청자 분들은 이미 아시겠지만,

경찰들은 대부분 24시진법을 씁니다. 그래서 00시에서 24시 이렇게 쓰잖아요. 11월 5일 정확하게 18시 18분 18초경에 학교를 마치고 나온 엄양이 집으로 전화를 합니다. 집은 학교 앞에서부터 700m 정도 떨어져 있었어요. 시골길을 걸으면 5분~7분 정도가 걸립니다. 엄양의 아버지는 군인이었기 때문에 관사인 군인아파트에 살고 있었어요. 거기서 18시 18분 18초경에 엄양이 엄마에게 전화를 합니다. "엄마, 나 지금 걸어가고 있어요." 이것이 엄양이 이승에서 했던 마지막 말입니다.

김윤희 저는 18시 18분 18초라는 이야기를 지금 처음 들었어요.

김복준 통화 내역, 즉 엄양이 전화 통화를 했던 내용을 살펴봤는데 마지막 통화는 18시 18분 18초경에 6초 동안 통화한 것으로 나와 있었어요. 그런데 엄양이 "엄마, 나 지금 걸어가고 있어요."라고 이야기를 했던 이유는 이날이 학교에서 수업을 일찍 마치는 날이었기 때문이었어요. 엄양이 학교에 가기 전에 엄마 이씨가 "00아, 너 오늘은 학교 끝나면 바로 집으로 와야 된다. 오늘은 엄마가 계에 가야 하거든. 집에 와서 동생을 봐줘야 돼."이렇게 이야기 했어요. 엄양의 동생은 그 당시에 7살이었어요. 엄양이 엄마에게 "알았어요."하고 학교에 갔는데, 막상 학교를 마치고는 집으로 오지 않고 친구 집에 가서 놀았던 거예요. 친구 집에서 놀고 있는데 거의 6시가 되어갈 무렵에 엄마가 전화를 했어요. 그때 엄마의 전화를 받은 엄양이 "나 지금 한샘 컴퓨터 학원이에요."라고 거짓말을 해요. 친구 집에서 놀고 있었으면서 학원에 있다고 거짓말을 했던 거죠. 그리고 친구 집을 나와서 엄마에게 전화를 걸었던 시간이 18시 18분 18초예요.

김윤희 분명히 10분 정도면 도착할 수 있는 거리인데 아이가 오지 않았기 때문에 엄마가 이상하게 생각을 했겠죠. 결국 9시쯤에 경찰서에 아이가 들어오지 않았다는 신고를 합니다.

정말 웬만하면 흔적이 드러나야 하잖아요. 가출을 했다면 친구들에게 도움을 청하거나 혼자서 시내를 돌아다닌 흔적이 있을 것이고, 어딘가로 나갔으면 터미널이나 역에서 행적을 찾을 수 있어야 하는데 아무것도 발견할 수 없었던 거죠.

김복준 그날 엄양은 15시 30분에 수업을 마쳤어요. 안타까운 것은 아침에 엄마가 집에 일찍 오라고 했으니까 17시 30분에 수업을 마치고, 엄마가 말했던 것처럼 집으로 갔다면 아무 일도 없지 않았을까 싶은 거죠. 엄양은 인근 송우리에 있는 신동연립이라는 친구 유양의 집에서 같이 놀고 있는데 오후 5시 58분에 엄마가 전화를 했고 한샘학원에 있다고 거짓말을 했어요. 그리고 "엄마, 나 지금 걸어가고 있어요."라고 말하는 것으로 엄마와 마지막 통화를 했던 것이에요.

14일 만에 찾은 엄양의 휴대폰

김윤희 저희가 살인사건이라는 것은 알고 있는데, 처음부터 엄양을 발견했던 것이 아니죠? 실종 9일째 되는 날 엄양이 아니라, 엄양의 휴대폰이 먼저 발견됩니다.

김복준 그 전에 엄양을 찾기 위한 경찰과 군인, 그리고 이웃들의 노력에 대해 잠깐 말씀드릴게요. 하루 정도 지나면 엄양이 집으로 들어올 것이라고 생각했어요. 그때까지도 청소년의 단순한 가출 정도로 인식을 했던 것 같아요. "기다려보시죠, 애들하고 노래방 갔을 수도 있어요."라는 식으로 파출소에서 소홀하게 처리했던 것은 분명해요. 그렇게 기다리다가 하루가 지나고 이틀이 지났는데 소식도 없고 집으로 돌아오지도 않았기 때문에 뒤늦게 난리가 났던 거죠. 경찰에서 전경과 의경 중대 몇 백 명을 동원해서 인근의 산, 논, 밭, 비닐하우스, 공가, 폐가 등을 모두 수색했어요. 11월 5일에 아이가 행방불명 된 상태에서 9일이 지난 11월 14일 12시 50분경에 의정부시 낙양동에 있는 도로공사 현장에서 휴대폰 하나가 발견됩니다. 당시 ○○종합건설의 현장소장이 엄양의 휴대폰을 발견해요. 엄양이 사라진 지 9일째 되는 날이었는데 바로 신고 해줬으면 좋았을 것 아닙니까? 그렇게 대대적으로 수색을 하고 있었는데, 이분은 14일 동안 그 휴대폰을 그냥 갖고 있었어요. 그리고 14일이 지난 다음인 11월 28일 12시에 휴대폰을 갖고 있다고 경찰에 신고를 합니다. 경찰이 바로 출동을 해서 휴대폰 발견한 곳이 어디인지를 물었더니 공사 현장에서 쓰레기를 쌓아두는 곳을 알려 줍니다. 경찰이 쓰레기를 쌓아두는 곳을 수색하는 과정에서 엄양의 운동화, 운동화 속에 있는 반 양말을 발견합니다. 반 양말이 똬리를 튼 것처럼 꼬여서 운동화 속에 들어 있었어요. 그리고 가방이 있었습니다. 가방 속에서 사진을 발견합니다. 사진은 엄양이 7살 동생과 함께 찍은 것이었고, 공책과 책도 있어서 꺼내봤는데 이름이 적혀 있는 부분만 찢어버렸더라고요. 이 사건은 첫 단추를 잘못 꿰었기 때문에 상당히 꼬였다고 봐야 됩니다.

김윤희 처음으로 발견된 피해자 유류품이 휴대폰인데, 이것을 발견했던 사람이 빨리 신고를 하지 않았기 때문에 문제라는 말씀이신 거죠. 그리고 유류품을 습득한 곳 주변을 수색하는 과정에서 가방과 신발, 그 밖의 소지품 일체가 발견된 거죠.

김복준 그런데 교복이나 입고 있던 옷가지는 발견하지 못했어요. 그곳에서 가방과 운동화 등 13점 정도를 찾았어요. 아무튼 그 당시에 가장 아쉬운 부분은 현장소장이 엄양의 휴대폰을 주워서 14일 동안 들고 있었다는 것이에요. 휴대폰을 공사 현장에서 주웠던 그날 휴대폰 주웠다고 신고만 했더라면 수사가 훨씬 낫지 않았을까 싶어요. 그때는 우리가 대대적으로 수색할 때였거든요. 그런데 11월 28일에 여기서 주운 휴대폰이 있다고 경찰에 신고했기 때문에 그때서야 출동을 해서 유류품 13점을 발견했던 거죠. 그때부터 이 사건을 살인사건이라고 인식했던 거죠.

김윤희 발견된 공책과 책에는 이름을 써뒀을 것 아니에요. 그런데 그 부분만 찢어 갔다거나, 또 유류품으로 발견된 것들 중에 교복, 스타킹, 그리고 속옷이 발견되지 않았기 때문에 두 부분에 포커스를 맞춰서 수사하기 시작합니다.

김복준 일단 이름표가 적혀 있는 부분을 찢어서 버렸다는 이야기는 이름이 적혀 있으면 누구라는 것을 인식할 수 있고, 누구라는 것을 인식하면 연관관계가 있는 사람을 찾아올 수 있다는 생각을 했을 것이기 때문에 면식범의 소행일 것이라고 생각했어요. 경찰에서는 면식범이기 때문에 이름이 적혀 있는 부분을 모두 찢었을 것이라고 생각하고 있었어요.

94일 만에 발견된 엄양의 사체, 그리고 실패한 초동수사

김복준 사체를 찾는 것이 중요하기 때문에 유류품이 발견된 장소를 중심으로 그 인근에서 사체 수색을 시작했어요. 그렇게 94일째 되는 2월 8일이었습니다. 해를 넘겼어요.

김윤희 유류품 발견되고 2달 후쯤에 발견되었죠.

김복준 우리가 그 인근을 이 잡듯 뒤졌어요. 의정부와 포천 사이에 큰 도로가 하나 있어요. 그 도로가 있고 우측으로는 좁은 길이 있는데 남양주 광릉으로 가는 길이에요. 그 근처이기 때문에 사실은 거의 야산이에요. 또 공사 현장이 많았기 때문에 경찰을 엄청나게 동원해서 뒤졌는데도 소지품이 발견된 11월 28일 이후부터 그 이듬해인 2월 8일까지 사체를 발견하지 못했던 거죠. 그러던 2월 8일 10시 15분입니다. 포천 이동교리, 그러니까 소지품이 발견된 곳에서부터 대략 3~4km 정도 떨어진 곳에서 광릉수목원 들어가는 입구 쪽으로 200m 진입하다 보면 우측편에 ○○○ 가든이라는 식당이 있었어요. 그 식당 들어가는 길 배수구에 시체가 들어 있었어요. 배수구는 직경 60cm 정도이고 총 길이가 7.2m 정도 되는데, 배수구 안 1.97m 지점에 시체가 있었어요. 이 시체를 발견한 사람은 소흘지구대에 근무하던 이○○ 경장입니다. 저와 같이 근무를 했는데 이 경장의 별명이 '개코'였어요. 냄새도 잘 맡고 물건도 잘 찾기 때문에 동료들이 별명을 개코라고 붙여줬어요. 유난히 물건을 잘 찾는 사람들이 있잖아요. 이 경장이 배수구 안에 있는 엄양의 시신을 발견을 하게 됩니다.

김윤희 우연히 발견한 것이 아니라 그 일대를 모두 수색하는 과정에서 발견된 거죠.

김복준 그 배수구를 다른 사람들이 살펴보지 않았던 것도 아니에요. 전경과 의경까지 동원했기 때문에 정말로 많은 사람들이 살폈 지만 모두 발견하지 못했던 거예요.

김윤희 발견되기 어려운 지점에 있었던 것인가요?

김복준 배수구가 일직선으로 나 있는 것이 아니라 사선으로 이어져 있 었기 때문에 밖에서 보면 배수구 내부가 보이지 않았어요. 직 선으로 뚫려 있으면 내부 공간을 쉽게 확인할 수 있는데 그 배 수구는 공교롭게 비스듬하게 되어 있어요. 그래서 외부에서는 공간이 보이지 않는 맹점이 있었어요.

김윤희 처음 그 장소 보셨을 때 어떤 느낌이셨어요?

김복준 사체가 발견됐을 때에는 제가 현장에 없었어요. 저는 그때 다 른 경찰서에서 형사로 근무를 하다가 잠시 시골의 지서장으로 있을 때였어요. 매일 강력 사건만 처리하다가 시골에서 지서장 하고 있으니까 좋더라고요. 재충전이 되는 느낌이었어요. 그렇 게 지내고 있는데, 그 지서로 발령 난 지 몇 달 되지도 않아서 갑자기 포천경찰서로 발령이 났어요. 그래서 갑자기 가방을 싸 서 포천으로 갔어요. 며칠 동안은 처음부터 끝까지 수사기록을 읽었어요. 아마 이 사건에 대해서는 사건의 개요를 처음부터 끝까지 저처럼 이해하는 사람은 없을 거예요. 왜냐하면 일반적으로 형사들은 각자 수사한 부분에 대해서만 이해를 하고 이렇게 한데 모아진 자료를 전부 읽어보는 사람은 거의 없기 때문이에요. 수사기록을 읽는 순간, 정말로 많은 실수를 했다는 생각이 들었어요. 제가 발령이 나서 갔을 때까지의 수사 진행 상황을 봤더니 초동수사가 미흡했다는 생각이 들었어요. 첫 번째는 파출소에서 단순 가출 신고로 오인한 거예요. "기다려 보세요." "애들이랑 놀고 있겠죠."라고 생각했기 때문에 골든타임을 놓쳤거든요. 물론 납치라고 추정되는 사건은 골든타임이라고 하지 않고, 크리티컬 타임critical time이라고 해요. 일반적으로 6시간에서 8시간이죠.

김윤희 그래서 '중대한 시간'이라고 하죠.

김복준 네, 그 중요한 시간을 놓친 거죠. 경찰들이 가출인 신고를 접수하는 형태는 규정대로 되어 있었어요. 지금처럼 가출 신고가 들어오면 집중적으로 찾아 나서서 난리법석을 떠는 일이 그때는 없었어요. 주민등록등본과 증명사진 두 장을 경찰서에 제출하면 경찰에서 몇 번 찾아보다가 가출 수배를 하는 것으로 사건이 종료되었어요. 이 포천 여중생 엄양 사건을 계기로 대한민국에 가출 실종자를 찾는 '실종경보시스템'이 구축되었다고 할 수 있을 겁니다. 지금은 노약자나 어린이, 그리고 여성이 없어지면 무조건 강력사건으로 간주해서 총출동하잖아요. 이 시스템이 구축되는 계기가 된 사건이 바로 이 포천 여중생 살인사건입니다. 일단 그 부분에서 가장 중요한 실수를 했고요. 그리고 이 부분은 당시에 같이 일했던 직원들을 비난하는 것 같아서 망설여지지만, 그래도 짚고 가야할 것 같아요. 현장에서 사체가 발견되면 경찰이 가장 먼저 하는 일은 사체의 손톱을 깎는 일이에요. 손톱 밑의 속살이 다치지 않는 범위에서 최대한 깊게 깎는 것이 원칙입니다.

김윤희 손톱에 미세 증거들이 남아 있을 수 있기 때문에 가장 기본적으로 하는 일입니다. 시체를 발견하면 바로 해야 하는 일이 손톱을 깎는 거죠.

김복준 살해를 당할 때 순간적으로 반항하면서 범인을 긁을 수 있잖아요. 만약에 손톱으로 범인을 긁었다면 범인의 피부조직이 손톱에 끼어 있을 것 아니에요. 그 손톱을 잘 잘라서 가져가면 국립과학수사연구소에서 DNA를 검출해낼 수도 있어요. 그런데 손톱 깎는 일을 하지 않았더라고요. 물론 석 달 정도 지난 사체라면 보기에도 민망할 정도로 흉해요. 불편했겠지만, 경찰은 거기에서 물러서면 안 되거든요. 그래서 "사체의 손톱을 깎는 일은 기초 중에서도 기초에 해당하는 것인데, 왜 손톱을 깎지 않았냐?"고 물어봤어요. 그랬더니 배수구에서 사체를 꺼냈을 때 상체 부위가 많이 손상되어서 얼굴을 알아볼 수 없었는데 사체의 덩치가 상당히 컸다고 해요. 그래서 이 사체가 발견됐을 때 엄양이라는 생각 자체를 하지 않았던 거예요. 그렇지 않아도 엄양 사건 때문에 죽을 지경인데 사체가 하나 더 발견된 거죠. 그리고 손톱과 발톱에 빨간 매니큐어가 칠해져 있었기 때문에 성인으로 판단해버린 거예요. 상체는 손상되어 있었고 매니큐어를 칠한 손톱과 발톱을 본 순간 "아, 이것은 엄양이 아니야. 성인이야. 매니큐어를 칠했잖아. 엄양 사건만으로도 골치 아프니까 지문 채취해서 인적사항 확인하고 사체 빨리 인계해." 이렇게 된 것 같아요.

김윤희 왜 그 부분이 누락 됐었는지에 대해 오해가 풀리네요. 그런데 정확하게는 94일 만에 발견된 것이잖아요. 그러다보니 사체가 많이 훼손됐어요. 사체는 아무것도 입지 않은 알몸 상태로 발견이 됐고, 배수구에 있다 보니 몸이 굽혀져 있었어요. 무릎은 위를 향하고 약간 굽혀진 자세였는데, 하체 쪽은 깨끗했지만 상체 쪽은 가슴뼈가 다 드러나 있었고 부패가 심해서 얼굴을 알아볼 수 없는 상황이었어요. 동물들에 의한 훼손일 수도 있고 부패에 의한 것일 수도 있잖아요. 그 상황에서 피해자를 특정하기 위해서는 지문이 가장 빠른 방법이고, 지문이 없을 때는 치아나 다른 신체 부위의 특징으로 신원을 확인하는 방법이 있습니다.

결정적인 실수, 성과 없는 부검

김윤희 제가 이 사건에 대한 기록을 처음 봤을 때는 이 사체가 엄양이라는 것을 특정하고 수사를 진행했다고 생각했어요.

김복준 아니에요. 경찰이 오해했던 거예요. 매니큐어가 칠해져 있었기 때문에 성인으로 착각을 했고, 그렇지 않아도 엄양 때문에 머리가 아팠기 때문에 보호자에게 사체를 인계해야겠다는 생각으로 과학수사팀에 소속된 분이 눈을 퍼서 버너로 물을 끓였어요. 지문을 찍으려면 끓인 물에 손을 담그고 손가락을 펴야 되잖아요. 그렇게 손을 물에 담그는 바람에 손톱 속에 남아있을 지도 모르는 피부조직이 사라져버린 거죠. 피부조직이 있었다고 해도 끓는 물에 담그고 나면 아무 소용이 없잖아요. 절대로 하면 안 되는 엄청난 실수를 한 거예요.

김윤희 부패된 시체에서 지문을 찾으려면, 손가락을 펴야 되요.

김복준 손가락이 오그라들어 있었기 때문에 뜨거운 물에 넣어서 펴보려고 담근 것이겠죠. 바로 그 행동 때문에 증거를 훼손하는 실수를 범한 것이거든요. 제가 봤을 때 기본적인 수사의 패턴을 제대로 배우지 못했던 거예요.

김윤희 제가 CSI에 있었잖아요. 그렇게 지문을 채취하는 것은 아주 고난이도 기술이거든요. 그냥 지문을 찍는 것이 아니라 증기를 이용해서 지문을 채취하는 것 자체가 고난이도 기술이고 우리나라에서 개발된 것이나 마찬가지에요. 과학수사팀에 소속된 그분의 입장에선 아마 피해자 특정해야 된다는 생각 때문에 가장 기본적인 것을 놓쳐버린 거죠. 손톱에는 DNA가 남기도 하지만 섬유 조직 같은 것들이 남기도 해요. 우리가 입는 옷의 경우에 섬유 조직이 모두 같을 수는 없기 때문에 그렇게 남겨진 증거만으로도 피해자나 피의자를 특정할 수 있어요.

김복준 엄청나게 중요한 것인데 그 부분을 간과했어요. 그리고 부패는 많이 진행되지 않았어요. 상체 부위가 훼손된 것은 설치류 같은 작은 동물들에 의한 것이었거든요. 차라리 부패가 진행되고 있었다면 증거가 나왔을 겁니다. 그런데 동물들이 달라붙어서 훼손했기 때문에 부검을 통해서도 아무것도 찾을 수가 없었던 겁니다. 이 사건은 이래저래 꼬여 있는 부분이 많았어요.

김윤희 겨울이었기 때문인가요?

김복준 겨울에도 부패가 진행되거든요. 겨울에도 파리 같은 것들이 있잖아요. 아무리 한겨울이라고 하더라도 94일이면 사체의 부패가 진행되는데, 이 사체의 경우에는 작은 동물들에 의한 훼손만 있고 거의 부패되지 않았는데 그것이 저는 의문이었어요. "왜 부패가 진행되지 않았을까?"에 대한 답을 몇 달 동안 고민했는데 어느 날 갑자기 답을 찾았어요. 먼저, 엄양이 그곳에 유기된 시간을 찾았는데 밤 12시부터 새벽 5시 사이였어요. 배수관 양쪽에서 성인용품을 판매하는 사람들이 영업하는 시간이 있기 때문에 그들을 대상으로 수사를 진행해서 그 시간대를 특정했어요. 그리고 수시로 그곳에 가서 배수구를 들여다봤어요. 그때 해답을 찾게 된 거죠. 제가 그 곳에 갈 때마다 엄양의 사체가 유기되어 있는 입구에 서서 배수관 내부를 들여다봤는데 어느 날은 반대편으로 가고 싶더라고요. 그래서 7.2m 배수관의 뒤편 끝부분에 가서 고개를 숙이고 내부를 들여다보는데 머리카락이 흩날리더라고요. 거기서 답을 찾았어요. 저는 수사본부에 가면 이발을 하지 않아요. 징크스죠. 당시에 머리가 상당히 길었을 거예요. 산골짜기를 타고 내려오는 골바람이 강하게 불었는데, 이 바람이 배수구를 통과하면서 제 머리카락이 날렸던 거예요. 사체의 부패가 진행되지 않는 이유는 바로 그 골바람으로 인해 배수구가 냉장고의 역할을 했기 때문이었어요. 그래서 한 가지 의문은 해결할 수 있었어요. 다음으로는 엄양의 사체는 무릎 위에 손을 올려놓은 상태에서 상체를 웅크리고는 거의 폴더처럼 접혀 있는 상태였어요. 배수구 안에서 죽어갔던 것은 아니라는 의미가 되겠죠.

김윤희 일반적으로 배수구에서 발견된 사체들은 몸이 곧게 펴져 있어요.

김복준 네, 몸이 펴진 상태입니다. 그렇기 때문에 이미 다른 곳에서 사망했고 이미 사후 경직이 일어난 상태에서 그 자세 그대로 배수구에 밀어 넣었다는 의미가 됩니다. 가로 세로를 재서 어느 정도 크기의 상자에 사체를 담을 수 있을까를 계산해봤더니, TV 상자로는 29인치에서 30인치 정도, 차량 트렁크로는 경차인 모닝이나 티코 정도의 크기라면 사체를 담을 수 있다는 결론을 내렸어요.

김윤희 조금 전에 말씀 하셨지만 설치류라든지 작은 동물들에 의해 사체가 훼손됐기 때문에 사인을 밝힐 수 없었거든요.

김복준 맞습니다. 후두부 쪽은 훼손되지 않은 상태였어요. 배수구에 밀착되어 있었기 때문에 설치류의 공격으로부터 보호된 것이겠죠. 변형이 시작되고 있었지만, 후두부 근육에서 미세한 출혈이 발견되었어요. 피해자의 앞쪽에서 목을 졸랐을 때 후두부에 미세 출혈이 발생할 수 있거든요. 액살의 가능성이 있다고 본 거예요. 하지만, 제가 분명하게 기억하기로는 단정할 수는 없다는 것이 김윤식 박사님의 부검 소견이었거든요. 사체의 손톱, 또는 다른 곳에서도 찾을 수 있는 것은 아무것도 없었어요.

왜 매니큐어살인사건인가?

김윤희 『그것이 알고 싶다』에서는 범인이 손톱을 잘라간 것으로 나왔어요.

김복준 네, 손톱을 잘라갔어요. 열 개의 손가락과 열 개의 발가락 있잖아요. 손톱에 매니큐어를 바른 다음에 엄지 등의 손톱 몇 군데는 범인이 잘라갔어요. 그렇지만 나머지 손가락은 그대로 있었어요. 모두 잘라간 것은 아니에요.

김윤희 저희가 가장 중요한 것을 놓친 것 같은데, 이 사건이 왜 매니큐어살인사건인지에 대한 설명을 빠뜨린 것 같습니다. 여성분들은 빨간색 매니큐어를 잘 알고 계실 거예요. 그 빨간색 매니큐어가 열 개의 손가락과 발가락에 발라져 있었던 거예요. 그런데 사건 당시에 엄양은 중학교 2학년 학생이었기 때문에 학교에서는 빨간색 매니큐어 바를 수 없었거든요.

김복준 그 부분은 철저하게 조사했어요. 담임교사는 물론 당일 하굣길에서 헤어졌던 조양과 유양도 엄양은 매니큐어를 바른 적이 전혀 없었다고 했어요. 학교에서는 당연히 매니큐어를 바르고 다닐 수 없었고요. 엄양은 군인의 딸이었기 때문에 학교생활도 아주 반듯해서 교칙을 어기는 일이 없었다는 거예요. 고집이 조금 센 부분은 있었지만, 모범생에 가까운 학생이었다고 해요. 그래서 매니큐어를 본인이 바른 것은 아니라고 생각했는데, 무엇보다도 본인이 매니큐어를 바르지 않았다고 생각한 이유는 간단해요. 여성분들은 매니큐어 결대로 바른다고 해요. 엄양의 경우에는 매니큐어가 전부 가로로 발라져 있었어요. 그래서 손톱뿐만이 아니라 손가락에도 매니큐어가 묻어 있었어요. 『그것이 알고 싶다』에서는 매니큐어를 정교하게 발랐다고 했지만, 사실 정교하게 발랐던 것은 아니에요.

김윤희 저도 교수님을 통해 새로운 정보 듣고 있거든요. 그런데 여러 가지 '설' 중에는 협박을 통해 본인이 직접 매니큐어를 바르게 했을 것이라는 설도 있었어요. 그럼에도 불구하고 여학생이었기 때문에 매니큐어를 그렇게 바르지는 않았을 거예요.

김복준 그렇죠, 결대로 발랐겠죠. 가로로 발라져 있었어요. 그리고 바르는 과정에서 윗부분이나 옆부분에도 많이 묻어 있었어요. 정교하게 발랐다는 것은 맞지 않아요. 이 부분은 제가 직접 확인한 사실이기 때문에 정확하게 말씀 드릴 수 있습니다.

김윤희 엄양이 직접 매니큐어를 칠하게 했다는 가설도 틀렸다는 거죠?

김복준 네, 그 가설도 사실이 아닙니다. 제가 봤을 때 매니큐어는 살해한 이후에 바른 것이 명백합니다. 살해한 이후에 매니큐어를 바르고, 그 다음에 손톱과 발톱의 일부를 잘라간 것이거든요. 당시에 지문 조회를 했는데 신분을 확인할 수가 없었어요. 미성년자였기 때문에 당연히 나오지 않았겠죠. 그때 경찰들이 "이것이 어떻게 된 일인가? 혹시 외국인인가?"라고 해서 당황하기 시작했어요. 우리나라에서 지문을 통해 인적사항을 확인할 수 없는 경우는 두 가지밖에 없거든요. 외국인이거나 18세 미만인 거예요. 그런데 훼손되지 않은 사체의 오른쪽에 맹장수술 자국 있었어요. 그 맹장수술 자국을 찍은 사진을 엄양의 어머니께 보여드렸더니 엄양이 맞다고 확인해 주셨어요.

김윤희 수사진들도 상당히 놀랐겠어요.

김복준 그때부터 경찰서에 난리가 났죠.

살인사건 가상 모의훈련, FTX

김복준 제가 갔을 때의 상황이 그랬어요. 당시에 포천 경찰서에서 근
무했던 분들을 비하한다거나 무시한다고 생각하시지는 않았
으면 좋겠어요. 한편으로는 그분들의 입장도 이해가 되는 부
분이 있어요. 대도시의 경찰관서 중에서 1급 경찰서의 경우에
는, 지금 제가 살고 있는 의정부 같은 곳을 예로 들면, 1년에 살
인사건이 20~30건 정도 발생합니다. 그렇기 때문에 살인사건
이 발생하면 형사들이 자신의 역할이 뭔지를 알고, 또 그 역할
에 맞게 움직이는 시스템이 구축되어 있지만, 포천의 경우에
는 10년, 또는 20년 동안에 살인사건이 한 건 정도 일어나는 지
역입니다. 포천은 도농 복합도시이고, 적어도 살인사건이나 납
치 등의 중범죄로부터 안전한 도시에요. 강력사건을 전담하는
형사의 숫자도 많지 않고, 형사들이 중대 사건 발생 시에 대처
하는 기본적인 요령을 제대로 숙지하지 못하는 경우도 많아요.
그래서 이 사건 이후에 새롭게 생긴 것이 FTX라고 하는 살인사
건 가상 모의훈련입니다. 살인사건이 발생했을 때를 대비해서
형사들을 자신의 위치와 역할에 맞게 배치하는 FTX가 이 사건
이후에 만들어졌어요. 제가 앞에서 엄양 사건 이후에 가출 실
종자를 찾는 시스템이 구축되었다고 했잖아요. FTX 훈련 역시
이 사건 이후에 만들어진 시스템입니다.

김윤희 FTX를 잘 모르는 분들이 계실 텐데, 간단하게 말하면 FTX는 예행연습이나 모의훈련입니다. 실제 상황이 아니라, 가상의 상황에서 실제처럼 움직여 보는 것이라고 이해하시면 될 겁니다.

김복준 살인사건이 발생했다는 가상의 메시지를 전파한 다음에 모든 기능과 역량을 그 사건에 집중해서 움직이는 훈련이죠. 형사들이 사건에 대처하는 기본적인 요령을 제대로 숙지하지 못했기 때문에 시작된 거죠.

김윤희 저는 경찰에 처음 몸담았을 때는 FTX가 너무 많았어요. 걸핏하면 FTX였거든요. 유아 납치와 관련된 FTX만 해도 상당히 여러 번 했던 것 같아요.

김복준 FTX는 정말로 필요해요. 군인들이 매일 훈련하는 이유가 뭐겠어요. 실제로 전쟁이 일어났을 때 임무를 제대로 수행하기 위해서 매일 훈련을 하잖아요. 경찰도 마찬가지에요. 수시로 FTX를 해야 되요. 살인사건, 강도사건, 납치사건 등이 발생했을 때 어떻게 조치를 해야 하는지에 대해 실제로 훈련을 해본 것과 머릿속으로 생각만 해본 것은 전혀 다르거든요.

김윤희 저는 항상 범인, 또는 피해자 역할이어서 지켜만 봤어요.

김복준 제가 수사과장을 할 때에는 FTX를 한 달에 한 번씩 했어요. 그래서 아주 '나쁜' 수사과장이라는 소리를 많이 들었어요. 모의훈련이 아주 피곤하고 귀찮은 일이기는 합니다.

김윤희 실제상황이 아니기 때문에 대처가 미흡한 분들도 있어요.

김복준 대충대충하는 사람들도 있지만, 반드시 필요한 겁니다.

미궁 속으로 - 밝혀지지 않는 장소와 시간, 그리고 사인

김복준 아무튼 제가 포천경찰서에 갔을 때의 상황이 그랬습니다. 그래서 손톱을 뜨거운 물에 담궈서 지문을 채취했다는 소리를 들었을 때는 '이 상황에서 수사를 어떻게 진행해야 할까?'하는 생각에 눈앞이 캄캄해지더라고요. 초동수사에서 망가지기 시작했기 때문에 '이 수사는 어렵겠다.'는 생각을 가지고 있었어요. 발령을 받기 전에도 오랜 기간 동안 그 많은 사람들을 동원해서 수색했음에도 불구하고 94일 만에 인근에서 사체를 발견했다는 것도 마뜩치 않았어요. 유류품이 발견된 곳과 엄양이 사라진 곳, 그리고 사체를 발견한 곳이 삼각형 형태로 연결되는 지점인데 94일 동안 얼마나 건성으로 뒤지고 다녔으면 사체를 발견하지 못했겠어요. 물론 산 속이고 곳곳에 논밭이 있었기 때문에 어려웠다고 말할 수도 있지만, 그래서 경찰이 그 많은 인력을 동원해서 찾는 것 아닙니까? 솔직히 마음에 드는 부분이 하나도 없었어요. 그 상황에서 사체의 손을 뜨거운 물에 담궈서 지문을 채취했다는 이야기를 듣고는 정말로 어렵겠다는 생각이 들었어요. 거기다가 "그럼, 현장 주변에서 찾은 유류품은 몇 가지나 있느냐?"고 물어봤어요. 김윤희 프로파일러께서 말씀하셨던 TV 박스 등 중요한 유류품에 대한 이야기는 마지막에 할게요. 그러면 그 이외에 유류품으로는 각종 오물과 휴지 같은 것이 많이 있었는데, 특히 콘돔을 잔뜩 수거했어요. 배수구 위쪽으로는 평지였는데, 그곳이 사람들에게는 카섹스를 하는 장소로 잘 알려진 곳이었다고 합니다. 수거물은 모두 국립과학수사연구소에 보냈어요.

김윤희 일반적으로는 국립과학수사연구소에서 살펴보면 괜찮은 것 아닌가라고 생각하실 수 있어요. 그런데 그것이 엄청난 혼란을 야기할 뿐만 아니라 별로 가치가 없잖아요. 유류품을 그렇게 마구 보내면 국립과학수사연구소에서도 일을 제대로 할 수가 없기 때문에 실제로 증거를 찾아낼 수도 없어요.

김복준 유류품을 마구 보냈기 때문에 국립과학수사연구소에서도 짜증이 났을 것 아니겠습니까? 생각해보세요. 어떤 살인범, 어떤 성범죄자가 콘돔을 착용하고 강간을 하며, 또 설령 그랬다고 하더라도 자신의 DNA가 고스란히 남아있는 콘돔을 누가 현장에 버리고 갑니까? 그 유류품은 국립과학수사연구소에 보내면 안되는 것들이죠. 국립과학수사연구소에서도 불필요한 일만 잔뜩 하는 거예요. 어쨌든 여러 가지 부분에서 미흡한 점들이 너무 많아서 굉장히 걱정스러웠어요.

김윤희 설령 나중에 발견되었다고 하더라도 증거로 인정받을 수가 없어요. 콘돔에서 DNA가 발견되고 DNA가 일치되었다고 하더라도 그 사람이 그 장소에 갔다는 것은 증명할 수 있지만, 그 사람이 범행을 저질렀다는 것을 입증할 수는 없기 때문입니다.

김복준 이제부터 그 이야기를 하려고 해요. 콘돔을 가지고 갔기 때문에 DNA를 조회해서 사람을 찾아야 되잖아요. 그러면 그 사람들을 찾는 것만 해도 많은 시간이 소비됩니다. 그리고 그 사람을 찾아서 조사하는 데에도 많은 시간이 소비됩니다. 그 과정에서 이상한 사람들도 많이 봤어요.

김윤희 처음에 수사방향을 어떻게 잡느냐에 따라 얼마나 많은 시간이 소비되느냐와 시간을 절약할 수 있느냐가 판가름 나거든요. 그래서 아주 중요해요. 경찰이 되어서 사건에 처음 투입되었을 때 선배님들이 7일 안에 수사 윤곽이 나오고, 또 어떤 증거가 나오면 이 수사는 해결이 된다. 최대 10일이 걸릴 것이다. 그런데 만약 그때까지 해결되지 않으면 이 사건은 장기수사로 바뀔 것이라는 이야기를 했거든요. 아마 수사방향을 설정하는 것이 중요하다는 이야기였던 것 같아요. 저도 수사를 많이 해 본 사람은 아니지만, 콘돔과 담배꽁초를 모두 수거해서 수사했다는 이야기 들었을 때는 깜짝 놀랐어요.

김복준 게다가 사건 시간이나 장소가 특정되지 않았었어요. 살인사건이 발생하면 살인을 한 시간이 가장 중요해요. 엄양이 그 배수구로 옮겨진 시간을 특정해야 할 것 아니겠어요? 일시와 장소가 특정되어야 그 시간에 주변을 다녀간 사람을 찾을 수 있을 것 아닙니까? 그렇게 한창 수사를 하고 있는데, 모 직원이 "찾았습니다. 시간이 특정됐습니다. 설날 전 무렵입니다."라고 이야기를 하더라고요. "왜?"라고 물었더니 "사건 현장 바로 앞에 있는 낚시 가게에서 진돗개 두 마리를 기르는데, 낚시 가게 주인이 자기네 개가 어느 날 밖에 나갔다가 코끝에 피를 잔뜩 묻히고 왔다."는 거예요. 그래서 날짜를 되짚어봤더니 그 즈음이 맞다고 수사보고를 했어요. 제가 일언지하에 "멍청한 소리 하지 말라."고 했어요.

김윤희 사체가 경부 압박 질식사로 의심되고 혈흔이 없었잖아요.

김복준 혈흔은 경우에 따라 있을 수도 있고 없을 수도 있어요. 그런데 사체 상태를 보면 알 수 있어요. 『동물의 왕국』을 보면, 사자나 호랑이는 뭔가를 물어뜯을 때 온몸을 흔들어요. 만약에 설치류와 같은 작은 동물이 아니고 개 정도의 동물이 달라붙어서 사체를 뜯었다면 목뼈 같은 곳이 온전하게 유지될 수가 없어요. 그래서 애초부터 말이 안 되는 거예요.

김윤희 그 부분은 저도 몰랐네요.

김복준 수사는 종합예술이에요. 제가 형사들에게 항상 하는 이야기가 "수사에 관련된 책도 읽어야 되겠지만, 동화책도 읽고 소설책도 읽고 『동물의 왕국』같은 다큐멘터리도 보고 멜로드라마도 봐라. 뭐든 눈에 띄는 대로 보고 머릿속에 익혀두라."는 거예요.

김윤희 맞아요, 그것은 중요한 일인 것 같아요. 상상하는 것도 정말 중요하고요. 실제로 저는 상상을 통해 비어있는 부분을 어떻게 채워 넣느냐가 수사의 완성이라고 생각하거든요. 조금 전에 저도 '왜 그것들을 모두 놓치셨지?'라고 생각했던 것은 저 같은 프로파일러는 육하원칙에 따라 사건의 모습을 완성하는 것을 수사의 완성이라고 생각하거든요. '언제? 어디서? 무엇을? 어떻게? 왜? 누가?'라는 질문을 통해 완성해 가는 것인데, 저희가 가장 빨리 알 수 있는 것이 장소와 시간이거든요. 그것이 특정이 되지 않은 상태에서 주변을 쫓다 보면 나중에는 분명히 문제가 발생합니다. 누군가를 범인이라고 검거할 수는 있지만, 재판에 갔을 때 증거능력이 있느냐는 별개의 문제일 수 있거든요.

실낱같은 희망, 유기된 시간과 TV 박스의 시리얼 넘버

김복준 유력한 용의자를 기소할 수 없는 경우도 있어요. 그런데 일자는 특정하지 못했지만, 시간은 특정했다고 말씀 드렸잖아요. 그 배수구로 통하는 길은 두 가지밖에 없어요. 제가 나가서 봤더니 공교롭게도 배수구의 양옆에 성인용품을 판매하는 사람들이 있었어요. 두 사람이 서로 약속을 했다고 해요. 물론, 경우에 따라서 바뀔 수도 있어요. 하지만, 일반적인 패턴을 보면 대략 12시부터 5시까지는 공백이 있는 거예요. 낮에는 다른 물건을 파는 사람이 있었는데, 그렇게 네 사람이 장사를 했기 때문에 이들을 조사해서 시간을 특정했던 거죠. 그렇게 비어 있는 시간은 12시부터 5시밖에 없어요. 사체를 이곳에 유기한 시간은 어느 정도 특정을 했고, 사체의 부패가 진행되지 않은 이유는 바람에 휘날리는 머리카락으로 찾았어요. 그리고 나중에 증거로 나온 것은 박스였어요. 사건 현장인 배수구 앞에 LG의 29인치 TV 박스가 있었어요. 그런데 그 박스가 주저앉아 있기는 했지만, 우리는 29인치 TV 박스에 안에 있는 완충재를 제거하고 엄양의 사체를 집어넣어서 운반했을 수도 있겠다는 생각을 했어요. TV 박스의 가로 세로 길이를 잰 다음에 배수구에 웅크려 있던 엄양 사체와 비교했더니 정확하게 일치하는 거예요. 그렇다면 혹시 범인이 어디에서인가 납치해서 사망한 엄양을 29인치 TV 박스에 넣은 다음 이곳으로 와서 배수구 입구에서 1.97m 정도 되는 지점까지 밀어 놓고 박스는 입구를 가리는 용도로 두고 갔다는 생각을 했어요. 94일 만에 발견되었기 때문에 눈비를 맞아서 우리가 갔을 때 박스는 완전히 주저앉은 상태였어요. 아무것도 발견되지 않았는데, 설령 엄양을 그 속에 담았다고 하더라도 어려웠을 거예요. 국립과학수사연구소에서도 DNA라고나 증거가 될 만한 것을 도출하지 못했어요. 다만, 신발 문양 하나를 찾아냈어요. 신발 문양을 찾았는데 그것은 남양주에 있는 LG TV 판매장의 종업원이 신고 있던 신발로 확인이 되었기 때문에 이것 역시 증거는 아니었어요. 아무튼 박스를 버린 사람이 누구인지를 찾아야 될 것 아니겠어요. 전자제품의 포장 박스에는 시리얼 넘버가 있어요. 그 시리얼 넘버를 추적해서 LG에서 출시된 TV가 몇 월 며칠에 대구에서 어떤 경로를 통해 남양주에 있는 TV 판매 총판에 도착했는지를 알아냈고, 결국 그 TV를 구입한 사람도 찾았어요. 추적하는 데에는 굉장히 많은 시간이 걸렸지만, TV를 구입한 사람과 그 TV를 배달한 사람까지도 찾았어요.

김윤희 시리얼 넘버 하나로 무엇인가를 찾는 것은 정말로 어려운 일입니다. 현장에서 발견된 마대자루나 돗자리 같은 물건을 만든 곳을 찾기 위해서 일대의 공장들을 전부 뒤지는 것만해도 어마어마하게 힘들어요. 드라마나 영화와는 다르게 실제로는 한 달에서 두 달 가까이 걸릴 때도 많아요.

김복준 시리얼 넘버를 통해 배달한 사람 둘을 찾았어요. 박씨와 조씨였어요. 신원조회를 했더니 공교롭게도 둘 중 한 사람에게 성폭행 전과가 있었어요. 그리고 통화내역을 확인해보니 그들이 통화한 사람 중에도 성폭행 전과를 가진 사람이 있었어요. 당시에는 거의 잡았다고 확신했어요. '이것은 분명하다.'라고 생각했기 때문에 잊어버리지도 않아요. 구로구에 살고 있었어요. 체포했는데 알리바이가 너무 정확했어요. 아니었던 거예요. TV를 실어다 주면 일반적으로 TV를 꺼내고 나서 박스를 버려달라고 하는데, 박스는 들고 오는 길에 그냥 던져버린다는 거예요. 자기들은 박스를 그냥 버린다는 것 외에는 아무것도 모른다고 했고, 알리바이가 정확했기 때문에 내보낼 수밖에 없었어요. 조금 전에 김윤희 프로파일러께서 지적하신 것처럼 박스 수사하는 데만 두세 달 걸렸어요.

김윤희 실제로 수사 과정에서는 어쩔 수 없는 일이지만, 성폭력 전과가 있으면 수사선상에 올라가잖아요. 수사하는 입장에서는 사실이 밝혀진 것이지만, 조사 받는 입장에서는 엄청나게 불편을 겪었을 것이라는 생각이 들어요.

김복준 결국 박스에서는 아무런 증거도 찾지 못했어요. 박스에서 찾은 프로스펙스 새턴 운동화는 조금 전에 이야기한 그 사람의 것이었어요. 그리고 증거물이 또 하나 있었어요. 1986년경에 유비상사라는 곳에서 제조해서 의용소방대 사람들에게 지급한 물건입니다. 길이가 3m 정도 되는데 불을 끌 때 사용하는 삼지창 형태의 물건이 옆에 놓여 있었어요. 주인을 찾기 위해 그 일대의 농가와 의용소방대원을 조사했지만, 결국 주인을 찾을 수 없었어요. 아마도 그 물건은 범인이 가지고 와서 사체를 배수구 1.97m 지점가지 밀어 넣을 때 사용했던 것으로 추정이 됩니다. 결과적으로 소유주를 찾지 못해서 지금도 포천경찰서 증거물 창고에 있습니다. 현장에서 발견된 증거물은 많지만, 이 정도로 정리하죠.

다시 처음으로, '바바리맨'부터

김복준 이제 수사는 "매니큐어를 발랐다?"는 것에 집중할 수밖에 없었어요. 『그것이 알고 싶다』에서는 성도착증 환자일 가능성이 높다고 하더라고요. 저 역시 그 가능성은 아주 높다고 생각해요. 그러나 그 부분을 수사하지 않았던 것이 아니에요. 당연히 변태성욕자들을 수사했어요. 포천에는 대진대학교라는 4년제 종합대학이 있고, 경복대학교라는 2년제 대학이 있었어요. 대학이 2개, 포천여고 등 여고도 몇 개 있었어요. 잘 아시다시피 여고나 여대 앞에는 우리가 흔히 '바바리맨'이라고 말하는 상습적으로 공연음란죄를 저지르는 사람들이 있어요. 그래서 그 사람들을 모두 잡아오라고 했어요. 제가 예상하기에 당시에 포천의 인구가 5만 정도였고, 유동 인구와 중소 공장의 변태 행위자를 포함해도 10만 정도였을 거예요. 그래서 모두 잡아와도 10명 내외라고 생각했는데 아니었어요. 정말 어마어마하게 잡아오는 거예요. 저는 바바리맨이나 트랜스베스티즘transvestism이라고 하는 여성의 옷을 입고 돌아다니는 사람을 비롯한 변태들

트랜스베스티즘transvestism [다음 백과사전]

이것은 꽤 대중적인 것으로, 남자가 의도적으로 비도덕적이거나 어울리지 않아 보이게 여자처럼 외모를 꾸미는 것이다. 이것은 즉, 반대 성(性)의 복식을 착용하는 것을 말한다.

이 우리 사회에 그렇게 많은지를 몰랐어요. 아무튼 형사 두 명이 팀을 이뤄서 나가면 한 사람씩 잡아서 돌아왔어요. 제가 기억하기에 하루 20~30명 정도 잡아서 조사했지만, 사건과는 연관이 없었어요. 변태에 대해서도 충분히 조사를 진행했다는 거죠. 기억에 남는 한 사람이 있었어요. 모 금융기관에서 꽤 높은 자리에 있는 분을 형사 한 명이 잡아서 수사본부로 들어오는 거예요. 수사본부가 차려지면 원래 관내 유지들이 고생한다고 위문을 오거든요. 저는 그 사람이 금융기관에 근무하는 분이라는 사실을 알고 있었기 때문에 위문을 온 줄 알고 자리에서 일어났죠. 그래서 "○○님."이라고 하면서 다가가려고 했더니, 그 형사가 저에게 변태라고 손짓을 보내더라고요. 그래서 얼른 다시 앉아서는 모른 척하고 있었어요. 한참을 조사하고는 그 사람을 돌려 보낸 후에 담당형사를 불러서 "왜 그러냐?"고 물었더니 그 사람은 조금 전에 이야기한 트랜스베스티즘이라는 거예요. 아내 되는 사람이 화장품 관련 사업을 하는 맞벌이 부부였는데, 금융기관에서 이 사람은 별명이 '땡돌이'였어요. 아홉 시 '땡'하면 출근하고 여섯 시 '땡'하면 집으로 퇴근했기 때문에 붙은 별명이었어요. 이 사람은 술도 마시지 않고 담배도 피지 않았어요. 오직 집과 직장만을 왔다 갔다 하는 사람으로 주변에 알려져 있었는데 실제로는 트랜스베스티즘, 즉 이성복장 착용증이었던 거죠. 퇴근을 해서 집에 가면 얼굴 전체를 면도한 다음, 화장을 하고 가발을 쓰고 브래지어를 착용하고 여성의 옷을 입고 하이힐을 신고는 길거리를 돌아다녔다는 거예요. 개인적으로는 조금 충격적이더라고요.

김윤희 오해하실 수 있는 부분들을 짚고 넘어가야 할 것 같아요. 조금 전에 말씀하신 것처럼 '바바리맨', 즉 노출을 하는 사람들은 공연음란죄와 관련된 범죄자가 맞아요. 저희가 쉽게 변태라고 이야기 하는데 사실 이성의 옷을 입는 트랜스베스티즘은 범죄자는 아니거든요. 그런데 수사를 하다보면 경험적으로는 그분들이 성범죄를 저지를 가능성이 많아요. 그래서 수사를 하지만, 그분을 강제로 체포해 온 것은 아닐 겁니다. 거친 세계에 대해 말하다 보니 '변태'라고 말씀하셨는데 그 부분에 대해서 오해 없으시길 부탁드립니다.

김복준 맞아요, 잘 지적해 주셨어요. 변태는 아니고 변태 성향을 가진 사람이라고 정정할게요. 그 사람은 변태 성향을 가진 사람이고 증상은 트랜스베스티즘입니다. 그래서 제가 그분에게 "○○님, 왜 그렇게 하고 다니세요?"라고 물어봤더니, 자기는 여자 옷을 입고 화장하고 하이힐 신고 길거리 돌아다닐 때 남자들이 자기를 쳐다보는 것이 너무 좋아서 황홀 지경에 빠진다고 해요. 그리고 일정 시간 돌아다니다가 아내 분이 집에 돌아올 때쯤에는 자기도 돌아와 있는 거예요. 어쨌든 나름대로는 변태 성욕자를 대상으로 하는 수사도 상당한 정도로 했어요.

다시 처음으로, 매니큐어

김복준 그리고 조금 전의 매니큐어로 다시 돌아가야 될 것 같아요. 『그것이 알고 싶다』에서는 30대에서 40대 정도로 보이는 어떤 남자가 와서 빨간 매니큐어 두 개를 고르더니 "둘 중에 어떤 것이 더 진해요?"라고 물어봐서 하나를 말했더니 그것을 사 갔다고 나와요. 마치 그 사람도 이 사건에서 범행 가능성이 있는 사람이라는 거죠. 실제 방송에서는 그렇게 오해할 수 있게 방송됐어요. 그런데 그 부분은 아니에요. 적어도 화장품 가게에 진열된 매니큐어는 우리가 모두 분석했어요. 그리고 엄양에게 발라져 있었던 매니큐어와 성분을 비교, 분석했어요. 엄양에게 발라져 있었던 매니큐어는 그 당시 대한민국에서 매니큐어를 생산하는 회사에서 나온 제품이 아니었어요. 그렇기 때문에 그 화장품 가게에서 "둘 중에 어떤 것이 더 진해요?"라고 물어본 다음에 가져간 사람은 범인이 아니라는 거예요. 그 부분은 이미 경찰에서 조사가 끝난 사안이에요. 만약에 엄양의 손톱에서 채취한 성분과 화장품 가게에서 판매한 매니큐어의 성분이 동일하다는 분석 결과가 나왔다면 저희가 그 사람을 조사했겠죠.

김윤희 『그것이 알고 싶다』에서는 취재하는 과정에서 새롭게 발견된 증거라고 말하는 것 같았어요.

김복준 그렇게 이야기 하더라고요. 하지만 절대로 그렇지 않아요. 명확해야죠. 적어도 화장품 가게의 판매대에 진열되어 있는 국내산 매니큐어 제품은 저희가 전부 수거해서 조사했어요. 심지어 아이들이 인형에 칠하는 매니큐어를 샘플링해서 이것을 생산하는 중소공장까지도 조사했어요. 적어도 국내에서 생산된 것은 거의 조사했다고 말씀 드릴 수 있습니다. 『그것이 알고 싶다』에서 나온 이야기처럼 범인이 화장품 가게에서 매니큐어를 사갔다는 것은 맞지 않아요. 그 부분에 대해서는 저희가 충분히 검토했기 때문에 제가 봤을 때에는 오해가 있는 것 같아요. 다만 저는 매니큐어에 대해서는 화장품 가게에 진열될 정도의 물건은 아니고, 또 문구점에 진열되어 있는 아이들의 인형놀이용 매니큐어도 아니라고 생각했어요. 시골의 5일장에 가면 마구잡이로 판매되는 중국산 매니큐어라는 생각이 들었거든요. 5일장이 서는 곳에 가면 매니큐어를 산더미처럼 쌓아놓고 저렴하게 판매하는 것을 볼 수 있는데, 이곳에 진열된 제품의 대부분은 중국산이고 국산품이라고 하더라도 추적이 불가능한 영세한 공장에서 생산된 것들이에요. 저희는 그것에 대해서도 샘플링을 하고 성분 분석을 했어요. 전라남도 장성에 있는 5일장에서도 샘플링을 했어요. 나름대로 할 만큼은 했다고 생각해요. 그럼에도 엄양의 사체에서 검출된 매니큐어와 동일한 제품을 발견하지 못했어요. 물론 그 중에 있었는데 저희가 찾지 못했을 수도 있겠죠. 하지만, 매니큐어를 간과한 것은 아니라는 거죠. 그래서 저는 화장품 가게에 와서 "둘 중에 어떤 것이 더 진해요?"라고 말하고 매니큐어를 가져간 사람이 범인일 가능성은 희박하다고 봐요. 어쨌든 제 입장에서는 『그것이 알고 싶다』라는 프로그램이 굉장히 고마운 부분이 있어요. 개인적으로 이 사건은 한이 맺혀 있는 사건이에요. 제가 주변의 지인들에게 항상 말하지만, 32년 동안 제게 배당된 강력사건이 300건 정도 되고, 살인사건은 40건 정도 되는데 그 사건들을 모두 해결했습니다. 물론 화성연쇄살인사건은 해결하지 못했지만, 화성사건은 지원 형식으로 나간 것이기 때문에 제가 느끼는 비중이 이 사건과 다릅니다. 화성사건의 범인을 잡지 못한 것에 대해서도 안타까움과 후회, 미안함이 있지만, 그래도 이 사건 같지는 않습니다. 유일하게 제가 이 사건을 해결 못하고 퇴임을 했어요. 그래서 지금도 저에게 '실패한 형사'라는 오명을 남기게 한 사건이 바로 이 사건입니다. 형사들은 자신이 맡은 사건을 해결하지 못하고 퇴임하게 되면, 특히 살인사건을 해결하지 못하고 퇴임한 형사는 실패한 형사 아니겠습니까? 그래서 이 사건은 방송에서 하지 않으려고 했어요. 아프잖아요. 이 사건과 관련해서는 어느 방송이라고 할 것 없이 인터뷰 제의가 많습니다. 이번에 『그것이 알고 싶다』에서도 인터뷰 제의가 있었어요. 지금까지는 모든 인터뷰를 거절했어요. 지금 제가 『그것이 알고 싶다』라는 프로그램의 내용이 맞다거나 틀리다는 것을 이야기 하고 싶은 것이 아니라, 적어도 당시에 저와 저의 동료들이 화장품 가게에 진열되어 있는 매니큐어를 수사하지 않을 정도로 허술하지 않았다는 것을 말씀드리고 싶었습니다.

김윤희 제가 객관적인 관점에서 질문해 볼게요. 당시에 수사를 하시면서 화장품 가게의 직원 분들께 『그것이 알고 싶다』에서 했던 것처럼 빨간 매니큐어를 팔았는지에 대해 물어보셨나요?

김복준 당연히 물어봤어요. 그렇게 물어보고 화장품마다 표기되어 있는 고유 넘버와 제품명을 적어서 일일이 체크했어요. 그리고 국내에서 매니큐어를 생산하는 화장품 공장이나 회사에 공문 보내서 연도별로 만들어진 제품을 모두 파악하고 체크했어요.

대한민국의 경찰 수사가 그렇게 허술하지 않거든요. 제가 가끔 형사들이 현장에서 수사하는 모습을 전해드립니다만, 일선에서 형사들은 정말 열심히 일합니다. 잘못한 일 때문에 엄청나게 욕도 먹고 비난도 받지만 정말 죽기 살기로 일합니다. 수사를 하는 동안에는 욕이나 비난하는 것은 들리지도 않아요. 수사를 하는 동안에는 경찰청장이 연루 됐다거나 자신이 교도소에 갈 수도 있다는 것에는 관심도 없어요. 그렇지 않습니까? 형사들은 오직 '내 사건'만 하는 거예요.

김윤희 저도 수사 현장에 있었잖아요. 사건 현장에서 전선이 하나 발견이 되잖아요. 그 전선의 제작과 관계된 온갖 공장에 공문을 보내요. 전선 피복의 색이나, 다른 비슷한 요소들까지 나올 수 있는 모든 것을 찾아보고, 혹시 수입된 것은 있는지까지 모두 확인합니다. 그리고 족적 시스템이라는 것이 있어요. 족적 시스템은 공문을 받아서 정리한 것도 있지만, 실제로는 시장에 가서 신발의 바닥을 일일이 찍어요. 경찰들이 수사할 때에는 최선의 노력을 기울이고 있어요. 수박 겉핥기식으로 하진 않거든요. 아마 교수님께서도 그런 부분들을 어필해야겠다고 생각하신 부분도 있는 것 같습니다.

『그것이 알고 싶다』의 제보자

김복준 이 이야기는 반드시 해 드리고 싶었어요. 매니큐어 관련된 부분에 대한 방송은 오해가 있었다는 겁니다. 혹시 제가 잊어버릴 것 같아서 하나만 더 이야기 할게요. 『그것이 알고 싶다』를 비판하기 위해 이 내용을 공개하는 것은 절대 아닙니다. 저는 『그것이 알고 싶다』에서 방송을 해주었기 때문에 다시 이 사건에 대한 관심을 재고하게 된 것을 너무 감사하고 고마워하고 있습니다.『그것이 알고 싶다』의 방송 내용을 보고 제보자가 나타났잖아요. 제보자는 엄양이 납치된 동네로부터 직선거리로 2km 정도 떨어져 있는 이가팔리에 사는 여성이었어요. 그 여성이 대학생 시절에 시외버스에서 내려서 집으로 걸어가고 있는데 어느 순간부터 자신의 뒤에서 흰색 승용차가 자기 발걸음과 보조를 맞추면서 따라오는 것 같아서 멈춰 섰더니 승용차의 운전자가 "어디를 가느냐?"고 하면서 차에 타라고 했다는 겁니다. 처음에는 거부하려고 했지만, 거부하면 오히려 위해를 가할지도 모른다는 생각에 그냥 탔다는 거예요. 그리고는 "집이 어디냐? 나이는 어떻게 되냐?"는 것 등을 물었다고 해요. 그 여성이 차 안에서 봤더니 기어를 잡고 있는 손이 여자 손처럼 매끈하고 손톱은 투명 매니큐어를 바른 것처럼 하얗게 반짝거렸으며, 얼굴을 봤는데 하얀 피부에 수염 하나 없이 말끔했다고 합니다. 나중에 몽타주도 그립니다. 그런데 이 승용차 운전자는 집에 다 왔으니까 내려달라는 여성의 말을 무시하고 엄양의 시신이 발견된 ○○○ 가든 근처에 있는 고모리 방향으로 계속 직진을 했다는 겁니다. 고모리는 저수지를 중심으로 카페들이 많이 모여 있는 곳인데, 고모리 방향으로 직진을 하려고 해서 잠겨 있는 승용차의 문을 여성이 직접 열고 밖으로 내민 발을 질질 끌면서 내려달라고 했더니 그제야 차를 멈춰 세웠다고 합니다. 결국 온몸을 바닥에 굴리면서 차에서 내렸더니, 그 사람이 속도를 내서 출발했고 잠시 후에는 유턴을 해서 돌아나갔다는 겁니다. 그리고 그 여성은 집으로 돌아왔다는 이야기에요. 제보자인 여성은 이 사건이 발생했던 날이 10월 31일이라고 했어요. 엄양이 납치, 실종된 것은 그로부터 5일 후의 일이죠. 여기서 다시 한 번 생각해보세요. 저는 5일 전에 어떤 여성을 납치하려고 했다가 실패한 사람이 5일 뒤에 동일한 방식으로 범행을 저지를 가능성이 높지 않다고 봐요. 여성을 납치하려다 실패했을 경우에 경찰에는 비상이 걸리기 때문입니다. 실제로는 이 여성이 신고를 하지는 않았지만, 범인의 입장에서는 여성이 신고했다고 생각할 수도 있어요. 게다가 승용차가 유턴을 해서 돌아나갈 때 그 여성이 차의 번호판을 봤다고 생각할 수도 있어요. 그런데 5일 뒤에 범인이 다시 나타나서 엄양을 납치했다는 것은 저의 32년의 경험으로 봤을 때 굉장히 일어나기 힘든 경우의 수라고 생각합니다. 물론 절대로 아니라고 단정할 수는 없겠지만, 일어나기 힘든 일이라는 거죠. 5일 전에 여성을 납치하려다 실패했는데 5일 뒤에 2km도 떨어지지 않은 근처 동네에서 또 납치를 한다는 것은 현실적으로 굉장히 가능성이 낮아요. 그래서 저는 제보자가 피해를 당한 것은 분명하지만, 제보자에게 가해를 했던 사람과 엄양을 납치한 사람이 동일 인물일 가능성은 굉장히 낮다고 생각했습니다.

김윤희 나중에는 다시 나오겠지만, 포천 일대는 물론 주변에서 일어났던 납치 사건과 관련해서 수사를 진행하기도 했더라고요.

김복준 그래서 한 명을 구속했어요. 『그것이 알고 싶다』의 제보자 분과 비슷하게 승용차로 여성을 납치해서 강간한 범인이었어요. 저는 방송을 보면서 제보자를 납치하려고 했던 범인이 이 사람일 것이라는 생각을 했어요. 물론 아직 확인하지는 못했고, 이 부분이 보도되지도 않았어요. 저희도 수사 과정에서 유사한 범행을 저지른 사람을 구속했지만, 오래된 사건들이고 증거가 부족했기 때문에 대법원에서 무죄판결을 받았어요.

몽타주와 법 최면 forensic hypnosis

김복준 시청자 분들 중에 이런 사건에 관심이 많고 눈썰미가 좋은 분들은 아마 느끼셨을 거예요. 『그것이 알고 싶다』의 제보자가 만든 몽타주와 화성연쇄살인사건의 범인 몽타주가 상당히 닮아있어요. 언론에 노출되어서 범인의 얼굴이 알려지면, 내 머릿속에서 이미지로 그렸던 것이 교묘하게 뒤섞이고 선입견에 의해 변형되면서 알려져 있는 범인의 모습과 유사하게 그려지는 경우가 있습니다. 절대로 이 부분을 간과하지 말아야 합니다. 그래서 저는 수사기법으로 몽타주를 선호하지 않는 사람이에요. 몽타주는 신중해야 해요. 저는 완벽하지 않으면 몽타주 그리는 것을 포기하는 편이 좋다고 생각합니다. 잘못 그려진 몽타주는 수사방향을 잘못된 곳으로 이끌어가기도 하고, 엉뚱한 범인을 찾으러 다니게 만들 수도 있거든요.

김윤희 영화나 드라마를 보면 몽타주를 많이 그리잖아요. 그 부분은 잘못 알려진 상식인 것 같아요. 실제로 현장에서는 몽타주를 선호하지 않고, 또 경력이 많은 수사관일수록 몽타주에 대한 신뢰가 낮은 경우가 많거든요. 제 경험으로도 몽타주를 가장 많이 그리는 경우가 강간 사건입니다. 그런데 가장 신뢰도가 떨어지는 몽타주가 강간 사건이에요. 피해자가 공포 상황에서 목격하고 느꼈던 이미지들이기 때문에 제대로 그려지지 않는 경우가 많아요. 일반적으로 몽타주가 일치할 확률이 높은 범죄는 절도나 단순 강도처럼 피해자들이 공포가 덜한 상황에서 목격한 사건인 경우가 많아요. 아마 교수님께서 이 부분을 말씀하셨던 것 같습니다. 실제로 저도 '마포 발발이 사건' 때 마포 발발이의 몽타주를 보고 상당히 혼란스러웠어요. 마포 발발이의 경우에는 두 가지의 몽타주가 있었는데, 첫 번째 몽타주와 두 번째 몽타주가 너무 달랐거든요.

김복준 마포 발발이도 몽타주가 자기와 너무 달라서 마음 놓고 돌아다녔다고 이야기했잖아요. 몽타주는 신중해야 돼요. 그리고 몽타주도 사건이 발생하고 즉시 그리는 것과 몇 십 년이라는 세월이 흐른 다음에 그리는 것은 엄청난 차이가 있어요. 오랜 세월이 흐른 다음에 그리는 몽타주는 거의 실효성 없어요. 그것도 최면을 통해 특징적인 인상착의를 뽑아내는 것은 이미 오염된 것이기 때문에 훨씬 실효성이 떨어진다고 생각해요.

김윤희 제보자분들의 용기와 제보는 정말 고마운 것입니다. 제보 자체에 대해서 말하는 것이 아니라 실효성이나 오염된 기억과 같은 내용은 수사 현장에서 고려해야 할 부분들이 많다는 것이거든요. 시청자 분들의 시각에서는 "저 사람이 확실한데, 그때는 왜 수사를 하지 않고 놓쳤지?"라는 의문도 가질 수 있는 부분이지만, 수사를 진행하는 사람의 입장에서는 신중할 수밖에 없다는 부분에 대해 말씀 드리는 것입니다. 그리고 몽타주를 제작하는 과정에서 법 최면forensic hypnosis을 통해 몽타주가 디테일해지는 부분이 있습니다. 하지만, 최면은 어떤 부분을 명확하게 기억할 수 있도록 인지 능력을 높이는 것일 뿐입니다. 그 부분에 대해서도 오해가 없으셨으면 좋겠습니다.

김복준 최면 상태에서 몽타주를 그린다고 해도 이미 그 사람에 대한 심상이나 범인의 얼굴이 내 머리 속에 있으면 그것이 구현될 가능성이 높아요. 제가 '오염'이라고 말한 것의 내용이 바로 이것입니다. 일반적으로 심상의 오염이라고 이야기 합니다. 그래서 몽타주는 확신할 수는 없다는 것입니다. 그래도 비슷한 사람이 있으면 제보해 주십시오.

제보자의 시선 vs 수사관의 시선

김복준 제보자들은 언제나 고마운 분들이죠. 경찰에서 찾는다는 것을 알았지만, 당시에는 제보자 자신도 보복당하는 것이 두려워서 신고하지 않고 숨죽이며 살았을 거예요. 아마 본인이 딸을 낳

법 최면forensic hypnosis [경찰청 홈페이지 '폴인러브']

법 최면이란 범죄수사에 최면을 이용하는 것이다. 이는 주로 범죄현장에 사건해결의 단서는 없고, 피해자나 목격자조차도 시간의 경과나 공포, 당황, 흥분, 어둠 등의 여건으로 범죄 당시의 상황을 제대로 기억하지 못할 때 최면을 이용하여 기억을 재생케 함으로써 수사의 단서를 제공하거나, 수사의 방향설정에 도움을 주기 위하여 사용되어지는 수사 기법이다.

아서 기르다보니 '내가 이래서는 안 되겠다.'라는 생각으로 제보를 하셨을 거예요. 그 제보자 분도 신고하지 않은 것에 대해 나름대로 죄책감에 시달렸던 거예요. 그래서 용기를 내서 제보하셨고, 그래서 『그것이 알고 싶다』에서 다루게 되었기 때문에 경찰 입장에서 그 제보자 분은 너무 감사한 분이에요.

김윤희 피해를 당했다는 것, 그 자체의 트라우마도 엄청났을 것 같아요. 주변에 제대로 이야기할 수도 없는 상태에서 정말로 거의 20년 동안 본인 혼자서 끙끙 앓으면서 간직했던 것이잖아요. 음성 변조도 하지 않으셨더라고요. 쉽지 않은 일이고 용기 있는 일이라고 생각해요.

김복준 경찰 입장에서는 정말 너무 감사한 분이죠. 혹자는 "이제 와서……."라고 말하는데 그것은 정말로 말이 안 되는 거예요. 그 사람의 입장을 전혀 고려하지 않은 이야기고요. 지금이라도 그 분이 이야기 해주셨고, 그래서 이렇게 사람들의 관심을 환기한 것만으로도 너무나 감사하고 고마운 일이에요. 제가 조목조목 반론을 제기한 것은 『그것이 알고 싶다』라는 프로그램 자체에 대한 반박이나 비판이 아니에요. 제가 『그것이 알고 싶다』에 대해 감사드린다고 분명히 말씀 드렸잖아요. 다만, 『그것이 알고 싶다』에서 나온 내용하고 다른 부분을 제가 설명하는 것일 뿐이에요. 매니큐어나 제보자 분의 제보 등에 대해 제 나름대로 분석한 것으로 이해해 주시기 바랍니다.

김윤희 수사를 해 봤던 사람들의 입장에서는 『그것이 알고 싶다』라는 프로그램이 고맙다는 생각이 들어요. 그런데 자칫 잘못하면 그 사람들이 그린 그림대로 고정될 수 있거든요. 그러면 수사 방향이 확정되지 않은 상태에서 이렇게까지 했는데 "범인이 왜 안 나와." "범인을 왜 못 잡아."라는 식의 약간은 일방적인 비난이 쏟아질 수밖에 없는 부분이 있어요. 저는 수사가 그렇게 한 가지의 시선으로 보는 것이 아니라, 여러 가지 방향에서 바라볼 수밖에 없다는 것을 이야기하고 싶은 거예요.

김복준 맞습니다. 그것을 설명하려는 거예요. 저 정도면 범인이라고 생각하실 수도 있지만 아닐 수도 있다는 것을 사전에 설명 드리려는 거죠. 아무튼 저도 범죄를 분석하는 사람 입장에서 볼 때는 미진한 부분이 있다는 거죠. 수사했던 부분을 중복해서 지적한 것도 있고, 저의 상식으로 봤을 때는 5일 전에 범행에 실패하고 그 이후에 근처에서 다시 범행에 나서는 것은 흔치 않다는 거죠. 그래서 엄양을 납치, 살해한 범인과 제보자 분을 납치하려했던 범인이 동일인물일 가능성은 적다는 것이고, 혹시 사건을 조사하면서 구속했던 사람은 아닐까라고 생각했다는 거죠. 그 사람은 풀려나왔기 때문에 자세하게 말할 수는 없지만, 차량을 이용하는 등 범행수법은 상당히 비슷해요. 제 생각에는 그 사람일 개연성도 있어 보입니다.

김윤희 이야기를 종합하면 엄청난 양의 수사들을 했다는 거예요. 당시에 경찰에서 매니큐어를 생산하는 회사와 5일장, 그리고 포천 주변에 '변태'나 성범죄에 관련된 사람들도 수사하고, 다음에 29인치 TV박스에서 시리얼 넘버를 찾고 또 실제로 29인치 TV를 배달했던 직원까지 찾았다는 것은 엄청난 양의 관련 수사가 진행되었다는 것입니다.

김복준 현장에서 통화내역과 관련된 것만 거의 수만 건을 했어요. 기지국도 중복 수사를 했고요, 엄양이 다녔던 학원, 학교 선생님들의 통화 내역까지 살펴봤어요. 차량 수사도 많이 했어요. 그 근처에서 엄양이 납치될 무렵에 차량을 목격했던 사람들을 상대로 법 최면 수사를 했는데, 당시에 그 지역 사람들 다섯 분이 법 최면을 했어요. 그 때는 사건 바로 직후에 법 최면 수사를 진행했고 차량 넘버를 뽑아서 비슷한 차종과 비슷한 넘버를 가진 승용차 262대를 조사했어요. 『그것이 알고 싶다』에서 흰색 차량이 나왔지만 그것에 못지않게 수사를 했어요. 통신 수사는 수만 건을 했고, 용의자로 분류된 사람들을 상대로 거짓말 탐지기 조사도 10명 정도 했습니다.

수사를 방해하는 요소들, 언론과 경찰 지휘부

김복준 살인사건의 수사본부는 길어도 3개월을 넘기지 않아요. 그런데 이 사건의 수사본부는 1년 동안을 유지했는데, 그동안 형사들이 아침 7시 40분에 나와서 밤 12시에 석회를 했어요. 완전히 거의 1년 동안 외부와는 단절된 상태에서 수사에만 매달리다 보면 공황상태에 빠지기도 하고 우울증에 걸리기도 하거든요. 그 정도로 형사들이 수사를 길게 했어요. 이렇게까지 수사본부를 길게 유지했던 이유가 있어요. 공교롭게도 이 사건이 일어난 시기가 화성연쇄살인사건의 마지막 범행 직후였어요. 그래서 언론에서는 화성연쇄살인사건이 포천으로 옮겨갔다고 대서

특필을 했어요. 요즘에는 제가 방송국에서 방송을 하고 있지만, 체질적으로 언론을 싫어합니다. 물론 언론인 중에서도 정론 직필하시는 분들이 있죠. 그 사람들은 진정한 언론인이고, 여기서 제가 비난하는 사람들은 말 그대로 '기레기'에요. 거짓말이나 하고 사실을 부풀리고 선정적으로 기사를 쓰는 사람들은 자격 없습니다. 그 사람들이 무슨 언론인이에요. 얼굴에 짙은 화장으로 자신을 숨기고는 일신의 출세를 위해서 대중을 속이는 사기꾼이죠. 어쨌든 화성연쇄살인사건이 포천으로 옮겼다고 대서특필을 했어요. 화성사건 이후에 포천사건이 터졌기 때문에 대통령께서도 관심을 가지셨을 정도였어요. 그날부터 경찰 지휘부에서 수사본부를 방문하기 시작하는 거예요. 정말 한심한 작태에요. 수사를 하는 과정에서 경찰 지휘부에서 수사본부를 방문하면 수사본부의 업무는 완전히 마비되거든요. 그분들은 국민들이 관심을 갖고 언론에 보도되기 때문에 좋을지 모르지만, 수사본부는 수사 대신 보고서를 작성하고 브리핑 준비해야 되는 거잖아요. 지금은 PPT로 하지만, 당시에는 차트라고 해서 막대기로 전지를 넘기면서 설명한 것만 수십 번이에요.

김윤희 매직으로 일일이 차트를 만들어야 해요.

김복준 브리핑을 준비하느라고 아무것도 못했어요. 경찰 지휘부에서 이렇게 수사본부를 방문하는 것은 격려가 아니라, 수사를 방해하는 거예요.

포기할 수 없는 사건, 그리고 잊을 수 없는 윤반장

김복준 이 사건의 수사를 진행하는 과정에서 저에게는 정말 잊을 수 없는 사건이 일어났어요. 그 당시에 강력반장이 자살했어요. 포천경찰서로 가기 전에 의정부에서 제가 형사 3반장하고 있을 때 저와 같이 근무했던 동료예요. 아무튼 뒤늦게 엄양의 사체가 발견되고 제가 수사본부로 발령이 나서 갔을 때에도 제일 반가워 해주더라고요. 윤 반장은 학교 앞 문방구에서 증명사진 찍어주는 분에게 집착했어요.

김윤희 제가 조금만 말씀드리고 넘어갈게요. 교수님께서 이런 이야기를 하시는 이유는 포천에서 엄양 사건을 수사하다가 형사 한 분이 극단적인 선택을 했기 때문이에요. 포천 여중생 사건이 언론에 많은 주목을 받았던 이유 중에 하나가 담당 형사가 극단적인 선택을 했을 정도로 힘든 수사였다는 거죠. 결국 미제사건이 되었어요. 그리고 너무 수사 압박이 심하지 않느냐, 현장이 열악하지 않느냐에 대한 부분이 많이 이야기 됐었는데 현장에서 같이 근무하셨기 때문에 포천 여중생 사건이 교수님께는 해결하지 못한 미제사건이기도 하지만, 함께 했던 동료가 먼저 세상을 떠났던 사건이기 때문에 이 사건을 다루고 싶어 하지 않으셨어요.

김복준 윤반장 이야기를 꺼내는 것이 고통스럽지만, 끝까지 하고 마쳐야 될 것 같아요. 윤반장이 문방구를 집중해서 살핀 이유는 엄양이 없어진 길은 폭이 3m 정도밖에 되지 않는 소로였어요. 그렇기 때문에 차가 지나가려면 도로를 완전히 차지해요. 그 상황에서 엄양을 차에 태웠다면 도로 폭 때문에 일반적인 자동차의 문인 컨벤셔널 도어Conventional Door 형식의 차는 불가능합니다. 옆으로 미는 슬라이딩 도어라야 됩니다. 엄양의 경우 호의동승이 아닙니다. 제가 자꾸만『그것이 알고 싶다』를 비판하는 것처럼 이야기하게 되는데 호의동승 이야기가 나와서 하는 말입니다. 절대로 타라고 해서 자동차에 탄 것은 아닐 겁니다. 그 부분에 대해서는 저희가 철저하게 조사했어요. 엄양의 어머니와 아버지, 그리고 친구들을 상대로 조사를 했는데 엄양은 절대로 남의 차를 타지 않는다고 합니다. 어떠한 경우에도 남의 차를 타지 않았다고 합니다. 그렇기 때문에 엄양이 호의동승했을 가능성은 거의 없어요. 굉장히 중요한 부분이기 때문에 크로스체크를 해가면서 조사했어요. 호의동승이라고 하면 면식범일 가능성이 커지잖아요. 그래서 조사를 면밀하게 했거든요. 정말로 친한 사람이 차에 타라고 해서 탔을 수는 있어요. 그 부분은 우리가 못 찾았을 수도 있지만, 적어도 엄양은 모르는 사람의 차를 타지는 않았다는 겁니다. 아버지가 수도 없이 교육시켰기 때문에 아주 어릴 때부터 타지 않았다고 합니다.

김윤희 면식범이냐 아니냐는 것이 아니라 위협해서 탔을 수도 있다는 거죠.

김복준 협박해서 태웠다는 것은 가능합니다. 하지만, 자발적으로 차에 타는 것을 호의 동승이라고 하는데, 엄양의 경우에 호의동승은 아니라는 거죠. 물론 잘 아는 사람이었다면 호의동승을 했을 수 있겠죠. 그렇다면 저희가 찾지 못한 겁니다. 협박해서 태윘을 수 있겠지만, 도로 폭 때문에 일반적인 컨벤셔널 도어 차량에는 탑승이 불가능했을 거예요. 옆으로 미는 슬라이딩 도어라야 강제로 잡아당기는 형식으로 탑승이 가능해요. 컨벤셔널 도어 차량에서 엄양이 반항을 했다면 도로 옆에 있는 인가에서 누군가는 그 소리를 들었을 거예요. 저희는 슬라이딩 도어가 장착되어 있는 승합차일 가능성이 높다고 추정했습니다. 그래서 주로 승합차에 집중을 했는데, 학교 앞에서 장사를 하면서 증명사진을 찍어주는 사람이 그 승합차를 가지고 있었어요. 그리고 불행하게도 약간의 불미스러운 행적도 있었고요. 윤반장의 입장에서는 집중할만한 사람이었다고 생각해요. 그래서 사진관에 있는 암실이 범행 장소일 수도 있다는 생각을 했고, 암실에 들어가서 루미놀 시약을 뿌렸는데 푸른 색 루미놀 반응이 나왔어요. 혈흔이라고 생각했겠죠. 차에서도 머리카락이 나오고 역시 혈흔 반응이 나왔어요. 공교롭게도 이 사람이 학생들의 사진을 찍으면 액자를 만들어주는데, 엄양의 사체가 발견된 장소에서 불과 200m 거리에 있는 공장에서 액자를 사오는 거예요. 여러 가지 사안이 맞아 떨어지잖아요. 암실과 차에서 루미놀 반응이 나왔고, 차종도 슬라이딩 도어가 있는 승합차라는 추측과 일치하는데 공교롭게도 사체가 발견된 곳에서 불과 200m 떨어진 공장에서 액자를 납품받아 왔기 때문에 지리적으로도 익숙할 것이라고 생각했기 때문에 윤반장은 그 끈을 놓지 못했어요. 윤반장은 매일같이 그 사람이 장사하는 곳에서 거의 살다시피 했어요. 그런데 나중에 밝혀진 루미놀 시약 반응의 정체는 피가 아니라 녹이었어요. 쇠붙이에 녹이 생기면 루미놀 시약을 뿌렸을 때 혈흔 반응처럼 발광하거든요. 그 부분을 오해했던 거죠. 그리고 그분은 혐의가 없는 것으로 결론이 났음에도 윤반장은 그 사람에 대한 집착이 있었어요. 윤반장이 가장 힘들었던 부분은 엄양이 납치, 살해된 포천지역의 담당 형사라는 것이었어요. 담당 형사이면서 반장이었죠. 엄양 사건을 해결하지 못한다는 것에 대한 자책이 다른 형사들보다 심했어요. 수사본부를 너무 오랫동안 유지하다보니 자연스럽게 느슨해졌어요. 그리고 이미 할 수 있는 것은 다 했다는 생각이 들었기 때문이기도 했어요. 이 잡듯이 뒤졌는데 수사할 단서가 없었어요. 더 이상 무엇을 해야 할지 알 수가 없었기 때문에 오죽하면 무당을 만나러 점집을 찾아갔어요. 아마 강력 형사치고 점집 한 번 찾아가지 않은 사람은 없을 거예요. 점을 보러 가서 순서를 기다리고 있는데, 앞에서 갑자기 경찰 서장이 점을 보고 나오더라고요. 저하고 점집에서 마주쳤어요. "서장님, 여기는 어떻게……."라고 했더니 아무렇지도 않게 "너도 점 보러 왔냐?"고 해서 답답해서 왔다고 했어요. "알았어. 내가 보는 것과 네가 보는 것은 다를 수 있으니까 보고 와라."고 하더라고요. 그런데 저는 점을 못 봤어요.

김윤희 두 분이 모두 그 집에 가셨으면 굉장히 용한 집인가 보네요.

김복준 금방 신내림을 받았다고 해서 그 일대에서는 굉장히 유명한 점쟁이였어요. 그곳뿐만이 아니라 대략 10여 곳은 갔을 거예요. 그런데 우리는 사건을 과학적으로 분석하는 프로그램인데 이런 이야기를 해도 되나?

김윤희 수사 과정에서 발생하는 에피소드잖아요.

김복준 지방에 있는 유능한 점쟁이를 제가 모셔왔어요. 그분이 엄양의
영혼에 빙의 되었다고 해서 밤새 산속을 뒤지고 다닌 적도 있
어요. 그때 엄양의 아버지와 같이 있었는데, 점쟁이가 갑자기
엄양 목소리를 내는 거예요. 40대의 여성이 10대인 엄양의 목
소리를 내는데 옆에 있던 엄양 아버지가 똑같다고 하잖아요.
그래서 빙의 됐다는 생각에 단서를 얻으려고 산속을 얼마나 헤
매고 다녔는지 몰라요. 단서인 교복 단추를 찾을 수 있다고 밤
새 산속을 돌아다녔던 적도 있었어요. 경찰 서장이 나간 다음
에 제가 방에 들어갔는데 점쟁이가 점을 못 본다는 거예요. 이
상하게 점쟁이들이 내 눈을 못 쳐다봐요. 그래서 점집 몇 군데
를 가면서 직원들을 들여보냈어요. 점쟁이들이 말해 주는 것도
정말 답답한 짓거리에요. 엄양 사건 때도 쌀 몇 개 집어 던지고
동전 던진 다음에 "동남쪽으로 10리를 가면 나무 작대기가 날
아다니고 빨간 공과 노란 공이 날아다닌다."고 하면 동남쪽으
로 10리에 있는 당구장이잖아요. 너무 답답했기 때문에 점쟁이
가 이야기한 대로 당구장 근처에 가서 뒤지는 것이지 정말 못
할 짓이에요. 오죽했으면 그런 일을 벌였겠냐고요. 당구장에서
수배자들은 많이 잡았어요. 점도 보고, 하다하다 안 되면 그런
경우도 있거든요. 아픈 이야기지만 윤반장 이야기를 하자면, 윤
반장이 갑자기 며칠 동안 출근을 하지 않았어요. 사정이 있겠
거니 하면서 넘어가고 있는데, 윤반장 집에서 경찰서로 전화가

왔어요. 아이가 고3인데 아빠가 연락도 없고 너무 집에 안 와서 연락 했다는 전화를 받고 저희들도 깜짝 놀랐어요. 그때부터 수사는 뒷전이었어요. 잘 아시겠지만, 검사와 판사, 그리고 경찰이 아무 연락 없이 24시간 이상 행적을 확인할 수 없으면 특수수배를 해요. 언제든지 보복을 당할 수 있는 직업이기 때문이에요. 그래서 윤반장을 찾기 시작하는데 고향인 논산의 어머니 아버지 산소에도 가고 이곳저곳을 찾아다녔지만, 결국 찾지 못했어요. 윤반장을 찾기 시작한 지 일주일이 됐을 때, 옷을 갈아입기 위해 집에 들어와서 잠깐 쉬고 있는데 집 전화의 벨이 울려서 받았어요. 그런데 벨이 울리는 순간에 아마 누구나 느낄 수 있는 이상한 느낌이 있잖아요. 벨소리가 굉장히 불안하고 느낌이 좋지 않았어요. 전화기를 들어서 "여보세요."라고 했어요. 경찰이에요. "윤형사가 발견됐어요." 그러더라고요. 윤형사가 '돌아왔어요.'가 아니라 윤형사가 '발견됐어요.'는 이상하잖아요. 그래서 바로 "죽었냐?"고 했더니 그렇다고 해서 전화기 내려놓았어요. 정말 포천까지 어떻게 갔는지를 모르겠어요. 포천과 연천의 경계에서 신북 쪽으로 들어가는 곳에 깊이울유원지라고 있어요. 유원지의 저수지 통해 산길로 한참을 올라갔더니 저 안쪽에 큰 나무에 비스듬히 기대고 앉아서 죽어 있었어요. 앞에는 막걸리가 통에 반쯤 남아있었고, 비닐봉지에 두부처럼 보이는 안주가 있고, 그 옆에 푸른색 농약병이 있었는데 아마 그걸 섞어서 먹었던 것 같았어요. 그리고 그 옆에 경찰에서 교육할 때 사용하는 교양수부에다 40페이지 정도의 유서를 써 놨어요. 저는 솔직히 말씀드려서 가까이 가지 못했어요. 제가 현직에 있으면서 500구가 넘는 부검 현장을 다녔는데, 동료가 죽은 현장에는 도저히 못 가겠더라고요. 멀리서만 확인하고 직원들이 포천 장례식장에 안치했죠. 그리고 장례 치렀는데 문제가 있었어요. 자살은 순직으로 인정이 안 되는 거예요. 업무 중에 사망한 것이 아니기 때문에 자살은 순직이 아니라는 거죠. 나중에 윤반장은 업무상 스트레스 등이 참작돼서 유공자 지위를 받았지만 오랫동안의 투쟁이 있었어요. 이야기하면 길어요. 아무튼 윤반장에게 너무 미안했어요. 그 이후에는 윤반장을 위해서라도 범인을 꼭 잡고 싶었어요. 윤형사를 위해서 범인을 꼭 잡아야겠다는 생각에 안 해 본 일이 없었던 것 같아요. 심지어 제가 엄양의 꿈을 꾸려고 엄양 어머니께 말씀을 드리고 엄양의 방에 가서 잠을 자기도 했어요. 엄양 방에 가서 이불 깔고 요 깔고 엄양의 컴퓨터도 만져보고 이틀 정도 잤어요. 엄양이 나타나지 않으면 윤반장이라도 나타나서 누가 죽였는지 말해줄 것 같았는데 소용이 없었어요. 조금 전에 말씀드린 것처럼 점쟁이도 불렀어요. 지방에서 점쟁이를 불러서 엄양 집에서 내가 했던 것과 똑같이 이불을 덮고 자라고 했어요. 점쟁이는 저와는 받아들이는 것이 다를 것 같아서요. 그 점쟁이가 자다 말고 일어나서 화장실에 가서 세수를 하다가 거울을 보는데 자기도 모르게 갑자기 입이 돌아가면서 누군가 이름을 댔어요. 그 이름은 지금도 기억하고 있는데 수사하던 용의자 중에 있는 인물이에요. 그래서 아직 포기한 상태는 아닙니다. 분명히 말씀드리면 저는 퇴직했지만 아직도 그 사건을 추적하는 중이에요. 지금도 제보 받고 있고 그 사건 이후로 단 한 번도 그 근처를 그냥 지나간 적이 없어요. 지나갈 때 엄양이 발견되었던 장소를 들렀습니다. 지금은 공사를 해서 그 배수관이 사라지고 없어요. 엄양이 살아있을 때 초코파이 좋아했어요. 항상 그 배수구에 가서 초코파이와 사탕을 놓고 한 10분씩 담배를 피우면서 꼭 잡아주겠다고 약속했었거든요. 지금까지는 약속을 지키지 못했네요. 그런데 『그것이 알고 싶다』에서 다시 관심을 불러일으키고 제보도 계속 온다고 하니까 반드시 잡히겠죠. 더구나 '태완이법'으로 공소시효가 없어졌기 때문에 죽는 날까지 추적할 거예요. 내가 죽는 날까지 이 사건은 절대로 손을 놓지 않을 겁니다. 이 사건에는 많은 이야기가 있어요. 수사를 하는 중간에 윤반장이 사망하고, 그것 때문에 느닷없이 경찰 서장이 쫓겨나고, 또 매일같이 감찰이 와서 괴롭힌 일까지 무궁무진한 이야기가 있어요. 손톱과 발톱에 매니큐어를 발라 놓고, 그 일부를 잘랐기 때문에 어떤 의식과 관련이 있을 것 같다는 생각이 들어서 아시아의 풍습을 조사하기도 했어요. 동남아 쪽에는 젊은 처자가 사망하면 꽃잎으로 입술과 손톱, 발톱에 염색을 하고는 머리카락과 손톱, 발톱을 잘라서 작은 주머니 같은 데

'태완이법'

'태완이법'은 2015년 7월 24일에는 국회 본회의에서 살인죄에 한해 공소시효를 폐지하는 내용의 형사소송법 개정안을 말한다.

넣어서 집에 보관하는 전통이 있더라고요. 일본의 대마도 일부 지방, 스리랑카, 그리고 인도의 편잡 지방 등에도 이와 유사한 전통이 있다고 하더라고요. 제가 대사관에 전화해서 알아봤던 장례 의식에도 그런 것들이 있어서 포천에 있는 규모가 작은 공장에 취업해 있는 동남아시아 출신의 불법 체류자들을 무더기로 잡아왔는데, 그 사람들 수천 명이 야반도주를 하는 바람에 공장을 가동할 수가 없게 된 업주들의 비난을 받기도 했어요. 이 사건을 수사하는 동안이 형사로서는 가장 힘들고 고통스러운 순간이었어요.

김윤희 내가 얼마만큼 시간과 노력을 투여하는가에 따라, 그리고 내가 그 사건과의 연관이 깊어지면 깊어질수록 단지 하나의 사건이 아니라 그냥 저의 일부로 다가오는 것 같더라고요. 이 사건 역시 교수님의 삶의 일부가 되는 과정을 거쳤다는 생각이 듭니다. 저희가 수사 과정이라든지 대략적인 상황들은 다 말씀을 드렸잖아요. 그럼 저희가 사건을 분석을 해보고 사건이 어떤 특성들을 갖고 있었는지, 그리고 면식범 수사에서부터 시작해서 할 수 있는 수사는 다 했던 거잖아요.

경찰로서 했던 일, 그리고 당부의 말

김복준 할 수 있는 것은 거의 다 했어요. 면식범 수사도 분명히 했지만 못 찾았을 수도 있죠. 수사가 완벽하지는 않았으니까요. 차량, 통신, 법 최면 수사, 거짓말 탐지기, 기지국, 제보자, 변태 성욕자, 우범자는 꼼꼼하게 뒤졌고요. 다음으로 증거물도 할 수 있는 만큼은 조사를 했어요. 나름대로는 굉장히 많이 했어요. 수사대상자가 1569명이었는데 동종 전과자 112명, 자퇴한 청소년들도 229명, 불량 학생 281명, 변태 성욕자 7명, 제보자 수사 64명 등 규모가 어마어마했어요. 그 과정에서 부수범죄라고 하는 동종 전과를 가진 사람도 구속시켰고, 즉결 심판에 넘긴 사람도 다수였습니다. 즉결 심판에는 주로 변태 성욕자들을 넘겼는데 나름대로는 폭넓게 수사를 했습니다만 결국 실패했고요. 이 사건도 반성은 하고 가야 될 것 같아요. 초동수사 단계에서 단순 가출로 봤던 것과 사체 수색 과정에서 이야기했던 손톱 부분에 대한 것은 아주 잘못된 부분이라고 생각됩니다. 그리고 수사 중에 항해하는 배에서 선장 끌어내리면 그 배는 표류하게 돼 있어요. 윤반장 사건이 일어나고 언론에 보도되면서 수사하는 도중에 지휘관인 경찰서장을 교체해서 수사를 표류하게 만든 것은 아주 잘못된 부분이었어요. 그리고 이렇게 중요한 강력사건이 일어나면 지방경찰청에서 지원을 나오는데, 지원 나온 사람들이 현장의 수사 요원들과 같이 공조해서 수사를 하는 것이 아니고, 마치 상급 기관에서 나온 것처럼 자기 휘하의 사람들을 지휘하는 감독자 행세를 하면 현장 요원들과 갈등이 생길 수밖에 없어요. 이 부분은 반드시 시정되어야 해요. 지원 나온 사람들에게는 별도의 임무를 부여해서 그들은 그 일만 하게 해야 돼요. 제가 그때 뼈저리게 느꼈기 때문에 이후에 제가 수사과장을 할 때 저는 지방경찰청에서 지원을 나온다고 하면 내 지휘를 받을 것 같으면 보내고 지방경찰청의 경력이라고 해서 내 지휘를 받지 않을 것 같으면 보내지 말라고 그랬어요. 상급기관에서 지원을 와서는 위화감만 조성하더라고요. 경장이면 모두 같은 경장이지 지방경찰청에서 근무하는 경장과 일선 경찰서에서 근무하는 경장이 다른 것은 아니잖아요. 지원 나온 지방경찰청 직원이 함부로 행동하는 것을 보고 제가 심하게 나무란 적도 있어요. 징계 먹을 뻔 했어요. 그리고 조금 전에 이야기했던 것처럼 평소에 강력사건이 발생하지 않았기 때문에 포천경찰서의 강력사건 대응체계가 제대로 구축되어 있지 않았던 것도 문제였어요. 그래서 FTX가 만들어졌고요. 다음으로는 수사 중에 감찰을 나오는 것도 문제예요. 감찰이 수사본부 직원들이 출근을 했는지를 확인해요. 밤에는 직원들 다시 경찰서로 들어왔는지를 확인하고 가요. 형사들이 밤새 근무하면 다음날은 조금 늦을 수도 있잖아요. 그런 것을 감찰이 체크하는 거예요. 그렇게 하지 말라고 감찰 직원을 밀치고 해서 피해를 보기도 했어요. 그런데 수사를 하고 있는 경찰 수사본부에 감찰 나오는 관행은 사라졌을 거예요. 제가 강력하게 주장하고 지방경찰청에 가서 항의도 했거든요. 제가 경찰에 몸담은 32년 동안에 경찰 조직에 엄청나게 많은 변화를 만들어내기도 했어요. 수사본부에 감찰 나오는 관행도 없애고, 프로파일러 양성 과정도 만들었잖아요. 그리고 조금 동떨어진 이야기지만 구제역처럼 방역이 필요한 질병이 생겼을 때, 경찰을 동원해서 보초를 세웠거든요. 명백하게 지방자치단체의 업무인데 밤에 공무원들은 모두 퇴근하고, 그 길목에 경찰이 가서 소나 돼지가 반출

되는 것을 지키고 있어야 했어요. 제가 하지 말라고 하고 거부했어요. 아무튼 같은 경찰서에서도 절실하게 느낀 것이 있어요. 엄양 사건을 수사하는데, 수사과 형사들을 제외하고는 지구대나 파출소의 직원들, 그리고 타과에 있는 사람들은 아무런 관심이 없어요. 자기들의 일이라는 생각 자체가 없는 거예요. 제가 수사하는 동안에 정말 많이 느꼈어요. 그러면 안 되잖아요. 중요한 사건이 일어났는데 경비경찰, 교통경찰이 어디 있어요. 모두 자기 일처럼 같이 해결하려고 해야지. 강 건너 불구경 하듯이 하면 되겠어요. 요즘에는 많이 시정됐다고 합니다. 다음으로는 언론의 잘못도 있어요. 언론의 과도한 대응으로 있지도 않은 사실을 확대해고 증폭시킨 부분이 있었어요. 그리고 반드시 사라져야 할 것은 너무 자주 보고를 요구하는 것과 지휘관 방문이에요. 이것은 정말 없어져야 돼요. 지금은 많이 사라졌다고 하더라고요. 제가 경찰수사연수원에서 교수로 강의할 때, 높으신 분들 여러 명 앉혀 놓고 이야기했어요. 사건 났을 때 당신들이 현장에 가는 것 자체가 수사를 방해하는 일이라고 말입니다. 이 사건은 정말 할 이야기가 너무 많아서 열 시간, 스무 시간을 해도 부족한 사건이에요. 제 입장에서는 굉장히 아픈 사건이기도 하고요. 오늘 이후로는 두 번 다시 입에 올리지 않겠습니다.

김윤희 저도 교수님의 아픔이 느껴져요. 저희는 지금 한 시간 정도를 듣고 있는 것이지만, 수사하는 과정으로 따지면 어마어마한 시간동안 그 수사를 하시면서, 또 동료들과의 관계나 그밖의 문제들도 있었을 거예요. 수사를 하다보면 항상 좋은 관계를 유지할 수는 없기 때문에 서로 다투기도 하고, 또 집에 들어가지 못하면서 가정에 문제가 생기기도 하거든요. 포천 지역에서만 몇 백 명이 수사를 받았잖아요. 그러면 포천 시내에서 사람들이 수사관을 어떻게 쳐다봤을 것인지도 알 수 있을 것 같거든요. 수사 기간 내내 한 번도 편한 적이 없으셨을 거예요.

김복준 엄청 고생했어요. 이 수사는 저 혼자 했던 것은 아니고요. 제가 전체적인 개요를 아는 것일 뿐입니다. 그 당시 수사에 참여했던 포천경찰서 직원들을 비롯해서 지원 나온 병력들까지 정말 고생 많이 했어요. 우리가 능력이 부족하고 미숙해서 못했을 수도 있지만 우리 능력이 닿는 범위 내에선 최선을 다해 수사했어요. 그것만은 알아줬으면 좋겠어요. 능력이 닿는 범위 내에서는 최선을 다 했어요. 그렇게 동료도 허망하게 보냈고요. 앞으로도 끊임없이 보강되고, 또 많은 관심을 통해서 결정적인 단서가 나온다면 좋겠죠. 그렇지만 무엇보다 끈을 놓지 않는다는 것 자체가 중요하지 아니겠어요? 두서없이, 그리고 흥분하고 격앙된 상태에서 이야기를 해서 죄송합니다. 목이 잠기네요.

김윤희 네, 제가 진행을 했어야 하는데 진행한 것이 아니라 거의 교수님의 이야기 듣는 한 후배로서 제 자신을 많이 들여다봤던 거 같아요. 수사관의 한 사람으로서 저도 사건을 접했던 그 시점으로 보기도 했고요. 그리고 미흡했던 제 자신도 돌아보게 됐어요. 저도 지구대에 있을 때, 또는 수사부서가 아닌 다른 부서 있었을 때 내 동료들이 하는 수사를 집중적으로 보지 않았던 것 같아요. 반성도 했고, 또 그냥 여러 가지가 많이 느껴졌던 것 같아요. 그리고 이 사건은 교수님께서 말씀하셨잖아요. 죽을 때까지 포기하지 않으신다고…….

김복준 절대 포기하지 않겠습니다. 그리고『그것이 알고 싶다』에 대해서도 사람들의 관심을 불러일으켜 주신 것에 대해 정말로 감사드립니다. 저에게는 너무나 고마운 프로그램입니다.

김윤희 저도 시청자 분들께 말씀드리고 싶은 것이 있어요. 수사는 제일 먼저 수사관이 하는 것이고, 현장수사관의 책무고 임무지만 만약 지금 이 프로그램을 보셨던 시청자 분들께서 어떤 단서라든지, 알고 있는 어떤 부분이 있다면《사건의뢰》로 메일 보내주시면 감사하겠습니다. 조금 전에 말씀하셨잖아요. 프로파일러가 하는 역할 중 하나가 단서와 관련해서 시각을 넓혀주는 것이라고 배웠거든요. 여러분들도 모두 수사관이고 프로파일러일 수 있다고 생각해요. 생각나는 부분이 있거나 좋은 단서가 있으시면 알려주세요. 오늘은 교수님께 감사의 말씀 드리겠습니다. 감사합니다.

김복준 수고하셨어요.

2004년

1월 14일 부천시 원미구 춘덕산 13세 윤군과 12세 임군 성추행 후 살해

1월 30일 새벽 3시, 구로구 구로동 빌라에 침입, 44세의 원씨 흉기로 중상

2월6일 오후 7시 10분, 동대문구 이문동 골목길, 24세 진씨 흉기로 살해
(※이문동 살인사건은 유영철이 자백했지만, 정남규의 범행으로 밝혀짐)

2월 10일 새벽, 군포시 산본동, 우유배달을 하던 28세 손씨 흉기로 살해

2월 13일 새벽 6시, 영등포구 신길5동 30세 서씨 흉기로 중상

2월 25일 새벽 1시, 영등포구 신길동 다세대주택, 홍씨 흉기로 중상

2월 26일 신림2동 골목길, 여고생 흉기로 중상

4월 8일 신길동 25세 정씨 흉기로 중상

4월 22일 구로구 고척동 20세 여대생 김양 흉기로 살해

5월 9일 동작구 신대방동 보라매공원 여대생 흉기로 살해

7월 27일 04시 20분경 도봉구 쌍문동 절도 후 방화

8월 4일 03시경에 안양시 안양 6동 절도 후 둔기로 공격

2005년

4월 6일 01시 40분경, 안양시 73세의 이씨와 외손녀인 13세의 초등학생 둔기로 공격 후 방화

4월 18일 03시경, 금천구 시흥3동 모자인 48세의 주부와 14세의 학생 둔기로 공격

5월 30일 새벽 4시 30분, 군포시 산본동 우유배달을 하던 재중동포 41세 김씨 흉기로 살해

6월 4일 광명시 철산동, 모녀를 파이프렌치로 공격

10월 9일 새벽 03시 18분경, 관악구 봉천동, 40세와 41세의 지체장애 여성 둔기로 공격

10월 19일 새벽 05시 20분경, 관악구 봉천동, 남매인 26세의 변양과 22세의 변군을 공격,
변양은 성추행 후 둔기로 가격하고 목을 졸라서 살해

2006년

1월 14일 7세의 여자 아이를 공격

1월 18일 새벽, 강북구 수유동, 삼남매인 22세의 여학생,
18세의 고교 3학년 여학생, 그리고 13세의 남자 초등학생 성추행 후 살해 방화

3월 27일 새벽 5시 02분, 관악구 봉천동,
세 자매 회사원이었던 25세의 여성과 22세의 여성,
그리고 16세의 여중생을 성추행 후 둔기로 공격해서 2명 사망 1명 중상

4월 22일 서울 영등포 신길동의 주택 24세 남성 김씨 둔기로 가격 중
피해자와 피해자 아버지가 정남규 제압
사건 발생 후 30분 뒤에 경찰 체포 중 도주
2시간 후 동네 주민의 신고로 검거

3장

자기 자신마저도
살해한,
살인범 정남규

INTRO

"정남규는 왜 자살했을까?"

법무부의 공식입장

"최근 사형 관련 내용이 언론에서 보도되고 사회적 이슈가 되면서 사형제도 존폐 및 집행 여부에 대한 불안감과 자책감으로 자살을 기도한 것으로 추정하고 있다."

범죄 심리학자

"남을 죽일 수 없었기 때문에 본인을 죽였다."

프로파일러 표창원

"정남규는 담배는 끊어도 살인은 못 끊었던 사람이다. 본인은 살인에 중독되어 있었는데 밖으로 나가서 사람을 죽일 수 없었기 때문에 자신의 살인욕구를 충족시키기 위해 마지막으로 자기 자신을 죽이는 것으로 삶을 정리했다."

프로파일러 김윤희

"정남규는 살인만 저지르고 다닌 것이 아니에요. 절도, 강간, 성추행 등 …… 끊임없이 타깃을 물색하고 누군가를 공격했어요. 한 마디로 하이에나예요. 그런데 그 일을 할 수가 없어요. …… 독방에서는 자신의 상상 속에서 범죄를 저지를 수 있었지만 유통기한이 끝나버린 거예요. …… 공격성이 자신을 향했다고 받아들일 수도 있는데, 저는 그냥 삶의 의미가 없어져버렸다고 생각하는 거예요."

프로파일러의 시선으로 본
범행수법과 패턴, 그리고 '마지막 선택'의 이유

자기 자신마저도 살해한
살인범, 정남규

김윤희 『대한민국 살인사건』입니다. 강력사건에 사람의 이름 붙이는
경우는 많지 않습니다. 그런데 사건보다 범인의 이름이 유명해
진 사건들이 있습니다. 유영철, 강호순, 그리고 정남규입니다.

김복준 정남규는 서울 서남부 살인사건의 범인입니다. 어떤 면에서 보
면 뒤에서 자세히 설명하겠지만, 일반적으로 "유영철보다 더
연쇄살인스럽다."라고 이야기하는 사건의 범인입니다.

김윤희 범죄나 범죄 심리를 공부하거나 이에 관련된 사람들은 유영철
보다는 정남규에게 더욱 관심을 보이는 경우가 많아요. 범행수
법에서 많은 변화를 보일 뿐만 아니라 이 사람의 행동 자체에
대한 목적성이라든지 살해의 목적성이 명확하기 때문입니다.
유영철은 자신의 범죄 행위에 대해 핑계를 대거나 자신의 신념

때문이었다는 방식으로 포장을 하지만, 정남규는 자신의 범죄에 대해 핑계를 대거나 포장을 하지 않거든요. "정말 죽이고 싶어서 죽였다."고 잘라 말하는 범죄자였고, 또 이 부분이 사람들에게 회자되면서 "연쇄살인스럽다."거나 "살인범스럽다."는 이야기들이 나오는 것 같아요. 무엇보다 비오는 날의 수요일이라는 '도시의 공포', '서울의 공포'를 만들었던 사람이기도 하죠. 한때 "비 오는 날의 수요일에는 절대 돌아다니지 말아라."는 이야기를 만들었던 장본인이기도 합니다.

내성적이고 소극적인 아이, "나는 초등학교 때 성폭행을 당했다."

김복준 일단 정남규에 대한 개괄적인 정보들을 알아볼게요. 정남규는 1969년 3월 1일 전북 장수군에서 태어났습니다. 당시에는 장수가 꽤 시골이었기 때문에 아버지의 직업은 당연히 농업이었겠죠. 농업에 종사하는 아버지 밑에서 태어났다는 것은 분명한데 형제 관계에 대해서는 여러 가지 이야기가 있습니다만, 일반적으로 알려져 있는 것은 5남 4녀 중에 일곱째였다는 겁니다.

김윤희 제가 수사했을 때, 정남규는 3남 4녀 중에 다섯 번째였고 장남이었으며 위로 누나가 넷이었습니다.

김복준 이 부분이 정확하지 않은 경우가 종종 있습니다. 과거에 범죄자들의 가족관계를 조사하다 보면, 시골 지역의 출신들은 이복형제, 또는 동복형제라고 해서 속된 말로 '배 다른 형제'나 '씨 다른 형제'가 있는 경우도 있었기 때문에 수사 초창기에 형제 관계가 제대로 파악되지 않는 경우가 많았어요. 그 부분은 확인이 필요할 것 같습니다.

김윤희 업데이트된 자료를 참고하신 교수님 말씀이 맞을 거예요.

김복준 김윤희 프로파일러는 피의자 신문조서를 가지고 계신 거죠. 정 남규를 검거한 다음에 심문하는 과정에서 작성된 서류를 신문 조서라고 하는데, 피의자 신문조서에는 가족관계를 기록하게 되어 있습니다. 그렇기 때문에 김윤희 프로파일러의 말씀이 맞을 수도 있어요. 그렇지만 일단 공식적인 서류에 나온 것을 기본으로 대화를 진행하고 변동사항이 있으면 정정하는 것이 좋을 것 같습니다. 정남규는 고등학교를 졸업하고 음료 공장에 취직을 했고, 이후에는 건설 현장에서 노동을 했고 방앗간에서도 일을 했던 것으로 나와 있습니다. 주로 육체적인 노동을 했다고 볼 수 있겠죠. 키는 169cm입니다.

김윤희 목격자들이 항상 170cm 정도라고 이야기했어요.

김복준 몸무게는 63kg이었어요. 일반적으로 키에서 110을 빼서 나온 정도의 몸무게를 정적 체중이라고 하기 때문에 적당한 정도의 체형이었을 것 같아요.

김윤희 제가 정남규를 봤을 때의 첫 인상은 상당히 마른 체형이었다는 기억이 있어요. 근육이 많은 몸이었는데 제가 알기로는 체중이 59kg정도였어요.

김복준 그 기록이 맞을 거예요. 우리가 지금 이야기하는 데이터는 주민등록등본이라든지, 아니면 군대의 병적기록부 등을 참고해서 만든 것입니다. 신장은 거의 변하지 않지만, 몸무게는 변할 수 있기 때문에 63kg나 59kg나 정확성과 관련해서 큰 의미는 없다고 봐야 됩니다.

김윤희 저의 첫 인상도 그렇고 목격자들이나 피해자분들 중에 살아남은 분들도 한결같이 마른 체형이었다고 이야기하거든요. 한눈에 보기에도 마른 체형이었고 왜소한 느낌이었어요.

김복준 그러면 169cm에 59kg이면 적정 체중이라고는 하지만, 마른 체형으로 보일 수도 있어요. 혈액형은 O형이랍니다. 그리고 고등학교를 졸업했기 때문에 군대도 갔어요. 육군으로 복무했고 1992년에 하사로 전역을 했네요. 그때부터는 일을 하지 않고 절도 등의 범죄를 통해 생계를 유지하게 됩니다. 그래서 다수의 전과가 기록되어 있습니다. 1989년에 특수강도로 징역 2년 6월에 집행유예 4년 형을 선고 받았고요. 특수강도는 흉기를 들고 사람을 협박해서 강도행위를 하는 거예요. 집행유예를 받았기 때문에 군대를 갔던 것 같아요. 1992년에 제대를 하고 2년 후인 1994년에는 절도로 징역 8월에 집행유예 2년, 그리고 벌금 20만 원의 형을 선고 받습니다. 그리고 다시 2년 후인 1996년에는 성폭력으로 징역 2년 6월을 선고 받습니다. 3년 후인 1999년에도 성폭력으로 징역 2년을 선고 받습니다. 이 사건에서는 절도와 함께 강간까지 했다고 합니다. 그리고 2002년에 절도로 징역 10월을 선고 받는데요. 교도소에서 수감생활을 한 것은 모두 3년 4개월입니다.

김윤희 제가 조금만 덧붙이면, 정남규는 형제들과 함께 성장했잖아요. 그런데 주목을 받거나 적극적인 성향의 사람은 아니었던 것 같아요. 어렸을 때부터 내성적이고, 소극적이었다는 이야기를 많이 하거든요. 자신의 초등학교 시절에 대한 이야기를 하면서 떠올렸던 이야기가 "나는 초등학교 때 성폭행을 당했다."는 것이었어요. 10살 정도였다고 하는데, 어떤 아저씨가 칼로 위협하면서 자신을 산으로 끌고 올라가서는 손가락을 끈으로 묶은 상태에서 성폭행을 했다고 이야기합니다.

김복준 이 부분은 사건과도 연관이 되는 이야기죠?

김윤희 네, 그렇죠. "그때 너무 겁이 났고 수치심 같은 것이 생겼다. 자존감이 파괴되는 느낌이었으며 스스로가 더럽고 하찮은 인간이 되었다는 느낌이 들었다. 하지만 남자였기 때문에 이 일을 누구에게도 말할 수 없었다. 자존심이 상해서 말할 수 없었다." 이렇게 이야기해요. 이 부분은 정남규를 이해하는 단초를 제공하는 것은 아니지만, 정남규가 저지른 사건의 이해와 관련해서는 이런 배경을 알고 있으면 정남규가 저질렀던 사건의 디테일이나 성적 자각 등을 파악하는데 도움이 될 수 있을 것 같아요. 연쇄살인범들의 특징이 있잖아요. 어렸을 때 오줌싸개였다거나 자주 불장난을 친다는 것과 함께 가장 두드러지게 나타나는 특징은 동물학대를 했다는 겁니다. 정남규도 어렸을 때부터 개나 고양이 같은 작은 동물들을 학대했는데 때렸고 집어던졌다고 이야기해요. 생활기록부를 보면, 결석도 잦았고 성적도 저조했어요. 의존적이었고 소극적이었지만, 주변 사람들에게는 생각보다 착했다는 이야기를 들었어요. 착했고 협조적이었으며 "착실했다."는 표현과 "부끄러움이 많았다."라는 표현이 많았어요. 어렸을 때부터 공격성이 있었지만, 자기가 가진 공격성을 사람이나 외부를 향해 표출하기 보다는 자기보다 약한 개와 고양이를 향해 표출하거나 내부적으로 억눌렀던 것 같아요. 정남규의 독특한 성향 때문에 태만하고 불성실한 행동과 함께 타인의 말을 잘 듣고 협조적인 행동을 했던 부분도 분명히 있었던 것 같아요.

살인을 저지르며 사는 것이 인생의 목적이었던 범죄자

김복준 일단, 범행 기간을 잠깐 살펴볼게요. 정남규는 2004년 1월 14일이 첫 번째 범행이에요. 2004년 1월 14일부터 마지막 범행은 2006년 4월 22일이니까 대략 2년 남짓한 기간이네요. 2년 3개월 동안에 13명을 살해하고, 20명에게는 중상해를 입혔던 것으로 드러났습니다. 항간에는 14명 살해에 19명 중상이라는 말도 있는데, 이것은 분명한 오류이고 13명 살해가 맞습니다. '봉천동 세 자매 피습사건'에서는 세 자매가 모두 사망한 것으로 알려져 있는데, 최종적으로 2명은 사망했고 1명은 생존했기 때문에 발생한 오류인 것 같습니다. 그래서 정남규 사건은 13명에 대한 연쇄살인사건으로 분류합니다.

김윤희 제가 봉천동 세 자매 사건이 발생했을 때 현장에 갔었거든요. 수유동 사건 때도 현장에 있었고요.

김복준 가장 잔인한 것은 수유동 사건이에요. 잔인함의 끝을 보여주는 것 같아요.

김윤희 그 사건의 피해자 분들은 지금도 악몽 속에서 살아갈 것이라는 생각이 들어요. 봉천동 세 자매 사건도 마찬가지고요. 제가 처음으로 발령을 받았던 것이 2006년이었거든요. 2006년 1월에 발령을 받은 다음에 처음으로 접했던 대형 사건이 바로 이 정남규와 관련된 사건들이었어요. 이 사건들을 연쇄살인으로 판단하고 수사를 시작했을 때부터 정남규를 검거했을 때까지 제가 사건의 현장에 있었기 때문에 저에게는 1년차부터 어마어마한 사건을 경험하게 된 것이기도 했지만, 또 한편으로는 엄청난 충격이었습니다.

김복준 여기서 중요한 것이 하나 있어요. 이문동 여성 피살 사건의 경우, 처음에는 유영철이 살해했다고 자백했기 때문에 유영철을 21명에 대한 살인의 혐의로 기소했잖아요. 그런데 나중에 그 21명 중에는 정남규가 "내가 했던 것을 유영철이 자백했다."고 빈정거리면서 사실을 밝혔고, 결국 유영철의 공소장이 21명에서 20명 살인사건으로 변경됐거든요. 유영철의 공소장을 변경시킨 주인공이 바로 정남규입니다.

김윤희 정남규가 언론을 통해서 이문동 사건의 범인이 본인이 아니라 유영철이라는 사실을 확인했을 때, "아, 이것으로 나의 사건은 완전범죄가 되겠구나."라는 이야기를 했다고 합니다.

김복준 당연히 그렇게 생각했겠죠.

김윤희 나중에 조사를 받는 과정에서 정남규의 경우에는 정확하게 기억을 하지 못한 사건도 있었지만, 자신이 기억하는 사건에 대해서는 숨기지 않고 "그 사건도 내가 했어."라고 이야기했다고 하거든요.

김복준 그렇습니다. 방금 김윤희 프로파일러께서 말씀하신 것처럼 저희는 정남규가 저질렀다고 말한 10여 건에 이르는 사건들을 분석하겠지만, 실제로 이것이 전부는 아닐 겁니다. 본인이 모든 사건을 기억하는 것은 아니기 때문입니다.

김윤희 정남규에게는 범죄 자체가 일종의 유희이자 일상이에요. 그래서 기억을 하지 못하는 것이 너무 많았어요. 수사를 통해서도 완벽하게 증명하지 못했기 때문에 밝혀지지 않은 사건들도 있었어요. 그나마 지금부터 다루게 될 사건들의 경우에는 본인이 기억할 수 있는 부분들과 미제사건들을 하나하나 맞춰가면서 복원한 부분들이 많이 있어요. 그래서 정남규에게 직접적인 피해를 입은 피해자 분들도 많지만, 아마 밝혀지지 않은 사건들도 많을 것이라는 생각이 들어요. 조금 전에도 말씀 드렸지만, 정남규의 목표는 완전범죄였어요. 자기가 범죄를 완벽하게 수행함으로써 앞으로도 계속 살인을 저지르면서 살아가는 것을 인생의 목적으로 삼았던 범죄자입니다.

김복준 앞으로도 계속 살인을 하면서 살아야 하기 때문에 잡히면 안 된다는 것이죠. 일반적으로 이런 사람들을 일컬어 사이코패스라고 합니다. 그 중에서 소분류를 하면 '쾌락성 살인자'라고 하죠. 조금 전에 유희라고 말씀하셨는데 살인 그 자체를 즐기는 사람을 쾌락성 살인자라고 합니다. 연쇄살인범들 중에서는 쾌락성 살인자가 대략 80% 정도라고 해요. 쾌락을 느끼기 위해서 사람을 죽이는 살인자들이 압도적이라는 것이죠.

김윤희 제가 사이코패스가 모두 살인자가 되는 것은 아니라고 말씀드렸잖아요. 그런데 사이코패스들은 일반적인 자극에 대해서는 본인 스스로가 거의 느끼지를 못한다고 해요. 충격적인 것들, 이를 테면 살인이라든지 극단적인 공포와 두려움 같은 엄청난 자극이 주어졌을 때에만 반응을 하고 자극을 느끼기 때문에 살인을 저지르고, 더욱 치밀해지고 더욱 포악해지고 더욱 흉폭하게 변할 수도 있는 것입니다. 자신들이 즐거워지기 위해서 살인하는 것이기 때문에 사이코패스 중에는 쾌락성 범죄자들이 많은 거죠. 그래서 사이코패스와 연쇄살인범, 그리고 쾌락성 살인자들이 하나로 연결되는 것이죠.

김복준 그들의 특징이라고 하면 '전리품', 즉 트로피trophy라고 할 수 있죠. 희생시킨 피해자의 신체 일부를 보관한다거나 범행 현장에 있던 물건을 지니기도 하거든요. 바로 그 전리품을 보면서 당시의 장면이나 상황을 생각하면서 회상하는 겁니다.

성추행과 성폭행, 구타와 폭행, 그리고 증오

김윤희 제가 말씀드리고 싶은 정남규의 특징은 14살 때부터 여자 화장실에서 훔쳐보는 행위를 많이 했다는 것이에요. 관음증이죠. 그리고 15살 때부터, 즉 청소년기에 접어들면서부터 자위행위를

트로피trophy

트로피는 운동 경기의 우승자에게 주는 잔 모양의 기념품을 지칭하며, 본래는 전리품, 노획물 등을 의미하는 단어다. 고대 그리스/로마 시대에 적에게서 빼앗은 갑옷, 투구, 방패 등을 전리품으로 꾸미는 관습에서 유래한 것이다. 희생시킨 피해자의 신체 일부를 보관한다거나 범행 현장에 있던 물건을 지니는 행위를 말한다.

했는데, 그 행위를 통해 엄청난 자극을 느꼈다는 거예요. 정남규에게 유희는 성적 자극이었다는 거죠.

김복준 네, 맞아요. 성적 판타지였겠죠.

김윤희 네. 바로 그 성적 환타지나 성적 자극이 정남규에게는 살아가는 활력소가 됐던 거죠. 그리고 '바바리 맨'이라고 불리는 노출증을 가진 사람들은 소심하고 소극적이기 때문에 일반적으로 심각한 범죄자로는 발전하지 않는다고 생각해 왔어요. 이 공식을 깨트린 사람이 정남규에요. 실제로 정남규는 성과 관련되어 있는 거의 모든 범죄 행위들, 이를 테면 버스에서 성기를 노출하는 행위, 자위행위, 여자 화장실에서 훔쳐보기, 그리고 성추행과 강간까지 하는 거예요. 그리고 점점 발전해가는 거죠.

김복준 쾌락성 살인자는 성적인 만족감과 연결되는 경향이 있거든요. 정남규도 성적인 판타지에서 오는 성적 만족감과 유희적이고 쾌락적인 살인행위를 결합시키고 있다는 생각이 들어요.

김윤희 정남규의 경우에는 자기가 존중받고, 자기 자신의 위치를 확인받을 수 있는 것 중에서 가장 자극이 컸던 것이 성적 자극이었던 거예요. 어렸을 때 치욕적인 성추행이 있었는데, 동시에 자위행위처럼 성을 통해 느꼈던 쾌락도 있었기 때문에 정남규에게는 성이라는 부분과 자극이 연관이 되어 있었던 거죠. 이 부분은 정말로 합리화나 이해를 위한 것이 아닌데요. 정남규의 경우에는 어딘가에 갈 때마다 성추행과 성폭력을 당했어요. 고등학교를 다니는 동안에도 친구들에게는 따돌림을 당했고, 선배들에게는 성추행을 당했다고 해요. 군대에서는 선임들에게,

교도소에서는 수감자들에게 성추행을 당했어요. 정남규는 자신이 속한 무리에서 언제나 약자로 낙인 찍혔기 때문에 당할 수밖에 없는 상황에 놓였다는 것입니다. "나도 이렇게 당했었다."라는 이야기가 변명이 될 수 없고 자신의 행위를 합리화할 수도 없겠지만, 어쨌든 그런 일이 있었다는 겁니다. 그리고 노동을 했다고 하셨잖아요. 정남규는 어떤 일을 하든 3개월을 넘기지 못했다고 합니다. 그리고 어느 순간부터 "나는 일을 할 수 없는 사람인가 봐."라고 하면서 일을 하지 않았어요. 정남규와 어머니, 그리고 정남규의 누나가 한집에 모여 살았는데 아무도 일을 하지 않았다고 해요. 그래서 세 식구가 기초수급비 55만 원으로 생활했는데, 정남규가 범죄를 통해 돈을 벌어 왔다고 합니다.

김복준 남은 부분도 정리하고 가야 될 것 같은데요. 정남규는 어렸을 때부터 아버지의 폭행과 학대를 당했던 것 같습니다. 그리고 조금 전에 말씀하신 것처럼 정남규를 야산에 끌고 가서 성폭행했던 아저씨는 이웃에 살면서 평소에 정남규를 굉장히 아껴주었던 사람이었다고 해요. 그 아저씨로부터 성폭행을 당한 기억 때문에 학교생활에 제대로 적응하지 못했고, 그대로 상급학교로 진학했기 때문에 고등학교에 가서도 계속 따돌림을 당했던 것 같습니다. 한 마디로 학교 폭력의 피해자였다는 것이에요. 여기서 중요한 것이 있어요. 학년이 올라가면 선배들이 줄어들고 후배들이 늘어나기 때문에 일반적으로 학교 폭력의 피해자들에 대한 따돌림이 조금 나아지는 경우가 있잖아요. 그런데 정남규의 경우에는 후배들에게도 따돌림을 당하고 무시당하는 지경에 이릅니다. 학교 사회에서 철저하게 배제된 거죠. 그렇게 고등학교를 졸업했는데 육군 하사로 입대를 했잖아요. 군대에 가서도 심하게 구타를 당했던 것 같습니다. 상급자에게 구타 당하는 것은 물론, 고등학교 때 후배들에게 무시당했던 것처럼 후임들에게도 무시를 당했다는 거예요. 아마 그때부터 사회, 또는 자기의 주변에 대한 증오가 움트기 시작했던 것 같습니다.

'정남규'를 제대로 보고 싶으면 인물과 범행을 연결하라

김윤희 정남규는 성장기의 주요 시기마다 성추행이나 성폭행, 또는 구타와 폭행을 당했다고 그랬더니, 우리 PD님이 "잘생겼어요?" 이렇게 물어보셨어요. 정남규는 절대로 잘 생겼다고 할 수 없는 외모를 지녔어요. 한 마디로 정말 못 생겼어요. 일반적으로 사이코패스라든지 연쇄살인마라고 하면 유영철이라든지 강호순, 또는 테드 번디Ted Bundy 같은 사람들을 생각하기 때문에 수려한 외모라고 생각하는 경우가 많은데 정남규는 정말로 옆에 가고 싶지 않은 사람이라는 느낌이 들었어요.

김복준 혐오감을 주는 사람이라는 것인가요?

테드 번디 Ted Bundy [위키백과]

시어도어 로버트 번디(Theodore Robert Bundy, 1946년 11월 24일 ~ 1989년 1월 24일)는 미국의 연쇄살인범, 유괴범, 강간범, 주거침입범으로 1970년대 혹은 그 이전부터 젊은 다수의 여성들을 폭행하고 살인한 네크로필리아이기도 하다. 보통 테드 번디(Ted Bundy)로 알려져 있으며, 과거에는 '연쇄 살인의 귀공자'로 불리기도 했다.

김윤희 네, 보는 순간 실제 나이보다 나이가 들어 보였어요. 무엇보다 옆에 가고 싶지 않다는 느낌을 주는 사람이었어요. 어떤 사람을 봤을 때 정말 못 생겼다고 하더라도 정남규 같은 인상을 풍기지는 않을 것 같아요. 정남규는 보는 순간 못 생겼다는 느낌이 아니라 정말 이상한 느낌을 주는 사람이었어요. 정신적으로 이상이 있는 사람이 아닌가라는 생각이 들 정도로 눈동자를 희번덕거리기도 하고, 힘없이 풀려있기도 해서 아주 그로테스크한 느낌이었어요. 그리고 검거될 당시에도 유영철 같은 경우에는 자기 스스로 으스대는 행동을 했던 반면에, 정남규는 말을 거의 하지 않았어요. 작은 손동작을 많이 했고 어깨를 움츠리고 있었는데, 누군가가 연쇄살인범이라고 말해주지 않으면 모르고 지나칠 정도로 위축되어 있는 상태였어요.

김복준 정남규의 특징을 보면, 어떤 면에서는 보면 아주 비사교적이고 소극적인 사람이잖아요. 그런데 한편으로는 자기의 범행에 대해 묻지도 않았는데 그냥 말해버리잖아요. 실제로 묻지도 않았는데 자기가 마구 이야기하는 바람에 유영철이 범인이라고 자백했던 이문동 살인사건도 정남규의 범행이라는 것을 밝혀졌잖아요. 하지만, 다른 한편으로는 상당히 교활한 면도 있어요. 증거를 제시하기 전까지는 무조건 오리발을 내밀고, 증거를 제시하면 조금씩 인정하면서 동정심을 불러일으키려고 애썼던 사람이 정남규이기도 하잖아요. 저는 정남규라는 사람의 특징을 뭐라고 단정할 수가 없더라고요.

김윤희 지금 교수님의 말씀처럼 사람들이 "도대체 정남규라는 인물이 어떤 인물인지를 모르겠어."라는 이야기를 해요. 저는 방금 정리해서 말씀하신 모든 것이 정남규라고 생각해요. 정남규의 범행 현장을 보면 알 수 있는데, 침입이나 침범과 관련된 부분에 대해서는 굉장히 소극적이에요. 닫혀 있는 문을 개방하거나 문을 훼손하고 들어가는 경우는 거의 없고, 문이 열리거나 오픈되어 있는 공간에만 들어가거든요. 그런데 일단 들어가서는 무자비하고 적극적인 공격을 하는데 굉장히 과감해요. 그리고 범행 후에 도주를 할 때는 아주 치밀하게 도주해요. 하나의 범행을 실행함에 있어서 패턴 자체가 일정하지 않아요. 어떤 부분은 소극적인 반면 어떤 부분은 적극적이고, 어떤 부분은 계획적이고 치밀한데 어떤 부분은 허점이 많아요. 그래서 범행의 패턴이나 평소의 행동 그 자체가 정남규라는 인물의 특징을 보여주는 것이라고 생각해요. 자신이 실행하고 기억하는 범행에 대해서는 엄청나게 말을 잘 해요. 하지만, 자기의 일상이라든지 사회성에 관계된 부분이나 자기가 알지 못하는 분야에 대한 것을 이야기했을 때는 아예 입을 다물어버려요. 정말 단 한 마디도 하지 않아요.

김복준 정남규 같은 경우는 전문가의 입장에서 보면 체계형과 비체계형이 혼합되어 있는 혼합형이라고 이야기할 수 있을 것 같아요. 정형화 되어 있지 않고 뒤섞여 있는 패턴을 보인다는 거죠. 조금 전에 말씀하신 부분은 후반기에 속하는 것이라고 할 수 있겠죠. 문을 따고 들어가거나 담을 넘어서 들어가는 것이 아니라, 문이 열려 있는 곳이나 열어봐서 문이 열리면 들어가서 사람을 살해하는 방식으로 범행을 저지르는 시기입니다. 그 이전에는 골목길을 지나가는 여성을 마구잡이로 공격하고는 그대로 현장을 떠나버리는 방식으로 범행을 저질렀거든요. 그래서 기본적으로 전반기와 후반기를 나눠 놓은 다음에 구체적인 범행을 하나씩 풀어가는 것이 좋을 것 같아요.

김윤희 정남규의 범행은 전반기와 후반기로도 나눠질 수도 있는데 들쑥날쑥한 부분도 있거든요. 주로 침입해서 범죄를 저지르는 시기에도 갑자기 노상에서 범죄를 저지르기도 하잖아요. 지역도 경기도와 서울을 오가면서 혼선을 주기도 했고, 범죄 자체의 패턴도 일정하지 않아요. 절도, 강간 등 살인미수사건을 저지르는 동안에도 너무 많은 사건들을 저질러요.

김복준 정남규의 교활함이 드러나는 부분인 것 같아요. 일부러 패턴을 섞고, 수법도 수시로 바꾸는 것은 정남규가 교활한 거예요

김윤희 정남규는 유영철이나 강호순처럼 일정한 패턴이 없어요. 그래서 정남규라는 인물과 범행을 연결해서 보시면 될 것 같아요. 정남규의 범행을 이해하겠다는 생각으로 보시다 보면 정남규라는 인물의 실체에도 다가갈 수 있을 것이라고 생각합니다.

아이들의 서로를 배반할 수 없는 마음

김윤희 첫 번째 사건은 정말 충격을 넘어서 경악스러웠습니다.

김복준 저는 천하의 '상놈'이라고 생각합니다. 이 사건은 정말 충격적입니다. 처음에는 실종사건으로 시작되었어요.

김윤희 부천 초등생 살인사건인데, 정남규가 검거되기 전까지는 미제

사건이었고요. '개구리소년 실종사건'과 유사하다고 알려져서 이슈가 되었던 사건이었습니다.

김복준 이 사건은 2004년 1월 14일 한겨울에 일어났어요. 부천시 원미구에서 13세의 윤군과 한 살 터울인 12세의 임군을 성추행한 다음에 살해한 사건입니다. 사건 발생 16일만인 1월 30일에 두 소년이 자신의 집에서 대략 3km 정도 떨어져 있는 부천 춘덕산 정상 부근에서 벌거벗겨진 채로 발견됐어요. 어린 아이들이 실종된 사건이고 한동안 미궁에 빠져 있었기 때문에 사회적으로도 관심이 집중되어 있었거든요. 이 사건이 부천에서 일어난 일이어서 경기경찰청에서도 수색을 지원했고, 전단지를 제작해서 배포하는 등 많은 노력을 기울였어요. 그럼에도 두 소년의 흔적을 발견하지 못했는데 16일 만에 벌거벗겨진 상태로 아이들이 발견되어서 수사가 시작되었어요. 겨울이었지만, 너무 늦게 발견되었고 증거도 거의 없었기 때문에 이 사건은 거의 미제사건으로 남겨질 뻔했어요. 나중에 정남규가 이 사건을 자백했기 때문에 범행이 드러났어요. 그런데 서두에 김윤희 프로파일러께서 손가락을 운동화 끈으로 묶었던 일을 말씀하셨는데 그 부분은 잠시 뒤에 설명해주세요. 제 생각에 이 부분은 우리 프로파일러들이 거둔 성과라고 생각합니다.

김윤희 교수님께서 해 주세요.

김복준 어린 아이 시체 두 구가 산 정상에서 발견되었기 때문에 부천 원미경찰서에서 수사에 착수합니다. 그 당시에 원미경찰서에 제 지인들이 꽤 있었어요. 제가 전화해서 "잡을 수 있냐?"고 물

었더니 "용의자가 떴습니다."라는 이야기를 들었어요. 그 용의
자는 당시 15세의 가출소년 박군이었어요. 만 14세의 남자 아
이가 어린 아이들의 돈을 뺏고 산에 올라가서 살해한 것으로
추정하고, 경찰의 수사는 살해 용의자인 박군에게 집중되었어
요. 그래서 당시에는 저뿐만이 아니고 많은 사람들이 개연성
있다고 생각했어요. 어린 아이들 돈을 뺏고 산에 가서 죽였을
수도 있다고 생각했는데, 나중에 알고 보니 경찰이 수사를 무
리하게 진행했다고 질타를 받을 수밖에 없는 상황이었어요. 박
군을 긴급 체포했다가 나중에 석방을 했어요. 당시에 14세에
불과했던 박군을 의심했던 이유는 죽은 아이들 몸에 찍혀 있었
던 운동화 발자국 때문이었어요. 운동화 발자국, 즉 족흔이 찍
혀 있었는데 상표는 아식스고 240mm이었다고 해요. 경찰에
서는 사건이 발생하고 난 다음에 학교에 나오지 않고 있는 아
이들을 집중적으로 추렸어요. 그리고 아식스 운동화를 신고 다
니는 아이에 대해서 탐문수사를 하고 있었는데 박군이 용의선
상에 떠올랐어요. 아이들 사건이기 때문에 학교에 나오지 않는
불량 청소년, 그리고 신발을 확인했더니 240mm이고 아식스
운동화가 맞는 거예요. 그래서 '박군이 분명하다.'고 생각하고
는 경찰이 박군을 집중적으로 조사했겠죠. 그런데 14세, 15세
면 어린 아이잖아요. 박군이 스스로 "맞다."고 하면서 "내가 돈
을 뺏으려고 초등학생 2명을 산에 데리고 올라가서 죽였다."라
고 자백을 해버렸어요. 그때 이 사건을 해결했다는 기사가 언
론에 보도됐거든요. 그런데 얼마 지나지 않아서 아무리 봐도

박군 진술의 신빙성에 문제가 있다고 해서 부천경찰서에서 발표를 취소했어요. 긴급 체포를 한 다음에 바로 언론에 공개했기 때문에 이미 보도된 다음이잖아요. 결국 긴급 체포를 했던 박군을 석방하면서 경찰은 과잉 수사를 했다는 엄청난 비난과 질타를 받아야 했어요. 개학했는데 학교에 나오지 않고 자퇴생들하고 자주 어울려다니는 불량 청소년이라고 해서 수사를 했던 것이잖아요. 나중에 진술을 번복을 했는데 박군이 "내가 아이들을 죽인 것은 아니에요. 그런데 죽은 아이들 몸에 찍힌 신발 자국이 사건 당일에 내가 신었던 형의 아식스 운동화와 비슷했어요."라는 이야기를 했어요. 무슨 말이냐면, 자기는 분명히 아니지만 형 운동화를 자기가 신고 다녔어요. 그런데 경찰이 자기를 조사를 하면서 이야기하는 것을 들어봤더니 '혹시 형이 죽였는지 모르겠다.'는 생각이 들어서 형을 보호하려고 자기가 죽였다고 말했다는 거죠. 한 마디로 자기는 형을 보호하려고 자백했다는 거예요.

김윤희 실종된 아이들을 수사할 경우에는 아이들의 모습을 목격한 것에 대해서도 수사를 하잖아요. 문제는 너무 다양한 목격자들의 증언이 있는 거예요. 한 쌍의 남녀가 아이들을 데리고 갔다고 하는 이야기도 있었고, 조금 전에 이야기하셨지만 어떤 청소년 무리들이 아이들을 데리고 갔다는 이야기도 있었어요. 그리고 아주 정확하게 상황을 목격한 사람의 증언도 있었어요.

김복준 목격자가 있었어요. 170cm 정도의 키에 짧은 머리를 한 30대의 남자라고 말한 목격자가 있었어요. 그럼에도 불구하고 박군을 용의자로 지목해서 수사했던 거예요. 물론 박군의 키가 165cm로 또래 중에서는 큰 편이지만, 박군 같은 경우에는 긴 머리에 염색을 했어요. 비교해 보면 목격자가 이야기하는 것과는 완전히 다르잖아요. 키도 5cm 정도 차이가 나고, 목격자는 짧은 머리라고 이야기했는데 박군은 아주 긴 머리에 뒷머리에는 염색까지 했었다는 것이잖아요. 오직 신발만 생각하면서 다른 것들을 간과해 버렸어요.

김윤희 가장 정확한 목격자가 누구였냐면 죽은 임군의 친구였어요. 초등학생이었기 때문에 '아이가 잘못 봤겠지.'라고 생각한 거예요. 게다가 이 아이가 "어떤 아저씨가 지나가는데 친구와 형이 같이 뒤따라갔어요."라고 이야기했어요. 이 이야기를 들은 수사관들은 '어떻게 둘이 따라 가지? 그럼 이것은 납치가 아니잖아. 유인한 것이 아니잖아.'라고 생각을 했을 거예요. 아이가 잘못 본 것이라고 생각했던 거죠.

김복준 그 목격자가 이야기한 인상착의가 정확하잖아요. 그런데 신경을 쓰지 않은 거예요.

김윤희 그런데 아이라고 해도 목격자가 친구이기 때문에 제일 잘 알 것 아니에요. 그 아이의 말이 맞지만, 경찰에서는 신뢰를 하지 못했던 거예요. 나중에 정남규를 검거하고 아이들이 따라간 이유를 알게 됩니다. '어떻게 두 명의 남자 아이들이 자진해서 쫓아가? 뒤에 따라가고 있었다는데 말이 돼?' 물론 그렇게 생각할 수 있죠. 정남규가 아이들에게 전화번호와 집의 위치를 물어봤어요. 그리고 아이들에게 "내가 너희들 집을 알고 있거든.

너희들은 지금부터 나 안 따라오면 집에 가서 부모님과 식구들을 모두 죽여 버리겠다."고 협박을 해요. 이렇게 협박을 했기 때문에 아이들이 쫓아가지 않을 수가 없잖아요. 여기에 정남규의 교활함이 드러나는 부분이 있어요. '어떻게 혼자가 아니라 둘이 함께 쫓아가지?'라고 생각하기 쉬워요. 그런데 이것은 반대로 생각해야 돼요. 혼자가 아니라 둘이 있기 때문에 서로 배반할 수가 없는 거죠. 서로를 믿고 의지하기 때문에 가는 거예요. '옆에 친구도 있는데 무슨 일이 생기겠어?' 그리고 '내가 도망가면 남겨진 친구는 어떻게 되지?'라는 생각을 했던 거죠.

김복준 여러 가지 마음이 섞여 있었던 거예요

김윤희 정남규는 이런 부분에서 훨씬 '고수'였던 거예요. 자기가 당했던 경험을 그대로 활용했다고 볼 수도 있죠. 아무튼 목격자 진술에서 나온 부분들을 무시했어요.

김복준 네, 완전히 무시해버린 거예요. 현장에서 나온 족적, 즉 신발에 집착했기 때문에 목격자의 진술을 뭉개 버린 거죠.

프로파일링으로 밝혀낸 '손가락 수갑'

김복준 그리고 이것만큼은 반드시 짚고 넘어 가야겠네요. 그 당시 현장에서 아이들은 벌거벗겨져 있었는데 손가락은 운동화 끈으로 묶여져 있었어요. 시청자분들께 수갑에 대해서 잠깐 말씀드리려고 해요. 수갑이라고 하면 일반적으로 '은팔찌'라고 하는 형태의 것으로만 알려져 있어요. 그런데 발목에 차는 족갑도 있고, 손가락 수갑이라고 해서 아주 작은 수갑인데 엄지손가락

두 개를 묶어서 움직임을 제약하는 것도 있습니다. 이 정도만으로도 상당한 정도의 행동 통제가 가능하거든요. 그래서 족갑, 수갑, 손가락 수갑 등이 있는데 정남규 같은 경우에는 아이들의 운동화 끈을 풀어서 손가락을 묶었어요. 이렇게 하면 움직임에 상당한 제약이 생기거든요. 긴 끈으로 손목을 묶거나 수갑을 채우는 것과 동일한 효과가 있어요. 앞서 말씀 드렸던 것처럼 정남규는 자기를 아껴주던 이웃집 아저씨에게 야산으로 끌려가서 운동화 끈으로 손가락을 묶인 상태에서 성폭행을 당했던 경험이 있거든요. 그 수법을 그대로 아이들에게 사용했던 거죠. 면담 과정에서 프로파일링을 통해 이 사실을 밝혀냅니다. 정남규가 면담을 하는 과정에서 자신도 성추행을 당했던 경험이 있다는 이야기를 듣고는 당시에 권일용, 김윤희 프로파일러가 운동화 끈으로 양손의 엄지손가락을 묶어서 아이들을 성추행하고 살해한 부천의 춘덕산 사건을 생각했고, 미궁에 빠져 있는 부천 춘덕산 사건을 해결한 거죠. 어린 아이를 운동화 끈으로 묶어서 성추행하고 살해했다는 점에서 정남규가 면담과정에서 말했던 수법과 부천 춘덕산 사건의 수법이 거의 똑같잖아요. 그래서 추궁했더니 결국 정남규가 시인했던 거죠. 이것은 대한민국 프로파일러들의 개가라고 생각합니다. 만약에 그렇게 찾아내지 못했다면, 아마 지금도 부천 원미구 초등학생 실종사건은 미제사건으로 남아 있었을지도 몰라요.

김윤희 저는 그때 거의 '병아리' 프로파일러였기 때문에 직접 면담을 했던 것은 아니고, 면담한 내용을 기록하고 정리하는 일밖에는 한 것이 없어요. 권일용 선배님이 정남규에 관한 사건들과 그동안 보아 왔던 미제사건들을 알고 계셨기 때문에 아마 그 부분을 꿰뚫어 볼 수 있었던 것 같아요.

김복준 계속해서 연관성을 보고 있었던 거죠.

김윤희 네, 그래서 그 사실들을 찾아냈던 것 같아요. 저는 그 부분에 대해서 정말로 대단하다고 생각하거든요. 저라면 그렇게 할 수 있었을까 하는 생각이 들어요. 특히, 정남규를 처음 봤을 때 신문 기사에도 많이 났기 때문이기도 했겠지만, 권 선배님 같은 경우에는 가서 "그래, 교도소 생활할 때 너무 힘 들었지?"라고 하면서 어떻게 보면 정남규의 가장 아픈 부분에 대해 위로 했다고 해야 할까요……

김복준 먼저 공감해 주는 거죠.

김윤희 "그래, 내가 알지. 너무 힘들었을 거야."라고 말씀하시면서 정남규가 자연스럽게 진술을 할 수 있도록 분위기를 이끌어 갔어요. 일반적으로 수사를 하는 형사분들은 그렇지 않거든요. 어떻게 보면 "나는 네가 이해돼. 그래, 당연하지."라는 이야기를 많이 했고, 특히 교도소에 대해서는……

김복준 그 부분은 제가 보충 설명을 할게요. 정남규는 3년 4개월 동안 교도소에 있었는데 교도소 내에서도 따돌림을 당했어요. 교도소에서 같은 처지에 있는 수감자들에게까지 엄청난 핍박을 받았기 때문에 정남규는 그 부분에 대한 한이 맺혀 있는 사람이에요. 그렇게 마음속에 응어리진 부분을 권일용 경감이 파고든 거죠. 그리고 "교도소에서 얼마나 힘 들었어. 정말 어려웠겠다."라고 공감해 준 거죠.

김윤희 저도 그랬지만, 아마 대부분의 사람들이 모르실 거예요. 그런데 교수님이나 권선배님은 아시잖아요. 정남규 같은 성격을 가진 사람들이 교도소에 갔을 때 주변 사람들에게 얼마나 당했을 수 있는지를 파악하고 있었기 때문에 가능했던 일이었을 거예요. 그래서 교도소 생활을 다시 시작해야 된다는 불안감이나 공포심을 파고들 수 있었던 것 같아요. 저는 처음에는 이 사건을 제대로 보지도 못했어요. 나중에 정남규가 자백을 하고 나서 사건 현장과 진술을 연결시키면서 현장을 보게 되었는데, 저는 그 일을 하면서 정말로 많이 아프더라고요. 게다가 겨울이었잖아요. 정말 아이들이 어떻게……

김복준 이것이 첫 사건이라고 하는데, 이전에도 있었을 겁니다.

김윤희 본인이 이전에도 절도를 했었고, 강간도 했었다고 이야기했어요. 그리고 아이들을 죽이고 싶었다고도 이야기했어요. 아이들을 상대로 한 성추행, 아이들을 죽이고 싶다는 욕망이 어느 순간부터 자기 안에서 일어났다고 하더라고요. 그런 충동에 대해서 본인이 직접 이야기 했었어요.

김복준 처음이고 시작하는 것이었기 때문에 자기에게 만만한 대상을 선택한 거예요. 그 대상이 아이들이었던 거죠.

살인 자체를 즐기는 사람의 이유 없는 공격

이름? 두 번째 범행은 16일 후인 2004년 1월 30일 새벽 3시였습니다. 구로동에 있는 빌라에 침입해서 44세의 원씨를 흉기로 마구 찔러서 중상 입혔습니다. 다행히 죽지는 않았습니다. 앞으로 제가 설명해드리는 사건들 중에는 사망 사건이 있고 중상 사건이 있는데, 정말 죽지 않은 것만 해도 다행인 사건들이 대부분이에요. 이 사건도 그랬어요.

김윤희 그런데 이 사건 역시 나중에 정남규에 대한 수사를 진행하고 자백을 받는 과정에서 밝혀진 사건이었다는 거죠. 이 사건은 살인미수사건이었기 때문에 미제사건으로 편철되지 않았던 겁니다. 크게 관심을 받지 못했던 사건이었어요. 특히, 이 사건에서는 피해자 분이 생존하셨잖아요. 제가 짚고 넘어가고 싶은 부분은 수사를 할 때 피해자 분이 목격한 진술 내용에 초점을 맞췄다는 겁니다. 피해자 분께서 "내가 아는 사람인 것 같아요. 내 주변에서 원한이 있는 사람인 것 같았어요."라는 이야기를 내비쳤었어요. 피해자 분의 진술 때문에 수사 방향이 틀어진 부분이 있었어요.

김복준 피해자 원씨가 왜 그렇게 이야기를 했겠어요. 원씨 입장에서는 생각하지 못했던 거예요. 아무런 이유도 없이 갑자기 들어와서 말 한 마디 하지 않고 마구 흉기를 휘두르는데 피해자의 상식에 비추어 봤을 때, 정남규처럼 단지 범행 자체가 목적인 범인을 생각할 수 없었다는 거예요. 이것은 '분명히 나에게 원한이나 유감이 있는 사람일 거야.'라고 생각했기 때문에 원씨는 자기 주변의 인물일 것이라고 진술했던 거죠. 이분 입장에서는 엄청나게 많은 생각을 했을 거예요. 자기 주변 사람들 중에 '도대체 누가 그랬을까?'를 얼마나 고민했겠어요.

김윤희 그랬을 것 같아요. 게다가 가방을 던져주면서 돈을 가져가라고 했음에도 불구하고 가방은 가져가지도 않고 흉기로 그냥 찔렀거든요. 아마 그래서 이 피해자 분께서도 '이것은 분명히 누군가가 시킨 거다. 원한이다. 나를 죽이려고 하는 것이다.'라는 생각을 했던 것 같아요. 수사는 일단 피해자 분의 주변으로 좁혀진 상태에서 이루어졌어요.

김복준 네, 그렇게 돼 버린 거예요. 나중에도 정남규는 수사 대상에 오르지도 않았어요.

김윤희 그럼 이 사건은 어떻게 되었을까요? 범인이 주변 인물이라고 생각했기 때문에 이 사건은 정남규나 다른 연쇄사건을 수사할 때도 배제되었을 거예요. 사건은 이렇게 묻혔겠지만, 사실 중요한 부분이거든요. 이 사건을 기점으로 정남규가 도로로 나와서 흉기를 휘둘렀기 때문이에요. 노상에서 흉기를 휘두르는 것의 단초가 되는 사건이라는 거죠. 그리고 첫 번째 사건 이후 2주 정도, 정확하게는 16일이 지나서 일어난 사건인데, 이 사건 이후로 주기가 짧아지고 범죄를 저지르는 속도가 빨라지거든요. 정남규는 살인미수는 살인사건이 아니기 때문에 경찰의 수사망이 좁혀지지 않는다는 사실을 알고 있어요. 실제로 피해자가 죽느냐 죽지 않느냐의 문제는 정남규가 범죄를 저지를 것이냐 저지르지 않을 것이냐의 간격, 즉 범행의 휴지기를 결정하는 요소가 되는 거예요. 그래서 미수 사건이면 자기 사건에 대한 기사가 났는지를 확인하기 위해서 언론보도와 신문기사 모두 살펴요. 그리고 크게 다루어지지 않으면, 바로 다름 범죄를 시도해도 되겠다는 생각을 하는 거죠.

김복준 자기에게 공격을 받은 사람이 살아 있기 때문에 언론의 관심을 받지 않으면 짧은 휴지기 뒤에 바로 범행을 저지른다는 거죠. 과거의 사건이고 어느 정도 윤곽을 그린 다음에 저희가 정남규라는 사람에 대해 분석하고 있기 때문에 이해를 할 수 있지만, 그 당시에는 피해여성인 원씨조차도 살인 자체를 즐기는 사람이라는 것은 생각할 수 없었던 거죠. 이유 없이 자신을 공격하는 사람이라고 생각하지 않고, 뭔가 이유를 가지고 자신을 공격한다고 생각했기 때문에 주변 인물일 것이라고 수사관들에게도 진술을 했던 겁니다.

김윤희 당시에는 흉기가 회칼이라고 생각했어요. 그런데 실제로는 아니었거든요. 피해자 분께서 회칼인 것 같다고 이야기를 하면, 상처를 살펴볼 때에도 진술에 맞춰서 보게 되잖아요. 그래서 청부의 느낌이 있다는 생각을 하게 된 거죠.

김복준 수사 방향이 완전히 잘못된 거죠.

김윤희 그래서 진술을 받아들이는 방식은 아주 조심해야 되는 부분 중의 하나인 것 같아요. 나중에 정남규 사건이 화제가 되면서부터 목격자의 진술이 굉장히 많이 나오거든요. 그때 목격자의 진술에 대한 신빙성 부분이 문제가 되고, 또 그 진술을 어떻게 판단하는 것이 정확한 것인가에 대한 이야기는 지금도 계속되고 있어요. 목격자 진술로 인해서 수사관들의 판단이나 수사 방향이 틀어진 부분이 너무 많았기 때문이에요. 전에는 제가 프로파일러였기 때문에 서류상에서 접하는 사건이 많았어요.

서류로 사건을 접하면 사건을 조금 더 객관적으로 볼 수 있는데, 형사 분들의 경우에는 현장에서 증거물이나 증언, 진술 등을 바로바로 체크해야 되잖아요. 오히려 더 가까이 있기 때문에 객관적일 수 없는 부분인 것 같다는 생각도 들었어요.

살인을 함으로써 살인 충동을 자극하는 괴물의 출현

김복준 정남규라는 특이한 범죄자가 출현하면서 범죄 수법의 틀을 부숴버린 거예요. 범죄 수법을 유추하는 형사들의 상식이 부서져버린 거죠. 그래서 수사의 방향이 꼬이기 시작했어요. 아무튼 세 번째 범행은 두 번째 범행이 일어난 지 7일만이에요. 2월 6일 이문동에서 사건이 벌어집니다. 서두에서 유영철이 자백했던 24세의 여성 전씨를 흉기로 살해한 겁니다.

김윤희 금천구 구로동에서 있었던 두 번째 사건의 피해자도 여성이셨어요. 세 번째 사건의 피해자 분도 여성이었는데 이 사건도 정말 마음이 아픈데요. 여성분이 길을 가다가 공격을 당했잖아요. 어쨌든 공격을 당하고 나서 피해자 분은 살아보려고 달려갔어요. 그럼에도 불구하고 결국 사망했어요. 이 사건이 정남규의 첫 번째 노상살인입니다. 부천 초등학생 살인은 노상에서 살인을 저지른 것은 아니잖아요.

김복준 그렇죠. 첫 번째 성공입니다.

김윤희 사건 시간이 19시 10분이에요. 초저녁이었다는 거죠.

김복준 2월 6일이었기 때문에 7시 10분이면 어두웠을 것 같기는 한데, 정말 분별없이 범행을 저질렀어요.

김윤희 이 사건이 발생했을 때까지도 연쇄살인사건이라는 의심은 하지 않았어요. 피해자 분들이 야간에 활동을 하시는 분들이 많았어요. 그래서 수사가 개인적인 부분에 맞춰진 것이고요. 피해자부터 수사하는 것이 기본이기 때문에 수사가 피해자 주변에 집중되었고, 그로 인해서 증거 확보나 사실 조사는 조금 늦었던 것 같아요. 나중에 알게 된 것이지만, 정남규는 범행도구나 휴대폰을 가지고 다니지 않았어요.

김복준 범행 도구를 근처에 숨겨뒀다가 가져 와서 범행을 저질렀죠.

김윤희 그리고 절대로 범행 현장 근처에서 이동하지 않았어요. 집에서 멀리 떨어져 있는 전철역에서 걸어다녔어요.

김복준 한두 정거장 정도는 걸어서 갔죠. 족적을 남기지 않기 위해서 신발 밑창은 통째로 뜯어냈어요.

김윤희 한두 정거장 정도가 아니라 일곱 여덟 정거장도 걸어 다녔어요. 그리고 교수님께서 말씀하신 신발 밑창처럼 범행을 은폐하기 위해 사전에 철저하게 준비했기 때문에 검거하기도 쉽지 않았을 것이라는 생각이 들어요. 지금까지는 경기 지역인 부천을 제외하면 구로동과 이문동이었잖아요. 정남규가 주로 사건을 저질렀던 지역이 경기 지역과 서울 서남부 지역, 그리고 서울 북부 지역이었어요. 이 지역들은 정남규가 어느 정도 지리감이 있는 곳이라고 해요. 특히 이문동이나 청량리, 그리고 회기동 부근은 아주 익숙했던 지역이었다고 이야기해요.

김복준 그 지역에 대해서는 지리감이 있었기 때문에 범행이 용이했다는 거죠. 그렇게 2004년 2월 6일에 이문동 사건이 발생했습니다. 조금 전에 말씀하신 것처럼 범행 간격이 짧아져요. 이문동에서 범행을 저질렀던 것이 2월 10일인데 4일 만에 다시 범행을 합니다. 이번에는 군포로 갑니다. 군포시 산본동으로 가서 2월 10일 새벽에 우유 배달을 하는 28세의 여성 손씨를 흉기로 살해합니다. 가난하고 힘없는 여성들만 골라서 범행을 하잖아요. 정남규는 정말 나쁜 놈이에요.

김윤희 이 사건의 피해자 분도 가슴 아픈 사연이 있어요. 낮에는 회사에서 경리 일을 하고, 새벽에는 우유 배달을 하면서 딸 아이 하나를 혼자서 키우고 있었다고 해요.

김복준 28세의 젊은 여성이 혼자 딸아이를 키우면서 정말 열심히 살아보려고 노력했어요. 그런 여성을 이 나쁜 놈이 정말……. 지존파나 뭐 이런 놈들은 돈 있고 부유한 사람들이나 가진 자들을 범행 대상으로 노렸잖아요. 물론 그것도 말이 안 되는 일입니다만, 정남규는 그야말로 살인 그 자체에 목적이 있는 사람이었기 때문에 아무런 조건이나 환경도 고려하지 않았어요. 그냥 자신이 범죄를 저지르기에 용이한 대상을 고른 거죠. 주로 밤늦게 다니는 여성이었어요. 그리고 강남 지역보다는 CCTV나 방범시설이 촘촘하지 못한 곳, 치안이 비교적 허술한 곳을 골랐어요. 그곳이 영등포나 구로동이 있는 서울의 서남부 지역이었던 거예요. 결과적으로 정남규가 사건 대상을 선택하는데 있어서 고려하는 조건은 자신이 살인을 하는데 용이하면 되는 거예요. 그래서 군포까지도 이동하는 거죠. 제가 보기에 정남규는 정말로 교활해요. 서울에서 두 번의 범행을 저질렀잖아요. 서울에서 구로동과 이문동에서 범행을 저질렀기 때문에 경찰의 수사력이 집중될 수 있다고 봤던 거예요. 그래서 바로 경기도로 넘어갔고 군포시 산본동에서 우유 배달하는 28세 여성을 흉기로 살해를 하게 된 거죠.

김윤희 실제로 정남규가 그 부분에 대해 이야기를 한 적이 있어요. 사회적 약자나 부유층, 또는 가진 사람들이라는 이야기는 하지 않았어요. 하지만, 교수님 말씀처럼 실제로 자기도 한 번은 부유한 사람들이 사는 강남에서 살인을 하려고 해 봤는데, 가서 봤더니 CCTV도 많고 해서 도저히 안 되겠다는 생각이 들었다는 거예요. 그래서 사회적 약자를 범행 대상으로 했던 것은 분명하다고 이야기했거든요.

김복준 목적 달성에 제약조건이 많았던 거죠. 그래서 살인이라는 목적 달성에 용이하고 손쉬운 사람들을 선택했던 거예요.

김윤희 실제로 정남규는 피해자가 크게 소리를 지르면서 거세게 반항하면 그냥 도망을 갔어요. 그래서 사실 이 부분에 대해서는 교수님 말씀이 맞아요. 정남규가 범행을 하는데 있어서 또 하나의 고려대상은 범죄를 계속 할 수 있느냐 그렇지 않으냐는 거예요.

김복준 검거되지 않고 꾸준히 오래 할 수 있는 것이 목표였겠죠. 그렇기 때문에 소리 지르면서 반항하면 피해버리는 거죠.

김윤희 정남규가 범행 지역으로 서울 서남부 지역이나 서울 북부 지역, 그리고 경기 지역을 선택한 이유가 자기에게 지리감이 있는 지역이라는 것 때문이기도 했지만, 다른 한편으로는 이 지역들은 모두 정남규가 살고 있었던 주거 환경, 즉 집의 구조나 골목의 형태 등도 비슷했고 그 곳에 사는 사람들의 특징들까지 너무 잘 알았기 때문이었어요. 그 지역에 가면 사람들이 어떻게 생활하는지를 너무 잘 알고 있었던 거예요. 사람들이 어떤 시간에 어떻게 자고 있는지, 문단속이 어떻게 되어 있을 것이기 때문에 어떻게 해야 내가 들어갈 수 있을 것인지, 그리고 어떻게 해야 출입구로 나올 수 있을 것인지, 골목길의 구조는 어떻게 되어 있을 것인지 등 자기에게 너무나 익숙한 환경에서 범행을 했던 것입니다. 그러면 살인을 한 다음에 온몸에 피가 묻었는데, "정남규는 도대체 어떻게 도주를 했을까?"라는 의문이 생기잖아요. 생각보다 훨씬 대범해요. 사람들은 대부분 신경을 쓰지 않는다는 거죠. 공중화장실 가서 피 묻은 옷을 행구고 칼을 씻는 거예요. 그리고 흉기는 버리지 않고 집에 가져와서 보관했어요. 상식적으로 생각하면 범행을 저질렀기 때문에 바로 집으로 갈 것 같잖아요. 그렇지 않아요. 정남규는 또 다시 범행대상을 물색하면서 돌아다닌 경우도 많았어요.

김복준 도대체 어디서 이런 괴물이 나왔을까요?

김윤희 정말 괴물이에요. 정남규의 행동을 보면 정말 이제까지 우리가 갖고 있는 상식의 선을 모두 깨트려요.

김복준 거의 절대 다수의 살인범들이 살인을 한 다음에는 갑자기 공허함이 밀려오면서 탈진 상태에 빠진다고 해요. 정남규를 연구했던 범죄학자도 아주 특수한 경우라고 이야기하더라고요. 범행 하나를 성공시키기 위해서는 거의 모든 에너지를 그곳에 집중하기 때문에 흔히 하는 말로 "진이 다 빠진다."고 하잖아요. 그 상태에서는 상황 자체를 정리하고 돌아가서 휴식을 취하는 것이 상식이라는 거죠. 그런데 정남규는 살인을 마치고, 바로 다른 범행 대상을 물색하면서 돌아다녔다는 것이잖아요. 살인에 대한 에너지가 끊임없이 솟아났다는 이야기에요.

김윤희 일반적으로 긴장을 하면 그 긴장에 대한 플러스와 마이너스가 있잖아요. 긴장을 하면 그 다음에는 긴장했던 만큼 다운이 되거든요. 정남규에게는 그 플러스와 마이너스가 없었다는 거예요. 오히려 에너지의 집중이 에너지를 상승시켜주는 요소, 즉 범행을 부추기게 되는 하나의 원인이 되는 거예요. 정남규에게는 살인이 살인 충동을 불러일으키는 일종의 자극제로 작용했던 거죠.

'비오는 날의 수요일'이라는 공포

김복준 다음 사건은 3일 만인 2월 13일이에요. 이번에도 새벽인데 시간은 06시입니다. 서울의 신길동의 골목길에서 30세의 여성 서씨를 공격해서 중상을 입힙니다.

김윤희 지금까지의 사건들을 살펴보면, 피해자들이 사망에 이르는 사건도 있었지만 그렇지 않은 사건도 있었어요. 기존의 경우에는 대부분 이런 사건이 발생하면 피해자 평가를 합니다. 그리고 피해자가 범죄에 대한 노출의 위험성이 높은 것으로 나타나면 피해자 분들을 중심으로 수사를 진행하는 경우가 많아요. 정남규 사건의 경우에는 대체적으로 피해자를 중심으로 사건을 파악했기 때문에 이것을 하나로 엮을 수 있는 특징적인 것이 별로 없었어요. 나중에는 이 사건들이 상해 사건으로 분류되는 것이거든요. 상해나 중상해 사건으로 분류되면 일반적으로 담당 형사로 한 명만 지정되기 때문에 여러 가지 사건들을 서로 엮어서 생각할 수 있는 여지가 거의 없거든요.

김복준 살인을 목적으로 공격했던 것인데 운이 좋아서 생존했다는 생각 자체를 하지 않았어요. 단지 위해를 가하려는 목적이었다고 생각했던 거죠. 골목길에서 지나가는 여성을 향해 공격을 가했다고 하면, "귀중품이나 돈을 뺏으려다가 돌발적인 상황이 벌어져서 도주했나?"라는 식으로 지역의 담당 형사에게 사건이 맡겨지고 그 선에서 정리가 되는 거예요. 사건들의 유사성을 봤어야 했는데 그렇지 못했어요. 당시에는 통합 전산 시스템이 없었기 때문에 사건들을 그렇게 처리했어요. 2004년까지는 전산 시스템이 없었어요. 지금은 대한민국 어디에서 사건이 일어나도 동시에 다 올라와요. 대한민국의 모든 경찰들이 볼 수 있어요. 그래서 유사 범죄가 발생하면, 동일범 소행일 가능성이 있는지를 범죄가 발생한 지역의 관할경찰서에서 서로 협의해요. 지금은 공조 시스템이 구축되어 있거든요. 인터넷이 발달했기 때문에 가능해진 거예요. 그런데 2004년에는 전산 시스템 없이 일일이 수기로 작성할 때였어요.

김윤희 아주 중요한 사건만 지방경찰청에 보고하는 것이었어요.

김복준 중요한 사건이나 대형 사건이 발생하면 굉장히 시달렸기 때문에 은폐하려고 했어요. 강도 사건만 해도 서로 아무 사건도 없는 것처럼 넘어가려고 애를 쓰고 감추기도 하고 그랬어요. 요즘에는 사건을 감추는 일은 없잖아요.

김윤희 그리고 정남규 사건이 발생했을 때 한참 이야기가 됐던 것 중의 하나가 범행 장소였어요. 정남규는 피해자의 집 앞에서, 또는 현관문 입구에서 흉기를 사용했어요. 일반적인 범죄자들이라면 그곳을 범행 장소로 선택할까요? 그렇게 생각하지 않는 것 아닌가요?

김복준 이문동 사건도 집 앞이었잖아요

김윤희 조금 전에 말씀드렸던 신길5동 사건이나 영등포 사건도 집에 열쇠가 꽂혀져 있는 상태에서 당했어요. 저희가 처음에 프로파일링을 했을 때에는 집 근처에 도착하면 안심을 하고 긴장을 풀게 되는데 그때 급습하는 것으로 생각했어요. 하지만, 정남규는 전혀 다른 이야기를 하더라고요. 자기가 지나가는 골목길이나 한적한 길에서 자신이 원하는 타깃을 찾는 것이 생각보다 쉽지 않다는 거예요. 여기서 타깃은 여성이겠죠. 그래서 '저 사람은 절대로 놓치지 말아야지.'라는 생각으로 쫓아가다 보면 어느 새 집 앞이었다는 거예요. 그리고 문을 열기 전에 죽여야겠다는 생각으로 찔렀다는 거예요. 정남규는 긴장 완화라는 것보다는 그냥 자기가 찌르고 싶어서 찔렀던 거예요. 정남규는 타깃을 놓칠지도 모른다는 조급함 때문에 집 앞에서 찔렀던 것인데 저 같은 프로파일러들은 긴장이 풀렸을 때 이렇게 타기팅하고 범행을 한다고 생각을 했다는 거죠. 실제로 집 안에서 인기척이 들리면 도망을 가는 경우도 많았다고 해요. 집 앞에서 범행을 했기 때문에 누가 비명을 지르면 자신이 위험해질 수도 있잖아요. 실제로 신길동 사건 때는 개 짖는 소리 때문에 도망을 갔다고 하거든요.

김복준 2월 13일 신길5동 골목길에서 30세의 여성 서씨에게 중상을 입혔죠. 그리고 12일 후인 2월 25일 새벽 1시에 다세대 주택에서 홍씨라는 여성을 공격해서 중상을 입힌 사건이 있었어요. 그리고 바로 다음날이에요. 전날 범행이 만족스럽지 못했던 것 같아요. 2월 26일 신림동 골목길에서 여고생을 공격합니다. 할머니를 배웅하고 집으로 돌아가는 여고생을 흉기로 마구 찔러서 중상을 입힌 거죠.

김윤희 계속해서 사건이 일어났기 때문에 '뭔가 있구나.'라는 생각이 들었을 것 같아요. 신림 2동과 신길 5동은 인접한 곳이잖아요.

김복준 신림동과 신길동은 거의 붙어 있어요.

김윤희 그 두 사건에 대해서 패턴도 비슷하고 수법도 비슷했기 때문에 자각하기 시작했어요. 그 사실을 노출해서 수사를 진행할 수 없는 부분이어서 조용히 움직이고 있었지만, 연쇄일 수도 있다는 사실이 드러나기 시작했던 부분이죠.

김복준 신길동 다음에 신림동이었잖아요. 범행을 이어가다가 여고생을 공격해서 중상을 입히고 나서부터는 경찰들이 집중되는 것을 느끼고 범행을 중단해요. 대략 두 달 정도 쉽니다. 물론 공식적으로 나와 있는 두 달의 공백 기간을 이야기하고는 있지만, 실제로 이 기간에도 정남규가 범행을 저질렀을 것으로 추정되는 사건들은 꽤 있어요. 대략적인 흐름을 이야기하고 있다고 생각하시면 될 겁니다. 두 달 뒤인 2004년 4월 8일이에요. 다시 신길동으로 옵니다. 귀가중인 25세의 정씨를 살해하려다가 중상을 입힌 사건이 있었고요. 14일 후인 2004년 4월 22일 구로구 고척동의 집 앞에서 여대생을 마구 찔러서 살해한 사건이 일어납니다. 이 사건의 사체 사진을 보면 당시의 상황이 눈앞에서 펼쳐지는 것처럼 생생합니다. 처음에 흉기에 찔린 다음에 이 여성이 몸을 피했는데 정남규가 그대로 등 부위를 마구 공격했던 것 같습니다. 집 앞에서 쓰러져 있었는데 피가 계단 아랫부분까지 흥건하게 흘러내릴 정도로 아주 잔인합니다. 그리고 17일 후인 5월 9일입니다. 이번에는 보라매공원에서 귀가중인 여대생을 흉기로 찔러서 살해한 사건입니다. 여기까지가 정남규가 저지른 2004년의 대략적인 사건입니다.

김윤희 정남규는 기억하지 못하는 사건이 훨씬 많았어요. 그런데 이 보라매공원 사건에 대해서는 정확하게 기억하고 있더라고요. 이 사건으로 인해서 집중적인 수사가 시작되었기 때문이었을 거예요.

김복준 수사가 자신을 향해 좁혀지고 있다는 느낌을 받은 거죠.

김윤희 보라매공원 사건이 발생하고는 언론 보도가 많이 나왔어요. 그 때부터 서울 서남부 살인사건이라는 명칭도 사용되기 시작했습니다. 다음으로 '비오는 날의 수요일'이라는 말이 떠돌았고, 그동안의 모든 사건들이 서남부 살인사건의 수사로 집중되었어요. 정남규도 위협을 느끼기 시작했고, 여기서는 도저히 안 되겠다는 생각을 했던 거죠. 보라매공원 사건 전까지의 모든 사건들은 자기를 위협하는 것이 아니었지만, 보라매공원 사건은 자기를 위협하는 사건이 되었기 때문에 그 사건에 대해서는 정확하게 기억하고 이야기를 하는 거죠. 다른 사건들은 희미한 기억을 이야기하고 수사 기록과 맞춰진 부분이 있었지만, 보라매공원 사건만큼은 뚜렷하게 기억하고 있는 사실들을 진술했거든요.

1년 후, 범행수법과 범행패턴의 변화

김윤희 보라매공원 사건 이후에 공식적으로 정남규가 범행을 시작한 것은 1년 후입니다. 보라매공원 사건 이후에는 범행의 수법도 바뀐 부분이 있습니다. 1년 동안의 공백 기간에 정남규에게 어떤 일이 있었고, 또 심리적 변화를 이끄는 어떤 포인트들이 있었는지에 대해서 이야기하는 것이 좋겠습니다. 지금까지의 사건들은 정남규에게 최적화되어 있었던 것 같아요.

김복준 지금까지는 골목길이나 노상에서 범행을 저질렀던 사건들인데, 굳이 나누자면 전반기 사건이라고 할 수 있겠습니다. 이제부터는 범행 공간이 노상에서 실내로 옮겨지고, 보다 능동적으로 범행을 저지르기 시작합니다.

김윤희 그리고 범행 도구도 바뀌고요

김복준 도구도 바뀝니까? 그동안은 계속 흉기였잖아요. 미끄러지지 않도록 장갑을 끼고 흉기를 사용했잖아요.

김윤희 네, 이제부터는 둔기로 바뀝니다. 노상에서 벌어지는 범죄와 실내에 침입해서 저지르는 범죄는 도구가 달라질 수밖에 없는 요인들이 있기 때문입니다. 정남규는 본능적으로 그 부분을 캐치했거든요. 범행 패턴의 변화에 대해서는 나중에 자세하게 설명을 드리도록 하겠습니다. 정남규 사건을 다루겠다고 했을 때 상당히 부담스러웠어요. 실제로 현장에서 접했던 사건이기 때문이었겠죠. 교수님께서 매니큐어살인사건에 대해 이야기하실 때 어떤 부담이 있었는지도 많이 느끼게 됐어요. 지금은 사건 하나하나를 간략하게 짚어가지만, 이 피해자 분들에게는 각각의 사연들이 있고 얽혀 있는 스토리들도 있거든요. 그로 인해서 지금 어떻게 살고 계실지에 대한 것도 조금은 짐작이 되기 때문에 사건 하나하나를 볼 때마다 마음이 아프더라고요. 한편으로는 정남규라는 인물에 대해 다시 들여다봐야 되는 부분도 부담이더라고요. 잊어버리고 싶었기 때문이죠. 제가 프로파일러로 일했던 초창기에 가장 크게 잘못을 저질렀던 사건도 정남규 사건과 연관되어 있거든요.

공백기, 그리고 이문동에 대한 '살인의 추억'

김윤희 지금까지 살펴본 사건들은 대체로 노상에서 피해자 분들을 칼로 찌르고 도주하는 방식의 사건을 다뤘는데. 이후에는 수법이 변합니다. 그래서 정남규의 범행수법이 변화하기 시작한 이유와 그리고 보라매공원 사건 이후에 공백기가 있었던 이유에 대한 부분도 짚어보겠습니다.

김복준 2004년에 발생한 사건은 모두 이야기하겠다는 취지에서 차례대로 설명하는 중에 보라매공원 여대생 살해사건으로 2004년의 사건을 정리했습니다. 그런데 2004년에 숨겨진 사건이 몇 개 더 있어요. 잠깐 설명 드리겠습니다. 2004년 7월 27일 04시 20분경 쌍문동에서 방충망 찢고 들어가서 안방 서랍에 있는 귀금속을 훔쳐서 나오다가 불을 질렀는데 옆집까지 번졌던 방화사건이 있었어요. 그리고 역시 2004년 8월 4일 03시경에 안양 6동으로 갑니다. 서울 북부 지역에서 갑자기 경기도 남부 지역으로 옮겨가서는 현관문으로 침입했어요. 그리고 현금 42만 원을 훔쳐서 둔기로 피해자의 머리를 내리치고 도주했던 사건이 있었어요. 그 사건까지가 2004년 사건의 전부입니다.

김윤희 보라매공원 사건은 굉장히 주목받는 사건이었잖아요. 그 사건 이후에 바로 다음 사건이라고 생각하시는 것이 2005년 5월에 있었던 우유 배달하시는 분의 사망 사건입니다. 대부분 사건의 공백 기간이 아주 길다고 생각하시거든요.

김복준 그 기간에 살인사건은 아니지만, 사건들이 있었습니다.

김윤희 보라매공원 사건을 언론에서 너무 크게 보도했기 때문에 이런 식으로는 정남규 자신이 위험해질 수 있다고 생각했던 것 같아요. 그래서 노상에서 공격하는 패턴에서 침입한 다음에 공격하는 패턴으로 범행 방식이 바뀐 거죠.

김복준 노상에서 침입으로 바뀐 거죠.

김윤희 주택의 내부로 들어가는 겁니다. 범죄 수법을 바꾸면, 경찰에서도 이 사건은 연쇄가 아니라는 판단을 내릴 것이라고 생각했기 때문에 수법을 바꾼 겁니다. 그리고 범행 지역도 바꿉니다. 보라매공원 사건 이전까지는 서울 서남부 지역이었다면 보라매공원 사건 이후부터는 경기도 남부 지역이나 금천구나 강북구 쪽으로 범행 지역을 바꾸는 것이죠. 동시에 범행 도구도 흉기에서 둔기로 바꿉니다. 그리고 방화에 포커스 맞추게 됩니다.

김복준 2004년도 7월 27일에 이미 불을 한 번 질러보잖아요.

김윤희 그런데 그 전에 이문동에서 이미 방화의 경험이 있었어요. 저희가 소개하지는 않았지만 크게 방화했던 것이 있었거든요.

김복준 그것도 정남규의 범행으로 보시는 거예요?

김윤희 네, 정남규 본인이 이야기했고요. 실제로 지금까지 밝혀진 살인미수사건이나 침입사건의 대부분은 정남규 본인이 직접 진술했던 사건들이에요. 저희가 처음부터 정남규의 사건이라고 생각했던 것이 아니라, 나중에 사건을 조사하는 과정에서 이것저것 맞춰보면서 알게 된 것이죠. 비슷한 패턴이나 범죄행위가 나타나는 미제사건들과 정남규가 진술했던 지역이 일치했기 때문에 정남규 사건이라고 특정할 수 있었어요. 이문동에서 있었던 방화는 교회에 불을 지른 사건이었다고 해요. 왜 방화를 했냐하면 이문동에서 살인사건을 저지르잖아요. 정남규의 입장에서는 성공을 한 거죠. 정남규에게 이문동은 '살인의 추억' 정도, 즉 자기가 살인을 성공한 지역이었기 때문에 약간의 환상을 갖는 장소가 됐던 거죠. 그래서 정남규는 자기가 지닌 환상을 축복하고 싶을 때마다 이문동을 다시 가는 거예요. 어느 날인가는 이문동에서 범행 타깃을 찾을 수가 없어서 방화를 했다는 거예요. 그때 "굉장히 좋았다."라는 표현을 했어요. 자기가 불을 질러 놓고 그 불을 보는데 환희의 순간을 맛봤다고 이야기해요. 그때부터 방화에 집착을 하게 되었는데, 실제로 방화는 증거를 인멸할 수 있는 방법이기도 하잖아요. 그래서 침입을 하면서부터는 방화를 하는 경우도 많아진 거죠. 실제로 정남규의 방화는 굉장히 죄질이 나빠요. 불을 질렀으면 그냥 나가면 되잖아요. 정남규는 바깥에서 문을 못 열게 한다거나, 사람을 빠져나올 수 없는 상태로 가둬놓고 방화를 합니다.

김복준 불에 타 죽으라는 거죠. 정말 나쁜 인간이에요.

도저히 유추할 수 없는 상황 연출

김복준 아무튼 이제 2005년으로 갈게요. 2005년 4월 6일 01시 40분경의 안양입니다. 안양에서 피해자의 집에 침입해서는 잠자는 피해자를 둔기로 때려서 기절시킨 다음 주방에 있던 신문지 등을 이용해서 불을 붙입니다. 여기서부터는 예리한 칼 같은 흉기가 아니라 망치 같은 둔기를 사용합니다. 그 사건의 피해자는 73세의 이씨와 외손녀인 13세의 초등학생입니다. 둔기로 공격을 한 다음에 불을 지르는데 조금 전에 말씀하신 것처럼 밖에서 문을 잠그고 거실에 불을 질러버리는 거죠. 명백하게 살해 의도를 가진 방화로 보입니다.

김윤희 그런데 사실 정남규 사건은 사건 내용의 대부분이 정남규의 진술에 의존했기 때문에 공백 기간도 상당히 길어요. 2004년 8월 4일부터 2005년 4월 6일까지 거의 8개월 동안 아무런 범죄가 없는 것이잖아요. 제가 봤을 때에는 정남규가 범죄를 저지르지 않았던 것은 아닐 거예요. 아마도 무단 침입과 상해, 사소한 절도 정도의 범죄만 있었기 때문에 정남규 본인에게는 범행의 공백 기간이 길게 느껴졌을 거예요. 8개월 동안 범죄를 저지를 수 없었던 이유에 대해서는 나중에 유영철과의 관계를 다루는 부분에서 짚고 넘어가도록 하겠습니다.

김복준 그 다음은 2005년 4월 18일 03시경이에요. 이번에는 금천구 시흥3동으로 옵니다. 빌라에 침입하는데 베란다 문으로 진입을 해서 작은 방에서 잠자고 있던 모자를 쇠망치로 여러 번 가격합니다. 48세의 주부와 14세의 학생을 공격했어요. 그리고 그냥 빠져나와서 전철 타고 서울로 들어오는 방식으로 범행을 저지릅니다. 몽둥이를 보관해 둔 장소로 가서 도구를 다시 가져왔다고 적혀 있는데 이것은 무슨 이야기죠?

김윤희 과거에는 불심검문이 있었어요. 정남규의 경우에는 전과가 있는 사람이잖아요. 흉기를 소지하고 있었을 경우에는 범인으로 몰리지는 않더라도 일단 경찰서로 연행될 가능성은 굉장히 높은 거예요. 그래서 범행 도구를 숨겨놓는 장소가 있어요. 그런데 그 장소가 가까운 곳에 있느냐고 하면 결코 그렇지 않다는 거죠.

김복준 엄청나게 멀어요?

김윤희 꽤 멀어요. 앞에서 말씀드렸던 것처럼 정남규는 항상 소극적인 방법을 사용해요. 문이 열려 있는 집에는 들어가지만, 문을 따고 들어가지는 않거든요. 그러면 지나다니다가 문이 열려 있는지를 확인해야 하는데 거의 문을 잠궈 두잖아요.

김복준 이 사건에서도 30군데 정도 확인했다고 하더라고요.

김윤희 30군데에서 40군데 정도를 돌아다니다 보면 한 군데가 열려 있는 거예요. 그럼 타깃이 되는 거예요. 그리고 그때부터 다시 범행도구를 숨겨 놓은 곳으로 두세 정거장을 걸어가는 거예요.

김복준 범행도구를 챙겨서 타깃으로 정한 장소로 돌아가는 것인가요?

김윤희 네.

김복준 엄청나게 원시적이고 비효율적인 방법이기는 한데, 그런 범행 방법을 사용했기 때문에 수사관들이 도저히 유추할 수 없는 상 황이 연출된 것이네요.

김윤희 나중에 유명해진 이야기지만 정남규는 체력 관리를 위해서 매 일 운동장을 4km씩 뛰었다고 해요. 그런데 앞서 일어났던 사 건은 경기도 지역이었잖아요. 저희는 둔기를 사용한 것으로 봤 을 때 이 사건이 정남규 사건일 가능성이 높다고 생각했어요. 저희가 연쇄사건일 수도 있다고 판단한 다음에 첫 번째로 조 사했던 사건이 바로 금천 사건이었어요. 그 사건에서 어머니가 많이 다치셨거든요. 물론 아들도 다쳤어요. 대부분의 침입 범 죄는 가족이 모여서 살고 있는 집에 들어가서 범죄행위를 하는 것이잖아요. 그 범죄행위로 인해 가족 구성원들 모두가 피해 를 입게 되는 문제가 있더라고요. 가족 구성원 중에 피해자들 은 피해자들대로 상처가 남지만, 다행히 피해를 모면한 사람들 은 그 상황 속에서 무사했기 때문에 갖게 되는 트라우마가 있 어요. 정남규가 교수님 말씀처럼 쓰레기일 수밖에 없는 이유가 저는 이 부분이라고 생각해요.

김복준 이 사건의 경우에는 엄마하고 아들이 자고 있는 방에 들어가서 무자비하게 쇠망치로 공격을 했는데, 다른 방에 있던 남편이 나오는 것을 보고 그대로 도주했던 것 같아요.

김윤희 정남규의 교활한 부분이죠. 도주로를 확보해 놓고서 범행을 저지른 거예요. 정남규는 침입할 때 항상 머릿속에 도주로를 먼저 생각한 다음에 범행을 저질러요. 이 사건에서 경찰이 운동화 족적을 채취해서 나중에 정남규를 검거했을 때 신고 있던 신발의 모양과 대조했어요. 채취한 족적과 운동화의 족적이 일치했기 때문에 나중에 증거 자료가 되었어요.

김복준 금천구 사건이 정남규를 범인으로 이끌어내는 데 결정적인 기여를 했던 사건이네요.

김윤희 나중에 정남규를 검거했을 때에는 이 사람의 범행과 행적 등을 일치시키고 범인이라는 것을 입증하기 위해서는 증거 요소들이 있어야 되잖아요. 그 중의 하나가 이 족적이었어요. 그리고 다른 하나가 나중에 나오게 되는 장갑에 있는 문양 같은 것이 있었어요. 이런 증거들을 확보하고 있었기 때문에 정남규가 범인일 가능성이 높다는 판단을 할 수 있었던 거예요.

우유 배달하는 사람들을 노리는 범인

김복준 다음 사건은 5월 30일에 발생했어요. 공백 기간은 한 달 열흘 정도 되는 것 같아요. 군포에서 발생한 사건인데 이 사건도 정말 가슴 아파요. 우유 배달을 하시는 분을 살해한 사건이죠.

김윤희 네, 그리고 보라매공원 사건 이후로 이 사건 전까지는 계속해서 침입 범죄였고, 범행도구도 둔기를 사용했는데 이 사건만 유일하게 흉기를 사용했어요.

김복준 정남규가 흉기를 사용하고, 또 범죄 후반기 접어 들면서부터 유일하게 노상에서 살해한 사건이네요. 2005년 5월 30일 새벽 4시 30분에 군포시 산본동에 있는 빌라 앞 노상에서 우유 배달 하는 피해여성을 따라가서 미리 준비한 레저용 칼로 살해한 사건입니다. 이때는 복부와 목, 그리고 다리까지 4~5회 정도를 찔러서 살해했어요. 이 사건에서도 족적이 나온 거죠.

김윤희 네, 이 사건에서도 족적을 채취했어요. 범인의 발 사이즈를 특정할 수 있는 상황이었어요. 2004년에도 군포에서 우유 배달하시는 분을 살해했던 적이 있잖아요. 그래서 이 사건이 발생했을 때에는 서울 서남부 지역의 사건과는 뚜렷하게 연결되어 있는 부분을 찾지 못했고, 단지 우유 배달하는 사람들을 타깃으로 하는 연쇄살인이라는 생각을 하고 있었어요.

김복준 그렇죠. 같은 지역에서 우유 배달하는 여성을 타깃으로 삼은 두 건의 살인사건이 연속적으로, 그것도 새벽에 발생했기 때문에 그렇게 볼 수밖에 없었겠죠. 그런데 사망한 분이 41세의 조선족이네요. 이 여성분은 키가 170cm 정도에 몸무게도 77kg 정도 되는 분이었어요. 이분이 새벽에 우유 배달을 하고 있는데 어떤 남자가 갑자기 나타나서는 흉기로 마구 찌른 거예요. 이분은 상당히 거칠게 저항을 했던 것 같습니다.

김윤희 네, 실제로 새벽에 이동하는 사람들이 많지 않기 때문에 우유 배달을 하시는 분들이 타깃이 되었던 것이잖아요. 물론, 우유 배달을 하시는 분들을 타깃으로 했을 것이라는 생각을 가질 수밖에 없었던 측면도 있어요.

김복준 이분은 여성으로서는 큰 키에 몸집도 어느 정도 있었기 때문에 아주 격렬하게 저항했던 것 같습니다. 오른손에 방어흔인 자창이 16군데 정도가 있었다고 해요. 손에 생긴 상처는 흉기를 막으면서 생긴 것으로 보이는데 아마 상당 시간 동안 정남규를 상대로 버텼던 것 같아요.

김윤희 군포사건 이후로는 정남규가 노상에서 흉기로 습격하는 범행을 시도하지 않았어요. 아마 노상에서의 범죄를 그만 두게 된 계기가 군포사건일 것 같아요. 목격자 분이 비명을 듣고 뛰어왔는데, 본인이 노출될 수도 있다는 생각이 들었을 거예요. 그리고 피해자의 격렬한 저항에 대해서도 두려움을 갖게 되었기 때문이라고 분석을 하거든요.

김복준 노상에서의 범죄를 그만두고, 범행도구도 흉기에서 둔기로 바뀌는 거네요. 실제로 날카로운 흉기로 사람을 찔렀을 때, 정확하게 급소를 찔리는 경우를 제외하고는 그 자리에서 사망하지 않기 때문에 대부분 상당히 거칠게 저항하게 되거든요. 하지만, 둔기의 경우에는 그렇지 않아요. 한 번만 제대로 휘두르면 맞은 사람은 일단 기절하게 되거든요. 아무튼 그렇게 해서 범행수법을 바꾸는 것 같습니다. 연쇄살인범들은 모두 욕하고 비난할 수밖에 없겠지만, 정남규라는 인간에 대해서는 욕을 할 수밖에 없는 이유가 있어요. 힘없고 약한 사람들을 노리잖아요. 아이들, 여성들, 노인들, 그리고 우유 배달하는 사람들을 범행 대상으로 삼았던 것을 보면 정말 나쁜 놈이에요.

공백기, 그리고 반복되는 패턴

김복준 군포에서 우유배달원 살해한 것이 5월 30일이고요. 광명에서 강도 살인미수 사건 발생하는데 6월 4일이에요. 5일 만이에요. 광명시 철산동에 있는 가정집에 들어갑니다. 일단 현금 8만 원과 10만 원짜리 상품권을 훔쳤어요. 이때는 잠자고 있던 모녀를 파이프 렌치로 내리쳤는데 상대방이 부엌칼을 들고 대응했던 것 같아요. 이분들도 대단했던 것 같아요. 피해자들이 부엌칼을 들고 저항하지 않았으면, 정남규의 파이프 렌치 공격으로 현장에서 사망할 수도 있었을 거예요. 다행히 이분들은 나름대로 저항을 했기 때문에 목숨을 부지할 수 있었습니다.

김윤희 이 사건에서는 피해자가 칼을 들고 격렬하게 저항을 했다고 했잖아요. 그래서 정남규가 손에 상처를 입습니다. 그래서 대략 4개월 정도 범행의 공백 기간이 생깁니다.

김복준 상처 때문에 공백 기간이 생긴 것이네요.

김윤희 프로파일링을 할 때는 범행 간격이라는 부분을 아주 중요하게 생각하는데, 범행 간격이 중요한 이유가 있거든요. 사건의 공백 기간이 길어지면, 대부분의 경우에는 일상적으로 살인이나 어떤 범죄를 저지르지 않는다는 사실을 알게 되는 거죠. 하지만, 정남규처럼 일상적으로 살인을 저지르는 범죄자의 경우에는 범죄 환경의 변화 혹은 범죄의 종류가 굉장히 다양할 것이라는 사실을 추측할 수 있게 되거든요. 그래서 어떤 사건이나 범행에서 유사한 패턴을 찾아내는 것이 굉장히 중요한 부분이거든요. 그런데 사건 자체를 추리는 것에서 실패했던 케이스 중의 하나가 바로 정남규의 케이스입니다. 손을 다쳤다는 것은 정남규 같은 범인의 경우에는 상당히 중요한 팩트라고 할 수 있어요. 연속적인 범행 패턴에서 갑자기 범행의 공백 기간이 길어졌다는 것은 분명하게 이유가 있을 것이기 때문이죠.

김복준 범인의 신상에 어떤 변화가 생겼다는 거죠.

김윤희 네, 그래서 저희가 프로파일링을 할 때에는 범행의 공백 기간이 중요한 거죠. 하지만 정남규 사건의 경우에는 워낙 띄엄띄엄 사건들을 분석할 수밖에 없었기 때문에 그 자체가 나중에는 의미가 없어져 버렸어요.

김복준 아마 손을 치료하는데 대략 4개월 정도가 필요했었나 봐요. 다음 사건은 관악구 강도 살인미수 사건인데, 10월 9일 새벽 03시 18분경에 출입문으로 들어가서는 쇠망치로 가격을 했습니다. 피해자는 40세와 41세의 여성분입니다. 그런데 이 두 분은 정신지체 장애가 있었다고 합니다.

김윤희 관악구 강도 살인미수 사건은 서울에서 벌어진 사건이었기 때문에 미제사건일 때 제가 케이스에 넣었던 사건이었거든요.

김복준 장애인 시설에 침입했던 사건이죠?

김윤희 네, 아마 정남규는 나중에도 장애인 시설이었다는 사실을 몰랐을 거예요. 그냥 들어가서는 흉기를 휘두르고 나왔을 것 같아요. 이 사건으로 그분들은 부상도 입었지만, 엄청난 정신적 충격으로 고통을 받게 됩니다.

김복준 이때도 다행히 사망하지는 않았던 거죠. 잠자고 있는 방에 2층

창문으로 침입했던 것 같은데, 침입해서는 그냥 둔기를 마구 휘둘렀어요. 비명소리를 듣고 다른 사람들이 왔던 모양이에요. 그래서 사건이 살인미수에 그쳤던 것 같아요.

김윤희 실제로 범행 패턴에는 별 변화가 없어요. 일단 들어가면 무조건 취할 수 있는 물건은 취하고 가지고 나올 수 있는 물건들을 챙깁니다. 다음에 사람을 목격하거나 소리를 지르면 무조건 둔기로 가격하는 패턴이 계속 반복됩니다.

완전범죄를 노리는 범인과 보이지 않는 '피해자들'

김윤희 그리고 다시 살인사건이 발생하게 됩니다.

김복준 조금 전 장애인시설에 침입했던 것이 10월 9일이라고 했죠. 10일 후인 10월 19일 새벽 05시 20분경에 다음 사건이 일어납니다. 이때 봉천동에서는 화재가 발생했다고 하는데, 이때도 불을 지르고 살해한 건가요?

김윤희 아니요. 처음에 살해를 했어요.

김복준 둔기로 먼저 살해한 다음에 불을 지른 것이네요?

김윤희 네, 이 사건의 피해자들은 남매였어요. 26세의 변양과 22세의 변군이었습니다.

김복준 남성은 공익요원이네요. 공익요원이면 군인 신분인데 당했어요. 하기야 잠자고 있는데 때리면 당할 수밖에 없는 거죠.

김윤희 정남규는 약한 사람들을 노리거나 항거불능상태에 있는, 즉 잠을 자고 있는 사람들을 노렸던 거예요. 그 상황에서 여성을 보게 되면 성추행을 하고 나서 목을 조르거나 둔기로 가격해서 살해했어요. 그리고 다음에 다른 사람들이 방에서 나오지 못하게 문을 잠그고 방화를 하는 식의 패턴을 반복했는데 이번 사건에서도 그 패턴을 똑같이 반복하는 거죠.

김복준 이 사건에서 아주 잔혹한 짓을 해요. 열려져 있는 창문을 열고 들어가서 작은 방의 실내등을 켜고 살펴봤더니 여성이 잠을 자고 있었다는 것 아니에요. 지갑을 꺼내보니 돈이 없어서 강도로 위장하려고 일부러 카드를 꺼내놨다는 것이고요. 그리고는 잠자는 여성의 옆에 앉아서 가슴을 만지는 거예요. 성추행이 시작된 거죠. 여성이 잠에서 깨어났겠죠. 그러자 흉기로 서너 대 내리치고, 그래도 소리를 지르니까 목을 졸랐던 것 같아요.

김윤희 교수님께서 자세하게 이야기하지 못하셨는데 추행 방법이 정말로 악랄해요. 이 부분은 차마 말씀드릴 수가 없어서 이 정도로 넘어가야 할 것 같아요. 그런데 정남규가 범죄에 대해서 너무나 많은 학습을 했다는 것을 알 수 있어요. 성추행 과정에서 자신의 DNA를 남기지 않기 위해서 온갖 방법을 다 사용하거든요.

김복준 이 부분은 말씀드려도 상관없을 것 같아요. 정남규가 콘돔을 사용하잖아요. 저의 경험에 비추어 봐도 강도 강간범이 콘돔을 사용해서 성추행하는 것은 정남규가 처음이에요. 성범죄를 저지르려고 콘돔을 준비해서 다녔다는 것이잖아요. 결국 DNA가 검출되는 것을 방지하고 완전범죄로 만들기 위해서 그랬던 거예요. 여성분에게 몹쓸 짓까지 했고요. 두 분 모두 사망했어요.

김윤희 이때까지만 해도 이 사건이 정남규 사건이라고는 전혀 생각하지 못했어요. 이 사건을 조사하는 과정에서 아주 중요한 사건

하나가 발생하거든요. 정남규 사건이라고 생각하지 못했기 때문에 원한이나 증오 범죄라고 생각해서 주변수사를 진행했어요. 주변의 지인들과 관련된 사람들이 수사 대상에 올랐어요. 그런데 여성 피해자와 관련된 분이 거짓말 탐지기와 뇌파 검사에서 계속해서 거짓말이라는 반응이 나오는 거예요.

김복준 그러면 그 사람이 범인이라고 오해를 받았겠네요.

김윤희 그렇죠, 이 사람이 범인이라는 생각을 했었어요. 조사 과정에서 이 사람의 삶도 상당히 피폐해졌을 거예요. 경찰에서만 폴리그라프Polygraph 검사를 받았던 것이 아니라 검찰에서 뇌파 검사와 폴리그라프 검사가 이루어졌기 때문에 이 부분에서 더욱 신뢰를 가지게 되었던 것도 있었어요. 실제로 이분도 정말 힘들었을 것이라는 생각이 들어요.

김복준 최면도 하고 거짓말 탐지기 검사도 하고 그랬던 것이네요.

김윤희 실제로 뇌파 검사까지 했거든요. 돌아보면 정남규에게 피해를 당한 사람들이 너무 많다는 생각이 들어요. 정남규에게 피해를 당한 사람들 중에는 범죄의 직접적인 대상이 되었던 사람도 있겠지만 그 가족들도 있어요. 그리고 범인이라고 오해를 받은 지인처럼 수사를 진행하는 과정에서 용의선상에 올랐던 사람

폴리그라프Polygraph 검사 [Jung's Polygraph] ─────────────────

Polygraph는 "많다"는 의미의 Poly와 "기록하다"라는 의미를 가진 graph의 합성어이며 원래는 "여러 가지를 동시에 기록하는 장치"라는 뜻을 가지고 있으며 거짓말탐지기와는 좀 거리가 있습니다. 원래 폴리그라프는 의료계에서 정서(Emotion)반응을 연구하기 위해 고안되었으나 이를 거짓을 탐지하는 쪽으로 활용되면서 폴리프라프가 거짓말탐지기와 동의어처럼 사용되게 되었습니다.

들까지도 삶이 피폐해졌고, 트라우마를 안고 살아갈 수밖에 없었던 사건이라고 생각해요.

김복준 정말 그렇죠. 언제나 보이지 않는 곳에도 피해자가 있기 마련이죠. 다시 사건으로 돌아오면, 이 사건도 불을 질렀어요. 그리고 문고리에 젓가락을 꽂아서 안쪽에서 문을 열 수 없게 만들었어요. 그 상황에서 불을 질러놓고 자신은 밖으로 빠져 나왔기 때문에 살인을 의도한 것이라고 할 수 있어요. 정말로 정남규 사건은 볼 때마다 아주 끔찍해요.

유일한 목격자, 그리고 가정교사 식 심문

김복준 다음 사건은 2006년 1월 14일로 갑니다. 이전 사건이 10월 19일이었는데, 그러면 아주 긴 공백 기간이 있는 거잖아요.

김윤희 봉천동 남매 살인사건을 언론에서 상당히 비중 있게 다루었기 때문일 거예요. 기본적으로 살인사건의 경우에는 언론 보도가 많이 되는 편이기 때문에 정남규가 조심했던 것 같아요. 신중해지고 조심하는 것은 후반기로 갈수록 뚜렷해지는 경향이 있어요. 정남규가 전반기에는 노상에서 무작위로 사람들을 찌르고 다녔잖아요. 자기 자신이 흥분 상태에 있었기 때문에 아주 짧은 공백 기간을 가지면서 움직였던 것 같아요. 하지만, 후반기에는 지속적으로 범죄를 저지르기 위해서 조심도 하고 동시에 자기만의 패턴들을 만들어가는 현상이 나타나기 시작했어요. 2006년 1월 14일에도 침입해서 상해를 입힌 사건이었는데 언론에서 크게 부각되지 않았어요.

김복준 아버지는 작은 방에 있었고, 7세의 딸은 안방에서 잠을 자고 있었는데 정남규가 이 일곱 살짜리 아이를 공격했어요. 이 사건도 역시 방범창으로 침입했던 것 같아요.

김윤희 정남규 사건과 관련해서는 목격자나 피해자의 진술에서 일관성이 없었어요. 그 부분들에 대한 검증이 제대로 이뤄지지 않은 상태에서 수사가 진행되었기 때문에 관련 진술이 오히려 수사에 혼란을 주었던 경우도 많았어요. 이 7세의 여자 아이의 경우에도 어디서 본 것 같다는 이야기를 했거든요.

김복준 아이가 정남규를 본 것 같다고 했다는 거죠?

김윤희 "어디서 본 것 같아요."라고 해서 아이의 진술과 관련된 곳들을 중심으로 수사를 진행했는데 실제로는 그곳에서 본 적이 없었던 거죠. 아이는 봤다고 생각했을 수도 있었겠지만, 어쨌든 본 적이 없었던 거예요.

김복준 유일한 목격자가 아이였는데, 경찰에서 피해자 진술을 하면서 PC방에서 본 것 같다고 했어요. PC방에서 본 것 같다고 이야기했기 때문에 경찰 입장에서 아이가 갔다는 PC방을 중점적으로 수색하면서 용의자를 찾았어요. 아마 엄청나게 애를 썼을 것 같은데 실제로 정남규는 PC방에 간 적이 없었다는 거죠. 아이들에 대한 수사는 저도 경험한 적이 있어요. 특히, 어린 아이들이 성폭력 피해라든지 강도 피해를 당했을 경우에 경찰에서 조사를 할 때에는 처음이 아주 중요해요. 그래서 요즘에는 아동보호기관의 전문상담사 분들을 모셔서 먼저 아이와 접촉하게 한 다음에 어느 정도 안정이 되면, 그때부터 그것도 전문 상담

사들의 입회하에서 경찰이 조사하는 형식이거든요. 그런데 이
당시에는 그렇게 하지 않았을 거예요.

김윤희 여성 형사 분이나 여성 경찰 분들이 조사를 했을 것 같은데, 그
분들 역시 실제로 아동상담과 관련해서는 교육을 받지 못했을
것이기 때문에 단지 아이를 크게 자극하지 않는 선에서 질문했
을 거예요. 폐쇄적인 질문들을 많이 했을 것 같아요. "어떻게 생
겼어?"라고 물어야 하지만, 아이가 설명을 잘 못하면 "머리는
검정색이었어?" "스포츠야?"라고 해서 단정적으로 물었을 가능
성이 높아요.

김복준 가정교사식의 질문이거든요. 굉장히 위험해요

김윤희 대부분이 "어디서 본 적 있는 사람이야?" "한 번 만난 적 있는
사람이야?"라고 질문을 하거든요. 면식범이거나 원한이 있는
사람이면 수사에 즉각적으로 반영할 수 있기 때문에 아이들에
게 "혹시 본 적 있어?"라는 식으로 물어보게 돼요. 그러면 아이
들은 '이 질문에 대답을 해 줘야 해.'라고 생각하거든요.

김복준 그렇죠. 강박을 느낀다는 거예요. 아이들은 경찰 아저씨가 물으
면 그 질문에 대해서 어떤 형태로든 대답을 해야겠다고 생각한
다는 거예요. 그래서 자기 머릿속에 흔히 그리는 사람의 모습
을 지어낸다는 거예요. 그래서 아이들을 조사할 때에는 그 부
분을 수사관들이 경계해야 될 것 같아요.

김윤희 최근에는 그런 생각들이 보편화되었기 때문에 전문가들의 도
움을 많이 받아요. 전문가들은 아이들의 진술을 살펴보면서 그
것이 맞는지 맞지 않는지를 다시 크로스체크 하거든요. 개인적

으로 이런 변화는 아주 다행이라고 생각을 해요.

김복준 PC방을 중심으로 수사했기 때문에 수사방향이 완전히 잘못된 거죠. 조금 전에 이야기했던 가정교사식 심문과 관련해서 제가 경험했던 사건이 하나 있어요. 가정교사식 심문은 정말로 수사관이 해서는 안 될 일이거든요. 저는 그 부작용을 포천 여중생 매니큐어살인사건 때 경험을 했어요. 모든 수사력을 동원했지만 범인을 잡지 못해서 쩔쩔매고 있을 때였거든요. 그리고 혹시 김윤희 프로파일러께서도 알고 있으셨는지 모르겠지만, 대한민국의 살인사건 중에서 2계급 특진이 걸렸던 유일한 사건이 바로 포천 여중생 매니큐어살인사건이었어요. 일반적으로 중요하고 관심이 집중된 사건을 해결해도 1계급 특진이거든요. 그런데 포천 여중생 살인사건은 2계급 특진을 걸었어요. 순경이 범인을 잡으면 경장을 건너뛰고 경사가 되는 것이고, 경사가 범인을 잡으면 바로 경감이 되는 거예요. 이런 일은 전무후무했고 아마 앞으로도 없을 거예요.

김윤희 실제로 웬만한 살인사건을 해결해도 1계급 특진은 어려워요.

김복준 거의 없어요. 그런데 이 사건은 2계급 특진을 포상으로 걸었던 거예요. 어느 날 사건 수사 중에 잠깐 집에 와 있는데, 다른 팀에서 전화가 걸려 왔어요. "범인 잡았습니다." 범인을 검거했다는 전화를 받았을 때 저는 정말 날아갈 것 같았어요. "그래? 어떻게 잡았는데? 범인이 누군데?"라고 물었더니 범인을 검거했고 수사본부에서 심문 중에 있다는 거예요. 연락을 받은 시간이 밤 12시 무렵이었어요. 의정부에서 포천까지 어마어마한 속도로 차를 운전해서 갔어요. 수사본부 입구에 도착했더니 제일 먼저 눈에 띠는 것이 형사 부인들이었어요. 모두들 손에 정복을 들고 있었어요. 특진할 것이기 때문에 형사들이 집에 전화해서 정복을 가져오라고 했겠죠. 당시에 경찰청장께서 헬기 타고 와서 직접 계급장을 수여하겠다고 했거든요. 제가 잡지는 못했어도 정말 기분이 좋았어요. 그래서 축하드린다고 이야기하면서 수사본부로 들어갔어요. "잡았어?"라고 하면서 뛰어 들어갔더니 "예, 잡았습니다. 저 놈입니다."라고 이야기해서 손가락으로 가리키는 곳을 봤는데 정말 조그마한 몸집을 가진 사람이 쪼그리고 앉아서 떨고 있더라고요. 범인이라는 그 남자 앞에 가서 "당신이 죽였어?"라고 했더니 순순히 "제가 죽였습니다."라고 이야기하더라고요. "어떻게 죽였어?"라고 했더니 자기는 티코 자동차를 타고 동네에 있는 단추 공장에 다니고 있었는데, 그 날 11월 5일 18시경에 그 티코를 끌고 가다가 엄양을 치었다는 거예요. 차로 치었더니 둑으로 굴러서 아래로 떨어졌다는데 본인이 내려가서 확인했더니 이미 사망했더라는 거예요. 그래서 차의 트렁크에다 엄양을 실었다고 해요. 실제로 티코 자동차에는 트렁크 같이 생긴 공간이 있지만, 엄밀하게 트렁크는 아니에요. 어쨌든 그곳에 엄양을 싣고 가서 유기했다고 진술하는 거예요. 제가 전에 매니큐어살인사건 이야기할 때에 말씀드렸지만 유기된 사체의 자세로 봤을 때 가로 세로의 길이를 감안하면 모닝이나 티코 같은 경차의 트렁크에 들어갈 정도의 쭈그린 자세였다고 그랬잖아요. 정확하게 맞아 떨어지잖아요. 그리고 인근에 있는 단추 공장 다니는 사람이었기 때문에 지리적으로도 맞잖아요. 그리고 진술한 시간대도 거의 비슷해서 '아, 이 사람이 범인이구나.'라는 생각이 들더라고요. "그래, 사실대로 이야기해줘서 고맙다."고 이야기하면서 제가 제일 궁금했던 것을 물어봤어요. "그런데 왜 손톱과 발톱에 빨간 매니큐어를 칠했어?"라고 물었더니 갑자기 고개를 들고 나를 쳐다보면서 "매니큐어가 뭔데요?"라고 말하는 거예요. 이 사건의 핵심은 매니큐어잖아요. 제가 얼마나 당황스러웠겠어요. 그 순간 눈앞이 캄캄해졌어요. 매니큐어를 모르면 사건의 범인이 아니잖아요. '아, 이건 아니다.'라고 생각하고 그 사람의 얼굴을 보는 순간 어지간히 손을 댄 것 같았어요. 그리고 다시 불러내서 이 사람은 범인이 아니라고 말하고 어떤 방법으로 심문을 했는가를 확인했더니 제가 조금 전에 말씀 드린 가정교사식 심문을 한 거예요. 가정교사식 심문은 간단해요. 두 사람이 마주 보고 앉아서 한 사람은 조사를 하고 다른 한 사람은 몽둥이 들고 옆에 서 있는 거예요. "너 임마, 티코 가지고 그 시간에 엄양을 치었지?"라고 물어요. "저 아닌데요."라고 답하면 옆에서 몽둥이를 들고 있던 사람이 탁자를 몽둥이로 탁탁 치면서 위협을 해요. 그러면 "그 다음에 데굴데굴 굴러 떨어졌지?" "네가 확인했을 때는 이미 사망했지?"라는 식으로 심문을 이어가는 것이 가정교사식 심문이에요. "차에 싣고 갔지?" "그리고 이렇게 싣고 가서 어디어디에 유기했지?" 등 질문을 하면서 형사가 각본을 모두 짜주는 거예요. 가정교사식 심문을 하면 답변은 무조건

"네."라고 정해져 있는 거예요. 그런 형태로 심문해서 범인을 검거했다고 보고를 했는데, 정말 지금 생각하면 끔찍합니다. 엄청난 월권이에요. 그렇게 조사하는 것이 가정교사식 심문인데, 특히 어린 아이들을 조사할 때 이런 방법을 사용하면 그 진술 내용이 맞을 수가 없어요.

김윤희 네, 아이들은 어른들의 뜻에 따라줘야 한다는 생각을 가지고 있어요. 그래서 어른들이 생각하는 폭만큼 생각하기 때문에 그 부분에 대해서는 유의해야 될 것 같습니다. 한 마디만 보충하자면, 요즘은 심문 기법에 대해서도 정말 다양한 교육과정이 마련되어 있어요. 오해를 하시는 분들도 많이 계실 것 같아서 한 번 정정하고 가고 싶다는 생각이 들었어요. 과거의 경찰과 지금의 경찰은 많이 달라졌습니다. 피부로 느끼지 못할지는 모르겠지만, 시스템이 갖춰진 부분도 많아졌고요. 그런데 저희가 사건을 다루다보면 "과거에는 이랬다."는 식으로 잘못된 부분들을 짚고 넘어가기 때문에 혹시 지금도 그럴 것이라고 오해하시는 분들이 있으시다면 걱정하실 필요가 없습니다. 아이들을 조사할 때에는 반드시 전문가의 도움을 받고요. 특히 피의자에게 위협을 가하거나 폭력을 행사하는 일은 절대 없습니다. 물론 부족한 부분도 있겠지만, 정말로 많이 좋아졌고 더 좋아지도록 노력하고 있다는 말씀은 꼭 드리고 싶습니다.

김복준 피의자에게 폭력을 행사하는 것은 그 순간 경찰관 옷 벗고 독직폭행으로 구속됩니다.

김윤희 요즘에는 아주 엄격하거든요. 언론에서도 상당히 예민하게 다루어요.

김복준 요즘은 파면, 해임까지 징계해요. 윽박지르는 것 그 자체도 하지 말아야 한다는 거예요.

김윤희 그래서 요즘은 그것을 피의자들이 악용하는 경우도 많아요.

김복준 오죽하면 '강도님.' '도둑님.'하면서 조사를 해야 한다는 농담이 있을 정도예요. 지금은 그 정도로 피의자의 인권에 대해 신경을 쓴다는 겁니다. 하지만, 솔직히 쌍소리와 욕설이 목구멍까지 치밀어오를 때도 있어요. 제가 가지고 있는 욕이 엄청나게 다양하고 장르가 넓은데, 방송에서는 많이 절제하고 있습니다. 장르가 무한정 있는데, 그 이유는 욕 정도는 허용되던 시절에 단련된 것이기 때문에 오랜 연륜이 있죠.

용의자로 몰린 아버지, 수유동 삼남매 살인사건

김복준 그 다음이 22번째 사건인데 2006년 1월 18일에 일어난 사건입니다. 아, 이 사건은 정말······.

김윤희 지금부터 남은 3가지 사건은 중요하고 언론의 관심도 많이 받았습니다. 강북 수유 삼남매 살인사건 때에는 제가 처음으로 발령받아서 얼마 지나지 않았을 때였어요. 저는 이 현장을 아직도 생생하게 기억하거든요. 1월이잖아요. 교수님은 경험이 있으실 것 같은데, 현장에 가면 다른 곳보다 기온이 더 떨어지는 것같은 느낌이 들고 정말 더 추워요. 현장은 그 자체로도 너무 추운데, 특히 방화 사건이 일어나면 물로 진화를 하기 때문에 실제로 기온이 더 떨어져서 현장이 굉장히 춥거든요.

김복준 1월 18일이면 한겨울이기 때문에 정말로 춥죠.

김윤희 너무 추웠어요. 제가 CSI 방염복 안에 옷을 껴입었는데도 너무 추웠어요. 그런데 이 사건은 저에게 너무 아프고 한 맺힌 사건이에요. 현장에 갔을 때도 한 번 놀랐지만, 이 사건을 수사하면서 한 번 더 놀랐어요.

김복준 세 사람이 살해됐네요. 22세의 대학생, 18세의 고등학교 3학년 학생, 그리고 13세의 초등학교 6학년 학생이죠. 큰 딸, 둘째 딸, 그 다음이 남자 아이였어요. 이 세 사람이 연기에 질식되었거나 둔기에 머리를 맞아서 사망했던 사건인데요. 정남규의 범죄 패턴으로 봤을 때 아마 둔기로 공격해서 살해한 다음에 증거인멸을 위해서 불을 지른 것 아니겠어요?

김윤희 이후에도 자매가 함께 사망한다거나 일가족이 몰살되는 사건도 있어요. 하지만, 이 사건에서는 세 남매의 아버지가 범죄 용의자로 지목되었어요. 처음에는 이 사건이 화재 사건이었어요.

김복준 불이 났기 때문에 당연히 화재 사건으로 알았겠죠.

김윤희 아버지가 밖으로 나와서 아이들이 안에 있다고 구해 달라고 했어요. 발바닥에 화상을 입어 가면서도 아이들을 구해 달라고 요청을 했는데, 자녀분 세 명이 모두 사망했던 사건이었어요. 당시에 세 남매의 어머니는 밤에 일을 하셨거든요. 실제로 부부는 세 명의 자녀를 이 사건으로 잃어버린 거예요.

김복준 그런데 이 사건은 아버지가 용의자로 지목되어서 굉장히 고생을 했던 사건입니다. 우선 범행의 수법 자체는 정남규가 기존에 했던 방식과 거의 똑같아요. 거실에 있는 창문으로 침입을 했고요. 작은 방에 들어가서 불을 켜고 금품을 찾다가 갑자기 침대에서 자고 있던 둘째 딸을 깨웠어요. 소리 지르면 죽이겠다고 위협해서 성추행을 하고 살해했습니다.

김윤희 이 사건에서 아버지에게 수사의 포커스가 맞춰졌던 이유는 탐문과정에서 나왔던 목격자의 진술 때문이었어요. 위층에서 남성과 여성이 싸우는 소리를 들었다는 목격자의 진술이 있었거든요. 나중에는 이 진술이 아버지와 딸이 싸우는 소리를 들었다는 것으로 바뀌었는데요. 역시 목격자의 진술이었어요.

김복준 목격자의 진술 때문에 수사진에서 아버지가 딸을 해코지한 것으로 인식했다는 거죠.

김윤희 그렇죠. 아버지를 용의자로 의심했던 이유는 목격자의 진술 때문이기도 했지만, 화재가 발생한 상황에서 아버지가 보인 행동이 수상하다고 생각했기 때문이에요. 아버지의 동선이 아들 방에 집중되어 있었어요. 아들 방 위쪽에 큰딸의 방이 있었던 것 같아요. 그런데 아버지의 동선은 그 방향에만 있고 작은딸이 있었던 방으로 이동한 동선이 없었어요.

김복준 작은딸을 구하려는 노력을 전혀 하지 않았다고 판단했겠네요.

김윤희 네, 그랬어요. 제가 봤을 때는 아버지는 아들과 같은 방에서 자고 있었기 때문에 동선이 그렇게 나타났던 것 같아요. 그리고 본인이 나왔을 때는 이미 화재가 걷잡을 수 없는 상황이었기 때문에 조금 당황스러웠을 것 같고, 아들이 같은 방에 있었기 때문에 그렇게 행동했을 거예요. 상황 자체가 그렇게 행동할 수밖에 없었는데 저희가 확대 해석을 했던 부분도 있었어요. 게다가 주변에 탐문을 하잖아요. 그 과정에서 둘째 딸과 아버지의 사이가 좋지 않았다는 부분이 부각이 되었기 때문에 아버지를 의심하는 상황이 벌어진 거죠. "아버지가 딸과 싸우다가 딸을 해치고 불을 질렀다."는 식으로 소문이 나기도 했어요. 그래서 아버지에 포커스를 맞춰서 수사가 진행되었던 거예요. 당시에 제가 자백을 받아야 한다는 이야기를 했었어요. 그런데 아버지는 자식들을 한꺼번에 모두 잃은 상황에서 혼자 탈출했다는 자책이 컸었던 것 같아요. 아버지의 입장에서는 그래서 진술을 하지 않았던 것인데, 수사기관 입장에서는 적극적으로 자신을 변호하지 않는 것을 의심했던 거죠.

김복준 당연히 의심스럽죠. 어쩌면 자신을 적극적으로 변호하지 않았기 때문에 훨씬 의심스러웠을 거예요.

김윤희 수사를 하는 입장에서는 '왜 적극적으로 도움을 주지 않지?'라고 생각했던 부분도 있었어요. 그리고 아내 되시는 분도 주변에서 그런 이야기를 너무나 많이 듣다 보니 남편 분을 의심하게 됐다고 하시더라고요. 자식들을 모두 잃은 상황에서 본인은 용의자로 몰렸고, 부인과의 사이도 멀어지면서 자포자기의 심정이었던 것 같아요.

김복준 결국 이혼했다고 하죠. 새삼 정남규라는 흉악한 범죄자 하나가 끼친 해악이 너무 엄청나다는 생각이 듭니다. 그리고 나중에 화재를 살펴봤더니, 집안에 있던 가족들이 도망가지 못하도록 정남규가 출입문과 화장실 문, 그리고 보일러실의 문 등을 모두 잠근 다음에 밖으로 나와서 불을 질렀더라고요.

김윤희 그리고 정남규가 처음 방화를 할 때에는 한 지점에 불을 붙이는 정도였지만, 나중에는 주변에서 불을 붙일 수 있는 옷가지 등을 모아놓고는 여기저기에 불을 지르는 방법을 사용했어요. 아마도 증거 인멸이나 방화를 통한 살인에 대해서 조금 더 적극성을 띄기 시작했다고 볼 수 있는 부분 같습니다.

김복준 강북구 수유동 삼남매 살인사건에서 잘 드러나는데 어느 순간부터 정남규는 침입해서 여성이 있으면 유사 강간과 같은 성범죄를 저지른 다음에 살해하고 불을 지르는 패턴을 보이는데 범행 패턴이 아주 극악스럽게 변해가는 것 같아요.

김윤희 저는 개인적으로 이 사건을 통해서 목격자들의 진술, 즉 목격 진술에 대한 것들을 굉장히 많이 생각하게 됐어요.

김복준 최초 신고자가 2층 아저씨가 불을 질렀다고 했다면서요?

김윤희 신고 자체에서부터 틀어진 면이 있었어요. 목격자의 진술을 받기 시작하면 "혹시 어디서 들어본 목소리였나요?"라고 질문하게 되는 경우가 많이 있어요. 그 과정에서 "혹시 윗집 아저씨였어요?" 아니면 "작은딸 목소리 맞아요?"라는 방식의 질문을 통해서 용의자의 범위가 좁혀졌던 것 같아요. 그리고 동네에서 소문이 나기 시작하면 온갖 이야기들이 나오기 마련이잖아요. 처음 탐문을 나가서 목격자 진술을 받으면, 동네의 모든 분들이 나와서 보시거든요. 그렇게 나와서는 "저 집은 그때 그랬어."라고 한 마디씩 하시거든요. 저희는 그 진술을 증빙 자료로 남겨야 하기 때문에 "어디 사세요?" "성함은 어떻게 되세요?"라고 묻게 되거든요. 그러면 "몰라. 몰라. 나 갈 거야."라고 하면서 그냥 가버리시잖아요.

김복준 그냥 한 마디씩 하고 있다가 정작 서류로 목격자 조서를 받으려고 하면 자리를 뜨는 경우가 정말 많아요.

김윤희 그래서 그때 목격자의 진술에 대해서는 훨씬 더 신중을 기해야 한다는 것을 알게 되었어요. 모두를 확인할 수는 없겠지만, "내가 분명히 봤어. 내가 분명히 들었어."라는 식으로 확신하는 부분에 대해서는 한 번 더 신중하게 체크를 해야겠다는 생각이 들었어요. 특히, 목격자 진술에 있어서 사실에 대한 기억이나 사실을 인지하는 부분은 자칫 흐트러지거나 편향적으로 흐를 수 있는 부분이기 때문에 "나는 분명히 확신하고 있어." 또는 "그것은 내가 맞아."라고 하는 부분들에 대해서는 한 번쯤 의심해볼 필요가 있어요.

김복준 목격자 조서는 정말 굉장히 중요해요. 처음에 사람들이 이야기하는 것들을 그 자리에서 바로 받아쓰면 나중에는 맞지 않는 경우가 있어요. 그래서 굉장히 조심해야 돼요.

어긋난 패턴과 피해자 가족의 비협조

김복준 다음 사건은 2006년 3월 27일 05시 02분이에요. 제가 보기에는 시간대도 조금씩 늦어져요. 새벽 2시, 3시였다가 5시, 6시로 늦어지는 것 같은데요. 사건의 후반부, 특히 마지막에 가까워질수록 시간이 늦어지더라고요.

김윤희 모두 새벽 시간이기는 합니다만 아마 조금 더 신중을 기했던 것 같아요. 열려 있는 출입문이나 열어둔 창문처럼 정남규가 원하는 타깃을 신중하게 선택했기 때문일 수도 있을 것 같아요. 그리고 전에는 3~4 정거장 전에서 내렸다면 조금 일찍 내린다던지 해서 정남규의 집으로부터 이동 거리도 점점 멀어졌기 때문일 수도 있을 것 같아요.

김복준 정말 그렇네요. 시간대도 늦어지고 이동거리도 길어지네요.

김윤희 범행 도구를 찾아서 갖고 오는 것에서부터 훨씬 더 신중을 기했기 때문에 시간대와 이동거리의 변화가 생긴 것 같아요. 실제로 강북구 수유동 삼남매 살인사건 다음부터 그리고 나중에 벌어진 관악사건부터는 훨씬 구체적으로 연관성을 살펴보게 되었지만, 그 전부터도 서울 서남부 지역 사건이 연쇄살인사건일 수 있다는 심증이 있었어요. 정남규는 그런 부분들에 대해 의식을 했었던 것 같아요. 나중에 다시 말씀 드리겠지만, 정남규는 언론 보도에 대해서 굉장한 관심을 보였어요.

김복준 언론에 보도된 자료들을 모아두기까지 했잖아요.

김윤희 본인이 저지른 사건들에 대한 기사들을 살펴보고는 스크랩해 뒀어요. 언론 보도를 통해 피해자가 죽었는지 죽지 않았는지를 판단했다고 하는데, 사건 보도가 나오지 않으면 '죽지 않았구나.'라고 생각했다는 겁니다.

김복준 사망하지 않았으면 정남규의 입장에서는 실패한 사건이라는 거죠. 2006년 3월 27일에 벌어진 관악구 봉천동 사건은 강북구 수유동 사건과 상당히 떨어져 있어요. 수유동 사건이 1월 18일이니까 공백 기간도 상당하고, 수유동이 서울의 북쪽이고 봉천동은 서울의 남쪽이기 때문에 거리상으로도 한참 떨어져 있어요. 아무튼 2006년 3월 27일 05시 02분경에 봉천동의 한 주택에 들어갑니다. 이곳에서의 피해자도 모두 3명입니다. 회사원이었던 25세의 여성과 22세의 여성, 그리고 16세의 여중생이었습니다. 이 중에서 22세의 여성은 장애가 있었다고 합니다. 아마 세 명의 여성이 잠자고 있는 방에 침입해서는 가방과 지갑을 모두 뒤졌는데 돈이 없었다는 거예요. 불을 끄면 어두울 것 같아서 불을 켜둔 상태에서 성폭행을 시도했던 것 같아요. 그 와중에 가운데에 누워 있던 여성, 둘째 딸이 눈을 떴는데 그때부터 파이프 렌치로 세 사람을 공격했다고 합니다. 결국 세 사람 모두 사망했던 사건입니다.

김윤희 이 사건의 현장도 제가 있었거든요. 사건 현장이 너무 처참해서 아직도 기억을 하고 있습니다. 당시에 가족 분들이 모두 한 집에 거주하고 있었어요. 이 사건에서도 방화가 있었어요. 정남규에게 살해당한 세 자매를 제외한 나머지 가족들은 모두 밖으로 나왔지만, 이 세 자매는 밖으로 나올 수 없는 상황이었던 거죠. 교수님께서 극악해진다고 말씀하신 것처럼 범죄가 점점 대범해지고 있어요. 침입한 방에 불을 켜둔 상태에서 가방과 지갑을 뒤지고 성폭행을 시도하는 거예요. 불도 본인이 켜는 거예요. 불을 켜면 잠자던 사람들이 깰 수도 있잖아요. 아마 잠에서 깨어나면 가격을 하겠다고 마음먹은 상태에서 범행을 실행하는 것 같아요. 범행을 끝마치면 방화한 다음 밖으로 빠져나와요.

김복준 이제는 완전히 패턴이 됐네요. 문이 열려 있거나 문을 잠그지 않은 곳으로 침입을 해서는 실내등을 켜고 잠든 여성들을 성폭행하다가 여성들이 잠에서 깨면 둔기로 살해한 다음 불을 지르고 도주하는 것이 패턴으로 고정된 것 같아요. 이 봉천동 사건에서 경찰이 잘못했던 것이 있다고 하던데, 그게 뭐죠?

김윤희 그 부분은 조금 애매해요. 정남규와 시기적으로 겹치는 유영철 사건이 있었을 때까지만 해도 연쇄살인범들의 범행 패턴을 살펴봤을 때, 침입해서 가격하고 살해한 다음에 방화를 하는 패턴은 없었어요. 물론 봉천동 사건이 발생했을 때에는 이미 유영철이 검거된 상황이었어요. 아무튼 정남규 이전에 있었던 연쇄살인은 자기가 원하는 장소로 납치를 해서 살해한 다음에 사체를 유기하는 경우가 많았는데 정남규의 경우에는 침입을 하는 것이잖아요. 정남규 사건을 담당했던 형사 분들이나 수사관들이 가진 기존의 사고방식으로는 이 사건을 연쇄살인이라고 생각하는 것이 쉽지 않았던 거예요. 연쇄살인이라고 판단할 수 있는 요소들도 굉장히 적었기 때문에 강도나 절도범죄를 저지르는 과정에서 피해자들이 사망에 이르렀고, 그 상황에서 증거를 인멸하기 위해 방화를 하는 패턴이라고 생각하거나 그렇지 않으면 조금 전에 다루었던 수유동 사건처럼 가족에 의한 살인, 또는 지인에 의한 살인이라는 생각, 즉 면식범에 의한 살인이라고 규정하고 수사를 진행하는 것이 일반적이었어요. 그리고 범인을 잡기 위해서 가족들이 수사기관에 적극적으로 도움을 줄 것이라고 생각했는데 한꺼번에 가족을 잃어버린 가족들은 오히려 수사기관에 협조적이지 않았던 거예요.

김복준 왜 그렇죠? 왜 가족들이 수사기관에 협조하지 않았던 것이죠?

김윤희 그 당시에도 제가 수사기관에 브리핑을 했었는데, 공격 대상을 정확하게 찾지 못했을 때는 다음 공격 대상으로 타깃이 옮겨가는 것이 일반적이거든요. 피해자 가족 분들께 첫 번째 공격대상은 범인이겠죠. 그 범인을 잡지 못했을 때 다음 타깃은 수사기관일 경우가 많아요. '왜 너희들이 범인 잡아주지 못해?' '왜 빨리 수사를 못해?'라고 생각하기 때문인 것 같아요.

김복준 그래서 수사기관에 협조를 하기 보다는 공격을 한다는 거네요?

김윤희 피해자 가족 분들의 입장에서는 그 공격이라는 것이 적극적 공격인 항의일 수도 있고, 적극적으로 협조하지 않는 방식으로 드러나는 소극적인 공격일 수도 있어요. 이런 소극적인 공격에 대해 수사관들의 입장에서는 '우리가 범인을 잡아주겠다는데 왜 협조하지 않지?'라는 방식으로 생각하게 되었던 거죠. 그래서 당시에는 '왜 도와주지 않지? 혹시 범인인가?'라는 생각들을 많이들 가지고 있었어요.

김복준 피해자 가족들이 협조하지 않고 수사기관을 공격하는 것은 책임을 전가하는 공격 행위의 일종이라는 것이네요.

프로파일링, 그리고 검거

김윤희 당시에 분명히 연쇄살인일 것이라고 생각하신 형사분들도 많았을 거예요. 하지만 아시잖아요. 일단 연쇄살인사건이라고 발표되지 않더라도 무언가 이야기가 나오기 시작해서 언론에 공표되고 나면 그때부터는 걷잡을 수 없는 상황이 전개되기 때문에 표현을 하지 않았던 거예요.

김복준 연쇄살인사건이라고 발표되는 그 순간부터 정말 어마어마한 상황이 전개됩니다. 그래서 확실한 물증이 나오기 전까지는 숨기려는 경향이 강하죠.

김윤희 상황이 그렇다 보니, 한쪽에서는 분명 연쇄살인인 것 같다고 생각하는 형사 분들이 있었고 다른 한쪽에서는 '이런 패턴은 없었어.'라고 하면서 연쇄살인일 리가 없다고 생각하는 형사 분들도 있었어요. 프로파일러들의 입장에서는 이 사건을 연쇄살인이라고 생각하고 그때부터 '어떤 패턴이냐?, 범인은 어떤 사람이냐?' 라는 식으로 프로파일링을 진행하고 있었어요. 봉천동 사건이 일어났을 때 이 사건은 연쇄 살인이 분명하고, 강도나 절도의 목적이 아니라 살인 자체를 목적으로 하는 범죄자가 분명하다는 결론을 내린 상태였어요. 그리고 아마 범인이 30대 중반, 또는 후반일 것이라고 생각하고 있었어요.

김복준 이미 그 당시에 나이에 대한 윤곽까지 나온 거예요?

김윤희 네, 전과자일 가능성이 크다는 생각도 했었어요.

김복준 신발과 관련해서 신장을 추정하지는 않았나요?

김윤희 그 부분은 프로파일링이라기보다는 과학수사 쪽에서 키가 대략 어느 정도라고 추정했던 것 같아요.

김복준 족적으로 계산하는 것이기 때문에 과학 수사 쪽이네요.

김윤희 목격자들이 마른 체형이라고 진술했기 때문에 그런 부분이라든지, 아주 자세한 내용은 아니라고 하더라도 어쨌든 범죄자에 대한 형태는 일정 정도까지 그려낼 수 있었어요. 그렇게 수사를 진행하고 있었는데 정남규가 검거 되었어요.

김복준 2006년 4월 22일에 정남규가 검거됩니다. 영등포 신길동에서 살인을 저지르기 위해 침입했다가 오히려 피해자들에게 제압 당해서 검거된 사건이죠. 2006년 4월 22일 04시 40분입니다. 정남규가 작은방에서 자고 있던 아들의 머리를 둔기로 가격했어요. 정남규가 정말 대범해진 것이라고 할 수 있어요. 잠자고 있었다고는 해도 24세의 건강한 청년을 상대로 범행을 저지른 것이잖아요. 둔기로 머리를 1회 가격해서 살해하려고 했는데, 아버지가 옆방에서 자고 있다가 이상한 소리를 듣고 아들이 자고 있는 방으로 와서 정남규를 제압하는 거죠? 작은방에 침입을 해서 금품을 훔칠 목적으로 이곳저곳을 뒤적거렸는데 상품권 만 원 짜리 한 장밖에 없는 것에 화가 난 정남규가 잠자는 24세의 남성을 둔기로 공격을 했어요. 둔기에 맞은 남성이 그대로 쓰러졌더라면 정남규의 범행이 성공했겠지만, 그 남성이 대응을 했던 것 같아요. 정남규하고 옆치락뒤치락 하면서 싸우는데 옆방에 자고 있던 아버지가 합세해서 정남규를 제압합니다.

김윤희 이 피해자 분께서 20대의 젊은 분인데 운동을 했던 것으로 기억하고 있어요. 정남규는 둔기로 가격을 하면 한 번에 기절할 것으로 생각했던 것 같아요. 그런데 이분은 정남규가 계속해서 둔기를 휘두르며 공격했음에도 방어하면서 저항했고, 결국 아버지와 함께 정남규를 잡은 것으로 알고 있어요.

김복준 처음에 둔기에 머리를 맞고도 의식을 잃지 않았던 거예요. 조금 비껴 맞은 것 같아요. 계속 머리를 공격하면서 덤벼들었지만, 손으로 방어하면서 대응을 했기 때문에 소란스러웠던 거죠. 그 소리를 듣고 옆방에서 아버지가 온 것이잖아요.

김윤희 저는 정남규가 점점 대범해지는 것 같다는 느낌이 있었어요. 어느 순간부터는 타깃을 선택하는 것에서도 신중해지고 자기가 원하는, 소위 말하는 자기 취향을 찾았던 것이잖아요. 그러다보니 시간이 지체 되고 범행시간도 점점 새벽 5시, 6시로 늦어졌잖아요. 그런데 범죄 자체가 대범해지면서 정남규는 스스로 살인에 성공했다는 생각에 도취되었던 거예요. 신길동 사건 이전의 사건들에서는 피해자들이 모두 사망했고, 또 피해자의 수도 늘어났는데 자기를 향한 어떤 혐의점도 찾지 못한 상태로 수사가 진행되는 것처럼 보였던 거예요. 그래서 정남규의 범행이 대범해진 거죠. 제가 봤을 때 신길동 사건은 기존에 보였던 정남규의 패턴이 아니에요. 피해자가 남자였잖아요.

김복준 네, 건장한 24세의 청년이었죠.

김윤희 이전의 사건에서 정남규의 공격 대상이 되었던 남자의 경우에는 10대의 어린 학생들이거나 나이가 많은 노인들이었어요. 그것도 그냥 공격하는 것이 아니라 깨어나는 기척을 보였을 때 공격을 했거든요. 그런데 이 사건에서는 그렇지 않아요.

김복준 네, 아주 능동적으로 공격하는 것이잖아요. 만 원짜리 문화상품권 한 장 밖에 없었다는 것 때문에 화가 나서 잠자고 있는 남자를 파이프 렌치로 가격했던 거죠. 아무튼 이리저리 피하고 방어하면서 실랑이가 벌어졌고 결국 아버지가 와서 제압을 하고는 112로 신고를 해서 현행범으로 체포되었던 겁니다. 아버지와 아들이 잡은 정남규를 경찰이 놓칩니다. 저는 경찰이 왜 이렇게 어이없는 잘못을 저지르는지를 모르겠어요. 물론 당시에 아버지와 아들, 두 사람이 제압해 놓은 범인이 희대의 살인마 정남규라는 사실을 몰랐겠지만, 순찰차가 범인을 인수하는 과정에서 놓칩니다. 정말 답답해요. 정남규가 골목길로 도주해 버렸어요. 그래서 몇 시간 동안이나 경찰 수십 명이 출동해서 동네를 수색하는데, 주민의 신고를 통해 건물 옥상에 쪼그리고 있는 정남규를 다시 검거하는 거죠.

김윤희 저는 아직도 이날을 기억하고 있거든요. 사건이 언제 발생할지를 알 수 없기 때문에 항상 비상대기를 하고 있었어요. 그래서 권일용 선배님께서 "너의 시간은 이제 범죄자의 시간이 됐기 때문에 너의 스케줄은 네가 결정하는 것이 아니라 범죄자들이 결정해줄 것이다."라는 말을 자주 하셨어요. 실제로 사건이 발생하면 그냥 무조건 뛰어가야 했기 때문에 치마를 입는다는 것은 생각 자체를 못했어요. 항상 바지 차림에 언제든 빠르게 출동할 수 있도록 신분증을 몸에 지니고 있었어요. 그렇게 해서 현장에 도착해 보면 저희는 현장 팀처럼 대기하고 있다가 출동하는 것이 아니기 때문에 사복 차림이잖아요. 그 상태로 현장에 들어가려고 하면 "기자님, 들어가지 마세요."라고 소리치거든요. 저는 기자 취급을 너무 많이 받아서 신분증과 출입증을 항상 몸에 지니고 다녔어요. 이 사건 때에도 권 선배님이 갑자기 빨리 현장으로 오라는 전화를 하신 거예요. 연쇄살인범을 잡은 것 같다는 거예요. 아직도 기억이 생생한데 제가 그때 강남 고속터미널에 있는 신세계백화점에서 이모와 쇼핑을 하고 있었거든요. 강남 고속터미널에서 영등포까지는 상습적인 정체 구간이잖아요. 범인을 잡았다고 빨리 오라는 연락은 받아서 가야하는데, 주차장에서 차를 어디다 세워뒀는지 기억이 나지 않는 거예요. 제 차를 버려두고 먼저 가야겠다고 말한 다음에 서둘러서 영등포경찰서로 갔어요. 예상대로 길이 엄청나게 막혔어요. 영등포경찰서에 도착했는데 정말로 영등포경찰서에 말 그대로 난리가 난 상황이었어요. 이미 어느 정도 소문이 나 있었기 때문이기도 했지만, 이 사건이 그날 하루 동안의 주요 형사 사건들의 보고서인 주요 사건으로 올라 왔어요. 처음에 이 사건은 살인미수 상해사건으로 올라 왔었어요.

김복준 관할경찰서에서는 당연히 그렇게 정리해서 보고를 했었겠죠.

김윤희 그런데 관할경찰서에서도 뭔가 의심스럽다는 생각을 하고 있었고, 서울경찰청에서도 보고서를 검토했더니, 이 사건의 범인이 살해의 의도를 가지고 둔기를 휘둘렀기 때문에 의심스러운 점이 있다는 생각을 하고 있었던 거예요.

김복준 서울경찰청에서는 각종 서류들을 취합하고 있었을 거예요.

김윤희 당시 상황에서는 둔기에 의한 범죄라거나 침입 범죄처럼 범행수법이 비슷하면 한 번씩은 조사를 할 수밖에 없었잖아요. 영등포경찰서에서도 족적이나 생김새 등의 증거들을 보다 보면 의심스럽다는 것 정도는 알잖아요. 의심스럽다고 판단해서 가택수색을 했는데 아니나 다를까 증거물들이 쏟아져 나온 거예요. 저는 영등포경찰서에 너무 늦게 도착해서 정남규의 집을 수색할 때는 같이 가지 못했어요. 그때 가택 수색에 함께 갔던 분들의 말로는 집에 들어갔을 때 피 냄새가 상당했다고 해요.

김복준 일단 정남규를 검거해 놓은 상태에서 정남규가 의심스러웠기 때문에 집으로 가택수색을 갔던 거네요. 그 집에 갔더니 피 냄새가 났다는 거고요?

김윤희 네, 집에 도착하자마자 사람들이 피비린내를 맡았다고 해요.

김복준 집에서 왜 피비린내가 났을까요?

김윤희 "아마 범죄를 계속 저질렀기 때문에 범행 도구 같은 것에 남아 있었던 것 같다."는 말씀을 하셨어요. 아무리 숨기려고 해도 숨겨지지 않는 피비린내가 있었다는 거예요. 당시에 정남규는 노모와 함께 거주하고 있었는데, 집 청소는 거의 하지 않은 상태였다고 해요. 집에 들어서면 누구나 이상한 냄새가 난다는 것을 바로 알 수 있는 정도였다고 합니다.

김복준 저는 알 것도 같아요.

김윤희 현장에 갔던 사람들 모두가 비릿한 냄새를 느꼈다고 합니다.

김복준 저는 압니다. 피비린내가 날 때의 그 느낌을 알아요.

김윤희 저희는 며칠이나 지났느냐에 따라 피비린내도 다르다고 이야기하거든요. 그때 들어가자마자 느끼셨대요. "어떻게 같이 사는 사람들이 못 느꼈지?"라는 이야기를 하시더라고요. 저희는 이런 범죄자의 패턴으로 봤을 때 범행 도구를⋯⋯.

김복준 집에 두지 않을 것이라고 생각하죠?

김윤희 아니요, 범행도구를 버리지 않았을 것이라고 생각했어요. 자신의 환상을 충족시킬 때 사용했던 물건들은 버리지 않았을 것이라고 생각을 했는데, 실제로 집에 갔더니 범행 도구를 서랍장 아랫부분에 테이프로 붙여 놓았더라는 거예요.

김복준 범행도구를 잘 씻어서 보관해 놨을 것 같아요.

김윤희 네, 잘 씻은 상태에서 보관되어 있었다고 해요.

신문스크랩, 그리고 '살인자의 눈'

김윤희 제가 정남규 사건에 참여해서 가장 많이 했던 일이 자료를 정리하는 것이었는데, 하루는 갑자기 스크랩한 것들과 신문지 한 뭉텅이를 분류하라고 말씀하시는 거예요. 정남규가 자기 사건에 대한 신문 기사를 스크랩해둔 것이었어요.

김복준 자기가 저지른 사건에 대한 기사를 전부 모아놨다는 거죠?

김윤희 네, 자신의 기사와 범죄 심리에 관련된 기사들을 모아둔 것이었어요. 그리고 건강에 대한 관심도 아주 많았던 것 같았어요.

김복준 건강은 아마 본인이 건강해야 뛰어다니면서 계속해서 범행을 할 수 있기 때문에 건강관리가 필요했겠죠.

김윤희 그런데 스크랩한 것과 신문 뭉치를 보면서 느꼈던 것이 있었어요. 정남규는 처음 출소했을 때부터 신문기사를 모아 왔어요. 출소 이후에 범행을 저지르지 않았던 시기에는 본인이 관심을 갖고 있는 내용을 스크랩해요. 기사 내용을 스크랩하고 메모를 해 두기도 했어요. 그런데 정작 범행을 저지르는 시기에는 성의없이 그냥 잘라만 놓거나 신문의 한 면 전체를 모아두는 거예요. 그렇게 하다가 나중에는 신문 전체를 던져 놓아요.

김복준 서서히 변하는 것 같네요.

김윤희 자신이 집중할 수 있는 일, 즉 범죄를 저지르는 행위를 하는 동안에는 스크랩하는데 필요한 에너지를 범죄에 쏟았다고 볼 수도 있는 거죠.

김복준 신문을 오려서 스크랩 하지 않았다는 거네요.

김윤희 한동안은 신문을 찢어놓기라도 하는데 나중에는 신문 전체를 그대로 놓아두는 거죠. 제가 그 자료들을 사진으로 찍으면서 정남규가 관심을 가졌던 부분들을 확인할 수 있었어요. 실제로 DNA나 과학수사 그리고 범죄수사기법에 관심이 많았어요. 그리고 유영철에 관한 기사도 있고, 자신의 범죄와 관련된 기사, 특히 건강이나 의학 관련 기사에도 관심이 있었던 것 같았어요. 신문 기사 중에서 범죄와 관련된 부분은 모두 스크랩되어 있었던 것 같아요. 저는 그것들을 정리하는 것으로도 밤을 샜던 것 같아요. 그때 "나의 모든 생활 패턴들도 범죄자들과 같이 가는구나."라는 것을 정말 절실하게 느꼈던 것 같아요.

김복준 그것은 수사관들의 숙명이에요. 그리고 조금 전에 말씀하신 집에 들어설 때 피비린내가 나는 그 느낌을 저는 정확하게 알 것 같아요. 예전에 동두천에서 살인사건이 발생했어요. 용의자가 근처에 산다는 것은 알겠는데 어느 집이라고 특정할 수가 없어서 탐문을 하고 있었어요. 사람들이 외출을 해서 빈집들도 많이 있고, 사람이 있는 집은 직접 가서 사람들을 만나보고는 다시 옆집에 가서 확인을 하느라고 많은 시간을 보냈어요. 그런데 골목을 따라 가다가 현관문이 열려 있어서 "계세요."라고 소리치면서 중문을 밀쳤더니 순간적으로 훅 하고 피비린내가 나더라고요. 흠칫 뒤로 물러났죠. 안에 범인이 있을 것이라고 생각해서 물러났다가 조심스럽게 직원들을 불러서 집을 포위해 놓고 내부를 살폈더니 사람은 없었어요. 내부에 들어갔더니 범행에 사용했던 톱을 그대로 뒀더라고요. 톱을 씻어서 핏자국은 지웠어요. 그런데 톱을 씻었다고 하더라도 톱날 사이사이까지 정교하게 씻지 않으면 피비린내가 남아있더라고요. 그래서 특유의 비릿하고 기분 나쁜 냄새를 맡게 되었어요. 수사관들이 정남규 집의 집에 갔을 때 그 피비린내가 났다는 것은 충분히 이해할 수 있을 것 같아요. 하루, 또는 이틀을 걸러서 범행을 했고, 피 묻은 범행 도구를 집에서 나름대로 닦았다고 하더라도 그것이 미세하게 배어 있거든요.

김윤희 저는 영등포 경찰서에 있었어요. 그때가 주말이었는데, 과학수사대가 있는 사무실에서 대기하고 있었어요. 그때까지만 해도 저희는 과학수사대 막내들이었기 때문에 범인과의 직접 면담에 투입될 수는 없었고, 진행되는 상황만 지켜보고 있었어요. 권일용 선배님이 정남규와 직접 면담을 하면 그 상황을 기록하거나 지켜보는 정도였는데, 정남규의 첫인상은 아직도 너무 분명하게 기억이 나요. 정말 삐쩍 말랐다는 느낌이었어요. 몸무게만 보면 정상적인 체격일 것이라고 생각할 수도 있지만, 제가 생각했을 때에는 근육질의 몸매였기 때문에 보기와 달리 몸무게가 많이 나갔을 것 같아요. 아주 마른 체형이었고, 머리 앞부분은 대머리 형태였어요. 옆 머리는 제법 길었어요. 외모를 비하하지 말라고 많은 댓글을 남기셨지만, 한 번만 더 하겠습니다. 정남규는 제가 봤을 때 "저 사람이 왜 그런 범죄를 저지를 수밖에 없었나?"라는 의문에 대한 답이 외모에서 드러나는 것 같았어요. 그리고 프로파일링을 할 때에는 외모적인 특징이 중요한 요소가 되는 경우도 많아요. 사회적 활동과 관련이 있기 때문이거든요. 정남규와 달리 강호순이나 유영철의 경우에는 얼굴만 보면 어느 정도 호감이 가는 인상이에요.

김복준 강호순이나 유영철은 정말 나쁜 놈들이지만, 솔직히 말해서 강호순은 정말 잘 생겼어요.

김윤희 네, 그렇죠. 아무튼 프로파일링을 할 때는 외모 부분이 중요해요. 강호순이나 유영철은 호감이 가는 인상이고, 말을 할 때에도 아주 여유롭게 말을 해요. 본인들이 여성을 대할 때 자기가 가진 매력을 발산하는 부분에 있어서 자신감이 분명히 있는 사람이에요. 얼굴이나 전체적인 외모 등의 신체적 특징이 이런 사회적인 부분들과 관련을 갖기 때문에 프로파일링을 할 때에는 실제로 상당히 도움이 되거든요. 그런 의미에서 정남규의 외모는 상당히 특징적이라고 할 수 있을 것 같아요.

김복준 강호순의 경우에는 피해자들의 대부분이 '호의동승'이었거든요. "아가씨, 같은 방향이면 태워 드릴게요. 타세요."라고 해서 부담 없이 탔다가 사고를 당한 케이스가 거의 전부예요. 가족 사진이나 개를 안고 있는 사진, 그리고 고급 승용차에 번듯하게 잘 생긴 강호순을 순간적으로 보면 상당히 괜찮다는 생각이 들 수 있어요. 강호순은 피해자를 유인하는 것이 가능한 반면에 정남규는 피해자를 유인하는 것이 불가능한데 이유가 외모 때문이라는 거죠.

김윤희 정남규는 어깨가 안으로 말려 있어서 움츠러든 사람으로 보였어요. 일반적으로 피해자를 향해 폭력을 행사하는 범죄자들은 정남규와 같은 체형을 가지고 있지 않잖아요? 그런데 정남규의 말려져 있는 어깨를 보면서 위축된 생활 습관을 가지고 있었다는 것이 확실하게 보였어요. 그리고 정말 순간적으로 '가까이 가고 싶지 않다.'라는 것이 느껴졌어요.

김복준 쉽게 이야기해서 불쾌한 느낌을 주는 사람이었네요. 그렇죠?

김윤희 교수님 표현이 제일 정확한 것 같아요. 정말로 부정적인 에너지, 다크하고 음침한 에너지를 내뿜는 사람이었어요.

김복준 저도 충분히 공감이 됩니다.

김윤희 강호순이나 유영철은 어쨌든 사회생활을 했던 사람들이어서 옷차림새 자체도 나쁘지 않았어요. 그에 비해 정남규는 정말로 초라했어요. 항상 똑같은 옷을 입었기 때문이겠지만, 정말 꾀죄죄해 보였고 궁상스럽다는 느낌이 들었어요. 전체적인 외모나 생김새는 물론 옷차림까지 더해져서 첫인상이 '정말 뭐지?'라는 느낌이었어요. 아직도 기억에 남는 것은 그 상황에서도 눈이 번뜩거렸다는 거예요.

김복준 그런 눈이 살인자의 눈이에요.

김윤희 어깨나 몸짓은 상당히 위축되어 있는 것처럼 보이는데 눈에서는 '살기' 같은 것이 있었어요. 살기를 뿜어내는 눈빛은 숨기려고 해도 숨겨지지 않는 것 같았어요. 살기는 범죄현장에서나 드러난다고 하지만, 그렇지 않았어요. 사람과 대화를 할 때에도 순간순간 살기를 드러냈는데 저는 아직까지도 그 살기가 느껴져요. 정남규 사건을 오랜 시간 동안 프로파일링을 했지만 제가 정남규를 직접 면담하지는 못했어요. 기록하고 녹음하고 자료를 정리한 정도였어요.

김복준 그것도 면담이고 프로파일링인 거예요.

김윤희 녹음했던 내용을 타이핑하고 정리하는 일을 했는데, 정남규는 제가 목격했던 최초의 연쇄살인범이었어요. 면담하는 사람들만큼 기록하고 정리하는 사람들도 범인에 대한 분석을 많이 하거든요. 저는 정남규 사건에서 피의자 심문 조서를 하나하나 정리하면서 그 과정에서 나온 내용을 일대기로 정리했어요.

정남규의 마지막 선택, 이유는 무엇일까?

김윤희 그리고 "정남규가 왜 자살했을까?"와 관련된 생각들은 사람마다 다를 수 있거든요. 제가 정남규에 대한 일대기를 정리했다고 말씀 드렸는데, 이 사람이 왜 그렇게 범행을 저지를 수밖에 없었는지에, 그리고 범행 패턴들을 유지하면서 자신의 어떤 부분을 충족시켰는지에 대해서도 말씀 드리겠습니다. 그리고 정남규가 어떤 검사를 했고 범죄학자들이나 심리학자들은 정남규를 어떻게 평가하는지와 해외에서는 어떻게 바라보는지에 대해서도 정리하도록 하겠습니다.

김복준 정남규는 죽었어요. 교도소에서 자살을 했습니다. 그럼, 정남규가 자살한 내용을 살펴볼까요?

김윤희 정남규는 2007년 4월에 대법원에서 사형에 대한 확정판결을 받았습니다.

김복준 네, 확정판결을 받고 수감 중이었는데 2009년 11월 21일 06시 35분 3.3m²의 독방에서 분리수거용 쓰레기봉투와 TV 받침대로 사용하는 비닐로 대략 1m정도 되는 끈을 만들어서 자살을 시도했어요. 야간에 순찰을 하던 교도관이 발견을 했어요. 응급심폐소생술을 실시하고 외부에 있는 병원으로 옮겼다고 나와 있으니까 그때까지 살아있었다는 거예요. 병원으로 옮겨서 상태가 호전되고 있던 중에, 다음날인 11월 22일 00시 50분경에 갑자기 상태가 악화되었고 02시 35분경에 사망합니다. 빈소에는 누나만 왔었고, 유언은 없었다고 합니다. 정남규가 극단적인 선택을 한 것에 대해서는 여러 가지 이야기가 있어요.

김윤희 법무부가 이와 관련해서 공식 입장을 냈는데, 유서는 발견되지 않았다고 밝혔습니다. 정남규의 메모에 "현재 사형을 폐지할 생각은 없다고 한다. 요즘 사형 제도에 대한 문제가 다시……. 덧없이 왔다가 떠나는 인생은 구름 같은 것."이라는 이야기가 쓰여 있었다고 합니다. 정남규의 메모 때문에 나중에 학자들 사이에서 여러 가지 이야기가 나오게 됩니다. 아무튼 정남규의 자살에 대해 법무부는 "최근 사형 관련 내용이 언론에서 보도되고 사회적 이슈가 되면서 사형제도 존폐 및 집행 여부에 대한 불안감과 자책감으로 자살을 기도한 것으로 추정하고 있다."라고 공식 입장을 발표했습니다.

김복준 실제로 2007년은 유영철과 정남규, 그리고 정성현의 안양초등학생 납치 살해사건이 발생했던 시기였어요. 이 사건들이 한꺼번에 발생했기 때문에 법무부에서는 이 세 사람이 포함된 사형집행을 추진하려고 했습니다. 그런데 청와대의 반대로 단념했다고 합니다. 이에 관한 정보들이 정남규에게도 전달됐던 것 같아요. 당시에는 사형을 집행해야 한다는 여론이 팽배했었거든요. 정남규도 언론을 접하잖아요. 교도소에서 24시간 내내 TV가 나오지는 않지만, 교양프로 같은 것은 제한적으로 시청할 수 있습니다. 아마도 자신과 관련된 뉴스도 봤을 거예요. 언론에서 계속해서 사형이 언급되고 있었거든요. 사형수가 가장 두려워하는 것은 어느 날 새벽에 갑자기 철장 열리면서 "0000번 나와."라는 소리를 듣게 될지도 모른다는 것이라고 해요. 그래서 사형수들은 항상 불안감 속에서 살아간다고 하거든요. 그들의 입장에서는 엄청난 고통이겠죠. 저는 정남규가 사형에 대한 두려움 때문에 극단적인 선택을 했을 수도 있다고 봐요.

김윤희 범죄 심리를 연구하는 분들 중에서는 "남을 죽일 수 없었기 때문에 본인을 죽였다."라고 말씀하신 분도 있었어요. 연쇄살인의 끝이 자기 자신이었다는 거죠. 물론 사형에 대한 압박 때문에 죽었다고 말씀하시는 분들도 많았던 것 같아요. 이때 아주 흥미로운 이야기가 나왔어요. 이것을 흥미로운 이야기라고 하는 것이 옳은지는 모르겠지만, 저 같은 사람들에게는 흥미로운 이야기였어요. 일반적으로 사이코패스는 자살하지 않거든요. 그런데 정남규가 자살을 하면서 "과연 정남규가 사이코패스였을까?"라는 문제를 둘러싸고 사이코패스에 대한 논란이 일어나기 시작했어요. 결과적으로는 정남규의 자살로 인해 사이코패스를 규정하는 것에 대한 논란이 일어나기 시작했습니다. 실제로 경찰대 박정선 교수님께서 "정말로 정남규는 사이코패스인가? 그렇다면 정남규는 왜 이론과 달리 자살했을까?"에 대해 "실제로 사이코패스는 존재하지 않는다. PCL-R^{Psychopathy CheckList-Revised}(사이코패스 테스트) 20문항을 통해서 우리가 어떻게 사이코패스라는 것을 규정할 수 있겠느냐. 실제로 이것이 학계에서 유행하는 부분일 뿐이고, 사이코패스라는 개념에 대해서 인정하지 않는 것도 주요한 흐름이다."라는 의견을 제시했습니다. 그리고 형사정책연구원의 박현미 박사님은 실제로 정남규를 만났었거든요. 그분도 "실체도 없이 한때 유행처럼 번져나간 단어일 뿐이다. 여러 유형의 범죄를 하나의 단어로 규정하는 것 자체가 굉장히 위험한 행위이고, 정남규 같은 악질 연쇄범죄자의 행위를 정당화시켜 주는 근거로 이용될 위험성이 있다. 그리고 정남규가 자살을 했기 때문에 사이코패스에 대한 개념 자체가 잘못됐다는 것임을 인정해야 할 것이다."라는 이야기를 했었어요.

김복준 저도 개인적으로 PCL-R 검사 자체를 신뢰하는 편은 아닙니다. 우선 가장 기본적인 것은 PCL-R 검사가 20문항으로 되어 있고,

---

PCL-R^{Psychopathy CheckList-Revised}, 사이코패스 테스트 _____

캐나다의 범죄 심리학자 로버트 헤어(Robert D. Hare) 박사가 개발한 사이코패스 테스트로 20개의 문항에 40점 만점의 검사이다. 임상심리전문가가 피의자를 면담하여 기록하며, 25점 이상이면 사이코패스라고 한다. 사이코패스가 아니더라도 범죄자가 될 수 있고, 사이코패스라도 범죄를 저지르지 않을 수 있다.

한 문제에 2점씩 해서 40점이 만점이죠. 저는 20문항으로 어떤 사람의 성향을 단번에 평가한다는 것 자체가 말이 안 되는 것이라고 생각해요. 그리고 그것을 만들고 적용한 사람들이 서구쪽 사람들이에요. 문화적 차이나 정서 같은 것은 민족과 지역에 따라서 다르거든요. 사이코패스 이론을 그대로 수입해서 우리의 현실에 접목하고 맞추기에는 이질적이기도 하고 우리와 맞지 않는 요소들도 굉장히 많거든요. 그래서 우리만의 PCL-R 검사를 만들어야 해요.

김윤희 PCL-R 검사는 자신이 스스로 평가하는 20문항은 아니에요. 전문가로서 자격증을 가진 사람이 거의 3시간에서 4시간 동안 면담을 하면서 체크하게 되거든요. 실제로 교수님께서 말씀하신 것처럼 PCL-R 20문항은 외국에서 만들어졌기 때문에 한국 문화에 맞지 않는 부분이 있어서 이수정 교수님이나 조은경 교수님께서 한국판 PCL-R 검사 문항을 만들었어요.

김복준 한림대에 계시는 조은경 교수님께서 제일 먼저 만들었죠.

김윤희 그런데 이렇게 만들어진 한국판 PCL-R 검사 문항 역시 고쳤다고 하더라도 그것이 만들어진 문화 자체가 다르다는 거죠. 그리고 우리나라 연쇄살인범들은 실제로 사이코패스 개념에 부합하지 않다는 거예요. 우리나라 연쇄살인범들의 대부분은 불우한 환경에서 성장했고, 집단에서 소외되어 있었는데 이런 사회적인 환경이 연쇄살인범들에게 결정적인 영향을 미쳤다고 이야기하는 분들도 있거든요. 집단적인 생활을 중시하는 한국 사회와 개인적인 생활을 중시하는 미국 사회에서 동일하게 적용할 수 없는 부분이 있다는 시각이 대표적인데, 실제로 PCL-R 검사에 대한 비판이 많이 일어나고 있어요. 그런데 제가 알 수 없는 사실이 하나 있는데, 정남규의 PCL-R 검사를 저는 하지 않았어요. 아마 한 적이 없을 거예요. 언론에 보도된 자료를 찾아보면 29점이라는 말도 있고, 32점이라는 말도 있어요.

김복준 공식적으로 정남규는 PCL-R 검사를 하지 않았습니다. 그런데 29점, 32점이라는 말이 나오는 것은 가짜뉴스예요.

김윤희 기자 분들도 팩트 체크를 할 필요가 있어요. 교수님께서 말씀하신 것처럼 정남규의 사이코패스 테스트나 PCL-R 검사 결과는 실제로 존재하지 않습니다. 최근에 『대화의 희열』이라는 프로그램에서 이수정 교수님께 패널과 진행자 분이 여러 가지 질문을 하셨어요. "도대체 가장 기억에 남는 범죄자는 누구냐?"라고 물었을 때 이수정 교수님께서 제일 먼저 선택했던 사람이 정남규였어요. "눈빛조차도 달랐다."고 말씀을 하셔서 정남규가 다시 기사화 됐던 것 같아요.

김복준 이수정 교수님의 경우에는 경찰조사 단계에서 정남규를 만나신 것이 아니에요. 경찰에서 서울 남부지검으로 송치를 했거든요. 남부지검 쪽에서 요청해서 정남규를 만났던 것 같아요. 이수정 교수 앞에서 정남규가 "나는 유영철 보다 많이 죽이는 것이 목표였다."는 이야기를 했다는 거예요. 이수정 교수님께서 특히 인상적으로 생각했던 것은 정남규가 자신의 취미에 대해 "나는 시간 날 때마다 운동장에서 달리기를 한다. 경찰이 쫓아오면 도망가야 하기 때문에 체력 관리를 열심히 한다. 그리고 집에 철봉 같은 것도 설치해 놓았고, 그밖에 악력을 기르는 운동도 열심히 했다."는 부분이에요. 이수정 교수님께서 느낀 정남규는 답변 자체가 전혀 사회적이지 않았다는 거예요.

김윤희 프로파일러인 권일용 선배님은 인터뷰에서 "정남규는 정말 악인이었다. 죄책감도 전혀 없었고, 검거된 후에는 계속해서 사람을 죽이지 못하는 것을 괴로워할 뿐이었다. 유영철도 그 정도는 아니었다."라고 말했어요. 권 선배님은 유영철, 정남규, 강호순까지 모두 면담을 했거든요. 많은 범죄자들을 면담을 했지만 그 중에서 최고의 악인으로 정남규를 꼽았거든요.

김복준 학자들 중에는 "정남규는 담배는 끊어도 살인은 못 끊었던 사람이다. 본인은 살인에 중독되어 있었는데 밖으로 나가서 사람을 죽일 수 없었기 때문에 자신의 살인욕구를 충족시키기 위해 마지막으로 자기 자신을 죽이는 것으로 삶을 정리했다."라고 해석을 하는 분도 있었어요.

김윤희 "왜 이런 이야기들이 나왔을까?"를 추측해 보면, 범죄 심리에서는 공격성이라는 것에 대해 '타인을 향한 공격성의 에너지'와 '자신을 향한 공격성의 에너지'에 대해 이야기하는 부분이 있거든요. 공격성이라는 에너지는 굉장히 강력하기 때문에 통제하지 못할 때에는 타살로 이어지는 경우도 있고, 타인을 향하지 못할 때에는 자살로 이어진다는 것입니다. 물론 이 이야기는 이론적인 것이고 타인을 죽이지 못해서 자살한 측면도 있겠죠. 하지만, 제가 옆에서 지켜보고 제가 분석했던 정남규는 타인을 죽이지 못해서 자살했다기보다는 삶의 모든 의미가 사라졌기 때문에 자살했던 것 같아요. 해석은 다양하게 할 수 있는 것이잖아요. 정남규에게는 사형에 대한 두려움도 분명히 있었 겠지만, 그것 때문이라기 보다는 오히려 인생이 재미없어졌다 는 것이 자살을 하게 된 가장 중요한 요인인 것 같아요.

김복준 모든 것이 끝났잖아요. 자기가 할 수 있는 일이 아무것도 없었 기 때문에 자살을 했다는 것도 설득력 있게 들립니다.

김윤희 저는 정남규의 메모에서 사형제도에 관한 이야기보다는 "덧없 이 왔다가 떠나는 인생이 구름 같다."고 이야기했던 부분에 관 심이 가더라고요. 정남규 자신은 그렇게 표현할 수 있겠죠. 피 해자의 인생을 그렇게 만들어 놨잖아요. 정남규 자신에게 사람 을 죽일 수 없다는 것은 삶의 의미가 없는 거예요. 인생이 끝이 라는 거죠. 저는 아직도 기억이 나요. 면담 기록을 살펴보면 일 상적인 대화는 거의 진행할 수가 없을 정도로 횡설수설했어요. 질문도 이해하지 못했고 답변도 제대로 못했어요. 그런데 범죄 와 관련된 이야기가 나왔을 때에는 눈빛이 달라지면서 주도권 을 쥐고 대화를 이끌어 갔어요. 태어나서 그때까지 자신의 위 치에서 무언가를 주도할 수 있었던 것은 범죄밖에 없었던 거 죠. 그것이 말이든 행동이든 마찬가지였던 거예요. 교도소에서 는 그것을 할 수가 없는 거예요. 외로워도 슬퍼도 살인을 할 수 있었고 범죄를 저지를 수 있었어요. 제가 여러 번 말씀드렸잖 아요. 정남규는 살인만 저지르고 다닌 것이 아니에요. 절도, 강 간, 성추행 등 밤마다 정처 없이 돌아다니면서 끊임없이 타깃 을 물색하고 누군가를 공격했어요. 한 마디로 하이에나예요. 그런데 그 일을 할 수가 없어요. 독방이었잖아요. 독방에서는 환상으로, 즉 자신의 상상 속에서 살인과 범죄를 저지를 수 있었지만 유통기한이 끝나버린 거예요.

김복준 그곳에서 거의 2년 동안 되새겼겠죠.

김윤희 그것이 끝나고 나서부터는 공격성이 자신을 향했다고 받아들일 수도 있는데, 저는 그냥 삶의 의미가 없어져버렸다고 생각하는 거예요. 인생에서 모든 재미가 사라졌기 때문에 그냥 죽어버린 것이라고 생각해요.

김복준 표창원 교수님처럼 더 이상 사람을 죽일 수 없기 때문에 최종적으로 자기 자신을 살해했다는 시각으로 볼 수도 있고, 김윤희 프로파일러처럼 더 이상 할 수 있는 일이 없기 때문에 삶의 재미도 의미도 찾을 수 없는 무기력한 상태에서 자살을 했다는 시각으로 볼 수도 있는 거죠. 그리고 사형수인 정남규가 본인은 그렇게 많은 사람들을 살해했음에도 불구하고 자기 자신이 죽어가는 것에 대한 두려움 때문에 자살했다는 시각으로 볼 수도 있어요. 판단은 각자의 몫이라고 생각해요.

'악마의 미소', 그리고 살인에 대해 경쟁심

김윤희 범죄자를 면담하다 보면 한 가지 요인만으로도 어떤 행위가 이루지기도 하지만, 굉장히 복합적인 요인들이 한꺼번에 작용을 하는 경우들이 많아요. 다만 그 복합적인 요인들 중에 주된 요인이라고 할 수 있는 어떤 것이 있기는 해요. 우리도 마음을 움직이는 요인이 하나만 있는 것은 아니잖아요. 물론 다른 이유도 있어요. 본인의 마음을 본인이 모를 수도 있어요. "범죄자들을 그렇게 많이 면담하는데 왜 범인들의 심리에 대해서 정확하게 이야기하지 못하나요?"라고 묻는 분들이 있는데, 정말 본인들도 모르거든요. 자기가 그 상황에서 무슨 행동을 했는지, 왜 그렇게 행동했는지, 그리고 도주는 어떻게 했는지에 대해서 기억이 나지 않는다고 이야기해요. 이것은 범죄자들이 당시에 심신 상실 또는 심신 미약의 상태였다고 주장하는 것이 아니라, 본인들이 저지른 사건의 많은 부분들을 본인들이 설명하지 못하는 거예요. 사회성이 높은 범죄자들의 경우는 설명이 가능하지만, 사회성이 부족한 범죄자들의 경우에는 대답을 못하는 부분들이 상당히 많아요. 정남규의 경우에도 많은 부분이 미스터리로 남아있는 이유는 본인이 설명하지 못하는 부분이 있고 그 부분을 우리의 추정으로 대체했기 때문일 거예요.

김복준 납득할 수 있게 설명할 수 없는 인간이기 때문이겠죠.

김윤희 네. 그런 부분도 많았어요. 저희도 항상 클리어해서 완벽하게 답하고 싶죠. 하지만 그것이 불가능하기 때문에 추정을 하는 거예요. 어쩌면 이것이 범죄 심리를 연구하는 사람들이 존재하는 이유라고 생각되기도 해요. 실제로 정남규에 대해서 아무 말도 하지 않은 연구자는 거의 없어요. 그리고 그 대부분의 연구자들은 정남규의 눈빛이나 사회적이지 못한 태도와 성격, 그리고 정말 '악질'이었다는 의견을 공통적으로 제시했어요.

김복준 현장 검증할 때에도 본인에게 무엇인가를 던진 주민을 쳐다봤을 때의 눈빛이 섬뜩했다고 해요. 아마 살인범을 직접 만나본 경험이 없으셔서 잘 모르시겠지만, 살인범의 눈빛이 있어요. 제가 논리적으로 설명하거나 표현하는 것은 불가능하지만, 어떤 사람 눈을 쳐다보면서 본능적으로 '살인자의 눈빛이라는 것이 이런 것이구나.'라고 느낀 적이 여러 번 있었거든요. 단 한 사람만 죽인 살인범의 눈빛에서도 저는 그것을 느꼈거든요. 그런데 정남규의 경우에는 13명을 죽였고, 20명을 거의 죽음 직전까지 몰고 갔던 사람입니다. 그런 사람의 눈빛이 정상적이기를 기대하는 것은 무리가 있죠.

김윤희 유영철도 현장 검증에서는 고개를 들지 않았어요. 그런데 정남규 같은 경우에는 현장 검증에서 취재진을 향해 소리를 질렀고, 사람들이 무엇인가를 던지면 노려봤다고 해요. 그리고 취재진이 질문을 하면 살짝 웃기도 했다고 합니다.

김복준 그렇게 웃었던 것 때문에 당시에 '악마의 미소'라는 이야기가 나왔던 것이죠. 정남규는 지난 시간에도 잠깐 설명을 했지만 식단관리까지 했잖아요. 본인이 건강해야 범행을 할 수 있다고 생각했기 때문이에요. 그래서 장기적으로 계획을 짜서 식단관리를 하고 운동도 열심히 했어요. 그리고 깜짝 놀랄 만큼 많은 학습을 했더라고요. 《수사 연구지》라고 하는 잡지가 있는데, 거의 경찰관들만 구독하는 잡지예요. 그 《수사 연구지》가 수십 권 발견됐다고 하는데 맞죠?

김윤희 네, 《수사 연구지》 수십 권이 있었어요.

김복준 그리고 『CSI 과학수사대』라는 시리즈를 모두 시청했다고 하는데, 실제로 맞는지는 잘 모르겠습니다.

김윤희 그런데《수사 연구지》는 저도 구하기가 쉽지 않았거든요. 도대체 그 책을 어떻게 알고 구했는지도 의문이에요.

김복준 오래된 잡지예요. 요즘에도《수사 연구지》가 발간되고 있지만, 정남규 같은 범죄자가 그 책을 구해서 읽었다는 것은 정말 어이가 없는 일인 거죠.

김윤희 저희가 정남규의 심리 검사를 했어요. 실제로 심리 검사를 했는데, 웩슬러 검사WBIS라고 하는 일종의 지능검사인데요. 지능이 높다거나 낮다는 문제가 아니라 사회성과 관련된 부분이 많이 반영되기 때문에 실시했던 거예요. 전체 지수는 평균보다 조금 낮은 93이 나왔어요. 그런데 이 검사는 우리가 초등학교나 중학교에서 보는 지필 검사보다는 조금 낮게 나오거든요. 평균적으로는 100전후가 나오지만, 일반적으로 90에서 100, 또는 110의 사이에 있으면 평균이라고 해요. 그리고 세부적으로는 언어성 지능은 99인 것에 비해, 동작성 지능은 87이었어요. 우리가 생각하는 정남규의 이미지는 굉장히 날렵하고 신속하게 행동하는 것이잖아요.

김복준 그러면 동작이 굉장히 굼뜨다는 것이네요.

김윤희 네, 느릿느릿하게 움직여요. 행동하거나 판단해야 할 때 굉장히

웩슬러 검사WBIS, 웩슬러-벨레뷰 지능검사 [아동미술 용어사전]

'웩슬러-벨레뷰 지능 검사'에는 두 가지 종류의 검사가 있다. 하나는 처음에 제작했던 〈성인용 지능 검사(WAIS: Wechsler-Bellevue Adult Intelligence Scale)〉와 다음에 제작했던 〈아동용 지능 검사(WISC: Wechsler Intelligence Scale for Children)〉이다. 이 지능 검사는 현재에도 〈스탠퍼드-비네 지능 검사〉와 함께 진단적 지능 검사로서 세계에서 널리 사용되고 있는 검사의 일종이다.

느릿느릿해요. 무엇을 어떻게 해야 하는지를 잘 몰라요. 일반적으로 자기가 생각했을 때, 이 정도 공부를 하면 학습능력에 대한 평가도 그에 비례해서 나오는 사람이 있잖아요. 하지만, 정남규는 그렇지 않았던 거죠. 예를 들어, 대략 100정도를 공부했을 때 외부적으로 드러나는 평가는 70에도 미치지 못하고 60정도밖에 되지 않았던 거예요.

김복준 스스로가 그 사실을 알았기 때문에 노력했던 것이네요.

김윤희 네, 본인이 노력했던 부분도 있었어요. 그리고 다른 한편으로는 본인이 생각했을 때, 이 만큼의 노력을 기울였기 때문에 자신의 수준이 이 정도라고는 될 것이라고 생각했는데 정작 행동으로 드러나는 것은 50이나 60 정도밖에 되지 않았던 거예요. 주변 사람들에게 무시당하고 스스로도 좌절을 하게 되는 거예요. 이런 패턴이 반복되었기 때문에 불안하고 스트레스도 많고, 자신이 어떤 행동을 할 때에는 항상 조심스럽고 사람들에게 비판을 받는 것은 아닐까라는 것을 생각하기 때문에 긴장하는 거죠. 이 웩슬러 검사에서도 많이 드러났어요. 그리고 로르샤흐 검사Rorschach Test라고 해서 추상적인 그림을 보여주고, 그 그림

로르샤흐 검사Rorschach Test [검사시술 백과]

로르샤흐 검사는 심리상태를 파악하는 검사 중 하나로, 스위스의 정신의학자인 헤르만 로르샤흐가 개발하여 로르샤흐검사라고 불립니다. 검사는 먼저 종이 위에 잉크 방울을 떨어뜨리고 종이를 반으로 접은 후 생긴 모양 10매를 피험자에게 보여준 뒤, 그림이 무엇처럼 보이는지, 무슨 생각이 나는지 등을 자유롭게 이야기하면서 피험자의 심리 상태를 파악합니다. 종이에 그려진 잉크반점이 모호한 자극으로 작용하여 개인이 인지하지 못하는 성격의 여러 측면을 드러낼 수 있도록 만들어진 검사법입니다. 자극에 의해 일어나는 지각반응을 분석하여 개인의 인격 성향을 추론하는 진단검사로, 불안·긴장·갈등을 측정하여 주로 개인의 성격구조를 밝히는데 이용됩니다.

에 대해서 어떻게 설명하는지를 보는 검사예요. 정남규의 경우
에는 그림에서 악마를 많이 봤어요. 이것의 의미는 다른 사람
들을 악마, 즉 자신을 공격하는 대상으로 보는 거예요.

김복준 일종의 피해망상이네요.

김윤희 네, 편집증적 성향이 많이 나타났어요. 실제로 정남규는 "나는
한 번도 강간에 성공하지 못했는데, 왜 내가 성폭행범이냐?"라
고 항변했어요. 자신이 가해자라는 생각은 없고 항상 "나는 피
해자야. 나는 제대로 하지도 못했어. 언제나 당하기만 했어."라
는 식의 생각을 반복적으로 하고 살았던 거죠.

김복준 그런데 권일용 팀장의 사진이 나와 있는 월간지를 스크랩 해놨
었다고 하던데, 그것은 맞죠?

김윤희 네, 권 선배님이 팔짱을 끼고 전면에 얼굴이 나와 있는 사진과
CSI 증거 분석기록이나 기법 같은 것들이 스크랩되어 있어요.
자기가 원하는 기사를 오려서 신문 위에 다시 붙여놓는 경우도
있고, 그렇지 않으면 신문을 뭉텅이로 쌓아 놓은 경우도 있었
는데, 자기만의 스크랩 방법들이 있는 것 같았어요.

김복준 권일용 팀장의 얼굴만 나왔기 때문에 그나마 다행이지 김윤희
프로파일러의 얼굴이 스크랩되어 있었으면 섬뜩했겠어요.

김윤희 실제로 섬뜩했을 것 같은데, 경찰이 되고 2개월인가 3개월 만
에 정남규가 검거되었기 때문에 다행히 제 얼굴은 스크랩되어
있지 않았던 거죠.

김복준 월간지에 김윤희 프로파일러의 이름이 올라가기 전이라서 정
남규가 권일용 팀장의 사진만 스크랩했던 것 같은데 권일용 팀

장도 찜찜했을 거예요. 저도 경험이 있거든요. 아마 제가 강도 혐의로 구속시켰던 사람이었는데, 제 사진을 넣고 다녔어요. 재차 범행을 해서 우리 직원들이 검거했는데, 소지품 검사에서 제 사진이 나온 거예요. 꼬깃꼬깃 접은 사진을 수첩에 넣고 다녔더라고요. 이유가 뭐겠어요. "당신 언제 한 번 두고 보자."는 이야기 아니겠어요. 그래서 기분이 더러웠던 기억이 있는데 권일용 팀장도 아마 저와 똑같은 기분이었겠죠.

김윤희 권 선배님은 본인 사진이 나온 압수수색 현장에 있었어요.

김복준 기분이 좋을 수가 없어요. 피비린내 나는 장소에서 자기의 얼굴 사진이 나왔는데 얼마나 불편했겠어요. 이것과는 동떨어진 이야기고 실제로 그랬는지에 대해서는 알 수 없지만, 과거에 제가 오후 두 세 시만 되면 그렇게 머리가 아팠어요. 편두통으로 몇 달 동안 고생하고 있었는데, 제가 구속시켰던 사람이 출소한 기념으로 저를 찾아왔어요. 출소하면 '학교' 잘 갔다 왔다고 찾아와서 인사를 하는 사람들이 있어요. 자기를 구속시켰던 형사를 찾아오는 것은 "저 용돈이라도 좀 주세요."라는 의미거든요. 그렇게 찾아오면 담당 형사가 집에 갈 때 필요한 교통비와 집에 과일이라도 한 바구니 사서 들어가라는 의미에서 약간의 돈을 주거든요. 설렁탕 한 그릇을 사 주면서 과일 한 바구니와 교통비로 사용할 정도의 돈을 주고 "잘 해라."라고 하면서 일어서는데 할 말이 있다는 거예요. 그래서 이야기를 들었더니 제가 구속시켰던 파렴치한 깡패와 같은 방에 있었다고 작업도 같이 다녔다는 거예요. 그래서 뭐냐고 물었더니, 그 깡패가 작업장에다 내 얼굴을 그려서 '김복준'이라고 이름을 써 놓고는 2m 정도 떨어져서는 얼굴을 한 번씩 찍는다는 거예요. 내 얼굴을 찍고는 재소자들에게도 한 번씩 찍고 들어가서 작업하라고 한다는 거예요. 아무튼 그 이야기를 듣는데 어느 순간부터 몇 달 동안 편두통 앓는 것이 교도소에서 내 얼굴을 찍어서 그런 것이 아닌가 라는 생각이 드는 거예요. 정말로 열 받더라고요. 그래서 제가 그 사람을 결국 한 바퀴 더 돌렸어요. 한 바퀴 더 돌렸다는 것이 무슨 의미인지 알죠?

김윤희 다시 '학교'로 보내신 거죠.

김복준 제가 두 개의 사건을 묶어서 그 사람을 구속시켰는데, 열심히 노력해서 나머지 몇 건의 사건을 더 찾았어요. 출소하기 직전에 교도소 내에서 조사하고 다시 기소해서 교도소에 주저앉히는 것을 두고 형사들이 한 바퀴 돌린다고 하거든요. 제가 면회 가서 조서를 받으면서 "내가 두 세 시만 되면 머리가 아파서 몇 달 동안이나 앓았다. 왜 그런 것 같냐?"고 물어봤더니, "아, 정말 저에게 왜 이러세요."라고 하더라고요. "내가 몇 달 동안이나 머리가 아픈데 그 시간에 네가 교도소에서 작업하는 틈틈이 내 얼굴을 그려놓고 찍고 있다고 해서 물어본 거야."라고 했더니 얼굴이 노래지더라고요.

김윤희 사극에서 장희빈이 하는 것처럼…….

김복준 그래서 제가 "만약에 내가 두통이 낫지 않으면, 너 출소하기 전에 한 번 더 올지도 몰라."라고 했더니 무릎 꿇고 빌더라고요.

김윤희 실제로 나올 때가 되면 다시 들여보내고, 또 나올 때가 되면 다시 들여보내면 정말 힘들 것 같아요. 제소자들은 출소할 날만 손꼽아 기다리거든요. 남자 분들은 군대와 비슷하다고 생각하시면 이해가 쉬울 것 같아요. 군대를 나오려고 하는데 다시 입대시키고, 또 나오려고 하면 다시 입대시키는 거예요.

김복준 그것을 형사들이 한 바퀴 돌린다, 두 바퀴 돌린다고 합니다. 얼굴 스크랩 이야기하다가 갑자기 옛날이야기를 했네요. 정남규는 앞에서도 잠깐 이야기했지만, 족적을 남기지 않기 위해서 신발 밑창을 도려냈어요. 그리고 마스크, 안경, 장갑, 콘돔 등을 미리 준비해서 가지고 다녔고요. 미리 준비했던 흉기들도 충분히 설명 드렸습니다. 미끄러지지 않게 하고, 지문을 남기지 않으려고 항상 장갑을 착용했어요.

김윤희 콘돔과 관련해서는 이야기하지 못한 부분이 있었어요. 방송에서 범행수법을 이야기할 때마다 불편한 이유 중의 하나가 실제로 면담했을 때 "당신은 이런 것을 어디서 배웠어요?"라고 물으면 대체적인 답변이 방송에서 봤다는 거예요. 그래서 범행수법을 방송에서 말할 때면 꺼려지는 부분도 있어요.

김복준 방송에서 봤다고 해서 그것을 흉내를 내지도 않고, 범행수법을 알고 있다고 해서 모두가 범죄자가 되는 것도 아니에요.

김윤희 범죄자들이 방송에서 보고 배웠다는 식으로 스스로를 합리화해서 말하는 것이 절대로 정당하지 않다는 것도 말씀 드리고 싶습니다. 실제로 정남규는 완전범죄에 대한 집착이 강했어요. 처음에는 마스크를 쓰지 않았어요. 그런데 언론 보도를 통해서 목격자가 있다는 이야기를 들은 거예요. 피해자가 살아 있었던 거죠. 그 이후부터는 얼굴을 가리기 위해서 모자와 마스크를 쓰기 시작했어요. 정남규는 언론 보도를 항상 체크했어요. 자기가 저지른 범죄의 결과를 확인하고 만약의 경우에 대비하기 위해서였을 겁니다. 하지만, 정남규는 자신이 수법을 바꾼 이유와 관련된 부분에 대해서는 아무말도 하지 않았어요.

김복준 그런데 수법을 주기적으로 바꿨잖아요.

김윤희 네, 그런데 그 부분에 대해서는 어떤 이야기도 들을 수 없었어요. 그래서 추정할 수밖에 없었거든요. 실제로 첫 번째 사건이 부천 초등생 살인사건이었잖아요. 그때 언론에서 정말 대대적으로 보도가 되었잖아요.

김복준 그 사건은 경찰의 실수도 있고 해서 그렇게 됐죠.

김윤희 정남규는 이 사건에서 '잘못하면 잡힐 수도 있겠다.'는 생각을 했기 때문에 수법을 바꾸었을 거예요. 이 사건이 이 정도로 크게 보도될 줄은 몰랐을 거예요. 본인의 내부에도 유사한 범죄적 성향이 있었지만, 상황에 따라 판단하고 범행수법도 바꾸었을 것 같아요. 부천 초등생 살인사건 이후에는 노상에서 여성들을 상대로 흉기를 휘두르는 방식의 범죄를 이어가다가 보라매공원 사건 이후로는 범행수법을 다시 바꾼 것이잖아요. 노상에서 흉기를 휘두르는 마지막 범죄가 보라매공원 사건인데, 이 사건 때문에 서울 서남부 지역에서 연쇄살인이 일어났다는 것이 보도되기 시작했거든요. 그래서 다시 범행의 패턴을 바꾼 것 같아요. 이와 관련해서 정남규에게 영향을 주었던 또 하나의 요인은 유영철이었어요. 실제로 유영철이 이문동사건을 자백해서 정남규가 저지른 사건을 가져간 것처럼 되었잖아요.

김복준 그렇죠. 정남규 입장에서는 유영철이 그 사건을 훔쳐갔기 때문에 빼앗긴 것이라고 생각했다는 거죠.

김윤희 정남규는 자신의 완전범죄를 유영철이 만들어주었다고 생각했어요. 그래서 유영철을 이겨야 된다고 생각했던 거예요.

김복준 살인에 대해 경쟁심리가 있었다는 거죠.

김윤희 유영철은 정남규를 신경 쓰지도 않았고, 정남규에 관련된 어떤 이야기도 하지 않았어요. 하지만, 정남규는 유영철을 많이 의식하면서 경쟁 심리를 가지고 있었던 것 같아요. 실제로 2004년 7월에 유영철이 검거가 되면서, 연쇄범죄와 연쇄살인이 부각되고 검문검색이 대폭 강화되었던 시기에는 한참 동안 범행을 저지르지 않았어요.

김복준 정남규의 범행을 보면 이문동과 수유동, 그리고 군포시를 제외하면 대부분이 서울 서남부 지역이잖아요. 구로구, 금천구, 그리고 관악구 봉천동, 영등포구, 광명시 등이기 때문에 서울 서남부 살인사건으로 명명된 겁니다.

경찰의 잘못, 그리고 불행한 최후를 맞은 사람들

김복준 다음으로 정남규를 검거하는 과정에서 경찰이 범했던 실수 부분은 경각심을 갖자는 의미에서라도 한 번 정도는 이야기하고 넘어가는 것이 좋을 것 같아요. 앞에서 말씀드린 것처럼 4월 22일 새벽에 신길동 다세대 주택에 침입해서 방안을 뒤졌는데 문화상품권 한 장밖에 훔치지 못했던 것 때문에 자고 있던

20대 청년의 머리를 둔기로 내리쳤다고 했죠. 그런데 어두운 상태에서 내리쳤기 때문에 빗맞았어요. 둔기에 정통으로 머리를 맞으면 기절하거든요. 빗맞은 상태에서 깨어난 청년과 엎치락뒤치락 했기 때문에 옆방에 자고 있던 아버지가 합세해서 정남규를 제압했던 겁니다. 당시에 아버지와 아들이 정남규를 완전히 제압한 상태에서 경찰관에게 넘겨줬어요. 그렇게 경찰관에게 넘겨줬는데 경찰관이 수갑을 채워서 순찰차의 뒷좌석에 앉히고 돌아서는 순간 차량의 문을 열고 도주한 거예요. 그런데 저는 이 부분을 지적하지 않을 수가 없어요. 순찰차의 뒷좌석에 태운 다음에 문을 닫으면 밖에서 열어주지 않는 이상 문을 열 수가 없어요. 열고 나갈 수 없는데 열고 나갔다는 거예요. 분명히 실수가 있었다는 생각이 들어요. 당시의 상황을 분명하게 알 수는 없지만, 제 상식에 비추어 봤을 때는 앞에 수갑을 채운 상태에서 뒷좌석에 앉힌 다음에 밖에서 문을 닫았다면 정남규가 수갑을 찬 상태에서 뒷문을 열고 도주할 수는 없어요. 그렇다면 도어락 기능에 이상이 있었던 거예요. 이 부분은 한번 살펴봐야 할 것 같아요. 그리고 새벽 시간대에 남의 집에 침입해서 사람을 향해 둔기를 휘두른 범인에게 앞수갑을 채웠다는 것이 제 상식으로는 이해할 수가 없어요.

김윤희 앞수갑과 뒷수갑이 있어요. 앞수갑은 손을 앞으로 모은 상태에서 수갑을 채우는 것인데 손과 손가락을 사용할 수 있어요.

김복준 그렇죠. 손과 손가락을 사용할 수 있고, 운전도 할 수 있어요.

김윤희 뒷수갑을 채우면 손의 움직임을 완벽하게 제압할 수 있어요.

김복준 손뿐만이 아니라 뛰어갈 수도 없어요.

김윤희 신체의 움직임에 많은 제약이 가해지는 거죠. 강도, 또는 강도 상해라면 뒷수갑을 채우는 것이 상식적이죠.

김복준 뒷수갑을 채웠어야 하는데 앞수갑을 채웠던 거죠. 물론 경찰 교본에서 앞수갑과 뒷수갑을 규정하는 내용은 없습니다. 앞수 갑을 채우든 뒷수갑을 채우든 그 자체를 규정상으로는 아무런 상관이 없어요. 다만 국가인권위원회에서는 수갑을 채우는 것에 대해 신체의 자유를 침해하는 부분이 있다는 문제제기를 해요. 저는 국가인권위원회에서 대한민국 국민들의 인권 향상을 위해서 노력하고 애쓰시는 것도 알고 있지만, 지나치게 보편적인 인권을 강조하게 되면 정작 보호받아야 될 사람들의 인권을 침해하는 경우가 발생한다는 것도 고려할 필요가 있다고 생각해요. 제가 교도소에서 앞수갑 차고 도주하는 범죄자를 쫓아가본 적이 있거든요. 제가 의정부에서 근무할 때였어요. 의정부교도소, 과거에는 송산 교도소였는데 그 앞에 도착했더니 송치하려고 데리고 왔던 사람이 이제 다 왔으니까 수갑을 좀 풀어달라는 거예요. 정문에 들어가기만 하면 된다고 생각해서 수갑을 풀어줬는데 한쪽이 풀리니까 순간적으로 저를 밀치고 뛰어가는 거예요. 지금은 주택과 아파트가 들어섰지만 당시까지만해도 의정부교도소에서 남양주 방면으로 가는 길 양옆이 전부논밭이었어요. 그곳으로 도주를 했는데, 4km 정도를 앞에 수갑을 차고는 뛰어가는 거예요. 지금은 아니지만, 제가 달리기 잘했거든요. 결국 4km 정도를 쫓아가서 잡았어요. 범인을 놓치면

내 인생이 끝이라는 생각을 하면서 죽기 살기로 쫓아갔고, 도망가는 사람 역시 죽기 살기로 뛰었을 것 아니겠어요. 얼마나 힘들었는지 몰라요. 나중에는 푹푹 빠지는 논으로 들어가서 겨우 잡아서 나왔는데, 그 이후로 저는 수갑과 관련해서는 무조건 뒷수갑입니다. 제가 수사과장을 할 때에도 우리 직원들에게 이유 여하를 막론하고 뒷수갑을 채우라고 했어요.

김윤희 그런데 실제로 현장에서는 거의 뒷수갑을 채우지 않거든요. 국가인권위원회나 시민단체 등에서 인권과 관련된 문제제기가 많기 때문에 뒷수갑을 채우는 것이 쉽지 않아요.

김복준 저는 그 부분에서 생긴 문제에 대한 책임은 모두 제가 지겠다는 각오를 하고 있었어요.

김윤희 지금은 많이 나아졌는데, 제가 지구대에서 근무할 때에는 웬만하면 수갑을 채우지 말라는 지시사항이 내려왔었어요.

김복준 저는 잘못된 것이라고 생각해요.

김윤희 그래서 난동을 부리는 경우에도 정확하게 CCTV에 증거가 녹화될 경우에만 수갑을 채울 수 있었어요. 너무 예민했던 시기였던 것 같아요. 국가인권위원회의 활동이 활발해지면서 수갑 채우는 것과 관련해서 예민하게 반응했기 때문에 현장에서는 수갑을 수건으로 가려줬잖아요. 게다가 가능하면 포승줄을 묶고, 원래는 '가능하면'이 아니라 '모두' 포승줄로 묶는 것이 원칙이었음에도 포승줄도 풀어줬던 기억이 나거든요.

김복준 제가 근무할 때에는 수갑이 보급품으로 나오지 않았어요. 그래서 수갑을 구입했는데 국산 수갑은 정말 허술하게 만들어져 있었어요. 수갑 틈에 라면 봉지 같은 것을 넣어서 조금씩 움직이면 손을 뺄 수가 있었어요. 수갑이 그 정도로 허술했어요. 그래서 일부러 미군부대 앞에 가서 미제 수갑을 구입했는데 미제 수갑은 가볍고 풀기도 어려웠어요. 잘못해서 수갑을 풀지 못했던 일도 많았어요. 지금은 보급품으로 지급되는 수갑도 괜찮다고 합니다.

김윤희 저는 수갑이 무거웠어요.

김복준 특히, 국산 수갑은 너무 무거웠어요.

김윤희 총도 차야 되고, 수갑에 삼단 봉까지 들어가면 근무복이 아래로 축 쳐져요. 뛰려고 하면 너무 힘들고 불편했던 기억이 있어요. 게다가 저희는 운동화가 아니라 단화를 신고 뛰어야 하잖아요. 그래서 여러 모로 불편하긴 했어요.

김복준 경찰이 잘못했던 부분에 대해 계속 이야기 하죠. 이 부분은 돌아가신 분들께도 굉장히 죄송해야 하는 이야기에요. 수유동 삼남매 살인방화사건에서도 이야기했지만 아버지 송씨를 의심했어요. 어떻게 보면 강압수사를 했다고 볼 수도 있어요.

김윤희 저는 이 부분에서 절대로 자유로울 수 없는 사람이에요. 제가 처음으로 연쇄살인사건을 맡아서 분석을 할 때였는데, 저에게 맡겨진 첫 번째 임무 중의 하나가 아버지 송씨의 심문 전략을 짜는 것이었어요. 어쨌든 아버지 송씨가 용의자였기 때문에 어떻게든 심문 전략을 잘 짜서 아버지로부터 자백을 받아내는 것이 가장 중요하다고 생각했어요. 제가 속해 있는 팀에서 그 보고서를 썼어요. 그때 저희가 가장 첫 번째로 했던 것이 살해당한 삼남매의 어머니, 즉 아내를 설득해서 송씨의 자백을 받아내는 방법이었어요. 자식들의 이야기를 계속 꺼내면서 동정심이나 양심을 자극해 보자는 것이었거든요. 제가 그 보고서를 아직까지도 가지고 있는데, 제가 경찰로 일하는 동안에 있었던 일 중에서 가장 후회하는 일이에요.

김복준 그런데 김윤희 프로파일러와 그 팀 전체를 비난할 수는 없어요. 현장 수사진들이 어느 정도 개연성이 있는 이유를 바탕으로 아버지를 의심했고, 또 그 이유가 신빙성이 있다고 판단했기 때문에 아버지 송씨를 효율적으로 조사할 수 있는 방법을 프로파일러 팀에게 일임했던 것이잖아요. 그래서 그 사람의 자백을 이끌어내는 전략을 수립한 것이기 때문에 제 생각에는 그렇게까지 책임을 느끼지 않아도 될 것 같아요.

김윤희 그런데 저는 저에게 책임이 있다고 생각해요. 저는 아버지가 범인이 아니라고 판단했기 때문이에요.

김복준 그렇게 생각했으면, 적극적으로 나섰어야죠. 아, 당시에는 그럴 만한 위치가 아니었겠네요.

김윤희 아버지가 범인이 아니라고 생각했지만, 적극적으로 제 의견을 어필하지 못했던 것이 첫 번째 책임이라고 생각해요. 물론 경찰에는 명령 체계가 있어요. 하지만, 제 생각을 강력하게 말했어야 했다고 생각해요.

김복준 지금 같으면 백 번 천 번 했겠죠.

김윤희 그랬을 것 같기는 해요. 그런데 당시에는 그렇게 하지 못했고, 또 제가 갖고 있는 지식들을 그렇게 사용했다는 것은 당시 저의 위치를 떠나서 반성할 수밖에 없어요. 그리고 회한으로 남는 것도 어쩔 수 없는 일인 것 같아요.

김복준 아버지의 주변에 대해 형사들이 상당히 많은 수사를 했던 것 같고, 그 과정에서 내연관계에 의한 살인을 의심하기까지 했다고 들었어요. 아버지가 동창생과 어울리면서 불륜의 관계를 맺었다는 식으로 몰아갔던 부분도 있는데, 한꺼번에 자식을 세 명이나 잃은 사람에게 분명하지도 않은 심증만으로 그렇게 추정을 했다는 것은 명백하게 잘못한 거예요. 결국 아내까지도 남편을 의심해서 이혼까지 했잖아요. 그리고 그분의 어머니는 그로부터 3개월 후에 돌아가셨다는 것이잖아요.

김윤희 피해자들의 어머니, 즉 송씨의 아내가 아니라 송씨의 어머니께서 사건이 일어난 지 3개월 후에 돌아가셨어요.

김복준 어머니께서는 3개월 만에 돌아가시고, 이분 같은 경우에는 화상이 전신의 76%인 장애인이 됐다고 해요. 그런데 이 부분은 경찰이 수사과정에서 분명한 증거도 없이 가족을 의심했기 때문에 아버지 송씨에게 크나큰 아픔을 준 것이잖아요. 이 부분에 대해서는 배상이 있었을 겁니다. 하지만, 그것으로 송씨의 아픔이 나아지겠어요. 반성하고 사죄해야 합니다.

김윤희 이 사건에 이어서 관악구 봉천동에서 남매가 살해당한 사건에서도 주변 인물인 권씨가 범인으로 몰렸는데, 그분 역시 정상적인 생활을 할 수 없게 되었어요. 정남규와 관련된 사건에서는 사건의 피해자들뿐만 아니라, 용의자로 떠올랐던 사람들까지도 삶 자체가 힘겨워지는 경험을 했던 것 같아요. 당시에는 연쇄살인범이라는 개념조차도 없었기 때문에 수사관들이 주변 수사에 집중할 수밖에 없었어요. 의심스럽고 알리바이가 없는 사람들에 대해서 강압적인 수사가 이루어졌던 거죠.

김복준 집중적으로 들여다 볼 수밖에 없었겠죠.

김윤희 용납될 수는 없지만, 다수의 피해자들이 나올 수밖에 없었던 상황이었어요.

김복준 피해자가 양산되는 상황이었어요.

김윤희 그런데 정작 정남규는 "더 죽이지 못해서 한이 된다."고 이야기 했기 때문에 정말 용서받을 수 없는 사람이에요.

김복준 용의자로 몰려서 피폐하게 삶을 살다가 돌아가신 분들이 많습니다. 조만간에 모실 화성연쇄살인사건에 관한 책 『화성은 아직 끝나지 않았다』를 쓰신 하승균 총경께서도 말씀하시겠지만, 화성연쇄살인사건이 일어났던 당시에도 용의자로 지목됐던 사람들 중에서 불행한 최후를 맞은 사람들이 많았어요. 용의자로 지목되고 감시받고 수사 대상자로 주목받는 순간, 단지 용의자라는 이유 때문에 주변 사람들로부터 의혹의 눈초리를 받고 격리되어서 피폐한 생활을 하다가 자살한 사람도 있거든요. 이 부분은 수사 과정에서 발생하는 부작용 같은 것입니다. 부작용이라고 말하는 것은 이상하고 '저주' 같은 것이라고 할 수 있을 것 같아요. 그래서 수사 대상자로 선정할 때에는 신중을 기해야 된다는 것입니다. 요즘에는 과학수사기법이 발달되어서 과거처럼 폭력적이고 억압적인 수사를 하지는 않아요.

프로파일러이기 때문에 '연쇄살인범을 이해하고 싶었다.'

김윤희 그래서 저는 수사관 생활을 하면서 공도 세우지만, 업도 하나씩 쌓아가고 있다는 생각이 들었어요. 남의 인생을 들여다봐야 하는 일이잖아요. 남의 인생에서 어두운 부분을 밝혀야 되는 것이고, 또 남의 인생에 대해 책임을 물어야 하는 사람인 거예요. 처음에는 몰랐어요. 보고서 쓰고 심리 면담하는 일이기 때문에 괜찮을 것이라고 생각했어요. 이런 말을 하는 것이 부적절할 수도 있지만, 계속 일을 하면서 '아, 내가 업을 쌓고 있구나. 전생에 지은 죄가 적지 않은가 보다.'라는 생각을 많이 했어요. 실제로 보고서를 작성하다 보면, 한 사람의 모든 인생을 밝혀내는 것이 수사라는 생각을 해요. 범인을 잡아야 하기 때문이죠. 경찰관, 특히 수사관은 긍정해주는 사람이 아니라 의심해야 하는 사람이거든요. 어쩔 수 없는 경찰관이라는 직업의 특성인데, 그 직업을 가진 사람들이 맞부딪힐 수밖에 없는 운명, 정말 교수님이 말씀하시는 저주인 것 같아요.

김복준 저도 경찰생활하면서 '내가 전생에 잘못한 것이 상당히 많은가 보다.'라는 생각을 했어요. 전생의 잘못을 갚기 위해서 운명적으로 경찰이라는 직업을 선택하도록 태어났다고 생각했기 때문에 '나는 고생을 많이 해야지 전생에 업을 갚는 사람인가보다.'하고 살았어요. 솔직히 형사생활을 하면서 하루하루가 고통스러웠어요. 제가 의지가 강한 사람이 아니에요. 32년 동안 경찰생활을 하면서 사표를 정확하게 열두번 냈어요. 사표 내고 다 팽개치고 떠났어요. 주로 제가 갔던 곳은 동해안이었는데,

삼척, 속초에 가서 바닷바람도 쐬고 해서 돌아와 보면, 사표 수리를 하지 않아서 못 이기는 척하고 다시 일하고 그랬어요. 저는 말씀하신 것이 경찰의 숙명 같은 것이라고 생각하고요. 두고두고 갚아야 할 채무를 가진 사람의 입장으로 경찰생활을 했던 것 같아요. 지나고 보니 그런 생각이 들어요. 형사로 처음 10년을 지나는 동안에는 범죄자에 대해서 그냥 증오심이 있었어요. 반드시 검거해야 되고 저런 놈들은 반드시 잡아서 죄값을 치르게 해야 한다는 생각밖에 없었어요. 그런데 10년을 넘어가는 시점에서부터 범죄자들이 새롭게 보이기 시작하더라고요. 비로소 사람으로 보였어요. 저는 처음 10년 동안 범죄자들이 사람으로 보이지 않았던 것 같아요. 단지 범죄자일 뿐이었던 거죠. 경력이 대략 10년을 넘어서고 어느 정도 연륜이 쌓이면서부터 범죄자들을 보는 눈이 서서히 달라졌는데 그때부터는 범죄자들이 나쁜 사람으로 보이기 시작했어요. 나쁜 것은 분명하지만, 사람으로 보이기 시작했던 거예요. 그 과정은 연륜 속에서 나타나는 현상인데, 언제 기회가 닿으면 형사의 변화와 관련된 부분도 한 번 토론해보고 싶어요. 아무튼 정남규와 관련해서는 김윤희 프로파일러께서 직접 사건을 다루었기 때문에 오히려 이야기하고 싶은 부분을 말하지 못한 부분도 있었을 거예요. 하지만, 현장에 있었기 때문에 아주 디테일하게 이야기할 수 있는 부분도 많이 있었던 것 같아요. 솔직히 말씀 드릴게요. 제가 정남규 사건을 다루는 2주 동안 낚시를 갔잖아요. 이어폰을 꽂고 정남규를 다룬 유튜브 방송을 모두 들었어요. 유튜브 들어갔더니 심지어 무속인이 정남규의 사주팔자로 애기하는 것도 나오더라고요. 제가 그것까지 모두 들었어요. 제가 알지 못했던 부분, 김윤희 프로파일러도 놓친 부분, 그래서 우리가 미처 생각하지 못한 부분이 있을 수 있기 때문에 그것을 찾아보겠다는 생각으로 2주 동안 유튜브를 들었어요. 단언컨대 정남규 사건의 방송을 준비하는 과정에서 저는 김윤희 프로파일러보다 깊이 있게 방송하는 사람을 단 한 사람도 보지 못했습니다.

김윤희 칭찬 들으니까 좋은데요. 저는 처음으로 비중 있는 사건을 맡았을 때였고, 또 멋모르고 열심히 할 때였기 때문에 제가 할 수 있는 모든 부분을 다 들여다봤던 것 같아요. 누구나 잊을 수 없는 사건과 잊을 수 없는 범죄자들이 있잖아요. 그 범죄자가 저에게는 정남규였어요. 제가 연쇄살인범과의 첫 번째 만남이었기 때문에 그랬을 수도 있지만, 저는 이해하고 싶었어요. 저는 형사가 아니라 프로파일러잖아요. 범죄자를 철저하게 이해를 하고 싶었기 때문에, 정남규에 대해서는 정말로 열심히 공부했던 것 같아요. 지금도 제가 제일 많이 갖고 있는 자료가 정남규와 관련된 것들이에요. 그리고 피해자 심문 조서를 정말로 많이 읽었는데, 어떻게 하다 보니 제가 정남규의 인생을 한 편의 보고서로 만들었더라고요. 저만이 갖고 있는 보고서겠죠. 그러면서 유영철과 정남규를 제가 나름대로 비교했던 것들이 있어요. 전혀 다를 것 같았고, 실제로도 전혀 다른 인물일 것이라고 생각했는데 정말 비슷하더라고요. 물론 패턴은 달랐어요. 유영철의 경우에 처음에 주거 침입을 하고 나중에 자기 집으로 유인을 했죠. 자신의 집으로 유인한다는 것은 자기가 유린하기 쉬운 곳을 찾아간 것이잖아요. 그런데 정남규 같은 경우는 첫 번째인 부천 초등생 살인사건을 제외하면 모두 노상에서 여성을 찔렀던 사건이고, 나중에 다시 실내로 들어오잖아요. 그런데 그것도 절도의 형태를 나타내고 있잖아요. 유영철과 정남규 모두 절도부터 시작했던 범죄자들이거든요. 패턴도 바뀌고 범행수법에서는 차이가 있지만, 어쨌든 범행수법을 변화시켜 가는 과정에서 자기 자신이 가장 편하게 느끼는 것들을 첫 번째로 고려했다는 것입니다. 정남규는 마지막에 가서 자신이 절도를 했을 때 가장 편안했던, 자기가 통제할 수 있는 장소가 그곳이었기 때문에 선택을 한 것이었고, 유영철은 자신의 집이 가장 편안했기 때문에 범행 장소로 집을 선택한 것이었어요. 유영철은 범죄의 특성 상 외부적인 영향을 거의 받지 않는 유형이에요. 유영철 자신은 리처드 체이스Richard Trenton Chase를 보고 그것을 참고했다고 하는데, 그 부분은 어떻게 보면 허세를 부르는 것으로 볼 수 있어요.

김복준 유영철 같은 경우를 외국의 범죄자와 비교한다면 제프리 다머

리처드 체이스Richard Trenton Chase
'새크라멘토의 뱀파이어'로 불린 미국의 연쇄살인범이다.

제프리 다머Jeffrey Lionel Dahmer
'밀워키의 식인종'으로 불린 미국의 연쇄살인범이다.

Jeffrey Dhamer와 비슷해요. 제프리 다머는 히치하이킹 하는 사람들을 데리고 들어와서 살해한 다음에 토막을 내어서 사체를 처리했거든요. 굉장히 유사한 부분이 있어요.

김윤희 유영철은 범행의 공백이 아주 짧아요. 범행수법이나 범행 간격은 자기가 유도 했고 어쩔 수 없이 바뀐 것들이 분명히 있지만, 정남규는 마음대로 하고 싶어서 자기에게 유리하게 바꾼 것이었거든요. 그리고 유영철은 사체를 처리하기 위해 사체를 토막내는 방법을 찾아서 공부했어요. 학습 능력도 뛰어났고 집중할 수 있는 내용이 분명했거든요. 하지만, 정남규는 집중력이 뛰어난 사람은 아니었어요.

김복준 체계형과 비체계형의 혼합형이라는 거죠.

김윤희 유영철은 체계형이죠. 정남규는 특징만으로 봤을 때 비체계형일 수밖에 없어요. 그런데 자신이 범죄에서 재미를 찾고 흥미를 느끼면서 어떤 요소들이 결합되면서 체계화된 것이기 때문에 유영철과는 다른 인물이었어요. 유영철은 정남규에게 영향을 받은 부분이 전혀 없었어요. 그런데 정남규는 유영철에게 영향을 받았어요. 부천 초등생 살인사건을 저질렀던 시점도 유영철이 4번에 걸친 부유층 살인사건을 저지른 지 불과 2~3개월 이후잖아요. 저는 정남규가 유영철로부터 영향을 받았다고 생각해요. 유영철이 검거되고 언론보도가 쏟아져 나왔을 때 유영철처럼 잡히면 안 된다고 생각했기 때문에 CCTV도 피해 다니고, 전철역을 우회해서 다녔던 거예요. 정남규는 본인 스스로가 유영철을 항상 의식할 수밖에 없었던 것 같아요. 그리고 나중에는 범행도구도 망치를 사용해요.

김복준 파이프 렌치였어요.

김윤희 학습을 하는 거예요. 가장 파괴력이 좋은 도구, 사용하기 편리한 범행수법들, 자기에게 적합한 범죄의 패턴을 찾아가는 거죠. 범죄 패턴이 루틴화 되어 가는 거예요. 어떻게 보면 결과적으로 연쇄살인범들은 모두 똑같아지는 것 같아요.

김복준 정남규 같은 경우에는 인천에서 서울까지 전철을 타고 다니면서 범행을 했거든요. 앞에서도 말씀 드렸지만, 정남규는 비겁한 인간이에요. 자기는 직장도 구할 수 없었고 결혼도 하지 못했기 때문에 부자들만 보면 죽이고 싶었다고 이야기 했잖아요. 마치 자신의 행동을 증오형 범죄인 것처럼 가장했지만 실제로는 정반대의 행동을 하잖아요. 몇 번이나 말씀드렸지만 강남이나 부유층 사는 곳에는 CCTV도 촘촘하게 설치되어 있고 방범시설도 잘 갖추어져 있었기 때문에 범행을 저지르지 못했고, 결과적으로 부유층이 아니라 서민층이나 저소득층 범행 대상으로 선택했던 것이잖아요. 저희가 정남규에 대해서 최대한 많은 부분을 다루기 위해서 왔다 갔다 하면서 이야기했지만, 시청자 분들께서 정남규에 대해 갖고 있었던 궁금증이 어느 정도는 해결되지 않았을까 하는 생각을 합니다. 마지막으로 법정에서 판사가 이야기했던 것이 있었어요. "반성의 여지가 보이지 않는다."는 것이었어요. 정말 간단했습니다.

김윤희 제가 하나만 더 말씀드릴게요. 정남규가 대범하게 범죄를 저지르면서 다닐 수 있었던 이유는 첫 번째가 언론 보도를 통해서 자신에 대한 수사가 어떻게 진행되고 있는지를 확인할 수 있었기 때문이었어요. 그래서 수사 방향이 틀어질 때마다 더욱 과감해질 수 있었던 겁니다. 두 번째는 자기가 옷에 피를 묻히고 다녔지만, 아무도 자기를 신경 쓰지 않았다는 것이었어요. 실제로 범행을 저지르고 나면 물로 씻은 다음에 집으로 돌아갈 것이라고 생각하잖아요. 정남규는 범행을 저지른 다음에 2~3시간씩 다음 범행을 저지르기 위해 문이 열린 집을 확인하고 다녔던 경우도 많았어요. 피가 묻은 상태로 거리를 돌아다니거나 공중화장실에 가서 피 묻은 옷과 손을 씻고 있을 때조차 아무도 신경 쓰지 않았다는 거예요. 너무 확대 해석하는 것일지도 모르지만, 범죄를 예방하는 것도 범죄를 부추기는 것도 우리의 작은 관심과 시선에서 시작되는 것 같아요. 그래서 저희가 하는 방송이 범죄 수법을 알려주는 측면도 있겠지만, 우리의 무관심이 사회 곳곳에서 일어나고 있는 범죄를 부추기고 범죄자를 양성할 수도 있다는 것을 자각하는 계기가 될 수도 있을 것 같습니다.

김복준 오래 달려온 것 같아요. 장시간 고생하셨어요.

2003년

9월 24일 오전 10시 10분, 강남구 신사동, 72세 이씨, 67세 이씨의 부인
10월 9일 오전 10시 40분, 종로구 구기동, 85세 여성 강씨.
60대 여성, 35세 강씨의 아들(지체장애)
10월 16일 오후 12시 30분, 강남구 삼성동, 69세 유씨
11월 18일 오전 11시, 종로구 혜화동, 53세 여성 배씨(가사도우미), 87세 남성

2004년

3월 15일 마포구 신수동 오피스텔 102호, 23세 여성
4월 14일 마포구 신수동 오피스텔 주차장, 중구 황학동 노점상
4월~5월 중순 마포구 노고산동 오피스텔 203호,
20대 후반 또는 30대 초반 여성
5월 중순 마포구 노고산동 오피스텔 203호, 25세 여성
6월 1일 마포구 노고산동 오피스텔 203호, 35세 여성
6월 초순 마포구 노고산동 오피스텔 203호, 20세 여성
6월 7일 05시, 마포구 노고산동 오피스텔 203호, 26세 여성
6월 17일 밤 10시 마포구 노고산동 오피스텔 203호, 27세 여성
6월 23일 마포구 노고산동 오피스텔 203호, 미상
7월 1일 밤 11시, 마포구 노고산동 오피스텔 203호, 26세 여성
7월 9일 마포구 노고산동 오피스텔 203호, 미상
7월 13일 마포구 노고산동 오피스텔 203호, 미상
7월 15일 유영철 1차 검거
7월 16일 밤 12시 10분경, 유영철 간질발작 후 도주
7월 16일 오전 11시 40분경, 유영철 2차 검거

4장

영화 『추격자』의 실제 모델, 유영철

INTRO

"유영철이라는 인간 자체를 과도하게 영웅화해서 '국보급 연쇄살인자다' 라고 이야기하는 내용도 봤어요."

"유영철은 부유층에 대해서는 부정적인 집단, 다음에 출장 안마사들은 '썩은 피'라는 이야기를 했어요."

유영철이 대단한 범죄자라거나 담대한 인간이라고 생각하지 않거든요. 실제로 유영철처럼 비굴하고 비열하고 교활한 범죄자도 드물어요. 유영철은 단 한 번도 자기보다 건장한 남성을 공격하지 않았어요. 항상 힘없고 약한 노인, 여성 또는 장애인이 공격 대상이었어요. 노인이나 여성을 제외하고 희생당한 사람은 35세의 자폐 증상이 있는 남성이 유일한데 …… 어떤 면에서 보면, 유영철은 아주 소심하고 비열해서 한마디로 '찌질한' 인간일 뿐입니다. 그럼에도 불구하고 유영철을 어마어마한 연쇄살인범이라고 이야기하는 것은 팩트에 어긋나는 일입니다.

스스로 쓴 '자필진술서'를 바탕으로
프로파일링한 유영철의 실체

대한민국 3대 살인마, 유영철

김윤희 한국사람 중에서 유영철이라는 이름을 모르는 사람은 거의 없을 거라는 생각이 들어요.

김복준 그렇죠. 유영철은 대한민국의 범죄사를 새로 쓴 사람이에요.

김윤희 저 같은 프로파일러의 입장에서도 유영철 이전과 유영철 이후는 엄청나게 큰 변화가 있어요. 일단 가장 기본적인 것으로는 대한민국에서 프로파일러가 정식으로 생기게 된 계기가 유영철 사건입니다. 유영철 사건 이후에 프로파일링의 필요성이 절실해졌기 때문에 프로파일러들이 정식으로 경찰에 채용이 됐거든요. 그래서 저는 교수님께서 유영철 사건을 다루자고 하셨을 때 많이 떨리더라고요.

김복준 왜 떨렸어요?

김윤희 할 이야기도 많지만, 분석해야 될 것도 너무 많았어요. '내가 이 사건을 전체적으로 볼 수 있을까?' '이 사건을 전체적으로 조망한 다음에 내가 객관적인 시각으로 이야기할 수 있을까?'라는 생각이 들었던 거죠. 기존에 있는 분석뿐만 아니라, 저만의 분석도 필요하다고 생각했기 때문에 '어느 정도까지 들여다봐야 유영철을 이야기할 수 있을까?'라는 부분도 걱정이 됐어요.

김복준 그 전에 말씀 드리고 싶은 것이 있어요. 저는 프로파일러들이 모두 다른 시각을 가질 필요는 없다고 생각해요. 배상훈 교수님이나 우리 김윤희 프로파일러, 권일용 경감 등 많은 프로파일러 분들을 보면서 느낀 공통점은 모두들 일종의 강박을 갖고 있는 것 같더라고요. "내가 프로파일링 했을 때에는 다른 사람들과 뭔가 달라야 된다."라는 강박이 일정 부분 작용하고 있다는 생각이 들었거든요. 저는 반드시 그렇다고 생각하지는 않아요. 물론 프로파일러는 개성이 굉장히 강한 사람들이 속해 있는 직군이고 조직이라는 것도 알고 있기 때문에 충분히 이해를 하는 부분도 있어요. 또, 이것이 제 개인의 생각일 수도 있는데 저는 그렇게 느꼈거든요.

김윤희 굳이 변명을 하자면, 어떤 사람에 대해서 전체적인 모습을 파악하고 최대한 많은 정보를 취합했을 때 제대로 된 분석이 가능해요. 주어진 자료나 정보가 제한적일 때, 시각이 협소해서 미처 보지 못한 부분이 생기거나 사소하다고 생각해서 어떤 정보를 놓쳤을 때에는 프로파일링이 잘못되어 버리거든요. 그래서 주어진 정보들 속에서 조금이라도 더 많이 보려고 하고, 또 기존의 시각이 아니라 다른 방식으로 보면 조금이라도 더 많이 볼 수 있지 않을까라는 생각도 하게 되는 것 같아요. 그것도 일종의 강박이라고 할 수 있겠죠. 저는 오히려 그런 강박이 있기 때문에 프로파일링을 할 수 있다고 생각하는 사람이거든요. 저는 그런 강박을 느끼는 것이 나쁘지 않고, 프로파일러에게는 일종의 재능이라고 생각해요. 물론 일상이나 사회생활을 할 때에는 그 부분이 항상 좋은 방향으로 작용하지는 않더라고요.

김복준 자신의 프로파일링이 다른 사람의 프로파일링과 같아서는 안 된다고 생각하시는 것은 아닌가요? 그리고 어떤 사람이 먼저 이야기했을 때, 나도 똑같은 생각을 가지고 있지만 그렇게 이야기를 하면 마치 그 사람을 따라하는 것처럼 느끼고 다르게 이야기하시는 것은 아닌가요?

김윤희 그렇지는 않아요. 공통적으로 생각하는 부분은 그냥 그렇게 인정할 수 있는데 정말 무수히 많은 사람들이 있고 다양한 면을 가지고 있잖아요. 어떤 사람을 관찰했을 때 공통된 생각들이 분명하게 있겠지만, 각자의 시각이 다르기 때문에 세밀하게 들여다보면 일정 부분에서는 생각의 차이도 분명하게 존재해요. 그 차이에는 자신의 삶, 즉 프로파일러 개인이 살아온 환경에서 비롯된 요소들이 작용하는 것 같아요. 저희가 데이터라든지, DB와 같은 객관적인 자료를 통해서 내리는 결론에 대해서는 공통점이 많지만, 조금 더 깊이 들어가서 프로파일러의 주관이 개입하는 영역, 이를 테면 관찰대상이 되는 사람의 내면이나 심리상태를 판단해야 하는 순간에는 프로파일러들 사이에 시각차가 생기는 부분이 분명히 있어요.

프로파일러의 역할, 나침반 vs 족집게 점쟁이

김복준 제가 방송을 하면서 여러 곳을 다니다 보니 사람들이 프로파일러에 대해 갖고 있는 오해들을 목격할 수 있었어요. 사람들이 일반적으로 생각하는 프로파일러는 강력 사건이 발생했을 때, 수사관들이 범인을 검거하지 못하고 쩔쩔 매며 헤매고 있으면 사건에 투입되어 사건을 해결하는 사람이라고 인식되어 있었어요. 김윤희 프로파일러 앞에서 말씀드리기에는 적절하지 못한 것 같긴 하지만, 저는 결국 범인을 쫓아서 검거하는 사람은 수사관이라고 생각하거든요.

김윤희 맞습니다.

김복준 저는 프로파일러들이 나침반 역할을 하는 사람, 즉 수사의 방향을 제시해주는 사람들이라는 생각을 해요. 원칙적으로 프로파일러는 수사에 있어서 보조적인 기능을 담당하고 있다는 것이죠. 하지만, 프로파일러의 역할이 과장되어 있기 때문에 사건이 발생했을 때 프로파일러를 투입하면 사건이 즉각적으로 해결된다는 인식이 있고, 또 어떤 의미에서는 수사 현장에서 프로파일러가 만능인 것처럼 인식되는 경향도 있는 것 같아요. 이런 부분은 조금 문제가 있는 인식인 것 같아요.

김윤희 지금은 저도 조사 현장에서 떠나 있기는 하지만, 프로파일러 입장에서도 교수님의 말씀이 옳다고 생각해요. 프로파일러는 '족집게 점쟁이'처럼 범인을 짚어주는 사람이 아니에요. 기존의 수사 방식만으로는 파악하기 어려운 연쇄 살인이라든지, 또는 범죄자의 개인적인 특성들이 많이 배어 있는 상황이나 현장을 접했을 때, 그 특성들을 파악해서 수사 방향을 어떤 식으로 결정하는 것이 좋을지에 대한 조언이나 의견을 제시해 주는 나침반과 같은 역할을 해주는 거예요. 프로파일링을 하는 것보다 기존의 수사 방식이 더 잘 맞는 범죄도 있어요. 물론 프로파일링이 필요한 부분들이 있어요. 대부분 현대사회에 접어들면서 발생했던 연쇄 살인범, 분노나 불만의 축적과 같은 개인의 내면에서 비롯되어 발생하는 범죄, 또는 정신적인 질환에 의해서 발생하는 범죄 현장이 있는데 프로파일러의 역할이 필요한 현장이라고 할 수 있어요. 유영철 사건은 프로파일러들의 역할이 필요했던 대표적인 케이스였기 때문에 프로파일러의 활약이 부각되었던 것일 뿐이에요. 조금 전에 말씀하신 것처럼 프로파일러가 투입되면 모든 사건들이 해결이 된다고 생각하는 것은 잘못된 것이라는 말씀 드리고 싶어요. 저를 포함해서 경찰청 범죄분석요원 1기생들이 처음 발탁됐을 때에는 아마 홍보의 목적 때문에 프로파일러의 역할을 조금 과장해서 언론보도에 활용한 측면이 있었다고 생각해요. 그리고 영화와 드라마 같은 대중매체에서도 수사관들에 대한 이야기는 이미 많이 나왔고 콘텐츠를 많이 소비했기 때문에 프로파일링이 처음 나왔을 때 이 콘텐츠를 어떻게 사용할 것인가라는 부분에서 실제보다 조금은 더 완벽하고 만능인 프로파일러의 모습으로 수사과정에서 발생하는 문제를 해결하는데 핵심적인 역할을 하는 것으로 활용한 부분들이 분명히 있어요.

김복준 과대 포장된 부분으로 인해 오해의 소지가 있었어요. 사실 추론하고 추측하고 추정, 추리하는 그 자체를 프로파일링이라고 한다면, 수사관들도 프로파일링을 한다고 볼 수 있어요. 전문적이고 체계적이라고 할 수는 없지만, 수사관의 입장에서는 자신이 맡아서 수사하고 있는 각각의 사건에 대해 경중을 따지지 않고 나름대로 프로파일링을 하고 있는 거예요. 다만, 프로파일링이라는 명칭을 붙이지는 않죠.

김윤희 프로파일러의 장점은 심리적인 부분에 대한 정보를 누구보다 많이 가지고 있다는 것이에요. 범죄자의 성격적인 요소라든지, 또는 내면적인 요소들이 어떻게 행동으로 드러나게 될 것인지에 대한 특징적인 정보를 많이 가지고 있는 거죠. 그런 부분들이 현장에서 보일 때 이야기를 해줄 수 있어요. 그리고 우리가 일반적으로 알고 있는 것과 달리 강박적 요소는 다양하게 나타날 수도 있거든요. 그런 범죄 현장을 보면서 "이 사건의 범인은 강박적 요소를 가지고 있을 가능성이 있고, 나이는 어느 정도로 추정이 될 수 있다. 현장에서 보인 어떤 장면은 직업적인 특징이 반영된 것일 수 있다."는 정보를 제공해 주죠. 또, 프로파일러들이 지리적 프로파일링을 하는 부분도 심리적 장벽이라는 것이 사람마다 다르게 나타나기 때문에 "어떻게 해서 어떻게 갔을 거다."라는 조언을 할 수도 있어요. 어쨌든 프로파일러들이 더 많은 데이터를 가지고 있는 것은 사실이에요. 수사관 분들 중에서도 스스로 공부를 하시는 분들이 있기 때문에 어디까지를 프로파일링으로 볼 것인지에 대해서는 개인 의견에 따라 달라지는 부분이라는 생각이 듭니다. 사실 프로파일러도 공부를 하지 않으면 역량이 부족해지는 것이잖아요.

김복준 제가 김윤희 프로파일러 앞에서 프로파일러의 역할을 격하시키려는 의도로 이야기하지 않았다는 것은 잘 아실 겁니다. 제가 경찰학교에서 강의하면서 프로파일러 과정을 만들어야 한다는 건의도 하고, 또 그 과정이 만들어지는데 일조했다고 생각하고 있는 사람으로서 프로파일러를 불필요한 존재라고 생각한다거나 무시한다는 것은 있을 수 없는 일입니다. 다만, 저는 프로파일러를 '만능'으로 보는 시각에 문제가 있다는 것을 이야기해보자는 것뿐이었습니다. 오해 없으시길 바랍니다.

김윤희 이 부분은 저도 정리를 해 드리고 싶었어요. 프로파일러의 입장에서도 프로파일러가 과대 포장되는 것에 대해서는 경계를 해요. 저희 프로파일러들이 모인 자리에서도 "프로파일러는 절대로 만능이 될 수 없고, 족집게가 아니다."라고 이야기를 해요. 저희가 데이터를 바탕으로 추리할 수 있는 부분에는 한계가 있어요. 그리고 저희가 프로파일링을 통해 얻은 정보는 정황 증거라든지, 또는 다른 증거의 밑바탕이 될 수는 있지만 직접 증거가 될 수는 없어요. 저도 가끔 영화나 드라마의 자문을 하거든요. 일단 제가 가장 많이 경계하는 것은 드라마나 영화에서 프로파일러들이 정말로 사건을 해결하거나, 해결까지는 아니더라도 사건을 해결하는데 결정적인 역할을 하는 것처럼 비춰지는 거예요. 프로파일러의 입장에서는 고마운 일이기는 한데,

그것은 너무 많이 나간 것이라는 생각이 들어요. 프로파일러의 역할에는 현장에서 수사 방향을 설정하고 수사의 맥을 잡아주는 것도 있어요. 하지만 범죄자와 면담을 하고 데이터베이스를 쌓는 것, 달리 말하자면 범죄 해결보다는 다른 범죄, 또는 다음 범죄로 이어지는 과정에서 참고가 될 수 있는 연구를 축적해 두는 것이 가장 근본적인 역할이라고 생각하거든요. 물론 수사 현장에서 수사관들에게 도움이 되는 정보를 알려주고, 조언해 주는 것도 본연의 임무라고 생각해요. 그 부분에 대한 역할은 배제된 상태에서 수사에 참여하고 사건 현장에서 범인을 족집게처럼 짚어내는 역할로 과대 포장되는 것에 대해서 저뿐만 아니라 현직에 있는 대부분의 프로파일러들도 경계하는 일일 생각할 거예요. 프로파일러의 역할에 대해 장황하게 말씀을 드린 이유는 유영철이라는 사람은 프로파일러의 입장에서 정말로 엄청난 인물이기 때문입니다.

색약 등의 이유로 예술고 입학 좌절

김복준 유영철이 엄청난 인물이라는 것에는 이의가 없을 겁니다. 제 개인적으로도 박사 논문의 주제가 연쇄 범죄의 수사 전문화와 관련된 내용이었기 때문에 유영철에 대해서 관심이 많았어요. 연쇄 범죄라고 하면 연쇄살인을 떠올리고, 연쇄살인이라고 하면 우리나라에서는 유영철을 떠올리게 되죠. 논문을 쓰는 과정에서 유영철을 만나려고 제가 몇 번이나 면회 신청을 했지만 번번이 거절을 당했습니다. 일반적으로 유영철 이야기를 할 때,

"유영철이 살해한 사람이 모두 몇 명이지?"라고 물으면 대략 스물 몇 명이라고 하는데, 정확하게 몇 명을 살해했는지는 잘 모르시더라고요. 현직에 있는 경찰들까지도 21명이라고 이야기하는 경우가 있는데, 정확하게 20명입니다.

김윤희 네, 모두 20명입니다.

김복준 처음에는 유영철을 21명을 살해한 혐의로 기소를 했어요. 그런데 20명으로 다시 기소한 이유는 이문동 사건 때문이죠. 정남규가 이것 때문에 정말로 속상해 했다는 것이잖아요.

김윤희 TV를 보면서 저 사건은 '내 것'이라고 했다는 거죠.

김복준 속이 상해서 죽을 뻔했다는 어이없는 이야기가 나왔어요. 나중에 공소장이 변경되어서 유영철이 살해한 사람은 20명으로 결론이 납니다. 지금부터 범죄 사실을 하나하나 이야기해 드리려고 합니다. 차마 입 밖으로 내뱉는 것도 망설여집니다. 저희가 본의 아니게 수사기법 중에 일정 부분을 이야기하는 경우가 많지만, 반드시 감춰야 되는 수사기법은 절대 이야기하지 않습니다. 또 살인사건이기 때문에 잔인한 부분을 이야기하게 되는데 여기에 대해서도 일정 정도 수위를 조절하고 있습니다. 일단 범죄 사실은 경찰에서 쓴 보고서를 참고하겠습니다. 여기에 대해 간략하게 설명을 드리겠습니다. 먼저, 경찰에서 범인을 검거해서 그 사람의 범죄 사실에 대해 쓰는 모든 내용은 범죄 인지 보고에 들어가게 됩니다. 다음에 검찰에서는 경찰에서 올라온 범죄 인지보고서를 기초로 해서 기소를 하기 위한 공소장을 만들어요. 그리고 재판부에서 재판을 진행한 다음에 최종적으로 만들어지는 것이 공판조서입니다. 공판조서에 나오는 내용은 재판부에서 확정적으로 인정한 범죄 사실이라고 할 수 있습니다. 제가 공소장을 준비해 왔으니까 지금부터 읽겠습니다. "피고인은 2000년 10월 27일 서울 고등법원에서 강간죄 등으로 징역 3년 6월을 선고 받고, 2003년 9월 11일 그 형의 집행을 종료한 자인 바, 1985년 6월 12일 아버지를 여의고, 홀어머니 슬하에서 형제들과 함께 살아오면서 예체능계 소질을 보여서 중학교 시절에는 단거리 달리기, 그 다음에 투포환, 기계체조 선수로 활동하면서, 지속적인 체력 단련을 통해서 강한 손목과 악력을 갖추는 한편, 장차 화가가 되기를 꿈꾸기도 하였으나, 색약 등의 이유로 인해서 예술고 입학이 좌절 되어서 그 꿈을 접고 국제공고에 입학하였지만, 절도 사건으로 구속이 되어 가지고, 1988년 8월 23일, 소년부 송치 처분을 받고 난 이후에 학교생활에 적응하지 못해서 자퇴하고, 친구 소개로 만난 여성과 결혼을 전제로 사귀어 오던 중에, 특수 절도죄로 구속이 되어서 1991년 9월 4일 서울 지방 법원에서 징역 10월을 선고 받

범죄 인지보고서 [다음 한국어사전]

사법 경찰관이 수사에 착수할 때에 작성해야 하는 보고서. 이 보고서에는 피의자의 성명·주민 등록 번호·직업·주거·범죄 경력·죄명·범죄 사실 및 적용 법조를 기재하고, 범죄 사실에는 범죄의 일시·장소·방법 등을 명시하고 특히 수사의 단서 및 인지하게 된 경위를 명백하게 기재하여야 한다.

공판조서 [위키백과]

공판조서는 공판기일에서 어떠한 소송절차가 행해졌는가를 명백히 하기 위하여 일정한 사항을 기재한 서면을 말한다. 피고인은 공판조서의 열람 또는 등사를 청구할 수 있으며 그 공판조서를 유죄의 증거로 할 수 없다.

을 당시 그 여성과 동거를 앞두고 간절히 집행유예 석방을 기원하였으나, 실형을 선고 받고, 법정에서 손에 쥐고 있던 나무 십자가를 부수는 등, 낙담을 하면서 그동안 믿어왔던 기독교 신앙에 대해서 점차 회의를 품고, 나중에는 원망과 함께 노골적으로 신의 존재를 부정하고, 그 후에 그 여성과 피고인의 어머니 집에서 동거를 하면서 1993년 6월 23일 혼인신고까지 했지만, 또 다시 절도죄로 구속이 되어서 1993년 9월 16일 서울지방법원에서 징역 8월의 선고를 받고 1994년 9월 20일 출소한 후에, 1994년 10월 26일에는 아들을 낳았지만, 낮에는 웨딩숍 사진 기사 일을 하고 밤에는 불법 퇴폐 업주들을 상대로 경찰관 행세를 하면서 금품을 갈취하고 그 갈취한 불법 음란물을 판매하다가 단속이 되어서 1995년 4월 27일 인천지방법원 부천지원에서 음화판매죄 등으로 벌금 300만원을 선고 받은 일이 있고. 절도죄로 수배 생활 하면서도 계속 경찰관 자격 사칭, 공갈 범행 등을 일삼다가, 1998년 2월 13일 서울지방법원에서 공무원 자격 사칭죄, 절도죄, 공문서 위조죄, 불실기제 면허증 행사죄로 징역 2년을 선고 받고, 1999년 5월 19일 안양 교도소에서 만기 출소한 이후에 또 다시 범행을 반복하면서 경찰관 자격을 사칭해서, 미성년자를 강간한 혐의 등으로 2000년 3월

공소장 법률용어사전 ─────────────────────────

검사가 공소를 제기하고자 할 때 작성하는 문서를 말한다. 검사가 공소를 제기할 때에는 공소장을 관할 법원에 반드시 제출하여야 한다. 구두나 전보 등에 의하는 것은 허용되지 않는다.

15일에 구속되어서, 2000년 10월 27일에 징역 3년 6월을 선고

받고……" 이렇게 유영철의 이력이 나옵니다.

김윤희 아마 유영철에 대해서 띄엄띄엄 아시는 분들은 계시겠지만, 공

소장에 기재된 내용을 디테일하게 아시는 분들은 아주 드물 것

같아요. 처음 들으시는 분들이 대부분일 것 같아요. 요약해서

말씀드리자면, 앞부분은 유영철이 지금까지 살아온 이야기들,

예체능계에서 자기의 꿈을 펼치려고 했지만 색약이어서 좌절

되는 등의 불우한 환경에 처해 있었다는 이야기들을 거론하는

것이고요. 또 전과가 있는 사람들의 경우에는 공판 조서 앞부

분에서 어떤 전과가 있었는지에 대해 자세하게 이야기를 하거

든요. 유영철의 경우에는 교도소에서 총 7년 정도의 수감생활

을 했어요. 가장 길게 수감됐던 것은 마지막 범죄로 3년 6개월

이었어요. 미성년자 강간으로 3년 6개월의 형을 살고 나온 그

시점에서부터 범행이 시작되는데, 앞에서 이야기한 내용은 여

기까지입니다. 이 공소장에는 증거 자료와 관련해서 기본적으

로 피고인의 진술을 바탕으로 했다는 이야기들이 나와요. 유영

철이 직접 이야기한 내용이라는 거죠. 그리고 신학과 신에 대

한 이야기가 나온 부분은 뒤에 이어서 나올 주택가 살인사건과

관련되어 있는 부분이에요. 이전 아내의 이야기가 나온 부분도

나중에 부녀자들을 대상으로 한 범죄에 있어서 이것들이 영향

을 미쳤기 때문에 공소장의 앞부분에 제시되는 겁니다.

부자들만 죽이는 사람으로 소문이 났으면 좋겠다

김복준 여성을 대상으로 한 범죄가 아내와 관련이 있다는 것은 유영철의 주장입니다. 3년 6월의 형을 선고 받을 때쯤에는 유영철이 전 아내와 함께 살고 있었어요. 그런데 유영철의 범죄 행각에 염증을 느낀 아내가 크리스마스이브인 2000년 12월 24일에 이혼 재판을 신청해서 강제적으로 이혼을 당합니다. 이혼 재판의 과정에서 아들에 대한 양육권마저도 빼앗기는 결과가 나옵니다. 그리고 아내 되는 여성이 유영철을 향해 '개새끼'라는 모욕적인 욕설까지 내뱉었고, 이 일련의 상황에 대해 유영철은 상당한 배신감을 느끼고 아들과 아내를 살해하려는 마음을 품었다고 합니다. 그렇게 지내다가 그들 대신 다른 사람들을 살해하기로 마음을 바꾸고 교도소 벽면에다가 출소하면 살해할 사람들의 숫자까지 기록을 했어요. 그렇게 교도소에 홀로 앉아서 무차별 살인의 결의를 다지면서 연쇄살인사건 범행 기사가 보도된 신문이라든지 잡지를 가져다 놓고는 그 내용을 전부 분석을 해요. 완전범죄를 계획했던 거겠죠. 여기까지가 유영철이 아내에 대해 가졌던 감정선을 드러낸 부분인 것 같은데, 이제 얼마 남지 않았으니까 바로 읽을게요. "피고인의 이와 같은 비참한 현실이 피고인 자신의 무책임하고 충동적인 행동 탓이라는 점에 관해서는 진지하게 반성하지 아니한 채, 모두 불공정하고 모순된 외부적인 여건 때문인 것으로 치부하는 가운데, 넉넉하지 못한 가정환경에서 자라오면서 형성된 부유층에 대한 반감이 맹목적인 적대감과 증오심으로 심화되어 교회 부근에 사는 부유층들을 골라 잔인하게 살해해서 교회 부근에 살아도 신의 보호를 받지 못한다는 것을 널리 알리고, 부유층들에 대해서 공포감을 조성함으로써 그동안 마음속 깊이 쌓아두었던 사회에 대한 불만과 적개심을 표출하기로 마음먹고, 2003년 9월 11일 출소한 후에 일단 어머니 집에서 잠시 머물면서 과도로 큰 개를 찔러보는 살인 실험을 해봤는데, 피만 나올 뿐 곧바로 숨지지 않는다는 것을 알고, 칼보다는 머리를 강타하면 비명도 지르지 못하고 곧바로 쓰러뜨릴 수 있는 둔기가 보다 효율적인 살해 방법이라는 것을 깨닫고, 서울 마포구 신수동 소재에 있는 공사장에서 자루가 긴 해머를 들고 나와서 긴 자루를 떼어낸 후에 그 자리에다가 길이가 짧은 장도리 자루, 즉 망치 자루를 넣어서 실리콘으로 처리하는 방법으로 범행 도구인 손자루가 짧은 해머 한 자루, 약 4킬로그램 정도 되는 것을 특별 제작합니다. 그리고 위협용으로 잭나이프 하나를 준비하고, 범행 시지문을 남기지 않기 위해서 세무 장갑 한 켤레와 코팅된 목장갑 여러 켤레, 위에서 제시된 범행 도구를 넣어서 들고 다닐 수있는 검정색 어깨걸이 가방을 각각 준비합니다. 그리고 범행시간대는 주로 노약자나 부녀자들만 있는 집에서 오전 시간대에 범행할 것을 결의를 합니다.”

김윤희 공소장의 앞부분에 해당되는 이 부분은 범죄 사실을 나열하기 전에 이 사람이 왜 범죄를 저지르게 되었고 어떤 동기를 가지고 있는가에 대해서 간략하게 이야기를 하고 있는 거예요. 그래서 전 부인에게 이혼을 당하게 되면서 아이를 키울 수 없게 됐기 때문에 아내와 아들을 향해 적개심을 품었다는 거죠. 하지만, 아내와 아들을 살해하면 자신이 발각될 위험이 있고 더 이상 범죄를 저지를 수 없기 때문에 이들은 죽이지 않고 다른 사람들을 범죄 대상으로 했다는 것입니다. 그런데 자신은 신에게도 배반을 당했기 때문에 신이 존재하지 않는다는 것을 보여주기 위해서 교회 부근의 부유한 주택가에 사는 사람들을 범행의 대상으로 삼았다는 것입니다.

김복준 신의 보호를 받지 못한다는 것을 보여주겠다는 거죠.

김윤희 그것은 자신이 저지른 범죄에 대해서 자기만의 합리화를 추구한 부분이고요. 다음으로는 범행 준비를 어떻게 했는지, 얼마나 철저하게 범행을 준비했는지에 대해서 제시를 하고 있는 거예요. "어떻게 하면 범행을 잘 저지를 수 있을까?"에 대해 공부를 했어요. 뿐만 아니라 개도 찔러보고, 범행 도구도 자신의 손에 맞게 특수 제작을 했으며, 범행과정에서 증거를 남기지 않기 위해 세무장갑도 준비를 했어요. 여기까지는 유영철이 어떻게 범행 준비를 해왔는지에 대해서 설명을 하고 있는 부분입니다.

김복준 여기까지는 공소장에 나와 있는 범행 준비과정이고요. 지금부터는 유영철의 자백 진술입니다. 이것은 정말 제가 몇 주에 걸쳐서 유영철의 모든 것을 밝히기 위해 A4 38페이지 분량의 자

검증조서 [위키백과]

검증조서는 대한민국 형사절차의 문서로 법원 또는 수사기관이 검증의 결과를 기재한 조서를 말한다. 법원의 검증조서와 검사 또는 사법경찰관의 검증조서로 나뉜다.

료를 준비했습니다. 그 과정에서 유영철의 자백 진술 내용을 참고했어요. 거기에 나와 있는 범행 준비 과정은 이렇습니다. "범행 동기는 절도죄로 전주 교도소에서 복역을 하고 있었던 시기에 돈이 없어서 이혼한 아내를 생각하니 돈이 많은 부자들에 대한 적개심이 생겨나서 출소하면 모두 죽여야겠다고 결심했다."라고 이야기했고요. 본인은 아내와 이혼한 이유가 돈이 없었기 때문이라고 생각했다는 거죠. "그래서 2004년 9월 11일에 전주 교도소에서 출소해서 서울 마포구 공덕동 부모님의 집에서 지내던 중에 교도소에서 결심한 일을 실천해야 되겠다고 마음먹고 2004년 9월 20일 신촌에 있는 오피스텔로 이사해서 본격적인 범행 준비를 시작했다. 신촌 일대의 건축 현장에서 직경 5cm 정도의 해머 망치 한 개와 나무자루 한 개를 오피스텔로 가지고 와서 해머 망치에 있는 긴 나무 손잡이를 빼내고, 약 30cm 정도 되는 나무 손잡이를 그곳에 다시 끼웠다. 9월 23일 을지로에 있는 밀리오레 상가에 가서는 검정색 가방을 만 원에 구입했다. 청계천 도깨비 시장 노점에서 골프 장갑과 그와 비슷한 장갑 하나를 다시 만 원에 구입했고, 그 다음에는 15cm 정도 되는 '버거 칼' 하나를 3만 원에 구입해서 가방에 넣어서 범행을 준비했다." 유영철이 직접 진술한 내용입니다. 손잡이가 30cm라는 것은 해머 망치를 가방에 들어갈 수 있게 제작했다는 이야기고요. 버거 칼은 아마 잭나이프를 이야기하는 것 같아요. 그리고 본인이 범행을 저지르면서 강도로 위장한 이유에 대해서도 이야기를 해요. 돈은 가져가지 않고 부자들만 죽이는 사람으로 소문이 났으면 좋겠다는 생각을 했다는 거예요. 실제로도 초창기에는 범행 현장에서 돈을 가져가지 않거든요. 이것이 유영철의 자백에 따른 범행 준비 과정입니다.

목표가 명확했던 살인범, '나는 돈 때문에 이러는 게 아니야!'

김윤희 유영철은 사이코패스라는 것, 그리고 자기는 불우한 환경에서 자랐기 때문에 돈이 많고 부유한 사람들을 대상으로 범죄를 했다고 주장하는 부분에 대해서 대충은 알고 계셨을 거예요. 그리고 실제로 유영철이 범죄를 계획하고 준비했다는 것은 알고 있었지만, 이렇게까지 철저하게 준비를 했다는 것은 아마 잘 모르셨을 거예요. 유영철의 진술내용이 놀라운 것은 바로 그 부분인 것 같아요. 범죄자들 모두가 자기 손에 맞게 직접 도구를 제작하지는 않아요. 그리고 위협용 나이프부터 시작해서 흉기도 용도별로 준비한 것이잖아요. 범죄 현장에서 장갑도 하나만 사용하는 것이 아니라 바꿔가면서 사용했다는 것입니다. 표현이 조금 이상하지만 우리가 지금까지 만나왔던 범죄자보다는 한 단계 이상 업그레이드 됐다는 거죠. 범행을 위해 차원이 다르게 준비를 했으며, 정말 목표가 명확했던 살인범이라는 것만큼은 분명해요. 첫 번째 사건은 신사동에서부터 시작이 되죠. 2003년 9월 24일 시간은 10시경으로 추정을 합니다. 그때 집 안에는 72세의 이씨와 67세인 그의 부인이 있었습니다.

김복준 맞습니다. 9월 24일 정확하게는 10시 10분경에 서울 강남구 신사동에 있는 소망교회 부근의 단독주택에 갑니다. 미리 준비한 세무 장갑을 끼고 뒤편에 있는 담장을 훌쩍 뛰어넘어서 정원으로 침입을 합니다. 정원에서 집안의 동태를 살펴봅니다. 세무 장갑을 끼고 담을 넘은 다음에 집에 들어가서는 코팅된 목장갑으로 갈아 끼고는 잭나이프를 손에 들어요. 얼마나 치밀합니까? 잭나이프 손에 들고는 현관문을 열고 집 안으로 들어갑니다. 집 안에 들어서니까 안방에서 인기척이 있어요. 그것을 확인한 다음에는 거실 계단을 통해서 2층으로 올라가서 2층에 있는 방문을 모두 열어봐요. 그래서 2층에 아무도 없는 것을 확인한 다음에 다시 1층으로 내려와요. 내려와서는 인기척이 있었던 안방 문을 열어 제치는 거예요.

김윤희 유영철이 보여주는 일련의 행동에는 의미가 숨어 있어요. 절도범으로서 이미 절도를 많이 해봤기 때문에 어떻게 침입하고 어떻게 상황을 파악해야 되는지를 잘 알고 있다는 거예요. 담도 능숙하게 넘었어요. 그때는 목장갑이 불편하다는 것을 아는 거죠. 담을 넘은 다음에는 흉기를 들고 범행을 실행해야 하는데, 여기서는 흉기가 밀리는 것을 방지할 수 있는 코팅된 목장갑으로 바꿔 끼는 거죠. 이미 자기의 머릿속에서 계산되어 있던 것이겠죠. 절도범들이 낯선 집에 침입한 후에 제일 먼저 하는 행동이 상황을 파악하는 것인데, 유영철이 2층을 확인한 것은 자기의 행동에 변수가 생길지도 모르는 부분을 미리 파악해둔 것이죠. 이미 자기 머릿속에 시뮬레이션이 되어 있었다는 거죠.

김복준 지금 장갑 이야기 하셨는데, 코팅된 목장갑의 경우에는 담을 넘기 위해 담장을 잡았을 때 벗겨질 수 있어요. 그렇기 때문에 세무 장갑을 끼는 것이 담을 넘는 데는 더 용이했을 거예요. 그리고 범행할 때는 세무 장갑보다는 코팅된 목장갑이 유리하다고 생각했겠죠. 흉기가 손에서 미끄러지지 않기 때문입니다. 미리 생각해서 준비했던 것 같아요. 그리고 2층을 살펴서 사람이 없다는 것을 확인하고 1층으로 다시 내려와서는 인기척이 있는 안방의 문을 확 열어젖혔잖아요. 유영철의 행동은 정말로 엄청나게 위협적이면서 위험한 행동입니다. 피해자들이 유영철을 보고 깜짝 놀라서 자리에서 벌떡 일어났겠죠. 일어선 피해자 노인을 향해 유영철은 "앉아!"라고 말했겠지만, 낯선 사람이 안방으로 갑자기 들이닥쳤는데 쉽게 앉을 수 있겠어요? 그래서 우물쭈물하고 있는데 손에 들고 있던 잭나이프로 목을 찔러버립니다. 목을 찔려서 쓰러지자마자 가방에서 미리 준비했던 해머 망치로 머리를 여러 번 내리쳐서 살해해요. 그런데 유영철이 살해한 피해자 옆에 피해자의 아내 분이 있잖아요. 갑자기 안방 문을 열고 들이닥쳐서 칼로 남편의 목을 찌르고 둔기로 내리쳐서 살해했는데, 아내 분의 경우에는 얼마나 놀랐고 또 얼마나 황망했겠어요. 아마 강도라고 생각했던 것 같아요. 장롱 문을 열고 돈을 꺼내면서 "이것들을 모두 가져가고 목숨만 살려 달라."고 애원했다고 해요. 그 상황에서 유영철이 "내가 지금 돈 때문에 이러는 것 같으냐?"고 말하면서 손에 들고 있던 둔기로 아내 분의 머리를 다시 여러 번 내리쳐서 살해합니다. 지금 제가 말씀드리고 있는 부분은 어디까지나 유영철이 스스로 말한 내용일 뿐입니다. 그런데 아내 분을 살해하는 과정에서 먼저 둔기로 내리쳤던 남편이 그때까지도 살아 있어서 움직이고 있었다고 해요. 다시 남편 분을 둔기로 내리칩니다. 결국 두 사람을 현장에서 살해합니다. 남편 분이 S여대 의사였고, 당시에는 은퇴한 명예교수였어요. 명예교수 부부를 급습해서 둔기로 살해한 사건이 신사동 사건이에요. 이 사건 처음 발생했을 때에는 우리 사회에 굉장한 반향이 있었어요.

김윤희 이 사건이 발생했을 때, 저는 막 범죄 심리를 공부하기 시작했었기 때문에 이 사건을 기억하거든요. 범행 자체가 너무나 잔인했기 때문에 뉴스에 많이 나왔어요.

김복준 이것은 서막에 불과했어요. 경찰관들도 그때까지는 그렇게까지 잔인한 수법의 범행을 직접 목격하지는 못했을 거예요. 피해자들의 두부 손상이 처참한 상태였으니까요.

김윤희 저희가 정두영을 『대한민국 살인사건』의 첫 번째 케이스로 다루었잖아요. 정두영이 범행에 둔기를 사용했던 것을 두고 유영철의 '스승'이라고 이야기했던 것이었잖아요. 제가 정두영 사건의 현장 사진을 많이 보지는 못했지만, 범행수법에 있어서는 유영철이 조금 더 잔인했던 것 같아요.

자필진술서에 나타나는 범인의 '의식의 흐름'

김복준 저도 정리된 범죄 사실만 봐서는 부족한 느낌이 들어서 유영철의 자필진술서를 보게 되었어요. 지금부터 제가 말씀드린 범죄 사실의 자필진술서 내용을 조금 읽어드릴게요. 이것은 2003년 9월 24일에 본인이 직접 쓴 거예요. 논현역에서 내린 것에서부터 시작됩니다. "논현역에서 내려서 주택가를 배회하던 중에 범행 주택을 발견하고 건물로 들어갈 마땅한 장소를 찾기 위해서 건물 뒤 아파트로 가 가지고 담을 훌쩍 넘어가지고 나무 사이에 쪼그리고 앉아서 한 10분 정도 동태를 살펴본 후에 바로 현관문을 열고 2층으로 올라가서 인기척이 없는 걸 확인하고……" 유영철이 담장을 넘어서 나무 사이에 조용히 앉아 동태를 10분 정도 살펴봤다는 거죠. 그리고 자필진술서에는 바로 2층으로 올라간 것으로 나와 있어요. 계속해서 볼까요. 유영철이 그 자리에서 그대로 썼기 때문에 어법에 맞지 않는 부분들이 있어요. "2층으로 올라가서 인기척이 없는 걸 확인하고 다시 내려와서 안방을 제외한 나머지 방을 다시 확인하고, 주방까지 인기척이 없는 것을 확인한 다음에 세 명 정도인 줄 알았는데 열고 보니까 부부 두 명뿐인 안방에 들어갔다. 안방에 들어가 아저씨를 위협하는 과정에서 말을 듣지 않아 칼로 목을 찌르고 놀란 아줌마를 진정시키는 척하며 망치로 아저씨 머리를 내리쳤으며, 아줌마를 좀 아저씨 옆에서 떨어지라고 해도 말을 안 듣자 아줌마도 둔기로 때렸으며, 아저씨가 움직이길래 번갈아 가며 확인 차 둔기를 몇 번 더 내리쳐 사망을 확인하고, 안쪽에서 문을 누르고 다시 나와, 처음 들어갔던 철장 담벼락으로 나와 골목길 가던 중, 오토바이가 세워져 있는 곳에서 바지에 있는 핏자국을 그 집에서 가지고 나온 수건으로 닦던 중 칼을 놓고 온 게 생각이 나서 다시 똑같은 위치와 방법으로 철장 담벼락을 넘어서 안방 앞에 이르러서 문이 잠겨 있길래 오른발로 수차 세게 차서 열어보니까 피비린내와 이불 위에 칼이 그대로 놓여 있어, 그 칼을 가방에 넣고 장갑 낀 손으로 장롱을 열어서 강도처럼 보이게 하고 귀금속 등과 지폐 등이 보였으나 그냥 바로 나왔음. 나오는 방법은 현관 대문을 이용하지 않고 처음 들어간 곳이 철장 담벼락을 그대로 넘어와서 아파트 쪽으로 넘어 걸어서 논현역으로 와서 전철을 타고 왔음." 이렇게 본인이 자필진술서를 썼어요. 범죄 내용에서 약간의 차이가 있죠? 조금 전에 살펴본 범죄 사실에서는 안방에 인기척이 있는 것을 확인한 후에 2층에 올라가서 확인하고 다시 내려온 것으로 되어 있는데, 본인이 쓴 자필진술서에는 바로 2층으로 먼저 올라가서 확인한 다음 1층으로 내려와서 급습한 것으로 되어 있어서 약간의 차이가 있지만, 범행 순서에는 차이가 없어요.

김윤희 자필진술서는 어떤 자료보다 중요하거든요. 본인이 작성한 것이기 때문에 범인의 '의식의 흐름'을 볼 수 있잖아요. 사건을 어떻게 인지하고 있으며 어떻게 기억하고 있는지에 대한 부분에서 범인의 내면 상태가 가장 잘 드러나거든요. 시간의 흐름 속에서 사건들이 진행되지만, 시간의 흐름이 정지되어 있는 상태, 즉 실제 사건의 흐름보다 오래 머물러 있는 시간대가 있어요. 그곳에 자신이 집중하고 있었던 부분, 또는 핵심적으로 기

자필진술서 ————

자필진술서는 진술자가 직접 작성하는 것으로, 상황에 대하여 자세하게 묘사한 진술 내용을 기록한다. 그리고 진술인에 대한 인적사항을 간단히 기록한다. 구두 진술을 증명의 효력을 발휘할 수 없으므로, 반드시 진술서를 작성하여 증거 자료로 활용하도록 한다.

억하는 것이 있다는 의미이거든요. 저희가 자필진술서를 볼 때는 그런 부분들을 눈여겨보는 경우가 많아요. 자필진술서를 여러 가지로 분류해서 각각 다른 부분들을 분석하기도 합니다.

김복준 일단 자필진술서에는 '담을 어떻게 넘어가고 장갑을 어떻게 끼고 집 안으로는 어떻게 들어가고 어떻게 동태를 파악하고'와 같은 범행과정의 디테일한 부분이 나오잖아요. 실제 범인이 아니라면 구체적인 낱낱의 행동을 기재할 수가 없어요. 그래서 진술서를 본인의 자필로 받아두는 순간, 법정에서 아주 결정적인 증거 능력을 가지는 겁니다.

김윤희 자필진술서에서 거의 사실만을 이야기를 해요. 자기의 감정이나 의견은 들어가지 않아요. 그 부분이 아주 특색 있게 느껴지는 것 같아요. 어쨌든 일체의 범죄사실에 대한 이야기들, 준비과정, 수법, 실제 행동 등은 아주 구체적이고 풍성하게 기록되어 있는 반면에 자신의 감정 상태와 느낌이나 기분 같은 것은 거의 극단적이라고 할 만큼 배제되어 있거든요.

김복준 그렇죠. 이렇게 해서 부부를 살해한 것이 2003년 9월 24일이에요. 아마 이 날은 경찰 역사에도 기록될 거예요.

오버킬은 방어본능과 두려움의 표현

김복준 두 번째 범행이 시작됩니다. 그리고 연쇄 살인범의 특징 중에 하나가 휴지기 또는 냉각기를 거치는 것이라고 하지 않습니까? 9월 24일에 첫 범행을 저지른 다음에 두 번째 범행은 2003년 10월 9일입니다. 한글날이에요. 대략 2주 정도의 공백기가 있었습니다. 2003년 10월 9일 역시 시간은 오전입니다. 첫 번째 범행에서는 10시 10분이었는데 이번에는 10시 40분이었습니다.

김윤희 한글날이 지금은 공휴일로 지정되어 있지만, 당시에는 평일이었기 때문에 오전 10시 40분이면 대부분의 사람들이 출근을 했을 시간이었던 거죠.

김복준 두 번째 범행의 장소는 서울 구기동이에요. 구기동 부근에는 영광교회가 있어요. 조금 전에 신사동은 소망교회 옆이었잖아요. 두 번째 범행은 영광교회가 위치해 있는 구기동의 단독 주택입니다. 먼저 세무 장갑을 끼고 담장을 넘습니다. 그리고 정원으로 들어가요. 범행이 이루어지는 수법이나 맥락이 비슷해요. 세무 장갑 끼고 담장을 넘은 다음 정원에 숨어서 집 안의 동태를 살펴요. 그 다음에는 코팅된 목장갑으로 갈아 낍니다. 장갑을 갈아 끼고는 협박용으로 사용하기 위해서 잭나이프를 꺼내 들었어요. 처음부터 해머를 들지는 않고 잭나이프를 들고 현관문을 세게 확 밀치면서 들어가는 거죠. 현관에 들어서면서 거실 입구 왼편에 있는 화장실에서 피해자 강씨를 발견합니다. 집주인 강씨는 연세가 85세나 된 노인이에요. 강씨와 눈이 마주치자 재빨리 가방에서 둔기를 꺼내 그대로 머리를 내리치는 겁니다. 그렇게 강씨를 쓰러뜨린 다음 화장실을 나와서 거실의 안쪽으로 들어갑니다. 유영철이 나름대로는 화장실에서 둔기로 머리를 내리쳤고, 또 나이가 많은 노인이었기 때문에 당연히 사망했을 것으로 생각해서 거실 안쪽으로 걸어가고 있는데 그 노인이 화장실에서 비틀비틀 걸어 나왔던 것으로 보입니다.

걸어 나오는 노인을 보고는 다시 한 번 둔기로 머리를 내리쳐서 쓰러뜨립니다. 쓰러진 노인을 확인한 다음 그 자리에서 둔기를 가방에 넣고 잭나이프로 바꿔 들었어요.

김윤희 이 부분에서 떠오르는 생각이 있어요. 유영철이 살해 도구로는 칼보다 둔기가 좋다는 판단을 했잖아요. 하지만, 누구든 처음에 봤을 때 위협을 느끼는 것은 둔기보다는 칼이에요.

김복준 맞아요, 위협용으로는 흉기가 둔기보다 훨씬 효율적이에요.

김윤희 그래서 바꿔들었을 것 같아요. 살해할 때는 둔기가 훨씬 효과적이지만, 처음 사람을 대면했을 때는 흉기가 훨씬 효과적이라고 판단했기 때문에 잭나이프로 바꿔들었다는 거죠. 유영철이 범행 준비도 많이 했지만, 아마 사람에 대해서도 많은 연구를 했다는 것이 이 부분에서 드러나요.

김복준 그렇게 볼 수도 있겠네요. 비틀거리면서 걸어 나오는 노인을 살해한 다음에 흉기를 다시 꺼내 들었잖아요. 흉기를 들고 거실 안쪽으로 가요. 아래층에서 소란스럽고 시끄러운 소리를 듣고 무슨 일이 생겼는지를 확인하기 위해 60대의 여성분이 2층 계단을 통해서 1층으로 내려왔어요. 그분이 2층에서 내려왔을 때 유영철과 마주쳤겠죠. 유영철이 바로 손에 들고 있던 흉기를 여성분의 목에 들이대는 거죠. 그 상태로 소파가 있는 쪽으로 끌고 가서는 쓰러뜨립니다. 아마 복부 부위를 발로 차서 쓰러뜨린 다음에 다시 둔기를 꺼내서 머리를 내리치는 방법으로 살해해요. 이번에는 2층으로 올라갑니다. 유영철이 2층으로 올라가는 중에 젊은 남성과 마주쳤어요. 그 집의 아들이에요. 아래층에서 두 번이나 요란한 소리가 났고, 또 같이 있던 여성분도 1층으로 내려갔기 때문에 나와 본 것이겠죠. 젊은 아들은 자폐 증상이 있었다고 합니다. 아들과 마주친 유영철이 들고 있던 잭나이프를 목에 들이대고 위협을 해서 2층의 복도로 끌고 갑니다. 그리고 둔기로 머리를 내리쳐서 살해합니다.

김윤희 한 집에서 3명이나 살해를 했던 거네요. 30대 남성분은 너무나 심하게 타격을 당했다고 합니다.

김복준 네, 엄청나게 잔인했다고 합니다. 자폐증을 앓고 있어서 의사소통에 문제가 있었기 때문에 칼로 위협한 상태에서 "앉아! 머리 숙여! 조용히 해!"와 같은 유영철의 이야기를 알아 듣지 못했겠죠. 그 상태에서 유영철의 요구와 상관없는 행동을 지속했을 것 같은데, 유영철도 흥분한 상태였을 것이기 때문에 마구 공격을 했던 것 같습니다. 저는 사건 현장의 사진을 봤는데, 두부 손상의 상태가 너무 심각했어요. 거의 얼굴의 형태를 찾을 수가 없었거든요. 정말 끔찍했습니다.

김윤희 일부에서는 유영철이 유독 남성, 그것도 젊은 남성에 대해서는 유난히 많은 타격을 가했다고 주장하는 분들이 계세요. 스스로도 위협을 많이 느꼈을 것이고, 자신에 대한 자존감이 낮은 것과 남성으로서의 약소함 같은 것들이 복합적으로 작용했기 때문에 유독 남성을 심하게 가격했다는 이야기죠.

김복준 실제로 유영철은 힘 있고 젊은 사람을 타깃으로 삼아서 공격한 경우는 거의 없었어요.

김윤희 우연하게 맞닥뜨렸지만, 유영철이 범행을 계획할 때 젊은 남성은 고려대상이 아니었어요.

김복준 네, 약한 노인들이나 여성들이 범행 대상이었죠. 그런데 살해 당한 남성이 장애가 있는 사람이라는 것을 알지 못했던 것 같아요. 건장한 젊은 남성이라고 생각했기 때문에 자신도 모르게 방어 본능이 발동했던 것 같아요. 그래서 '오버킬overkill'했던 것으로 추정되는데, 어떻게 생각하세요?

김윤희 네, 저도 그랬을 것이라고 생각합니다. 제가 썼던 논문 중에 '상처의 패턴과 살인사건의 동기'라는 것을 주제로 해서 여러 가지 사건들을 살펴본 것이 있어요. 일단 개인적인 요소들에 의해 오버킬을 하는 경우는 논문을 통해 검증할 수 있었어요. 자기 손상이라는 부분이 있었는데, 자기 손상이라든지 망상이라든지 피해의식 같은 부분들이 오버킬과 연관이 있다는 내용이었거든요. 나중에 제가 유영철에 대해 프로파일링한 부분을 검토해 봤더니, 자기 손상이라는 항목이 아주 높게 나왔던 것을 확인할 수 있었어요. 물론 제가 직접적으로 유영철을 프로파일링을 했던 것은 아닙니다. 하지만, 저는 제 논문의 주장과 다른 여러 가지 자료를 종합적으로 검토해봤을 때 유영철의 내면적인 요소들로 인해 피해 대상에 대한 오버킬이 일어난 측면이

오버킬overkill [주간동아]

사전적 의미로는 '과잉 살상 또는 핵무기의 과잉 살상력'이다. 그러나 이 용어의 활용폭은 대단히 넓다. 지나친 경제정책으로 인한 부작용 또는 물가 상승에 대처하기 위해 수요를 지나치게 억제함으로써 경기를 냉각시킨다는 의미의 경제용어로도 널리 쓰이고 있으며, 과도한 폭력이 동반된 끔찍한 살인을 뜻하는 범죄용어로도 언론에 종종 소개된다.

분명히 있다고 생각합니다.

김복준 건강하고 젊은 남자에 대한 두려움이 있었던 거죠.

김윤희 엄청난 두려움이 있었겠죠. 저는 이 부분을 보면서 유영철은 굉장히 소심한 사람이었을 것이라는 생각이 들었어요.

뛰어난 공간지각능력, 유영철은 절도범이 분명하다

김복준 유영철의 성격과 관련된 것은 후반부에 분석해 주시면 될 것 같아요. 일단 3명을 살해한 다음에 유영철이 금고와 자개농을 뒤집니다. 그리고 2층에서 거실로 내려오던 여성에게 "지금 이 집에 누구누구가 있느냐?"고 묻습니다. 2층에 아들과 남편이 있다고 이야기 하거든요. 아들은 이미 살해했잖아요. 유영철은 여성이 말한 남편을 찾으려고 지하실까지 내려가 봅니다. 아마 그 여성의 남편도 살해하려는 생각이었던 것이겠죠. 하지만, 살해당한 여성의 남편은 찾지 못했어요. 결국 두 번째 사건은 모두 3명을 살해한 것으로 끝이 났어요. 이 사건도 유영철의 그 자필진술서 내용을 읽어드리겠습니다. "2003년 10월경에 구기터널 입구 근처에서 하차해서 외길인 이북5도청 쪽으로 걸어올라 가던 중에 범행 주택이 마땅하게 없어서 30, 40분간 더 물색하다가 교회 앞에 있는 주택이 담벼락이 낮아서 쉽게 담을 넘어 자갈이 깔려 있는 정원을 소리가 안 나게 천천히 현관까지 다가가서 현관문에 달려 있는 종소리가 나지 않게 조용히 문을 열고 입구 초입 왼쪽에서 앉아 무슨 일인가를 하고 계시는 할머니에게 다가가 머리를 내리쳤으나 할머니가 의식을 잃지 않고 서서 조금 걸어 나오길래 재차 둔기로 머리를 2, 3회 더 내리쳐서 사망한 걸 확인하고, 어수선한 소리에 위층에서 아줌마가 계단으로 내려오는 것을 칼로 위협해서 1층 거실 소파 쪽으로 끌고 가 앉히고, 소리를 내면 죽인다, 위층에 누가 있냐고 물으니까, 남편과 아들이 있다고 하여 머리를 숙이라고 한 다음에 시키는 대로 하지 않아서 발로 복부를 두어 번 가격하고, 완전히 눕자, 머리를 여러 번에 걸쳐서 내리쳐서 사망을 확인하고 2층으로 올라가던 중에, 아들로 보이는 사람이 말을 더듬더듬 하며 누구냐고 물어보길래 칼로 위협하며 앉게 하고, 머리를 숙이라고 해도 계속해서 알아듣지 못하는 말로 뭐라고 하길래 바로 머리를 내리쳤으나, 의식이 계속 남아있길래 뇌가 터져 나올 정도로 머리를 수회 걸쳐서 내리쳤으며, 사망을 확인한 후에 남편이라는 사람을 찾기 위해서 방마다 뒤졌지만, 아들로 보이는 그 사람 방에 게임하는 컴퓨터가 켜져 있고 아줌마 방으로 보이는 방에서 금고가 열려 있길래 어지럽게 강도로 위장을 하기 위해서 그럴 듯하게 물건을 망쳐놨고 자개농이 있는 방에 들어가서 수건을 하나 가지고 나와서 신발 등에 남은 핏자국을 없애고 현관 큰 대문으로 유유히 나와서 피 묻은 수건 등은 근처 쓰레기봉투에 안 보이게 넣었습니다. 처음 그 집에 가게 된 동기는 회색 그랜저인가 뭔가 하는 차가 그 집 앞에 서길래 차에서 내리는 아줌마가 들어가는 집을 유심히 보고 그 집으로 들어가는 걸 확인하면서 그 집을 범행 대상으로 삼은 거고, 1층 거실 부근에 벽난로 앞에서 아줌마를 살해한 것이며…(중략)… 개가 짖는 소리가 나서 지하실까지 완전히 내려가지 않았고 기념주화라든지 이런 게 많이 있었지만 손대지 않았다."라고 되어 있습니다. 구기동에서는 세 사람을 살해했는데 그 집에 들어가게 된 동기를 보면, 어떤 아주머니가 차에서 내리는 것을 보고 따라 들어갔다는 것인데 정말 어이가 없어요. 제가 지하실까지 내려갔다고 했는데 지하실 안에까지 뒤진 것은 아니었어요.

김윤희 저는 자필진술서를 처음으로 보는 거예요. 그런데 제가 내용을 들으면서 갖게 된 느낌은 "절도범이 분명하다."는 것입니다. 오랫동안 절도를 했던 것이 확실한 것 같아요. 사건에서 공간을 인지하는 기준 자체가 물건이고, 그 짧은 시간에 얻어낸 정보가 상당해요. 그렇게 얻은 정보들은 사건의 핵심이라고 할 수 있는 살인과 관련된 이야기를 할 때에는 필요하지 않은 부분인데, 굳이 이야기를 하고 있거든요. 그리고 올라가는 위치나 내려가는 위치 등 공간인지 능력이 상당히 뛰어난 것 같아요. '오른쪽 소파'라는 것만 봐도 사람들은 '소파'라고 하지 '오른쪽 소파'라고까지 이야기하지는 않거든요. 유영철은 공간을 인지하고 지각하는 능력은 범죄를 저지르면서 개발된 능력이라는 생각이 들었어요. 물론, 어느 정도까지는 선천적인 부분도 있겠지만 아마 범죄를 통해서 개발된 부분이라는 생각이 들어요.

김복준 이것이 두 번째 사건입니다. 조금 전에 설명을 들으신 것처럼 누구든지 이런 상황에서 유영철의 공격을 받으면 아마 속수무책일 거예요. 갑자기 문을 열어젖히면서 들이닥쳐서는 목에 흉기를 들이대고는 "앉아!"라고 위협해서 앉으면 가방에서 둔기를 꺼내 머리를 내리치는데 어떻게 대응할 수 있겠어요. 제가 볼 때는 유영철의 타깃으로 결정되는 순간 살해당할 수밖에 없는 정도의 대담한 범행이었다는 생각이 들어요.

김윤희 유영철은 주저함이 전혀 없어요. 무조건 모두 죽이겠다는 생각을 하고 들어갔던 거예요.

김복준 눈에 띄는 대로 마구잡이로 그냥 살인을 하고, 심지어 둔기로 확인 사살까지 하는 거예요. 이 유영철이라는 인간은 정말 용서받지 못할 인간이에요.

유영철이라는 범죄자의 시간관념

김윤희 이제부터는 심리적 냉각기가 더 짧아져요. 공간적으로는 강남에서 강북으로 갔었잖아요. 이번에는 강남으로 갑니다. 10월 16일 강남구 삼성동에서 다시 범죄를 저지릅니다.

김복준 10월 9일에 두 번째 범행을 저지르고, 세 번째 범행이 10월 16일이면 불과 일주일 간격이죠. 2003년 10월 16일 12시 30분인데 처음 두 사건에 비하면 조금 늦은 시간입니다. 서울 강남구 삼성동에 있는 행복교회 부근입니다. 첫 번째는 소망교회, 두 번째는 영광교회, 그리고 세 번째는 삼성동에 있는 행복교회입니다. 행복교회 근처에 위치해 있는 단독주택 앞에 이르러서 나머지는 똑같습니다. 세무 장갑을 끼고 단독주택 뒤편 담장을 훌쩍 넘어가는 거죠. 정원에 침입해서 코팅 장갑으로 갈아 낀 다음 위협용 잭나이프를 듭니다. 1층 현관문 열고 들어갔더니 현관 왼쪽 화장실에서 일하던 69세의 유씨가 있었는데 목에 흉기를 들이대죠. 거실 오른쪽 편에 있는 안방과 다용도실 경유해서 화장실로 끌고 갑니다. 거기서 둔기 꺼낸 다음에 머리를 내리쳐서 살해합니다. 그리고 그 집에서는 바로 빠져나와 버립니다. 그런데 이 사건의 피해자는 1시간 후인 당일 오후 1시 30분경에 아들에 의해 발견되었고, 삼성의료원으로 후송된 후에 응급치료를 받았지만 오후 2시경에 결국 사망하게 됩니다. 사망의 원인은 두부 손상이었습니다. 어떻게 표현해야 좋을지를 모르겠어요. 이 사건도 그냥 문 열고 들어가서 목에 흉기 대고 위협하고, 앉힌 다음에 둔기로 가격하고 빠져나오는 것이잖아요. 똑같은 패턴에 따라서 피해자들은 속수무책으로 당하고 있는데, 문제는 이유도 목적도 모른다는 거예요.

김윤희 범죄자들이 똑같은 방식으로 범죄를 저지를 때에도 조금씩은 패턴의 변화를 주거든요. 그런데 유영철은 지금 이 여성을 살해하는 것도 그렇고, 신사동이나 구기동에서 다른 사람들을 살해할 때에도 자기만의 방식과 패턴을 지키려고 노력했을 것 같아요. 하지만 패턴을 반드시 지켜야 한다고 의식했다기보다는 그 패턴을 벗어났을 때에는 실수를 저지를 수도 있다는 두려움을 무의식적으로 갖고 있었던 것 같아요. 자신의 계획에서 벗어나는 것에 대한 두려움이 분명히 있었을 것 같아요. 그래서 사건들의 패턴이 마치 복사한 것처럼 똑같아요.

김복준 맞습니다. 제가 일선에서 수사하면서 보면, 처음으로 성공한 범행수법을 그대로 답습하는 범죄자들이 압도적으로 많거든요.

지금 말씀하신 것을 보면 유영철도 마찬가지라는 것이네요. 이 사건의 자필진술서도 읽어드릴게요. "2003년 10월 중순 경에 삼성동 주택가에서 범행 장소를 찾던 중에, 범행 주택 부근에 있는 큰 부잣집 주차장이 열려 있었어요. 거기에 들어가서 정원에 있던 남자가 나가기를 기다렸는데 한 시간이 되도 안 나가길래 그 집을 포기하고 다시 나와서 밑으로 계속 내려오던 중에 어떤 차가 내 쪽으로 오길래 얼른 주차장 쪽으로 몸을 숨겨서 얼굴을 안 보이게 하고 다시 내려와서 처음 내 쪽으로 왔던 차가 나왔던 집을 범행 대상으로 결심했어요. 그래서 에어컨 후방을 밟고 넘어가서 현관으로 들어가려고 했는데, 다시 처음에 내 옆을 스쳐갔던 차가 그 집으로 되돌아와서 본인은 창고로 들어가서 창고 창문을 넘어서 옆집으로 갔어요. 옆집으로 갈 때는 주택 뒤쪽으로 창문을 넘어서 간 것인데 살살 걸어서 건물 옆으로 해서 정문 앞에 다다르니까 아줌마가 나와서 현관문에서 우편물을 30분이나 살펴보고 있었어요. 그리고 다시 집으로 들어가는 것을 확인하고 갤로퍼가 주차되어 있고 정원수 등이 잘 가꿔진 정원을 살펴보고 현관문을 열고 들어가자 왼쪽에서 뭔가 하고 있던 아줌마를 칼로 위협해서 집에 또 누가 있냐고 다그치고, 건넛방에 있는 화장실로 데려가서 망치로 내려쳐서 살해하고 뒷걸음치면서 나왔어요. 살해하고 난 다음에 뒷걸음질 치면서 나와 가지고 걸레로 발자국을 닦았고 담을 넘어서 도주했다."고 이야기 하거든요. 유영철의 범행 대상에서 벗어난 것을 두고 운이라고 해야 하나요. 물론 한편으로는 목숨을 구한 것이기 때문에 엄청난 행운일 수도 있어요. 어쨌든 차가 자기 쪽으로 오는 것만으로도 몸을 숨긴 것을 보면, 유영철 자신도 항상 쫓기는 것 같은 불안감이 있었던 것 같아요.

김윤희 이 사건의 자필진술서에서 제가 인상적으로 느꼈던 것은 공간이 아니라 시간이에요. 확실히 긴장 상태에서 있었기 때문에 시간이 길게 느껴졌던 것 같아요. 저는 이 진술서에 나와 있는 사건이 1시간이나 될 정도로 길지 않았을 것이라고 생각해요. 대문 앞에 서서 30분이나 우편물을 살펴본다는 것은 비현실적이에요. 그것은 아니었을 것 같아요. 유영철에게는 범행을 위해 기다리는 시간 자체가 초긴장 상태였기 때문에 시간이 그만큼이나 길게 느껴졌던 것 같아요. 자기 스스로 이 공간에 너무 오래 있었다고 느끼는 거죠. 유영철이 다른 사건보다 범행 후에 사건 현장에서 신속하게 벗어나는 이유가 바로 그것이죠.

김복준 맞아요, 즉시 나와 버립니다.

김윤희 지금 유영철과 사건을 바라보는 '우리'는 시간 개념이 다릅니다. 유영철이 너무 오래 있었다고 느끼는 이유는 분명해요. 우리는 범행 자체, 즉 집안에 침입해서 살해하는 것만을 범행시간이라고 한다면, 유영철에게 범행시간은 범행 대상을 탐색하고 침입하고 기다리는 시간이 모두 포함되어 있기 때문이에요.

김복준 네, 그렇죠. 첫 번째 집에 들어갔다가 실패하고 나와서 걷다가 차 때문에 숨고 다시 그 집에 갔다가 또 실패하고, 다시 옆집을 넘어서 한 사람을 살해하고 나오는 순간까지를 유영철은 범행시간이라고 생각했을 것 같네요.

김윤희 자기가 노출될 수 있는 상황과 시간이 비례한다는 사실을 분명히 느끼고 있었기 때문일 겁니다.

김복준 역시 프로파일러의 분석이 깊고 명쾌하네요.

김윤희 읽어주셨기 때문에 생각을 한 거죠. 저는 그와 관련된 부분들을 유영철이 확실하게 느끼고 있었을 것이라고 생각하는데, 분명하게 인지하지 못했을 수도 있어요. 많은 부분들은 무의식에 배어 있었던 것들일 가능성이 높아요.

김복준 시간 개념과 관련된 분석은 상당히 흥미롭습니다. 제가 미처 생각하지 못한 부분이었어요.

범죄자들은 합리적이거나 이성적인 사람이 아니다

김복준 네 번째 범행에 들어가겠습니다.

김윤희 그런데 한 달 동안의 공백이 있어요. 세 번째 사건까지는 거의 2, 3주 정도였고, 가깝게는 1주였는데 이번에는 한 달인 거죠.

김복준 휴지기, 냉각기가 한 달입니다.

김윤희 이 기간 동안에 아마 유영철 자신도 인지하지 못했던 변화들이 분명히 있었을 것이라는 생각이 들어요.

김복준 장소가 강남에서 강북으로 바뀌고, 냉각기가 한 달 정도로 길어진 이유는 이미 3건의 살인사건으로 온 나라가 떠들썩해지고 관심이 집중되었기 때문일 겁니다. 그리고 강남에는 경찰병력이 배치되기 시작했거든요. 수사가 개시되었고, 그 즈음에 걸어가는 유영철의 뒷모습이 CCTV를 통해서 수배가 되었어요.

김윤희 이 사건을 마지막으로 범죄의 패턴이 바뀌는데, 패턴을 바꾸기 전에 마지막으로 저지른 범죄가 혜화동 사건이었습니다. 여담인데요. 저는 당시에 경찰관이 아니었습니다. 첫 번째 사건이 발생한 지역이 '신사'였잖아요, 지역명에 시옷이 겹치고, 두 번째 '구기'는 기역이, 세 번째 삼성도 시옷이, 네 번째 혜화도 히읗이 겹치잖아요. 범인이 자음이 겹쳐지는 지역을 찾아다니는 것 아닌가라고 생각해서 서울시의 지역명을 분석하기도 했고, 실제로 자음이 겹치는 지역명을 가진 지역에서 이와 유사한 범죄가 있었는지에 대해서도 수사를 했다는 이야기를 들었어요.

김복준 맞아요. 수사관들은 별별 희한한 생각도 해요.

김윤희 저는 그 이야기를 처음 들었을 때, 지역명에서 공통점을 발견한 수사관이 정말 대단하다는 생각을 했어요.

김복준 한 가지 사건에 매달려서 연관관계나 공통점 같은 것을 찾다보면, 수사관들이 어떤 때는 정말 말도 안 되는 소리를 해요. 저도 여담 하나 이야기할게요. 살인사건 수사본부가 구성되면 아침에 모여 앉아서 회의를 해요. 제가 수사회의를 주재하면, 항상 저와 가장 먼 거리에 있는 신참수사관에게 "본인 의견을 이야기해 봐."라고 하면서 발언권을 줘요. 물론 신참수사관이 말이 안 되는 내용을 발언하더라도 빈정대고 조롱하거나 야유를 보내지 말라는 당부를 사전에 베테랑 형사들에게 해두죠. 신참수사관부터 시작해서 차례대로 의견을 듣고 있는데, 꾸벅꾸벅 졸고 있던 형사 한 명이 자기 차례가 되었을 때 난데없이 어제 범인을 봤다는 거예요. 지금 우리는 범인의 윤곽도 제대로 못 잡고 있는데 말이죠. 그러면서 범인의 키는 170 정도이고, 몸집은

뚱뚱한 편인데 눈이 찢어져서 매서운 인상에 스포츠형 머리를 하고 다니며 주로 청바지와 청재킷을 입고 다닌다고 확신에 차서 말해요. 그 자리에 있는 형사들이 전부 어처구니없어 하면서 "아니. 범인의 인상착의를 어떻게 그렇게 구체적으로 아냐?"고 묻는데 "꿈에서 봤다."고 태연하게 말하는 거예요. 모두 허탈하게 웃어요. 그렇지만 아무도 그 신참수사관에게 싫은 소리를 하지 않습니다. 수사관이 꿈에서 범인의 얼굴을 볼 정도면 그 사건에 얼마나 집중하고 있는지를 알 수 있잖아요. 실제로 수사회의를 하다 보면, 형사들이 꿈에서 본 범인 이야기들을 엄청나게 많이 해요. 정말 아이러니한 것은 범인을 검거하고 나서 대조를 해 보면 꿈에서 본 범인과 비슷하게 생긴 사람이 잡힌다는 것이에요. 제가 여담으로 이야기를 했지만, 수사하면서 형사들이 추리하고 생각하는 과정은 상당히 어렵습니다. 프로파일러 분들도 마찬가지겠지만요.

김윤희 그런데 이것조차도 놓치면 안 되는 이유가 있어요. 우리는 범죄자들이 합리적인 사람이나 이성적인 사람이 아니라는 사실을 알기 때문이에요. 심지어 어떤 범죄자들은 자신의 범죄 행위를 '게임'이라고 생각하는 경우도 있기 때문에 아주 작은 가능성도 열어놓아야 하는 거죠. 나중에 들었을 때는 여담이나 농담으로 여기면서 웃을 수 있지만, 현장에서는 '그래, 이런 생각까지도 할 수 있는 범죄자일지도 몰라.'라고 생각해야 하는 것이거든요. 주목받는 사건은 굉장히 여러 방면에서 수사를 진행하는데, 문득 이 사건을 이야기하다보니 선배님들이 "우리가

생각해도 정말 웃기지만, 대단했던 부분도 있었어."라고 이야기
하시던 기억이 나서 말씀 드렸어요.

김복준 프로파일러 분들은 합리적인 근거를 바탕으로 범인의 모습을
그려가잖아요. 그런데 형사들도 프로파일러처럼 전문적인 교
육을 받지는 않았지만, 자기가 가지고 있는 수사 노하우로 머
릿속에 범인의 모습을 그린다는 거예요. 프로파일링이라는 명
칭을 붙일 수 없지만, 이것도 일종의 프로파일링이라는 거죠.

아기를 죽이면, 내 아들에게도 해가 돌아갈 수 있다고 생각하다

김복준 유영철의 네 번째 범행이고 부유층 노인들과 관련된 마지막 사
건입니다. 자음 '히읗'이 겹치는 동네죠.

김윤희 혜화동입니다.

김복준 혜화동 사건은 김윤희 프로파일러께서 말씀하신 것처럼 한 달
의 냉각기가 있었어요. 2003년 11월 18일 오전 11시입니다. 오
전 11시에 서울 종로구 혜화동에 있는 혜화성당 부근에 위치해
있는 동네의 단독주택입니다. 세무장갑 끼고 단독 주택 뒤편에
있는 가스 배관 타고 침입합니다. 유영철이 절도범이었기 때문
에 담을 넘는 일이나 가스 배관을 타고 침입하는 일이 능숙했
을 겁니다. 그래서 단독주택 뒤편에 있는 가스 배관을 타고 침
입을 하는데 역시 똑같아요. 정원에서 동태 살펴요. 그리고 사
람이 있는지를 확인해요. 유영철은 사람이 없으면 들어가지 않
아요. 사람 있는 것을 확인한 다음 코팅 목장갑에 흉기를 들고
현관문을 열고 들어가는 거죠. 들어가서는 거실 계단을 통해서

2층으로 올라갑니다. 2층으로 올라가서 2층의 방문을 모두 열어보면서 2층에 사람이 없는 것부터 확인해요. 나머지는 동일한 패턴입니다. 계단을 내려오다가 마주친 사람이 한 명 있었어요. 이 사람은 가사도우미였어요. 배씨 목에 흉기를 들이대고 안방으로 끌고 갑니다. 안방 문을 열고 들어갔는데 방안에는 87세의 할아버지가 안방 침대에 누워 있는 겁니다. 허리가 많이 아파서 누워 있던 노인이 놀라서 일어나려고 했는데, 둔기로 노인의 머리를 때려서 쓰러뜨렸어요. 그런데 아기가 한 명 있었나 봐요. 가사도우미인 배씨가 너무 놀라서 아기를 안고서 소리를 질렀던 것 같아요. 배씨도 살해합니다. 아기를 데리고 나오는데 아기가 계속해서 울었어요. 그런데 아기까지 죽이지는 않았어요. 아기를 살해하지 않은 것을 보면 정말 최소한의 양심은 있었나 봐요. 유영철 같은 인간에게 양심이라는 단어 자체가 어울리지도 않지만, 어쨌든 아기는 살려줬어요.

김윤희 아마도 자기 아들이 떠올랐기 때문일 것 같아요. 유영철은 자신이 이 아기를 죽이면, 자기 아들에게도 해가 돌아갈 수 있다는 생각을 하지 않았을까요? 어쨌든 아기를 살해할 수 없었던 이유는 아들과의 관련성 때문이라고 생각해요.

김복준 가사도우미 분은 안방에 아기를 두고 일을 하는 도중에 유영철과 맞닥뜨린 것 같아요. 그리고 흉기로 위협해서 안방 문을 열고 들어가서 할아버지를 둔기로 살해하는 것을 보고 그 여성이 안방에 누워 있던 아기를 안았던 거예요. 여성이 놀라서 소리를 지르고 아기가 울었기 때문에 여성은 살해하고, 아기는 데리고 나와서 포대기 같은 것으로 덮어놓은 거죠.

김윤희 아기는 목격할 수 있는 존재가 아니기 때문에 노출의 위험이 없죠.

김복준 아기를 소파 위에 내려놓고 안방으로 들어왔더니 피해자들이 완전히 사망한 상태가 아니었어요. 확인사살을 합니다. 그리고 강도로 위장하기 위해서 금고가 있는 방으로 갑니다. 그곳에서 금고문을 열어보려고 했지만, 실패했어요. 현관문에 있는 곡괭이와 전지가위를 들고 와요. 유영철은 강도로 위장하기 위해서 금고를 여는 척만 했다고 말하지만, 제가 볼 때는 유영철이 절도 전과가 있는 '도둑놈'이었기 때문에 금고를 열어서 귀중품이 나오면 훔쳐가려는 생각도 있었을 거예요. 아무튼 곡괭이와 전지가위를 이용해서 금고를 열어보려 했지만, 금고가 열리지 않았던 것 같아요. 그 과정에서 유영철이 손가락을 다칩니다. 전지가위를 금고의 틈에 넣어서 비틀어보려고 하는 도중에 오른쪽 가운데 손가락을 크게 다쳤고, 상당한 출혈이 있었던 것 같습니다. 그 상황에서 유영철은 2층 수납장에 있는 스카치테이프를 꺼내 와서 휴지로 손가락을 감싼 다음에 그 위에 다시 스카치테이프를 감는 방법으로 지혈을 합니다. 지혈을 한 다음에 생각해봤더니 출혈 때문에 바닥에 피가 떨어졌을 것 아닙니까? 그러면 DNA가 검출될 수도 있고, 그것 때문에 검거될 수도 있잖아요. 그래서 방화, 즉 불을 지르기로 마음을 먹고 사람들을 살해한 1층 안방으로 다시 내려와요. 그곳에서 2층에서 가지고 온 신문지와 옷가지에 라이터로 불을 붙여서는 죽은 사람

들의 머리맡에 놓아둡니다. 그리고 2층 금고 방으로 올라가서
는 그곳에도 신문지를 흩어놓은 다음에 라이터로 불을 붙이고
는 도주를 합니다. 결국 두 사람을 살해하고, 그 집에 불을 질렀
는데 공교롭게도 불이 생각보다 크게 나지 않았어요.

김윤희 인화 물질이 없으면 불이 잘 붙지 않아요. 신문지나 옷가지는
타다가 저절로 꺼졌을 것 같고, 경제적으로 부유한 분들이었고
고급 주택이었기 때문에 가구는 물론 커튼이나 벽지 같은 것에
방염처리가 되어 있었을 것 같아요. 그리고 무엇보다 유영철
스스로가 심리적으로 아주 급했을 것 같아요.

김복준 허겁지겁 했겠죠.

김윤희 그렇죠. 심리적으로 쫓기는 상태에서 신문지나 옷가지를 모아
불을 붙이는 과정을 보면, 방화를 해본 경험은 없었던 것 같아
요. 제가 봤을 때, 살인이나 절도와 같은 범죄에는 아주 능숙했
지만 방화에 대해서는 '초범'의 수준이었던 것 같아요. 불을 질
러야겠다는 생각만 있지 실행을 해 본 적이 없었기 때문에 불
을 붙이지 못했던 거죠. 정남규 같은 경우에도 방화를 하지만,
그전에 자신이 살았던 집을 태우는 등 방화에 대한 경험이 있
어요. 전력이 있는 거죠. 그런데 제가 봤을 때 유영철은 방화에
관해서만큼은 전력이 거의 없었을 것 같아요.

김복준 방화 전력은 없었다는 거죠.

김윤희 네, 실제로 불을 질러봤을 수 있겠지만, 어느 정도 규모가 있는
방화는 없었다는 거죠.

김복준 이 사건의 자필진술서는 약간 길지만 읽을게요. 혜화동 사건입

니다. "2003년 11월경, 혜화역에서 내렸답니다. 혜화역에서 내려가지고 주택을 물색하던 중에 파출소 근처가 오히려 안심이 될까 싶어서 파출소 뒤편으로 400m 정도 올라갔답니다. 올라가서 오른쪽 골목으로 들어가서 주택을 발견했는데, 대문이 엄청 높고 마땅히 들어갈 수 있는 방법이 없어서 뒤쪽으로 들어가 보려고 했는데 외곽 성처럼 보이는 웅장한 건물을 걸어 올라갈 적당한 위치를 찾는데 중간쯤에 수위실이 보이는 건물이 있어서 경계하였으나, 그분이 책을 펼쳐놓고 주무시는 것 같아서, 옆으로 가니까 토끼들이 있는 장과 창고 비슷한 게 몇 개 보였고, 그 바로 옆으로 철조망을 적당히 벌려가지고 그 주택 2층부터 가스 배관을 타고 천천히 내려갔다는 거예요. 그래서 다시 내려와서 2층부터 가스 배관으로 천천히 내려가는데, 옆집에서 큰 개가 계속 짖더니 잠시 후 잠잠한 틈을 타서 천천히 내려갔대요. 그 주택 정원 1층 거실에서, 거실로 보이는 곳을 유심히 보니 인기척이 없어서, 정원을 돌아서 1층 방에서 남자 소리가 났고. 현관문으로 바로 들어가서 부엌 쪽에서 무슨 소리가 들려서 2층으로 바로 올라가 인기척이 있나 없나 확인하고 다시 1층으로 내려오는데 주방에서 아줌마가 나오다가 나를 보고 누군데 2층에서 내려오느냐고 하면서 언제 들어왔냐고 그러기에, 칼로 위협하여 안방으로 안내해라, 그래서 남자가 있는 방이 어디냐고 해서 함께 가봤더니 노인이 조그마한 침대에 누워 있었다. 그래서 할아버지가 일어나려고 하길래 바로 가방에서 망치를 꺼내서 할아버지 머리를 내리치니까 기절했고, 아줌마가 소리를 질러서 그만 조용히 하라고 하고는 앉으라고 위협한 다음에 바로 망치로 내리치려 했으나 아기를 안고 울길래, 아기를 떼어내고 머리를 내리쳤으며 아기는 계속 울길래 소리가 안 들리게 옆에 있는 거실 소파 같은 곳에다가 옮겨 놓고 포대기 같은 것을 여러 겹 둘러놓고 다시 노인 방으로 가서 신음하고 있는 노인과 아줌마를 몇 차례 더 망치로 가격하여 살해하고 옷가지로 신발 등 핏자국을 닦고 2층으로 올라가 할아버지 방에 있는 금고를 강도로 위장하기 위해 열어보려고 했는데 장비가 마땅치가 않더라는 거예요. 그래서 1층 거실에 세워져 있는 골프채를 가지고 왔고, 지하 주차장으로 내려가서 곡괭이하고 호미, 가지치기 하는 가위로 보이는 것 등 몇 가지를 더 가지고 올라가서 망치 등으로 내려쳐 열어보려고 했던 것처럼 하려고 했는데, 그 과정에서 손이 다쳐서 피가 금고와 옆에 몇 방울 떨어지길래, 2층 복도로 나와서 복도에 있는 수납장 같은 것을 뒤지니까 박스 테이프가 나와서 그걸 휴지와 테이프로 지혈을 시키고. 증거 인멸을 하기 위해서 방화를 결심하고 2층에 있는 신문지를 가지고 1층 노인방으로 가서 신문지와 옷가지 등에 불을 붙였고 바로 2층에 올라가서 금고 주변과 커튼 등에 신문들 이용해서 불을 붙이고 옷에 핏자국을 가리기 위해서 2층 중간에 있는 옷방으로 들어가서 행거에 걸려 있는 검정 잠바로 위장하고 정문으로 천천히 나왔으며. 여기서부터 웃겨요. 불타는 장면을 보기 위해서 부근 수녀원으로 보이는 건물 옥상으로 올라가려고 했으나, 1층에서 여자가 어디 가느냐고 그러기에, 최모 교수를 만나러 왔다고 했으나, 그런 분 없다길래 2층 거실에서 뽑아 마신 스텐 컵을 손에 든 채로 다시 나와서 근처에 컵을 버리고, 그 주택을 확인하러 가는데 불이 꺼져 가길래 이상하다 싶어서 한 시간 정도 왔다 갔다 하면서 동태를 살피는데 승합차가 도착하더니 초인종을 눌러도 응답이 없길래 그냥 가고 20, 30분 있다가 웬 여자가 다시 그 집으로 들어가는 걸 보고 뒤돌아서 현장을 떠났다. 현장에서 절취한 잠바는 남대문 먹자골목에 있는 노숙자 주변에다가 두고 본인이 신고 있던 버팔로 신발은 칼로 잘라서 봉투에 담아가지고 쓰레기 더미 위에 버렸고, 신발은 10월경에 탑골 공원 옆에 있는 금강제화 2층 매장에서 신어보고 골라서 1층에서 버팔로 닦는 전용 왁스와 함께 13만 원 정도 되는 가격에 샀습니다." 이렇게 나와 있는데, 말이 계속해서 이어지는 것은 유영철의 말을 그대로 적었기 때문이에요. 그래서 제가 임의로 중간 중간 끊어서 읽었습니다.

사이코패스의 탄생, 절도범에서 연쇄살인범으로

김복준 집 구조는 경사진 곳에 지어진 건물이어서 앞에서는 낮은 위치에서 보게 되기 때문에 굉장히 높은 집인 거죠. 하지만, 집 뒤로 돌아가면 경사로의 위에 서게 되기 때문에 집보다 높은 위치인 거예요. 거꾸로 그곳에 올라가서 배관을 타고 2층에서부터 내려오게 된 겁니다.

김윤희 아마 형사 분이 옆에서 도와주신 자필진술서 같아요. "이것도 적어. 저것도 적어."라고 코칭을 하신 것으로 생각되는 부분이 군데군데 보여요. 그것을 감안해도 아주 눈에 띠는 부분이 있는데, 유영철은 소리에 아주 민감하다는 거예요.

김복준 소리에 민감하다는 것은 "개 짖는 소리 싫어서 올라왔다."는 것 같은 부분인가요?

김윤희 '인기척이 들려서', 그리고 '무슨 소리가 나서', '무슨 소리를 듣고'처럼 소리에 반응하는 표현들이 많아요. 아마도 절도범이기 때문에 소리에 반응하는 긴장감 같은 것이 느껴져요.

김복준 유영철은 전형적인 절도범이에요.

김윤희 절도와 강도의 목적을 가지고 있다는 것도 확실한 것 같아요. 왜 그렇게 말씀하시는지 확실하게 이해가 되는 것이 금고를 열려고 했던 부분에서 위장이 목적이라면 그렇게까지 정성을 들이지는 않거든요.

김복준 대충 하고 정리해서 나오겠죠.

김윤희 유영철은 지금 자기가 동원할 수 있는 모든 방법과 도구들을 사용해서 금고를 열려고 해요. 그렇다면 분명히 경제적으로 압박을 받는 부분들이 있었을 거예요. 돈이 필요했기 때문에 금고를 열어서 내용물을 절취하려고 했던 것이 분명해요. 그리고 그 집을 나와서 지켜봤다는 것은 어쨌든 처음으로 다른 패턴의 행동을 한 거예요. 방화죠. 불을 질렀을 때 얼마만큼 불이 일어나는지, 즉 자기 행동의 결과를 직접 보고 싶었던 거죠. 어떤 상황인지 지켜보려고 대기했는데 생각보다 방화가 성공적이지는 않았던 거예요. 처음으로 패턴을 바꿨는데 실패했던 부분인 거죠. 네 번째 사건으로 인해 무엇인가가 자신을 향해 점점 조여져오고 있다는 것을 인지했을 거예요.

김복준 이때부터 버팔로 신발이라는 것이 방송에 나오기 시작했어요. 그 전에는 뒷모습만 찍혀 있었는데, CCTV를 통해 신발의 특징을 찾아냈고 수배전단을 배포할 때에는 버팔로 신발이라는 것을 이야기 했어요. 그래서 네 번째 사건 다음에 신발을 가위로 잘라서 쓰레기봉투에 담아서 버린 거예요. 증거 인멸을 시도한 거죠. 그리고 유영철이 소리에 민감한 것도 분명해요. 지하실로 내려가다가 개소리가 들려서 포기한 것이나 2층 가스배관을 타고 내려오는 중에 옆집 개가 짖어서 잠깐 멈추고 있다가 개가 잠잠해져서 다시 내려오는 것, 자동차가 다가왔을 때 창고 옆으로 숨는 것까지 모두 소리에 반응한 것이니까요.

김윤희 유영철이라는 사람 자체가 소리를 자기에게 닥쳐올 수 있는 위험 요소라고 인지를 하고 있는 것 같아요.

김복준 절도범의 전형적인 모습이잖아요.

김윤희 그 부분이 무의식중에 있는 것 같아요. 자기가 컨트롤 하려고 하는 것이 아니라, 이미 자기의 몸에 배어 있어서 반응하기 때문에 자신의 행동을 바꾸는 신호가 되는 거예요. 실제로 현장에서는 이 부분이 가장 어려워요. 소리는 남아 있는 증거가 아니기 때문이에요. 예를 들어, 유영철이 행동 패턴을 어떻게 바꿨는지에 대해서 분석을 할 때에는 소리가 이미 사라져버렸기 때문에 저희가 분석할 수 있는 요소가 아니잖아요. 나중에 돌이켜봤을 때는 이 사람이 소리에 반응하고 있다는 것을 알 수 있지만, 현장에는 소리가 남아있지 않기 때문에 왜 행동에 변화가 일어났는지를 설명할 수 있는 요소가 아주 적어요.

김복준 유영철은 전형적인 절도범인데, 범행 계획을 세우고부터는 야수로, 연쇄살인마로 돌변한 케이스잖아요. 행동 패턴으로 보자면 절도범의 전형인 것은 분명하죠?

김윤희 강도 같은 경우에는 대인범죄잖아요. 대물범죄, 즉 강도보다는 절도를 하는 사람들이 오히려 꼼꼼한 성격을 가지고 있어요. 강도는 스킬적인 부분을 정교하게 만드는 것보다 목적, 즉 자기가 쉽게 돈을 얻는 방법을 우선적으로 생각하잖아요. 반면에 절도는 침입 방법에서부터 증거 인멸 방법에 이르기까지 자기가 생각하고 결정해야 하거든요. 범죄에서 계획을 세워야 되는 부분이나 탐색하는 부분도 마찬가지인 것 같아요. 아마 유영철의 범죄가 치밀해질 수 있었던 것은 절도를 해봤기 때문이라는 생각이 들어요. 저는 네 번째 사건에서 방화가 성공하지 못했기 때문에 아기가 살 수 있었다는 부분이 무엇보다 다행이라고 생각했어요. 돌아가신 분들 모두가 안타깝지만, 만약 아기까지 죽었다면 저는 이 사건을 제대로 분석하지 못했을 것 같아요. 유영철은 자기가 아기를 죽이지 않았다는 것뿐, 아기가 죽을 수 있다는 것은 분명하게 인지하고 있었거든요

김복준 솔직히 말해서 살해 의지를 가지고 불을 지른 거죠.

김윤희 이불 덮어놨다는 것은 아이가 숨을 쉬지 못할 수도 있다는 것이고요.

김복준 지금까지 분석했던 살인사건은 일반적으로 '부유층 노인 연쇄

살인'이라고 칭해지는 사건들이었습니다. 지금부터는 살인사건
들을 저지르기 전에 있었던 흔히 '잡범'으로 분류되는 사건들,
공문서 위조와 절도, 갈취 사건 등을 살펴보면 어떨까요?

김윤희 제 생각에 그 부분은 나중에 다루는 것이 좋을 것 같아요. 저는
그 사건들이 두 번째로 다룰 '부녀자 연쇄살인' 사건들과 수법
적인 면에서 연결되어 있다는 생각이 들기 때문입니다.

김복준 그러면 그 부분은 나중에 하죠.

김윤희 유영철 사건은 충격적으로 다가오는 부분이 많은 것 같아요.
연쇄 살인을 하면서 수법은 크게 변화하지 않았고 살인의 목
적을 정확하게 드러내고 있잖아요. 유영철 사건의 경우에는 앞
으로도 많은 부분을 분석해 나가겠지만, 유영철 사건을 분석하
는데 있어서 키포인트는 절도범이었던, (물론, 강간범이기도 했
지만) 유영철이 왜 연쇄살인범으로 바뀌어갔는지에 대한 동기,
그리고 나중에 수법이 바뀌었을 때 나타나는 유영철의 심리적
변화와 관련된 부분들이라는 생각이 들어요.

김복준 네, 수법은 거의 똑같아요.

김윤희 그렇지만, 유영철이라는 사람에게 어떤 심리적인 변화가 일어
나서 살인을 시작하게 되고, 살인의 패턴을 바꿔가고, 또 나중
에 잡혔을 때에는 어떤 방식으로 자기의 범죄를 합리화하는지
에 대한 부분이 저는 유영철을 분석하고 이해하는데 정말 중요
한 부분이라 생각해요. 지금은 사이코패스라는 개념을 자연스
럽게 받아들이는데, 우리나라의 범죄사에서는 유영철 사건 이
후부터 이 사이코패스라는 개념이 등장했거든요. 사이코패스

라고 하더라도 유영철은 특이해요. 실제로 심리적 냉각기가 아주 짧고, 또 들쭉날쭉해요. 나중에 나오는 사건들을 통해 보시겠지만 본인의 범행을 본인이 기억하지 못해요. 일반적인 범죄자들은 기억하는 경우도 있고, 그렇지 않으면 기록을 해 두는 범죄자들도 많은데 유영철은 전혀 기억하지 못하는 거죠. 유영철에게는 범죄, 살인이 그냥 일상이라는 의미인 거예요. 그래서 너무 손쉽게, 너무 악랄하고 너무 편안하게 살인을 저질렀던 범죄자라는 생각이 듭니다.

경찰관 사칭의 이유, 개인적인 로망 또는 범행의 편익

김복준 이제부터 다룰 사건은 유영철을 모델로 해서 만들어진 영화 『추적자』에 나왔던 전화방 여성들을 대상으로 저지른 범죄입니다. 살해당한 사람이 11명이죠.

김윤희 부유층 노인 연쇄살인에서 8명이구요. 나중에 황학동에서 일어난 사건에서 1명, 그리고 윤락 여성들을 대상으로 한 사건이 모두 11명이에요.

김복준 윤락이 아니라, 출장안마사 등으로 일했던 여성이라고 할 수 있죠. 어쨌든 여성들을 대상으로 했던 범행의 내용과 범행 당시의 심리 상태와 범행 동기에 대해서도 프로파일링이 필요할 것 같고요. 유영철이 검거됐다가 도주를 해요. 그리고 재검거되었잖아요. 그 과정에 대해서도 다뤄야 할 것 같아요.

김윤희 그리고 피해자의 가족인 유족들이 어떻게 살고 있는지, 그리고 유족들은 어떤 부분들이 상처로 남아있는지에 대해서도 짚어봐야 할 것 같아요. 또한 우리 사회에 남겨진 상처도 돌아봐야 겠죠. 유족들의 상처와 관련해서 제가 '윤락여성'이라는 표현을 사용한 것에 대해서는 다시 한 번 사과를 드리고요. 이 부분에 대해서는 '피해여성'이라는 단어로 고쳐서 사용하도록 하겠습니다. 유영철을 유명하게 했던 사건인 부녀자 살인사건을 다루어야 될 것 같은데요. 부녀자 살인사건을 다루기 전에 저희가 다루어야 할 사건 하나가 있다고 생각해요. 한때 유영철이 유명해진 것은 경찰관을 사칭한 사건 때문이거든요. 어떤 식으로 경찰관을 사칭한 겁니까?

김복준 이 사건은 공문서 위조죄로 처벌 받은 내용을 살펴보면 쉬울 것 같아요. 2003년 11월 말에 본인의 집인 마포구 신수동에 있는 오피스텔 102호에서 경찰관 신분증을 위조했어요. 양식을 다운받아서 입력하고 포토샵 6.0 등 다수의 컴퓨터 프로그램을 이용해서 경찰 신분증을 위조를 했다는 거죠. 그리고 경찰 마크를 만들어서는 최인호라고 이름까지 입력했고, 서울지방경찰청 소속으로 계급은 경장이었다고 합니다.

김윤희 저는 계급이 "왜 경장이었을까?"가 궁금했어요.

김복준 글쎄요, 아마 경장이 그럴 듯했던 모양이죠. 소속 부서는 정보 1과이고. 주민등록번호는 680516이라고 해서 적당히 넣었던 것 같아요. 서울지방경찰청의 직인까지 만들어서 붙여 넣은 다음에 코팅을 해서 들고 다녔던 것 같아요. 그래서 서울지방경찰청장 명의의 공문서, 즉 경찰관의 신분증을 위조했기 때문에 공문서 위조죄가 성립되는 거예요.

김윤희 서울지방경찰청 정보 1과에 경장이 없다는 사실을 경찰들은 잘 알고 있지만, 경찰이 아닌 분들은 모르시는 거죠.

김복준 유영철의 경우에는 실제로 경찰에 대한 로망이 있었던 것 같아요. 경찰관 시험을 보려고 했지만, 색약이기 때문에 안 된다는 것을 알고 있었잖아요. 예술 고등학교에 진학하고 싶었는데 색약이기 때문에 가지 못했던 것과 마찬가지죠. 색맹이나 색약이 있으면 경찰관 시험에 합격할 수 없거든요. 경찰에 대한 로망은 있었지만 경찰이 되지는 못했던 거죠. 아무튼 위조한 신분증은 저희가 나중에 분석할 사건에서 다양하게 활용합니다. 그래서 공문서 위조로 2003년 11월에 처벌받았다는 내용의 범죄 사실 하나를 설명해 드리는 겁니다. 당시에는 위조한 신분증을 이용해서 살인까지 저지르는 않았지만, 몇 건의 금품 갈취 사건이 있었는데 갈취 수법이 너무 비슷하기 때문에 간단히 설명해 드릴게요. 2004년 2월 9일 인천 남동구에 있는 간석동 5거리 육교 부근에 상호 미상의 모텔이 있었어요. 모텔 인근에 있는 공중전화로 윤락 여성을 모텔로 불러요. 전화로 여성을 부르고 자기는 모텔에서 기다리고 있는 거죠. 26세 정도 되는 여성이 모텔에 들어왔을 때, 위조한 신분증을 내밀어요. 당시에는 경기지방경찰청 경찰관의 신분증을 가지고 있었어요. 신분증을 내밀면서 윤락 행위를 했기 때문에 체포하는 것이라고 말하면서 손목에 수갑을 채웁니다. 수갑 채워둔 상태에서 한참 시간이 지난 다음에 돈을 주면 눈감아주겠다고 해서 그 여성으로부터 현금 10만 원을 받습니다. 10만 원 받았는데 성에 차지 않았는지 그 여성에게 "조금 전에 너를 나에게 데려다 준 사람을 여기로 다시 부르라."고 해요. 윤락 행위를 알선한 사람을 유인하라는 거죠. 그래서 47세의 남성이 모텔로 왔을 때 다시 윤락행위를 알선했기 때문에 체포한다면서 바로 수갑을 채워요. 그 사람도 한 번만 봐달라고 사정을 하니까 돈을 달라고 해서 29만 원을 받아냅니다. 유영철은 이렇게 경찰관을 사칭하면서 윤락 여성에게 10만 원, 그 여성을 데려다준 사람으로부터 29만 원을 받아내는 것과 동일한 수법으로 사람들의 금품을 갈취해서 생활비를 충당했던 겁니다.

김윤희 부녀자 살인사건이 일어나는 중간 중간에도 금품 갈취 사건을 저질렀던 거죠.

김복준 네, 중간 중간에 금품 갈취 사건이 끼어 있는데, 제가 소개한 것은 대표적인 예로 공문서 위조를 통한 갈취 범죄입니다.

염건령 유영철은 왜 신분 사칭을 했을까요?

김윤희 사람들을 통제하는 데 있어서 물리적인 힘으로 신체를 제압, 또는 억압하는 것보다는 저항을 포기하게 만드는 것이 훨씬 쉽고, 또 유영철 자신도 신분 사칭이 적당한 방법이라는 것을 알았기 때문이라고 생각해요. 경찰관은 경찰관이라는 지위만으로도 어떤 사람들을 통제할 수 있는 아주 편리한 수단이 되잖아요. 실제로 유영철이 여성들을 오피스텔로 유인할 때에도 물리적인 힘을 사용해서 강압적인 방법으로 데리고 갔던 것이 아니라, 경찰관을 사칭하는 방법으로 여성들을 제압해서 데리고 가는 경우가 많았거든요. 그래서 여성들을 손쉽게 유인 지점까지 데리고 갈 수 있었던 거죠. 유영철에게는 경찰관을 사칭하는 것이 목적을 효율적으로 달성하는 하나의 수단이었던 것 같고, 일찍부터 그 사실을 깨달았다는 생각이 들어요.

염건령 제가 봤을 때 유영철이라는 사람 자체가 경찰 신분을 사칭하는 것에 재미를 느꼈다기보다는, 자기가 사칭할 수 있는 힘 중에서 가장 비폭력적인 것이 경찰이었기 때문에 경찰 사칭이 가장 선호하는 방법이었을 것이라는 생각이 들어요. 외국 문헌에 보면, '지배와 피지배'에 관련된 범죄 내용들이 있거든요. 유영철이라는 사람의 사고 체계를 놓고 보면 지배와 피지배의 사고가 아주 강했던 것 같아요. 쉽게 말해서, 지배하는 사람이 경찰이라면 피지배자는 성매매, 또는 풍속영업과 관련해서 불법적인 일을 하는 사람들이겠죠. 일단 불법적인 일에 종사하는 사람들에게는 경찰이 '킬러'기 때문에 지배와 피지배의 관계가 형성되는 거죠. 유영철은 아마 이 사람들을 대상으로 생활비를 버는 것과 함께 자기의 욕구를 충족시키고 있었던 것 같아요. 그래서 연속적으로 살인을 저지르는 가운데에서도 지배에 대한 욕구를 충족하는 수단으로 경찰을 사칭한 금품 갈취가 있지 않았나하는 생각이 들어요.

김복준 제가 봤을 때 신분증은 '맞춤형'이에요. 윤락 여성이라든지, 노점에서 음란물을 판매하는 사람들에게는 경찰이 '킬러'잖아요. 검사가 음란 비디오 단속에 나서지는 않기 때문에 유영철은 경찰이라는 맞춤형 신분증을 마련했던 거예요. 그런 일을 하고 다니려면 계급도 경장 정도가 적절하다고 판단했던 거죠. 아마 교도소를 들락거리면서 알게 되었을 것 같아요.

염건령 요즘에는 경위 계급의 형사 분들이 많으시지만, 당시에는 주력이 경장, 경사였어요.

김윤희 실무를 담당하는 부분에서는 경장과 경사가 제일 많죠. 그리고 이 시기에는 유영철이 30대 초반이었잖아요?

김복준 나이로 봐도 경장이 적당하죠.

염건령 그런데 경찰관 사칭은 검거되면 처벌이 상당히 강한 편이잖아요. 그 위험을 감수하면서까지 경찰관을 사칭했다는 것은 제가 봤을 때 일종의 테스트 같아요. 나중에는 유영철이 연쇄살인이라는 엄청난 범죄를 저지르기 전에 경찰관 사칭으로 일종의 담력 테스트를 했던 것이 아닌가 싶거든요. 경찰관 사칭을 통해 잡범에서 중범죄자가 되면 함부로 못 하거든요. 그리고 자기가 직접적으로 수사관이나, 검사 또는 판사라는 식으로 사칭하는 경우는 거의 없어요. 사칭 사기를 할 때는 "김입니다. 박입니다."라는 식으로 자기를 내세워야 하는데 결코 쉽지 않은 범죄였을 겁니다. 그런데 이것을 아주 대범하게 하거든요. 그리고 성매매나 불법 풍속영업과 같은 어둠의 세계에도 경찰의 정보원 역할을 해 주면서 개인적으로 연결되는 경찰관들이 있잖아요. 그런 것까지도 무시하고, 물론 아예 무지해서 무시했을 수도 있겠지만, 경찰을 사칭해서 금품을 갈취했다는 것은 담력 테스트처럼 자신의 어떤 부분을 시험해 보려는 것도 있었을 것이라는 생각이 들어요.

김복준 그리고 염 교수님 말씀에 제가 하나 덧붙이자면 그 세계에 대해서 많이 아는 거죠. 만약에 윤락행위를 하는 여성이라든지 음란물 파는 사람들의 세계에 대해 잘 모르면, 경찰 신분증을 어떻게 활용해야 이 사람들에게 겁을 주고 낚아챌 수 있는지를 알 수가 없거든요. 유영철이 이 세계를 잘 알고 있다는 것 자체가 경찰관 신분을 활용하기 좋았던 거예요.

'내가 다른 곳에서 범행을 저지르면 발각될 것이다.'라는 포식자^{predator}형

김복준 유영철이 2003년 9월 24일부터 살인을 저지르기 시작했잖아요. 그리고 2003년 11월 18일까지 모두 4차례 걸쳐서 8명 살해했잖아요. 그런데 2003년 12월에는 CCTV에 찍힌 뒷모습이 공개되잖아요. 그리고 버팔로 신발이라는 것도 알려졌고요. 사실 저는 개인적으로 버팔로 신발을 수배 전단에 공개한 것은 신중하지 못한 행동이었다고 생각해요. 만약에 범인이 곧바로 잡히지 않으면, 수배 전단이 배포되는 순간 증거물이 사라지는 것이잖아요. 아무튼 버팔로 신발을 신은 사람에 의해서 연쇄살인이 일어나고 있다는 보도가 나오면서 유영철이 겁을 먹었던 것 같아요. 그래서 신고 있던 버팔로 신발을 가위로 잘라서 폐기했기 때문에 나중에 신발을 찾을 수가 없었어요. 그리고 유영철이 이사를 하는데요, 이사하기 전에 살았던 곳은 마포구 신수동에 있는 고시원 301호였어요. 그곳에서 마포구 신수동에 있는 오피스텔 102호로 옮깁니다.

김윤희 거주지는 마포구 신수동이고 고시원에서 오피스텔로 이사를 하는 거죠.

김복준 저는 이 부분이 궁금한데요. 일반적으로 범죄자가 자신의 행적이 드러나서 오피스텔이든 고시원이든 옮긴다고 했을 때, 조금 멀찌감치 이사를 하는 것이 범인의 심리 아닌가요? 그런데 유영철은 신수동에 있는 고시원에서 단지 오피스텔로 옮겼어요. 왜 그랬을까요?

염건령 유영철이 절도 같은 재산 범죄의 용의자였다면 거주지를 멀리 옮겼을 것 같아요. 아마 도 단위로 옮길 수도 있었을 거예요. 그런데 유영철은 연쇄살인을 저지른 범죄자예요. 연쇄살인이나 연쇄성범죄와 같은 경우에는 지리감을 중요하게 생각한다는 학문적인 연구 결과도 있어요. 유영철은 살인을 저지르고 사체를 유기할 때에도 뒷산에 있는 교회 옆에 묻었거든요. 기본적으로 연쇄성범죄나 연쇄살인 같은 경우에는 주거지를 옮기지 않아요. 미국의 연쇄살인범 제프리 다머Jeffrey Dhamer도 지역 내에서 남성들이 사라지고 경찰의 수사가 개시됐음에도 불구하고 자기 집을 떠나지 않고 시체들을 염장 처리해서 보관했잖아요. 유영철도 마찬가지였을 것 같아요. "내가 다른 곳에서 범행을 저지르면 발각될 것이다."라는 미신을 가지고 있기 때문에 두 가지를 절충한 거죠. 지금 살고 있는 곳은 노출이 됐을 수도 있기 때문에 잠깐 둥지(거주지)를 옮겨야 한다. 다만 둥지(거주지)를 옮겨도 이 숲(거주하고 있던 지역) 속에서 벗어나서는 안

제프리 다머Jeffrey Dhamer ————————————————
3장의 내용 참조

된다는 방식으로 생각했을 것이라고 추정을 해 봐요.

김윤희 저도 비슷한 생각이에요. 유영철이 태어나고 자란 곳이 공덕동이에요. 신촌 일대라는 거죠.

김복준 처음부터 범행을 저지르고 다녔던 신수동 주변의 장소가 본인에게 가장 유리하다고 판단한 거예요?

김윤희 범인 입장에서 안정감을 느낀다는 거죠. 저는 유영철에게 일종의 강박 증세가 있다고 보거든요. 기본적으로 불안이 깔려 있는 사람이기 때문에 거주지나 범행 장소를 옮겨서 느끼게 될 불안 요소를 제거하는 것이 범행을 저지르는 데 유리하다는 사실을 본인이 알고 있었던 것 같아요. 그래서 상수동의 고시원에서 오피스텔로 이동을 한 거죠. 범행 패턴 같은 경우도 거의 바뀌지 않는데, 저는 그것도 일종의 강박이라고 생각을 해요.

염건령 연쇄범죄에서 범죄자들의 기본 원칙이 있거든요. 검거 되지 않기 위해서는 절대로 같은 수법을 동일하게 사용하지 말라는 것인데 유영철은 공간이라는 측면에서 동일한 'area⁽지역⁾' 내에서 이동만 한 것이잖아요. 유영철의 생각에 대해 조금 극단적인 비약을 해보면 '설령 내가 검거된다고 하더라도 나는 이곳에서 끝장을 봐야겠다. 이곳에서 자살을 하거나 잡혀서 극형을 당하는 한이 있더라도 이 'boundary⁽영역⁾'를 떠나지 않겠다.'는 집착을 볼 수 있어요. 이런 공간에 대한 집착이 우리가 상식적으로 이해할 수 없는 상수동 고시원에서 상수동 오피스텔로 이사하는 상황으로 나타났을 거예요.

김복준 자신의 둥지를 벗어나지 않는다는 것인가요?

염건령 숲 이론이라고 하죠. 숲 안에서만, 절대로 숲을 벗어나지 않고 그곳에서 뭐든 닥치는 대로 잡아먹는 거예요. 포식자predator 역할을 하는 거죠. 그래서 사냥꾼을 투입해요. 그 숲 속에 계속해서 생물들을 닥치는 대로 잡아먹는 존재를 사냥하기 위해서 사냥꾼이 들어오는 것이 뻔히 보여요. 유영철은 사냥꾼이 들어와서 숫자가 늘어나고 있는데도 그 숲을 벗어나지 않고 맴도는 성향의 포식자 같은 사람인 거죠.

김윤희 지리적 프로파일링을 할 때, 나가서 사냥하는 유형과 유인을 해서 사냥하는 유형 같은 요소들이 있는데 유영철은 조금 전에 말씀하셨던 포식자predator형인 거죠.

인간이라는 사실을 깨닫게 한 여인의 배신에 대한 분노

김복준 어쨌든 CCTV에 찍힌 뒷모습이나 버팔로 신발이라고 해서 대대적으로 보도가 되고 온 나라가 떠들썩한데 유영철이 한 일은 고시원에서 같은 동네에 있는 오피스텔로 거주지를 옮긴 것과 본인이 신었던 버팔로 신발을 가위로 잘라서 버린 것 두 가지밖에 없었어요. 그 과정에서 다시 한 번 유영철의 인생을 바꾸게 되는 계기를 만나게 됩니다. 2003년 12월 11일에 유영철이 전화방을 이용했는데 그때 만난 여성이 있었어요. 유영철이 그 여성을 좋아했던 것 같아요. 여성과 관계를 맺으면서 심리적인 안정감을 느낍니다. 유영철은 일방적으로 이혼을 당한 이후로 항상 혼자였기 때문에 이 여성과 새로운 인생을 시작하려는 생각이 있었던 것 같아요. 그런데 문제가 발생해요. 유영철이 2004년 1월 21일에 서대문 경찰서에서 절도 사건으로 조사를 받게 되요. 그 과정에서 새로 만난 이 여성이 유영철이 절도범이라는 것을 알게 되요. 이 여성과 만나는 동안 유영철이 거짓말을 많이 하지 않았겠어요. 직업이나 학력은 물론이고 가족 관계까지도 모두 거짓말이었다는 것을 서대문 경찰서에 절도 혐의로 조사받으러 가는 유영철을 보면서 알아버린 거죠. 이 여성은 유영철에게 속았다고 생각하면서 유영철을 경계하기 시작해요. 그리고 다른 사람을 만나요. 유영철에 대한 관심이 사라진 거죠. 유영철에게는 이제부터 성관계를 하려면 돈을 달라고 말해요. 둘 사이의 관계가 인간적 관계에서 공식적인 비즈니스의 관계로 바뀌어버린 거죠. 이 여성의 입장에서는 그동안은 유영철과 사귀는 인간적 관계를 유지했지만, 유영철이 자신에게 했던 말들이 모두 거짓이고 유영철이 '사기꾼'이라고 생각하면서부터 공식적인 입장으로 돌아간 거죠. 이 지점에서 유영철이 폭발합니다. 그래서 2004년 2월 29일 그 여성의 몸을 묶어놓은 상태에서 강제로 성관계를 합니다. 그 과정에서 여성의 목을 조르는 등 폭력을 행사했지만, 그 여성을 죽이지는 않았어요. 저는 개인적으로 이 부분도 상당히 의문이에요. 이미 8명이나 되는 노인들을 아주 잔인한 방법으로 살해했던 사람이, 그리고 자기 아내가 강제로 이혼을 했다고 해서 아내와 아이를 살해해야겠다는 마음을 먹었던 사람이 왜 이 여성을 살려주었을까요? 그때 유영철은 어떤 생각을 가지고 있었으며 심리상태는 어떠했을까요? 그 여성을 너무 좋아해서 그랬을까요?

김윤희 저는 좋아했기 때문에 살려준 것은 아니었다고 생각해요. 부인과 아들을 죽이지 않은 이유가 바로 범행이 드러날 것을 염려했기 때문이잖아요. 이 여성과도 오랫동안 만났기 때문에 본인에 대한 정보가 노출이 됐을 것이라고 생각했을 거예요.

김복준 그 여성의 주변을 말씀하시는 것인가요?

김윤희 네, 그 여성의 지인들은 그 여성이 유영철과 사귀고 있다는 사실을 주변 사람들이 알고 있었을 거예요. 즉, 자신의 신분이 노출되어 있었기 때문에 여성을 죽이지 않은 것이지 결코 사랑이나 좋아하는 감정 때문은 아닐 것이라고 생각됩니다.

염건령 그 부분은 저도 공감하는 부분입니다. 그리고 저는 보상적 차원에서 살려줬을 수도 있다고 생각해요.

김복준 보상적 차원? 그동안 나와 육체적 관계를 맺었던 것에 대한 보상이라는 것인가요?

염건령 그렇죠, 보상이나 대가 때문에 공격을 하지 않는 경우가 있어요. 갑자기 돌변한 것은 분명하지만, 그 여성과 만나는 기간 동안에는 유영철이 정상적인 남성으로 별다른 범죄를 저지르지 않고 잘 지냈잖아요. 살인을 멈춘 기간이었던 거죠. 유영철 본인 입장에서는 자기에게 사람을 죽이려는 욕구가 가득했잖아요. 그런데 이 여성을 만나면서 정상적인 삶을 살았던 것이고, 성에 대한 문제를 떠나서 무엇보다 유영철 정도의 연쇄살인범이라면 단기간이라고 해도 정상인의 삶을 살았던 것에 대해서 어떤 느낌을 받았을 수 있거든요. 유영철의 입장에 대한 김윤희 프로파일러의 말씀도 100% 옳다고 생각합니다. 저는 그 이야기에 한 가지 첨언을 하고 싶어요. 이 여성을 죽일 수 있는 기회도 있었고, 또 죽이고 나서 알려지지 않게 처리하는 방법도 있었을 겁니다. 하지만, 유영철의 입장에서는 그래도 자신이 인간이라는 사실을 알게 해 준 여성이었기 때문에 죽이지 않았을 것이라고 생각해요. 물론, 돌변한 부분이 미워서 묶어놓고 강제적으로 성관계를 했어요. 하지만, 죽이는 것에 대해서는 연민의 감정이나 인간적인 동정이 있었기 때문에 살인이라는 범행으로 이어지지 않았을 것이라고 생각했어요.

김복준 연민이나 동정일 수도 있지만, 저는 유영철이 그 여성을 묶어 놓고 강제로 성관계를 하고 목을 조르고 하면서도 미련을 버리지 못했다는 생각이 들어요. 어쩌면 다시 예전의 관계로 돌아갈 수 있다는 희망을 가졌던 것 같아요. 그 사건 이후에도 유영철은 끊임없이 그 여성에게 문자 메시지 보냈고 재결합을 하자고 말하면서 집요하게 매달렸거든요. 그런데 어느 날 그 여성이 갑자기 휴대폰을 교체해버리고 거주지도 두 번에 걸쳐 옮기면서 연락 자체를 끊어 버립니다. 유영철은 그때서야 비로소 이제는 정말 죽여야겠다고 생각해요. 배신감을 느꼈기 때문에 죽여야겠다는 생각을 했겠지만, 김윤희 프로파일러께서 말씀하신 것처럼 그동안 그 여성과는 아무런 거리낌 없이 수도 없이 많은 통화를 주고받았을 것 아니에요. 만약 그 여성이 살해당하면, 유영철이 강력한 용의자로 떠오를 수밖에 없잖아요. 결국 그 여성을 살해하는 것은 포기합니다. 유영철은 항상 한쪽을 포기하고 나면 반드시 대체할 사람을 찾는 것 같아요. 그동안 만났던 그 여성을 포기하고는 전화방에서 일하는 여성이나 출장안마를 다니는 여성들이 일종의 '대체재'로 선택됩니다. 유영철의 입장에서는 완벽한 타깃을 고른 셈이죠. 이분들은 실종이 되더라도 찾으려고 나서는 사람이 없고 신고를 해도 직업의 특성 때문에 적극적으로 수사에 나서는 일이 거의 없어요. 무엇보다 자신을 배신한 그 여성과 같은 일을 하고 있기 때문에 복수를 할 수 있다는 생각도 들었을 것 같아요. 유영철이 전반기에 부유층 노인 살인사건을 자행했다면, 이 시점부터는 본격적으로 여성들을 살해하는 후반기에 접어드는 겁니다.

김윤희 조금 전에 '대체'를 한다고 말씀하셨잖아요. 유영철이라는 사람은 인생 자체를 그렇게 살아왔다는 생각이 들었어요. 색맹이었기 때문에 미술 공부를 할 수 없었고, 경찰관이 되지 못했다고 하잖아요. 저는 이것이 일종의 자기합리화와 방어기제라고 생각하거든요. 실제로 유영철은 항상 이런 식으로 책임을 회피해왔어요. 그리고 저는 "난 똑똑하고 재능이 있지만, 색맹이기 때문에 이 길을 선택할 수밖에 없었어."라는 논리를 바탕으로 자기를 영웅화하는 근거를 만들었다는 생각이 들어요.

김복준 어쨌든 본인 입장에서는 계속 이 생각을 했을 것 아니에요.

염건령 교수님 보세요. '미술' 얼마나 우아해요. '경찰' 얼마나 정의로워요. "나는 화가나 경찰이 될 수 있는 사람이었지만, 선천적인 장애 때문에 될 수가 없었어. 그래서 나는 지금 같은 '또라이'의 모습으로 살 수밖에 없었어."라고 이야기하는 거예요. 제 정신이 아닌 거죠. 자기합리화라는 말씀에 절대적으로 공감합니다.

김복준 이 부분은 김윤희 프로파일러의 의견에 동의하는 것이네요.

김윤희 최근에 제가 만화가 이현세라는 분의 인터뷰를 봤어요. 이분도 미술학도였는데 색맹이었대요. 색을 구분할 수 없다는 것 때문에 낙담하고 있었는데 옆에 있던 친구가 "그러면 색을 입히지 않는 그림을 그리는 것을 생각해 봐."라고 한 마디 했대요. 그래서 선택한 것이 만화였다고 하더라고요. 동일한 환경에서도 사람들마다 선택하는 것이 다 다르다고 생각하거든요. 삶은 자기 자신을 믿고 어떤 길을 가느냐에 따라 선택되는 것이지 어떤 콤플렉스와 어떤 단점을 가지고 있다는 팩트 자체로 결정되는 것은 아니라고 생각이 되거든요. 유영철을 똑똑하고 대단한 사람인 것처럼 이야기했던 사람들이 있었어요. 가끔 연쇄살인범에 대해서 호의적으로 이야기하는 사람들이 있는데 저는 그들이 스스로 영웅화하는 표현들을 썼기 때문이라고 생각해요.

김복준 의도적인 부분이 있어요. 검거되는 과정에서 유영철이 경찰관들 앞에서 보였던 행동이나 기행, 그리고 발언을 들어보면 정말 가관이에요. 자기 과시가 속된 말로 '쩔어요.'

염건령 한 마디만 더 하면 유영철은 기본적으로 히틀러와 똑같은 인간이에요. 히틀러가 그림을 그리는데 미대 시험에서 떨어졌잖아요. 『나의 투쟁』이라는 히틀러의 자서전에 보면 자신은 그림을 아주 잘 그렸는데 교수들이 재능을 알아보지 못해서 자신을 떨어뜨렸다고 나와요. 하지만, 자선전이나 히틀러와 관련한 책을 프로파일링을 해서 나온 내용을 보면 기본적으로 그림에는 문외한이라는 거죠. 미술에 대한 기본적인 소양도 부족한 상태에서 대충 그림을 그리고 스케치하는 수준이라는 것이었어요. 그런데 자신이 독일 제국의 최고 통수권자가 됐잖아요. 우아하고 고상하게 보이기 위해서 자신이 한때 미술학도였다는 것을 계속해서 강조했다고 이야기를 하더라고요. 저는 그런 면에서 유영철이 히틀러와 비슷하다고 보는 거죠.

김복준 그렇게 볼 수도 있군요. 그 사건으로 유영철의 후반기 인생이 뒤바뀌게 됩니다. 이때부터 전화방이나 출장 마사지사 등의 여성들을 집중적으로 공격하기 시작합니다. 이 부분은 제가 봤을 때 범죄 사실을 구성해가는 과정에서 경찰이 물어봤을 거예요. "처음에는 당신이 부유층 노인들만 죽이겠다고 생각했고 교회나 성당 주변의 고급 단독주택에 침입해서 살해했기 때문에 그 부분은 이해가 됩니다. 납득할 수도 있을 것 같아요. 그런데 나중에는 왜 여성들만 골라서 그것도 전화방에서 일하는 여성들을 유인해서 죽였나요?"라고 물었을 것 같아요. 그때 유영철이 "내가 어떤 여자를 만났는데 그 여자가 나를 배신했고, 그 분노 때문에 여자들을 죽이려고 했습니다."라고 이야기했을 가능성이 있어요. 저도 그렇게 생각이 되거든요.

사체를 처리하기 위해 전신 X-RAY를 찍다

김윤희 2004년 3월 15일 첫 번째 사건이 발생합니다. 그 이후의 사건들은 날짜를 구체적으로 특정하기 어렵습니다. 3월 15일에 벌어진 첫 번째 사건은 일단 일자가 특정이 됐습니다.

김복준 지난번에도 말씀드렸지만 이것은 철저하게 기록으로 남겨진 내용이에요. 제가 읽어드리면서 설명할 수밖에 없을 것 같습니다. 전화방 여성 등을 살해한 사건이에요. 모두 11명입니다. 지금부터 하나하나 살펴보도록 하겠습니다. 첫 번째가 2004년 3월 15일 맞습니다. 시간은 불상경입니다. 시간의 확인이 어렵거나 애매한 경우에는 경찰이라든지 수사 기관, 그리고 재판을 진행할 때도 시간 불상경이라고 씁니다. 첫 번째로 드러난 사건에서는 전화방의 이름을 밝히지 못한 것 같습니다. 상호 불상의 전화방에 전화를 해서 23세의 여성과 서대문구에 있는 OO쇼핑몰 앞에서 만나기로 약속을 했어요. 그리고 그 여성을 만나서는 꼬이는 거죠. 사실 유영철의 얼굴이 멀쩡하거든요. 멀쩡한 외모로 매너 좋게 행동하면서 우리 집에 가서 샤워도 하고 나와 재미있게 놀아주면 처음에 약속했던 돈보다 더 주겠다고 해서 여성을 꼬여요. 그래서 마포구 신수동에 있는 오피스텔 102호로 갑니다. 그곳에서 성관계를 하죠. 성관계를 하고 난 다음에 그 여성을 돌려보내지 않아요. 아마 성관계가 끝나면 약속한 돈을 줘서 돌려보내면 되는데, 돈을 주지 않기 때문에 여성이 돌아가지 못했던 것 같아요. 핑계를 대면서 계속해서 시간을 미루었기 때문에 이 여성도 그때쯤에 조금 불안감을 느꼈던 것 같아요. 그리고 3월 16일로 날짜가 바뀝니다. 이 여성도 이상한 낌새를 알아차려서 도망가려고 했어요. 도망가려고 하는 여성의 머리채를 잡아서 화장실로 끌고 갑니다. 화장실에서 목을 졸라서 질식시켜요. 결국 사망합니다. 이때는 둔기를 사용하지 않았어요. 다음에 할 일이 무엇이겠습니까? 늘 말쓸드리지만 자신의 거주지에서 사람을 살해했을 때 제일 골칫거리가 시체를 처리하는 일입니다. 시체를 어떻게 처리할까를 고민을 합니다. 부피가 크면 쉽게 발각될 수 있기 때문에 불안했겠죠. 잭나이프 등을 이용해서 피해자의 목을 자릅니다. 목을 자른 다음에는 잘게 토막을 내서 신원을 알 수 없게 했습니다. 그리고 유영철이 범행을 했던 것 중에서 가장 잔인했던 부분이기도 합니다. 머리를 알아볼 수 없을 정도로 훼손을 합니다. 거의 잘게 부순다고 해야 할 정도일 겁니다. 그렇게 해서 피해자의 사체를 검정색 비닐 봉투 10개에 각각 나눠 담아서 마포구 대흥동 산1번지에 위치한 모 대학교 도서관이 있는 뒷산 등산로까지 도보로 갑니다. 그곳에서 삽으로 구덩이를 파고 토막낸 사체를 은닉을 하는 것이 첫 번째 사건입니다.

김윤희 저는 이 사체를 유기한 장소가 저와 관련된 학교이기도 하고 여기 도서관에서도 일했었거든요. 제가 너무 잘 알고 있는 곳이어서 처음 들었을 때 정말 소름이 끼쳤어요.

김복준 대학 다닐 때가 아니잖아요?

김윤희 이때쯤 졸업을 했거든요. 기사를 보면서 충격을 받았는데, 이번에 자세하게 읽어보면서 충격적인 내용을 알게 됐어요. 일반적으로 잭나이프와 쇠톱, 가위만으로 시체를 절단한다는 것은 생각할 수가 없어요. 이렇게 토막을 내는 것이 가장 편한 방법이고 자기에게 가장 적합한 방법이라는 사실을 알았다는 이야기 잖아요. 저는 정말 연구를 많이 했다는 생각이 들고 머리를 훼손했다는 것도…….

김복준 유영철은 사체를 효율적으로 토막 내기 위해서 전신 X-RAY를 찍어요. 전신 X-RAY를 찍어서 원판 필름에 표시했어요.

염건령 제가 봤을 때 유영철은 해부학에 대한 내용을 찾아서 미리 숙지했던 것 같아요. 두개골도 전체가 하나로 된 뼈가 아니라 부분 부분이 연결되어 있잖아요. 두개골, 특히 죽은 지 얼마 지나지 않은 두개골을 부순다는 것은 쉬운 일이 아니에요. 그런데 두개골을 잘게 부쉈다는 것은 미리 시뮬레이션을 해 봤다는 이야기거든요. 범행을 저지른 것은 우발적일 수도 있겠지만, 사체를 훼손하는 방식을 보면 이미 머릿속에 구상이 되어 있었던 거예요. 첫 번째 사체를 처리한 다음부터는 사체를 아주 심하게 훼손하는 방식이 아니라 절단하는 방식으로 바뀌잖아요. 이렇게 사체처리 방식을 바꾼 이유는 사체를 잘게 토막 내는 것이 쓸모없는 행위라는 것을 스스로가 인지했다는 거예요. 본인이 봤을 때 너무 힘들고 복잡해서 시간도 많이 걸리고 노력도 많이 투여되는 일이기 때문인 거죠. 한 마디로 "아이, 귀찮아. 그냥 해."라는 마음이라는 거죠. 인간이기를 포기했기 때문에 이렇게 생각할 수 있었을 것 같아요.

김복준 정말 유영철이 저지른 첫 번째 범죄를 보면 속에서 분노가 치밀어 올라요. 그리고 저희가 사전에 말씀 드리고 했어야 하는 부분이 있었던 것 같아요. 지금 유영철 사건을 다루면서 유영철에 의해 희생당하신 스무 분의 피해자, 그리고 그 가족 분들의 입장을 고려하지 않은 것은 아닌가하는 생각이 듭니다. 피해자 분들과 그 가족들의 입장에서는 저희가 이 사건을 다시

거론하는 것이 무슨 도움이 되겠습니까? 그래서 정말 죄송한 마음이 있고, 또 피해자 분들의 명복을 빕니다. 그런데 한 가지 변명 아닌 변명을 한다면, 저희가 이 사건을 다루는 것이 피해자 유족 분들의 마음에 상처를 주기 위해서라거나 범죄 수법을 널리 알려주려고 하는 것이 아닙니다. 이런 잔혹한 범죄자가 있었다. 그리고 염 교수님이나 김윤희 프로파일러께서 그 범죄자의 심리를 분석도 해가는 과정에서 범죄 예방이나 우리 사회에 대한 새로운 이해를 돕고자 하는 목적이 있다는 것을 헤아려 주셨으면 좋겠습니다. 다시 한 번 희생당하신 피해자와 유족 분들께 죄송하다는 말씀을 드립니다.

김윤희 제가 한 가지 더 말씀드리고 싶은 것은 범행수법을 알고 있다고 해서 범행을 실행할 수 있다거나 범행에 효율적으로 적용될 것이라는 생각은 잘못된 것 같아요. 지식과 실행은 아주 달라요. 그리고 절대로 따라할 수 있는 방법이 아니에요. 그런 생각조차도 하지 않았으면 좋겠어요. 프로파일링을 하는 과정에서 사체와 현장의 모습이나 상태를 살펴보는 이유는 범죄 상황에 얼마나 능숙하고 어떤 환경 속에서 살아가는 사람이냐를 확인하기 위한 것이거든요. 저희가 봤을 때, 유영철의 경우에는 개를 살해하는 방식을 시험해 봤던 단계도 있고, 또 앞에서 다루었던 부유층 노인 연쇄살인도 있었잖아요. 어떤 단계를 거치지 않고서는 절대로 실행할 수 없는 것이기 때문에 범행수법 자체를 모방할 수 없다는 거죠. 범행수법의 공개나 모방 범죄에 대해서는 걱정하시는 부분은 물론 이해할 수 있지만, 저희도 주의를 기울이고 있고 범죄수법은 아무나 쉽게 모방할 수 없다는 것에 대해서도 조금 이해를 해주시고 봐주셨으면 좋겠어요.

유영철이 널리 알린 '사이코패스'의 개념

염건령 교수님, 유영철 같은 인간에게는 프로파일링보다 사형이 필요한 것 아닙니까?

김복준 이야기해서 뭐하겠습니까? 당연히 사형시켜야죠. 이런 나쁜 놈이 국민이 낸 세금으로 밥 먹고 옷 입고 아프면 약 먹어 가면서 살아간다는 것 자체가 열 받는 일이죠.

염건령 지금도 일부의 법학자들은 교육형주의를 주장하시거든요. 교육형주의가 범죄인들을 개선시키고 교화시켜서 사회에 복귀시키자는 주장인데 유영철 같은 인간은 첫 번째 피해 여성에 대한 범죄 내용만 보더라도 개선이나 교화의 여지가 있다고 볼 수 있나요? 저는 전혀 없다고 보거든요. 그런데 문제는 제가 이곳에 오면서 미리 찾아봤더니 인터넷에 지금도 유영철의 팬 카페가 있더라고요.

김복준 한심한 일이죠. 예전에 신창원은 거의 연예인 수준이었어요.

염건령 피해 내용을 일일이 나열하는 것은 말하는 저희나 들으시는 분들이나 가슴만 아픈 일이잖아요. 제 개인적인 의견을 말씀드리면, 소위 말해 유영철을 영웅화하고 신격화하는 내용들에 대해서는 완전히 깨부숴야 되지 않나하는 생각입니다.

김복준 반드시 그래야겠죠. 그것도 저희가 이 이야기를 하고 있는 목적이니까요.

염건령 유영철이 하는 말을 들어보면, 자기가 사귀었던 여성이나 기존의 배우자로 인해서 상처를 받았기 때문에 부유층 사람들이나 전화방에서 일하는 여성들만 골라서 죽였다는 거예요. 앞서 말씀하셨던 것처럼 자기합리화잖아요. 유영철의 이야기는 모두 "나는 그럴 수밖에 없었기 때문에 괴물이 됐다."고 이야기하는 것인데, 그것을 보는 순간에 측은지심을 갖는 사람들도 일부이겠지만 분명히 있거든요. "오죽했으면 그렇게 했겠나. 전 부인에게 받은 상처가 얼마나 컸으면 그렇게 했겠나. 이해가 된다."라는 글들도 나와 있거든요. 저는 유영철이라는 인간 자체를 과도하게 영웅화해서 "국보급 연쇄살인자다."라고 이야기하는 내용도 봤어요. 심지어 "유영철은 절대로 사형시켜서는 안된다. 사형시키지 말고 끝까지 연구해야 하는데, 왜 자꾸만 사형시켜야 한다고 주장하느냐."라는 식의 논리를 펼치는 내용도 있었어요. 이런 이야기들의 이면에는 유영철의 범행 자체를 지지한다고 표현할 수는 없지만, 범행을 저지른 유영철에 대해서는 "우와, 대단한 사람이다. 아무도 못했던 일을 저 사람은 했네."라는 방식으로 생각하는 그릇된 사고를 가진 사람들이 일부지만 있다는 겁니다. 물론, 유영철에 대해서만 그렇다는 것이 아니고, 다른 범죄자들에 대해서도 마찬가지겠죠.

김복준 염 교수님 말씀에 덧붙여서 저도 한 마디는 할 수 있어요. 경찰이, 저도 마찬가지였지만 형사들이 어떤 사건의 범인을 검거했을 때, 검거한 범인을 키우려는 경향이 있어요. 그렇게 하다보면 범인이 갑자기 영웅이 되어버리는 경우도 있어요.

염건령 신창원처럼.

김복준 그 부분에 대해서는 나중에 다시 한 번 분명히 짚고 넘어가도록 하겠습니다. 유영철의 실제 모습을 해부해서 낱낱이 까발리자고요. 지금까지 엄청나게 대단하고 대담한 연쇄살인범인 것처럼 알려져 있는 유영철의 이미지가 실제로는 모두 허상일 뿐이라는 것을 밝혀내는 것이 우리의 책무라는 생각으로 완벽하게 준비해 보자고요. 후반부에서는 정말로 유영철을 낱낱이 분석해서 유영철이 왜 갑자기 그렇게 변했는지를 밝혀내도록 하겠습니다. 이 부분과 관련해서 솔직히 이 사건을 수사했던 형사 분들이 고생 했어요. 수고했고 잘 했다고 생각해요. 그렇지만 일정 부분 유영철이라는 범죄자의 파이를 너무 키워놨어요. 그 부분은 분명히 짚고 넘어가야할 것 같아요.

김윤희 유영철이 등장하기 전에도 우리나라에서 연쇄살인이 꽤 많았거든요. 그런 측면에서 보면, 유영철을 경찰이나 언론에서 굉장히 키웠다는 말씀은 일리가 있는 것 같아요. 그리고 사이코패스라는 개념도 우리나라에서는 유영철을 통해 굉장히 많이 알려지게 되었어요. 사이코패스에도 여러 가지 부류들이 있는데, 흔히 사람들이 알고 있는 사이코패스는 똑똑하고 잘 생기고 기발한 수법을 사용하는 것으로 알려져 있어요. 사이코패스를 하나의 유형으로 알고 있는 거죠.

김복준 그것은 테드 번디Ted Bundy 때문인 것 같아요. 사이코패스를 다룰 때 테드 번디를 적극적으로 소개하면서부터 많은 사람들의 인식이 그렇게 고정적으로 바뀐 거죠.

김윤희 그렇죠. 그래서 유영철도 잘 생기고 지적인 느낌의 범죄자로 그려지는 경우가 많았어요.

지문을 없애기 위해서 손가락의 끝부분을……

김복준 이제 두 번째 사건 갈까요? 이것도 정확하게 일자를 구성하지 못했던 것 같습니다. 2004년 4월에서 5월 중순 사이에 역시 서울 서대문구에 있는 전화방입니다. 두 번째 사건도 구체적인 위치를 확인하지 못했던 것 같습니다. 상호 불상의 전화방으로 전화를 걸어서 여성을 불러내요. 이때 나온 여성은 20대 후반, 또는 30대 초반이라고 해요. 아마 이 부분도 명확하지 않았던 겁니다. 통화해서 녹색 극장 옆에 있는 SK 텔레콤 앞에서 만나자고 약속 장소를 정해요. 그렇게 만난 피해자에게 "우리 집에 가서 성관계 갖자. 처음에 약속했던 돈보다 더 주겠다."고 말하면서 똑같은 방법으로 꼬입니다. 노고산동 오피스텔 203호입니다. 이사를 했던 겁니다. 첫 번째 범죄를 저질렀던 곳은 신수동 오피스텔 102호였죠. 두 번째 범죄를 저지를 때는 노고산동에 있는 오피스텔 203호입니다. 두 사람은 이곳으로 옮겨서 성관계 맺고 대화를 나누면서 시간을 보냅니다. 그런데 유영철이 가지고 다니던 수갑을 우연히 그 여성이 보게 됐어요. 수갑을 보고난 후에 피해자의 행동이 이상하다는 눈치를 챘겠죠. 유영철이 그 여성을 화장실로 데리고 갑니다. 화장실로 데리고 가서는 간지럼을 태워요. 이 부분은 아주 특이해요. 간지럼을 태우면서 여성이 머리 숙이게 한 다음에 미리 욕실의 수납장 위에 숨겨놨던 해머 망치로 머리를 1회 가격해서 기절시킵니다. 해머 망치는 부유층 노인연쇄살인에서 미리 제작했던 바로 그 망치입니다. 기절을 시킨 다음에는 미리 준비해 두었던 잭나이프로 목을 잘라 그 자리에서 살해했어요. 중요한 것은 사망한 이후에 사체를 분리하는 행동을 했던 것이 아니라 기절한 상태에서 사체를 훼손했다는 거죠. 훼손 방식은 첫 번째와 마찬가지로 쇠톱과 가위 등을 사용했습니다. 사체를 토막 내는 방식으로 훼손하는 것은 이번 한 번만 설명하겠습니다. 먼저 피해자의 사체를 양 다리, 양 팔, 몸통의 세 부분으로 토막을 내고, 지문이 나오지 않도록 손가락의 끝부분을 모두 가위로 자릅니다. 잘라낸 손가락의 끝부분은 화장실 변기에 버립니다. 일단 손가락에서 지문 부위를 잘라낸 이후의 과정은 거의 똑같아요. 비닐봉지는 10개를 준비해서 사체를 나누어서 담습니다. 이번에는 서대문구 봉원동에 위치한 사찰 주변의 주택가 담 밑에 사체를 파묻었습니다.

김윤희 사체를 두 군데에 매장하는데 첫 번째 사건에서만 노고산 쪽에 매장하고, 이때부터는 계속해서 봉원동에 매장을 합니다. 아마 이사를 하면서 매장 장소도 바뀐 것 같아요.

과장과 미화의 끝, 『콜럼버스 1492』 ost

염건령 교수님, 갑자기 궁금한 것이 있습니다. 지금 이 내용은 유영철이 진술한 것이잖아요. 저는 의구심이 생기거든요. 살해 수법을 엽기적으로 표현해서 본인을 영웅화시킨 부분이 있다는 생각을 지울 수가 없는데요. 단순하게 편익의 측면에서 봤을 때, 살인에 관한 유영철의 진술 내용이 너무 복잡해요. 그래서 하나의 가설을 세울 수 있을 것 같아요. 유영철이 엽기적인 내용의 소설이나 잡지, 혹은 범죄물 같은 영상 자료를 많이 봤기 때문에 자신의 상상 속에 있는 내용들을 본인의 살인 수법으로 진술함으로써 자신의 범죄를 미화(?)시키려는 의도를 가지고 있다는 거죠. 자신은 잡혔기 때문에 이판사판이라는 심정으로 자기가 상상할 수 있는 가장 악랄한 수법으로 현실 상황에 최적화시켜서 진술할 수도 있지 않았을까 라는 것에 대해서 저는 의구심을 지울 수 없다는 이야기에요. 유영철의 진술에서 앞뒤가 맞지 않는 부분이 자주 목격되기 때문이에요. 연쇄살인을 하는 과정에서, 아주 단순하게 이야기하면 살인이라는 행위도 '작업 공정'으로 바뀌거든요. 제가 이렇게 표현하는 것이 피해자의 유족 분들께는 죄송하지만, 범죄학 용어에 작업 공정이라는 용어가 있어요. 'Crime making process'라고 해서 살인과 같은 범죄를 여러 번 반복하다 보면 범행 과정이나 방식이 규격화 되고 기계적으로 진행된다는 것이거든요. 우리에게 잘 알려진 테드 번디도 그렇게 했거든요. 이를 감안해 보면 유영철은 범죄의 내용이 너무 복잡해요. 제가 복잡하다고 말한 것은 유영철이 "정말로 매번 살인을 할 때마다 나는 쾌락적 살인을 했다. 그리고 여성을 정말로 잔혹하게 죽였다. 숨이 붙어 있는 상태로 기절한 여성의 목숨을 빼앗으면서 나는 더할 수 없는 쾌락을 느꼈다."는 방식으로 자기의 행위를 과장하고 미화(?)시켰다는 의미입니다. 수사관의 입장에서는 이 사람을 잔혹한 범죄자로 만들어야 했기 때문에 유영철의 진술에 호응을 해서 과장되었을 수도 있다는 것입니다.

김복준 아이러니하게도 수사관은 그렇게 진술해주면 나쁠 것은 없어요.

염건령 이것을 판소리에 비유할 수 있을 것 같아요. 창을 할 때에도 가수 혼자서는 할 수 없기 때문에 고수가 있어야 되는 것이잖아요. 마찬가지예요. 범인이 있고 수사관이 장단을 맞춰주는 거예요. 그런데 이것이 자칫 잘못하면 사건의 내용을 오도하고 진술 내용의 변질로 이어지거든요. 가장 무시무시한 일은 실적 올리기를 원하는 수사관과 아주 악질적인 영웅으로 변신하고 싶은 범죄자가 서로 경합을 하는 거예요.

김복준 지금도 일정 부분 그렇게 작동하는 것 같은데요.

염건령 제가 봤을 때, 어차피 잡혔고 또 이미 몇 십 명을 죽였기 때문에 유영철은 차라리 악질적인 살인마가 되는 것이 낫다고 판단했을 거예요. 어차피 사형집행은 되지 않을 것이기 때문에 흉악한 살인마가 되면 교도소 내에서는 아무도 자기를 건드리지 못한다고 생각했을 거예요. 유영철이 이렇게 생각했다면, 말이 안 되는 엽기적인 방식으로 매번 케이스 바이 케이스 형식의 진술을 했을 수도 있다는 거죠. 무엇보다 살인을 20건, 30건 하면 수법을 기억할 수가 없어요.

김복준 약간의 혼돈은 있겠지만, 패턴이 동일하면 가능해요.

염건령 쉽지 않아요. 외국에서는 살인이 10건을 넘어가면 "그 사람은 이런 방법으로 이렇게 죽였다."는 식의 진술이 대부분이에요. 그런데 지금 교수님께서 말씀하시는 것을 보면, 1차 2차 3차 4차의 내용이 너무 디테일하게 진술되어 있거든요.

김복준 이 자료는 경찰이 재구성한 거죠.

염건령 그렇죠, 문제는 지금 그 자료가 공식화된 자료라는 거죠.

김복준 현재로서는 그렇죠. 그 부분은 한계일 수밖에 없어요. 피해자는 이미 죽었고, 죽은 자는 말이 없으니까요. 범행을 했다는 사람의 진술에 의존할 수밖에 없는 것이 현실이죠. 다만, 두 번째 사건 같은 경우에 경찰이 확인해야 할 것이 있어요. 실제로 사체를 찾아서 유영철이 진술했던 것처럼 지문을 없애기 위해서 손가락의 끝부분을 잘라냈는지를 확인하는 거죠. 그 부분이 유영철의 진술과 일치하면 다른 것은 크게 중요하지 않을 것 같아요. 물론, 사체를 훼손할 때 잔인하게 묘사하는 부분이나 간지럼을 태워서 머리를 숙일 때 둔기로 내리쳤다는 것 등의 디테일한 내용은 유영철의 진술에 의존할 수밖에 없는 거죠.

염건령 저는 유영철이라는 인간이 잡히고 나서도 경찰은 물론 대한민국의 모든 사람들을 가지고 놀았다는 생각이 들어요.

김윤희 유영철을 면담했던 권일용 선배님께서 유영철이 스스로를 '뺑튀기' 했다는 의미로 이야기했던 에피소드 하나가 있었어요. 유영철이 면담 중에 묻지도 않았는데 갑자기 자기는 사체를 훼손할 때에는 항상 『콜럼버스 1492』의 ost를 틀어놓은 상태로 작업을 했었다고 이야기를 하더래요. 아마도 자기는 신대륙을 개척할 때의 포부를 가지고 범행을 했다는 것이겠죠.

염건령 권 박사님께서 말이 안 된다고는 이야기하지 않으셨어요? 유영철은 완전히 '또라이'예요. 당시에 유영철 사건에 대한 정보가 미국으로 넘어갔어요. 아시아에서 대단한 연쇄살인범이 나타났다고 했었거든요.

김복준 그 당시에는 최고였죠.

염건령 새로운 연구 대상이 나타난 거예요. 미국에서는 연쇄살인을 연구하는 교수님들이 수백 명이니까요. 먼저 경찰청에 자료를 요청하고 미국에 유학을 다녀오신 분들과의 인맥을 통해서 기본적인 자료와 신문스크랩을 보냈어요. 지금처럼 인터넷이 잘 연결되지 않았을 때였잖아요. 자료를 받아서 검토했던 교수들 대부분이 코웃음을 치면서 "아니, 지금 범인이 범죄 소설을 쓰고 있는데 왜 언론이 그대로 내보내고 있는가? 이것을 정정해줄 만한 사람이 한국에는 한 사람도 없나?"라고 비판을 받았던 적도 있었어요. 저는 유영철이 지금도 자기 자신을 영웅화하고 신격화하는 방식으로 도저히 납득할 수 없는 행동을 하고 있다는 생각이 들어요. 제가 법무부에서 일하기 때문에 교도관 분들을 만나서 이야기를 나눌 기회가 종종 있는데 유영철에 대해서 아주 끔찍해하는 분들이 한 두 사람이 아니에요.

김복준 몇 년 전에 교도관들이 유영철에게 음란물을 전해줬어요. 교도소에 수감된 죄수에게 음란물을 넣어줬다고 해서 국민들의 비난이 엄청났어요. 그리고 교도관 여러 명이 징계를 받았어요. 교도관들이 왜 유영철에게 음란물을 전해줬을까요? 유영철이 무서워서, 혹은 뇌물을 받으려고 넣어줬겠어요? 아니거든요.

그러면 도대체 유영철에게 음란물을 전달해준 이유가 무엇일까요? 제 생각에는 귀찮았기 때문일 겁니다. 유영철은 교도소 내에서 안하무인이에요. 제 멋대로 행동하다가 툭하면 허리가 아프다고 병원에 입원하는데 약값이나 병원비 지출도 상당하다는 거예요. 아무튼 교도관들에게 유영철은 너무 귀찮은 존재인 거죠. 너무 귀찮게 하니까 음란물을 넣어주면서 당부를 하는 거죠. "제발 사고치지 말고 귀찮게 하지 말라."고 이야기하는 것 아니겠어요? 제가 볼 때는 그래요.

염건령 정말 화가 나는 것은 교도관들을 길들이려는 제소자가 존재하는 것은 잘못된 거예요. 그분들이 끔찍해하는 이유는 유영철 같은 인간을 교도소에 가둬놓는 것 이외에 할 수 있는 것이 아무것도 없기 때문이에요. 어떻게 할 수는 없는데 인권을 지켜줘야 하거든요. 아프다고 하면 약 주고, 그래도 아프다고 하면 CT나 MRI도 찍어줘야 해요. 교도관이 마음에 들지 않으면 아주 비협조적으로 나올 거예요. 탄원서를 쓰고 정보공개청구도 하는 거죠. 교도관들이 정보공개청구를 정말 힘들어 하잖아요. 정보공개청구가 들어오면 복사하다가 과로사할 것 같다고 해요. 아무튼 모두에게 해로운 독버섯 같은 존재라는 생각이 들어요.

시그니처^{signature}, 유영철만의 독특한 범행 수법

김윤희 이제 세 번째 사건으로 넘어가야 될 거 같습니다. 비즈니스에서는 특정 회사나 제품의 정체성이나 개성을 나타내주는 상징이나 디자인, 또는 특정 정체성과 개성을 강조하는 마케팅을 통칭해 시그니처 마케팅이라고 한다고 합니다. 그런데 이 시그니처가 범죄학에서는 '특정되지 않은 범죄인이 범죄 현장에 남기는 고유한 패턴' 정도의 뜻으로 쓰인다고 합니다.

김복준 세 번째 사건입니다. 2004년 5월 중순입니다. 서울 서대문구 소재에 있는 이곳도 녹색극장 주변에 있는 상호 불상의 PC방입니다. 유영철이 PC방을 들어갔더니 컴퓨터 앞에 앉아서 인터넷 채팅방을 들락거리는 25세의 여성이 있었어요. 유영철이 그 여성의 행동을 유심히 지켜봤더니 조건만남 쪽지를 주고받고 있었다는 거죠. 유영철이 여성 옆으로 다가가서 위조한 경찰관 신분증을 꺼내서 보여줘요. "당신을 내가 윤락행위 위반으로 단속한다."라고 말하고는 수갑을 채워서 PC방 밖으로 끌고 왔겠죠. 그리고 오피스텔 203호로 데려와서 대화를 나누면서 시간을 보냅니다. 이 세 번째 사건에서는 성관계와 관련된 이야기는 없더라고요. 그리고 여성을 화장실로 끌고 가서는 수납함 위에 있는 해머 망치로 여성을 내려칩니다. 해머 망치는 항상 그 수납함 위에 둔대요. 똑같은 패턴으로 사체를 훼손합니다. 그리고 서대문구 봉원동에 위치한 사찰 주변의 주택가 담 밑에 사체를 파묻습니다. 세 번째 사건의 피해자는 PC방에 들어가서 조건 만남 쪽지 보내던 여성이었습니다.

염건령 아마 이 사건에서도 강간했을 거예요.

김복준 그랬겠죠. 그 부분이 보고서에서는 빠졌어요. 그런데 저도 수사를 해봤지만 이 문제는 현실적인 한계이기도 해요.

김윤희 하나만 말씀드릴게요. 교수님께서 상호명을 정확하게 이야기하는 것은 녹색극장이 지금은 없어졌기 때문이에요. 오해하지 않으셨으면 좋겠어요.

김복준 네 번째 사건으로 넘어갈게요. 네 번째 사건부터는 날짜가 특정이 되네요. 2004년 6월 1일 시간은 불상경에 서대문구에 있는 상호 불상의 전화방에 전화를 해서 여성을 유인합니다. 35세의 여성이 현대 백화점 뒤쪽으로 와요. 약속 장소를 미리 정해서 왔는데 방법은 똑같습니다. "돈 더 줄 테니까 우리 집으로 가자."고 꼬입니다. 집에 가서 시간을 보내다가 성관계를 합니다. 밤늦은 시간에 여성을 불렀기 때문에 다음날이겠죠. 성관계를 마치고는 피해자에게 샤워를 하라고 화장실에 들여보낸 다음에 뒤따라 들어가서 수납함 위에 있던 해머 망치로 살해합니다. 똑같은 방법으로 사체를 훼손하고 서대문구 봉원동에 위치한 사찰 주변의 주택가 담 밑에 사체를 파묻습니다.

염건령 교수님 궁금한 게 있는데요. 왜 계속 상호 불상이 나와요?

김복준 사체는 찾았는데 피해자의 인적사항이 확인되지 않았어요.

염건령 유전자 감식 같은 것을 하지 않았나요?

김복준 사체가 심하게 토막이 나 있었기 때문에 어려웠다고 해요.

김윤희 유전자 감식을 했는데 정확하게 일치시키지는 못했던 것 같아요. 확인은 했던 것 같아요. 사진으로 봤을 때 한 구의 시체를 모두 맞추는 것도 쉽지 않았을 것 같아요. 현장에서는 영화에서처럼 정성 들여서 발굴할 수 있는 것이 아니잖아요.

김복준 사체가 한 군데에 모여 있는 것도 있었다고 해요. 유영철만의 아주 독특한 수법은 사체를 정확하게 17토막을 내는 것이에요.

17토막으로 훼손된 사체가 발견되면 범인은 유영철인 거예요. 그런데 유일하게 그렇지 않은 사건이 이문동 사건이었잖아요. 그 사건은 정남규가 저질렀던 사건이었어요. 사체의 형태가 아주 다르잖아요. 이 사건의 경우에는 사체가 17토막이었기 때문에 유영철의 범행이 분명하지만, 대부분 사체가 뒤섞여 있어서 신원확인이 어려웠다고 해요.

김윤희 네, 저도 사진을 봤거든요. 사체가 모두 엉켜 있어서 정확하게 복원하기가 어려웠던 것 같아요. 사체가 한 구라면, 아시겠지만 머리부터 발끝까지 최대한 맞춰서 복원하려고 하는데 워낙 여러 구의 사체가 뒤섞여 있었다고 하시더라고요.

염건령 인원도 확실치가 않죠?

김복준 본인은 처음에 25명을 죽였다고 했어요.

염건령 더 많을 거 같은데…….

김복준 더 많을 수도 있겠죠. 본인이 25명을 죽였다고 했기 때문에 25명으로 확정하고 수사를 시작했어요. 조금 전에 말씀드렸던 구기동 사건까지 포함해서 시체를 발견한 것만 21명이어서 21명으로 기소를 했는데 나중에 정남규가 이의제기를 했죠. 그래서 공소장을 20명으로 바꾸지 않았습니까? 경찰이 사체를 발견한 것만 기소한 거예요. 유영철의 경우에는 주로 17토막과 머리 쪽의 훼손 정도를 보고 확인했어요. 다섯 번째 사건도 똑같습니다. 네 번째 사건은 6월 1일이었는데, 다섯 번째 사건은 6월 초순이고 시간은 불상경입니다. 신촌에 있는 전화방에서 20세 여성과 통화해서 ○○ 백화점 시계탑 앞에서 만나자는 약속을 하고, 오피스텔로 데리고 와서 성관계를 갖습니다. 그리고 역시 화장실에 뒤따라 들어가서 살해하는 것까지 거의 똑같아요. 유기한 장소도 같아요. 다음 사건은 6월 7일 05시경입니다. 이 사건은 비교적 자세하게 나와 있어요. 이 사건이 자세하게 나올 수밖에 없는 이유는 숙박부 때문입니다. 그래서 자세히 나온 것인데 서대문구에 있는 여관에서 상호명이 처음으로 나옵니다. '○○○ 출장마사지'라고 출장 마사지의 상호가 애송이에요. 그곳에 전화해서 아가씨를 보내달라고 해서 26세의 여성이 여관으로 출장 마사지를 온 거죠. 여성이 오자마자 경찰관 신분증을 보이면서 수갑을 채우고 오피스텔로 끌고 가서는 똑같은 방법으로 살해하죠. 이 사건은 여관에서 출장 마사지 하는 여성을 불러서 살해했던 사건입니다. 다음 사건은 6월 17일인데, 이때부터 사건의 발생시간이 정확하게 나옵니다. 6월 17일 밤 10시경에 전화방에서 불러서 27세의 여성을 불러서 똑같은 방식으로 성관계를 한 후에 살해합니다.

김윤희 그런데 이 사건은 다른 부분이 있는데요. 유영철이 원래 불렀던 여성이 아닌 것 같은데요.

김복준 원래 불렀던 여성은 30세의 여성이었는데 피해자인 27세의 여성이 대신 나왔어요. 대신해서 나왔다가 유영철에게 끌려가서 살해되는 사건이었던 거죠.

생을 마감하는 순간까지도 외로웠을 사람들

김윤희 이 사건과 관련된 첩보들이 모이기 시작한 배경은 분명히 동생이 나갔는데 돌아오지 않았다거나 사람이 갑자기 사라지는 일을 사람들이 하나 둘 알아차리기 시작했던 거예요. 나중에 알려진 사실은 이 출장 마사지의 전화번호는 모두 달랐지만, 실제로는 하나의 업소였다는 것 때문에 유영철에 대한 정보가 알려졌던 거죠. 유영철은 절대 발각되지 않을 것이라고 생각했지만, 범행이 계속되면서 누군가는 눈치를 채고 또 누군가는 유영철의 정보를 찾아낸 거죠.

염건령 제가 봤을 때, 나머지 사건들도 거의 동일하게 진행되었을 것 같아요. 유영철이 성매매 문화에 대해 상당히 많은 정보가 있었잖아요. 그래서 만약에 사건이 공개되거나 자신이 검거됐을 때, 피해자를 특정하기 어려운 집단을 선정했을 것이라는 생각이 들어요. 출장 안마 같은 경우는 성매매와 연계가 되어 있는데, 정말 하드코어잖아요. 어떤 남성을 만날지도 모르고 랜덤으로 나가는 것이기 때문에 어느 정도의 위험까지도 감수하면서 성매매를 해야 하잖아요. 이 정도의 위험을 무릅쓰고 출장 안마사로 일을 할 정도라면 불우한 환경에 처한 사람들이라는 거죠. 가족들과 연락이 두절됐거나 고아 출신이어서 실종되더라도 찾을 사람이 없는 집단이라고 생각했던 것 같아요.

김복준 윤락 여성들 같은 경우에는 게리 리지웨이Gary Ridgway 사건도 똑같지 않습니까? 유영철에 의해 살해된 여성들의 경우에도 아주 오래 전에 집을 나와서 관계를 가족들과 단절하고 있거나 연락이 두절된 상태였기 때문에 사고로 실종되거나 설령 죽는다고 해도 연결될 사람이 없다는 그 여성들의 취약점을 유영철이 알고 있었던 거죠. 그래서 타깃으로 삼은 것이겠죠.

김윤희 저는 이 사건을 처음 듣고 피해자에 감정을 이입한 것은 아니었지만, 살아가는 동안에도 외롭게 살았는데 생을 마감하는 순간에도 너무 외로웠을 것 같다는 생각이 들더라고요. 좁은 공간에 갇혀서 공격을 당하고, 사망한 후에는 시신조차도 온전하게 보전하지 못한 분들도 있고, 시신을 찾아갈 가족조차도 없는 경우도 있잖아요. 마음이 많이 무겁더라고요.

김복준 이후의 사건은 제가 더 설명할 필요도 없이 계속 똑같은 수법으로 진행되었습니다. 6월 17일 이후에 6월 23일에도 범행을 저질렀습니다. 정리해 보면, 두 가지 방법입니다. 한 가지는 여관에서 출장마사지 할 사람을 부른 다음에, 여관으로 오면 경찰관 신분증을 보여주고 자기 오피스텔로 끌고 가서 성관계하고 살해하는 방법이 있고요. 다른 하나는 전화방에 연락해서 약속 장소에서 만나면 돈을 더 주겠다고 꼬인 다음에 오피스텔로 데려가서 살해하는 방법이 있습니다. 사체를 훼손해서 지정된 장소로 운반하고 매장하는 것까지 모두 동일합니다. 출장마사지는 두 군데를 제외하고 나머지는 나와 있지 않습니다. 나머지는 넘어가더라도 7월 1일에 벌어진 사건은 눈여겨 볼 필

게리 리지웨이(Gary Ridgway) [위키백과]

게리 리언 리지웨이(영어: Gary Leon Ridgway, 1949년 2월 18일 ~)는 미국의 연쇄살인범이다. 1982년부터 1988년까지 48명이 넘는 매춘부들을 살해한 미국의 역대 최대 연쇄 살인마로 알려졌다. 플리 바겐 협상 후, 확인된 희생자가 한 명 더 늘어 최종적으로 49명이 되었다. 공식적인 희생자는 100명 이상으로 추정되고 있다. 그는 희생자들의 시신을 대부분 그린 강에 유기해서 "그린 강의 살인자"(Green River Killer)라는 별명을 얻기도 했다.

요가 있어요. 7월 1일 밤 11시에 역삼동 소재의 역삼역에서 유영철이 ○○ 출장마사지로 전화를 걸었어요. 아가씨를 보내 달라고 해서 26세의 여성이 왔는데 그 여성에게 위조한 경찰관 신분증을 보여 주었겠죠. "불법윤락행위로 체포하겠다."고 해서 승용차에 태워서 203호 오피스텔로 갔어요. 그 여성의 경우에는 아주 잔인하게 살해되었어요. 유영철이 복수를 하기로 결심했던 계기가 되었던 여성이 있었잖아요. ○○ 출장마사지에서 나온 여성과 유영철에게 연락을 끊고 도주했던 여성이 공교롭게도 이름이 같았고 생김새도 비슷했다고 해요. 유영철은 이 여성을 아주 잔혹하게 살해하겠다고 마음먹습니다. 그래서 변기에 앉힌 다음에 살해합니다. 이 여성은 다른 사람보다 사체의 훼손이 아주 심했어요. 특히, 얼굴의 훼손이 심했어요. 유영철이 사체를 절단하고 훼손하는 과정에서 얼굴을 훼손하지는 않았거든요. 그런데 7월 1일에 만난 여성은 자기를 배신했던 여성과 이름이 같다는 이유로 얼굴을 망가뜨렸다는 거죠. 아마 경찰이 사체를 발굴한 다음에 다른 사람들보다 유난히 안면 부위의 훼손이 심한 사체를 보고 유영철에게 물었겠죠. 유영철이 자기를 배신했던 여성과 이름도 같고, 생김새도 닮아서 자기가 심하게 훼손했다는 이야기를 했던 것 같아요.

염건령 제 생각에는 저항을 심하게 했기 때문일 것 같아요. 얼굴 공격한다는 것은 정말로 미움이 있어야 하거든요. 증오에 가까운 미움이 필요했을 것 같은데, 아무리 그래도 이름이 같다고 해서 그렇게까지 밉겠어요.

김복준 그 여성이 저항했기 때문에 무자비하게 폭력을 행사했을 수도 있어요. 하지만, 유영철의 진술은 그렇다는 거죠. 그래서 7월 1일 사건은 주목해서 볼 필요가 있고요. ○○○ 출장 마사지는 그 후로도 몇 건이 더 있습니다. 7월 9일, 7월 13일이 있는데 범행수법이나 범행의 과정은 똑같습니다. 그래서 총 11명의 전화방, 또는 출장 마사지 하는 여성들을 잔혹한 방법으로 살해하고, 사체 훼손하고, 암매장합니다.

김윤희 마지막 사건이 7월 13일이고요. 자신이 기억을 하든 못하든 어느 정도의 공백기가 있어요. 그런데 가면 갈수록 짧아져요.

따스하게 말을 건네며 범행대상을 선별하다

염건령 저는 피해자가 훨씬 많을 것이라고 생각해요.

김복준 저도 훨씬 많을 것이라고 생각해요.

염건령 개인적인 의견입니다만, 20명은 터무니없는 숫자예요. 출장 마사지사로 일하던 여성들의 유족들도 나타나지 않는 상황이잖아요. 출장마사지 업소 하나가 그 일대에서 영업을 할 정도라면 겨우 20명, 30명 정도를 공급할 수 있는 시스템이 아니었을 거예요. 그곳에 원룸이나 모텔이 많잖아요. 또 대학생이나 직장인들의 유동 인구도 많은 지역이었어요. 수요와 공급을 생각해봤을 때 출장 마사지에서 일하는 여성도 그 숫자가 많았을 거예요. 물론 여성들이 계속적으로 연락이 끊기고 사라졌기 때문에 업주 입장에서는 나름의 조치를 취했겠죠. 문제는 그 업주가 연락이 끊겼다고 말한 여성이 전부이겠느냐는 거죠.

김복준 그 사람은 마사지 업체 한 곳의 업주예요. 그 업소의 종업원이 가장 많이 실종되었거든요. 그래서 주변의 다른 마사지 업소 주인들과 전화 통화가 빈번했던 거예요.

김윤희 염 교수님 말씀에 한 가지를 덧붙이면, 동일한 방법으로 유인해서 갈취했음에도 돌려보낸 사람들이 있어요. 저는 유영철이 피해자에 대한 정보를 선별한 다음에 살인을 저질렀을 것이라는 생각이 들어요. 마사지 업소의 종업원들과 대화를 통해서 살인을 해도 되는 사람과 그렇지 않은 사람을 판단했다는 거죠.

김복준 유영철이 그렇게 했다는 것인가요?

염건령 그럴 것 같아요. 유영철이 따스하게 말을 건네는 시간이 반드시 있었어요.

김윤희 대화를 나누면서 피해자에 대한 정보를 선별했을 것 같아요.

김복준 실종되더라도 가족들이나 혹은 지인들이 관심 갖지 않을 것 같아서 비교적 안전하다는 판단을 했다는 거예요?

김윤희 저는 그렇게 했을 것이라고 생각해요.

염건령 나쁜 놈이에요. 여자들에게 드링크를 건네면서 꼬드기는 거예요. 성관계를 가질 때까지는 돈을 주는 사람이잖아요. 상대편에서도 서비스를 제공해야 하기 때문에 친해질 필요가 있거든요.

김복준 그렇게 정보를 빼내는 거예요?

염건령 "너는 집에서 언제 나왔니?" "아버지는 뭐 하시니?" "지금은 혼자 사니?" 이야기를 나누다가 그렇게 물으면 그 여성분들도 솔직하게 이야기했을 거예요. 유영철이 호감형이었기 때문에 충분히 가능한 일이겠죠. 그 과정에서 "저는 고아에요." 또는 "가족과 연락을 끊고 혼자 살아요."라는 답을 듣고는 죽여도 괜찮은 사람과 죽이지 말아야 할 사람을 선별했다는 거예요. 유영철에 대한 조사와 수사 내용에서도 이 부분이 빠져 있어요. 제가 항상 의구심을 가지는 것은 어떻게 유족이 나타나지 않을 것 같은 여성들만 선별해서 살인을 저지를 수 있냐는 거예요. 희생자가 더 많을 것이라고 추정하는 이유도 이것 때문이거든요. 만약에 김윤희 프로파일러와 제 이야기를 한데 묶여서 사전에 여성들의 가족관계를 알아내고, 실종되더라도 찾을 사람이 없다고 판단되는 사람들을 타깃으로 범행을 저질렀다면 피해자들이 훨씬 많을 수밖에 없겠죠. 우리가 발견하지 못한 사건들이 있을 수도 있다는 겁니다.

김복준 저는 범죄자들이 경찰에 검거되거나 자백할 때 첫 번째로 이야기하는 것들이 가장 진실에 부합한다고 생각해요. 유영철이 처음에 25명을 죽였다고 이야기했어요. 저 역시 20명은 아닐 것이라고 봐요.

염건령 그것도 줄여서 이야기했을 수 있다는 거예요.

김복준 최소한 25명 정도는 된다는 거죠. 미니멈 25명이라는 거예요. 경찰이 찾지 못한 시신이 5구 정도는 있을 것이라고 생각했는데 저 혼자만의 생각은 아니더라고요. 그 수사관 중의 한 사람이 저에게 "자신도 20명은 아니라고 본다. 적어도 20명 보다 5명은 더 많다."라고 이야기 했었어요. 처음 진술했던 25명으로 본다는 것인데, 그 부분이 수사의 한계이기도 하죠.

염건령 유영철이 김윤희 프로파일러와 제가 공통적으로 지적했던 것처럼 "이 사람이 죽었습니다."라고 했음에도 어떻게 피해자들 대부분이 사체를 인수할 유족 한 사람 나타나지 않을 수 있냐는 것이잖아요. 부유층 노인 사건을 제외하면, 유족이 없는 시신이 다수였잖아요. 어떻게 그런 여성들을 선별할 수 있었느냐는 거예요. 아무리 출장 마사지 업소에서 일하는 여성들이라도 처음 만난 사람에게 편하게 할 수 있는 이야기는 아니잖아요.

김복준 유영철에게 넘어간 거죠.

염건령 그래서 20명은 말이 안 되는 숫자예요. 제가 봤을 때, 이 부분은 피해자가 훨씬 더 많을 수 있다는 단초가 됩니다.

김복준 대화를 많이 했다는 것은 은연중에 드러나는데 유영철의 자술서를 보면 '대화를 나누는 중'이라는 표현을 반복해서 사용하거든요. 그리고 집으로 유인해서 나누었던 대화는 아마 두 분이 말씀하신 것처럼 긴 시간에 걸쳐서 안심시키고 회유하고 여성의 정보를 빼내는 시간이었던 것 같아요.

김윤희 저는 유영철이 강박이 심하다고 생각하거든요. 강박이 심한 사람들은 자신의 계획 아래에서, 또는 정보가 많을 때에만 움직이거든요. 그래서 저는 유영철이 피해자에 대해 아무런 정보도 없는 상태에서 피해자를 살해했을 것이라고는 생각하지 않아요. 저의 의문은 그렇게 시작되었어요. 동일한 방식으로 시작된 갈취 사건들도 있었는데, 왜 어떤 사람은 갈취만 하고 보내줬는지에 대한 것은 어떤 기록에도 나와 있지 않았거든요.

염건령 두 번째 질문은 피해여성들에게는 휴대폰이 없었나요?

김복준 일부는 휴대폰이 있었어요. 유영철을 검거했을 때 여성으로부터 빼앗은 휴대폰이 하나 있었어요. 물론 인적사항은 나중에 특정이 됐어요. 그리고 지갑과 시계, 그리고 발찌 같은 것들도 몇 개 나왔죠. 그 여성들 역시 신원을 확인했어요.

염건령 제가 볼 때는 대부분 모텔로 불렀기 때문에 휴대폰은 계속해서 보관하고 있었을 거예요. 휴대폰은 정말로 중요한 증거물이잖아요. 여성들을 모텔로 불렀다가 자기 집으로 유인했다는 것의 의미는 모텔에서 휴대폰을 꺼버리면 여성이 종적을 감춘 곳이 모텔이라는 겁니다. 모텔을 일종의 개미지옥과 같은 함정으로 사용했던 거죠. 거기서 대화를 나누다가 "너는 어떻게 여기 오게 됐니?"라는 식으로 물어서 정보를 얻은 다음 자연스럽게 집으로 유인하는 거죠. 이렇게 하면 아무도 모를 것이라는 시나리오에 부합한다는 겁니다.

김복준 여관으로 불러서 1차 '면접'을 보고, 문제 없다고 판단되는 경우에만 집으로 데려 갔다면 밝혀진 것보다 훨씬 많은 피해자가 존재할 가능성은 충분하네요. 설득력이 있습니다.

살해도구와 범행수법의 변화를 가져온 사건

김윤희 마지막으로 다루어야 할 살인사건이 남아있죠.

김복준 마지막 살인사건은 황학동 노점상 살인사건입니다.

김윤희 황학동 노점상 살인사건은 기존에 볼 수 있었던 유영철의 범행 패턴과 상당히 다릅니다. 굉장히 잔혹하게 피해자를 살해했다는 점에서도 그렇지만, 황학동 사건의 경우 유가족 분들의 안타까운 사연 때문에 더욱 마음이 쓰이는 사건입니다. 이 사건은 첫 번째 전화방 여성 살인사건 직후에 발생한 사건이에요. 두 번째 전화방 여성 살인사건이 발생했던 시기가 명확하지는 않지만, 대략 첫 번째 사건과 두 번째 사건이 일어난 사이에 걸쳐있는 2004년 4월 13일 저녁 시간에 발생한 사건입니다.

김복준 동대문구 황학동에 있는 삼영빌딩 1층 00약국 앞에서 좌판을 차려놓고 여러 가지 생활용품을 판매하는 노점상이 있었어요. 이 노점상의 주력 업종은 좌판에 차려놓은 잡화가 아니라 음란물 CD와 비아그라처럼 불법적인 물건들이었습니다. 이분은 여러 가지 물건들을 싣고 다니기에 용이한 뉴 베스타라는 승합차를 타고 다녔다고 합니다. 영업을 마치고 돌아가는 노점상의 뒤를 유영철이 따라갔고, 어떤 지점에 도달했을 때 승합차를 세운 다음 위조한 서울경찰청 소속 경찰관 신분증을 내밀어요. 유영철에게는 숙달된 방법이라고 할 수 있죠. 음란물 CD를 불법으로 복제해서 판매했기 때문에 저작권법, 그리고 음반, 비디오 및 게임물에 관한 법률뿐만 아니라 비아그라를 판매했기 때문에 약사법 위반의 혐의를 적용해서 "당신을 저작권법과 음비법 위반, 그리고 약사법 위반 등의 혐의로 체포한다."고 하면서 수갑을 채웁니다. 수갑을 채워서 승합차의 조수석에 앉히고는 유영철이 직접 승합차를 운전해요. 운전해서 가는 도중에 뭔가 이상한 낌새를 알아차렸던 것 같아요. 경찰관이 이런 식으로 노점상을 단속하고 체포하는 일은 거의 없잖아요.

김윤희 네, 일단 경찰은 2인 1조로 움직이는 것이 기본이죠.

김복준 피의자의 차를 직접 운전하는 일도 거의 없어요. 그리고 신분증도 잠깐 보여주고 넣어버렸잖아요. 뭔가 이상하다는 생각이 들었던 것 같아요. 그래서 유영철에게 "너 가짜지?"라는 식의 이야기를 했던 것 같습니다. 유영철의 입장에서는 경찰관을 사칭해서 사기 행각을 벌인 것이 들통 났다는 생각을 했던 것 같아요. 나머지를 설명하기 전에 짚고 넘어가야 할 것이 있어요. 유영철의 범죄 대상은 두 가지 형태로 나누어지는 것 같아요. 하나는 살인의 대상으로 선택되는 것이고, 다른 하나는 황학동의 노점상처럼 생활비 등의 자금 조달의 대상으로 선택되는 것입니다. 황학동 노점상의 경우에는 처음부터 살인의 대상이었던 것은 아니에요. 처음에는 금품을 갈취하려는 목적을 가지고 접근했는데, 공교롭게 이분이 눈치를 채버린 거죠. 이 사람은 유영철이 '가짜' 경찰관이라는 것을 알아차렸기 때문에 살해당했다고 볼 수도 있어요. 이후에도 안마사와 출장 마사지사 등은 대부분 희생당했지만, 한편으로는 금품만 갈취당한 피해자도 있었잖아요. 모두 피해자인 것은 분명하지만, 접근 방법은 아주 다르거든요. 제가 봤을 때 이분은 유영철이 가짜 경찰관이라는 사실을 알아차린 그 순간에 금품갈취 대상에서 살해 대상자로 성격이 바뀌어버린 거죠. 유영철은 이분을 신수동 오피스텔 주차장으로 끌고 가요.

김윤희 신수동 오피스텔인 이유는 황학동 노점상 살인사건은 두 번째 전화방 살인사건 전에 저지른 사건이기 때문입니다.

김복준 맞습니다. 전화방 여성 종업원을 처음으로 살해한 그 오피스텔입니다. 그리고 두 번째 전화방 여성 종업원 살인사건부터는 장소가 바뀌는 겁니다. 첫 번째와 두 번째 사건 사이에 황학동 노점상 살인사건이 있는 거죠. 피해자의 승합차를 신수동 오피스텔 주차장에 주차한 다음에 "좋아, 내가 당신을 봐주겠다."라고 말하면서 노점상 하시는 분을 안심시켜 놓고는 갑자기 수갑이 채워진 손을 차에 있는 쇠기둥에 고정시킵니다. 움직일 수 없게 만들어놓고 살해하려는 것이었겠죠. 황학동에 갈 때에는 해머, 잭나이프, 코팅 장갑이 들어 있는 가방을 들고 가지 않았어요. 살인할 생각이 없었기 때문입니다. 오피스텔 주차장에 차를 세워두고, 도망가지 못하게 수갑이 채워진 손을 차 기둥에 고정시킨 다음에 자신의 오피스텔로 가서 범행 도구들이 들어 있는 가방을 들고 옵니다.

김윤희 저는 황학동 사건이 유영철에게 범행수법의 변화를 가져왔던 사건이라는 생각이 들어요. 이 사건 이후에 이사를 했어요. 그리고 해머는 첫 번째 피해자의 경우에 사체를 훼손하는 용도로 사용했는데 두 번째 사건부터는 살해의 도구로 사용하거든요. 유영철에게 살해도구, 또는 범행수법의 변화가 일어나는 배경이 된 사건이 황학동 살인사건이라고 생각합니다.

김복준 주차장에 차를 세워두고 피해자를 움직이지 못하게 한 다음에 범행 도구를 들고 나왔죠. 주차장의 차 안에서 살해를 하면 자신의 위치가 드러날 수 있다고 생각해서 다시 차를 타고 장소를 옮겨요. 그 근처에 있는 병원 주차장으로 갑니다. 병원 주차장에 주차시켜 놓고, 조수석으로 가요. 조수석으로 들어가서는 미리 준비했던 코팅된 목장갑을 끼고 잭나이프를 꺼내 듭니다.

살해 도구로 잭나이프를 선택한 거예요. 잭나이프로 피해자의 목과 얼굴 부위를 마구 찌릅니다. 피해자가 쓰러졌고 죽었다고 생각해서 주변에 있던 옷가지로 덮었어요. 그런데 죽은 것으로 알았던 피해자가 유영철의 다리를 잡았다고 해요. 그래서 가방 속에서 해머망치를 꺼내서 머리를 공격합니다. 결국 피해자는 사망합니다. 아마 이때 '흉기로는 잘 안 되는구나. 잭나이프 같은 것으로는 안 되는구나.'라는 생각이 들어서 해머를 사용했던 것 같습니다. 이후에 이어지는 사건에서 여성들을 모두 둔기로 살해하는데, 그 계기가 된 사건이 황학동 사건인 거죠.

유영철의 실체는 말이나 편지가 아니라, 범죄 행동에서 드러난다

김윤희 첫 번째 전화방 여성을 살인했을 때는 이사를 하지 않는데 황학동 사건 이후에 이사를 했다는 것은 이 사건으로 인해서 자신이 노출될 가능성이 있다는 사실을 느꼈다는 거죠?

김복준 그렇죠, 이 사건을 저질러 놓고는 자신이 노출될 수도 있다는 위험을 감지했다는 거죠. 그리고 이 사건에서 유영철은 잭나이프를 사용하는 것에 대한 문제점도 발견합니다. 잭나이프로 피해자를 찌르면, 그 과정에서 본인의 손도 다칠 수 있다는 거죠. 잭나이프가 안전하지 않다는 사실을 깨닫게 되는 거죠. 승합차 안에서 잭나이프로 피해자를 공격하는 과정에서 유영철이 손을 다쳤어요. 차 안에 피가 많이 떨어져 있었겠죠. 그래서 증거를 인멸해야겠다는 생각을 합니다.

김윤희 전에도 방화로 증거를 없앴기 때문에 이번에도 방화를 했겠죠.

김복준 그렇죠. 부유층 노인 살인사건에서 금고를 열다가 손을 다쳐서 피를 흘렸는데, 혈흔 때문에 방화를 시도했잖아요. 김윤희 프로파일러께서 분석한 것이 정확한 것 같더라고요. 유영철은 본인에게 익숙한 방법이 아니라고 하더라도 실행해 본 다음에 실효성이 있다고 생각되면 이를 실천에 옮기는 스타일이었어요. 아무튼 그때 방화로 증거인멸을 했기 때문에 범인에 대한 단서를 확보하지 못했어요. 유영철의 입장에서는 성공한 수법인 거죠. 그 방법을 이번에도 적용한 거예요. 불을 지르기로 결정한 다음 시체를 옷가지와 신문지 등으로 덮어서 다시 신수동 오피스텔로 옮깁니다. 그곳에서 몸에 묻은 피해자의 혈흔을 닦아내고 옷을 갈아입고는 다음날 새벽 01시경에 인천 중구에 있는 삼오석유 주차장으로 갑니다. 유영철은 자기의 행동이 어떤 파급효과를 낳을지에 대해서는 전혀 생각하지 않아요. 석유 공장에서 불이 나면 어마어마한 인명 사고가 날 수도 있어요. 그런데 그런 것에는 아랑곳 하지 않고 승합차를 탱크로리 두 대가 주차되어 있는 가운데에 세웁니다. 그곳에서 불이 나면 양옆에 있는 탱크로리에 불이 옮겨 붙고 순차적으로 연쇄 폭발이 일어나서 석유 공장 전체가 불탈 수도 있잖아요. 이렇게 엄청난 범죄를 아무렇지도 않게 실행하는 것을 보면 정말 나쁜 놈이에요. 결국 사망한 피해자의 손목에서 수갑을 풀어놓은 다음에 불을 지릅니다. 사람이라면 이렇게 할 수는 없는 것 아니에요.

김윤희 교수님께서 이야기하지 않으신 부분이 있는데요.

김복준 이 사건은 정말 너무 불편해요. 유영철의 입장에서는 불이 나

고 연쇄 폭발이 일어나서 시체가 완전히 소실되면 좋겠죠. 그
런데 불이 꺼져버릴 수도 있잖아요. 유영철은 불이 꺼지는 경
우를 대비해서 피해자의 흔적을 지우기로 결심합니다. 불이 꺼
지면 피해자의 인적사항이 드러날 수도 있기 때문에 아예 신원
을 확인할 수 없도록 손목을 끊어냅니다.

김윤희 피해자의 신원을 확인할 수 없게 하는 의도와 함께 다른 목적
도 있었던 것 같아요. 수갑을 채웠을 때 반항을 하면 표시가 나
잖아요. 이분은 격렬하게 반항했을 것이기 때문에 자국이 남았
을 거예요. 그리고 유영철은 이미 경찰관 사칭 전과가 있기 때
문에 자신이 용의자가 될 수도 있다는 생각을 했겠죠. 손목을
절단했던 이유는 피해자와 함께 자신이 드러나는 것을 막기 위
한 목적 때문이었을 겁니다.

김복준 손목을 절단하면 지문을 채취할 수 없기 때문에 화재를 진압한
후에도 피해자의 신원을 확인할 수 없다는 것이 첫 번째이고,
두 번째는 손목에 수갑 자국이 남아 있으면 경찰관을 사칭한
자의 범죄일 수도 있고, 그러면 유영철은 경찰관 사칭의 전과
가 있기 때문에 본인이 용의자가 될 수 있다는 것을 두려워했
다는 겁니다. 잭나이프로 손목을 절단하는 것은 쉽지 않은 일
이에요. 그럼에도 불구하고 손목을 절단해서 비닐봉지에 담아
서는 승합차에 불을 지른 현장에서 300m 정도 걸어 나와서 월
미도 횟집 상가 앞에 있는 방파제의 바위틈에 버립니다.

김윤희 이 이야기를 유가족들이 들었다는 거죠.

김복준 가능하면 설명하지 않고 싶은 내용입니다.

김윤희 유영철의 범행수법은 모두 악랄합니다. 그중에서도 가장 악랄한 사건의 내용을 상세하게 설명하고 있는 이유는 '유영철이라는 인간이 이렇게까지 악한 사람이다. 그래서 유영철이 이야기하는 내용 전부를 곧이곧대로 믿을 수는 없다. 유영철의 말보다는 유영철의 행동에 대해서 포커스를 맞출 필요가 있다.'라고 생각하기 때문입니다. 유영철이 편지를 쓰잖아요. 그때 자기가 얼마나 감성적이고 정서적인 사람인가를 드러내는데, 정말 말이 안된다고 생각하거든요. 유영철의 실체는 편지가 아니라, 그의 범죄 행동에서 더 잘 드러난다고 생각하기 때문에 이 부분에 대해 불편한 시선들이 있지만 이야기를 진행했던 겁니다. 그리고 자료를 보면 범행 후에 병원에 갈 수가 없기 때문에 직접 치료를 하고 상처에 후시딘을 바르는 장면이 나와요. 자기가 아픈 부분은 그렇게 끔찍해하고 자기 몸에 난 작은 상처에는 약까지 챙겨 바르면서 다른 사람들은 그렇게 끔찍하게 살해하고 사체를 훼손하고 유기까지 하는 것이잖아요.

김복준 유영철이 방파제에 손목을 유기하잖아요. 그리고 택시를 타요. 먼저 인천에서 부평역으로 가요. 부평역에서 내려서는 부천역으로, 그 다음에는 부천역에서 신촌역으로 갑니다. 이렇게 택시를 번갈아가면서 타서 택시 기사가 자기의 얼굴을 기억하지 못하게 만든 거죠. 아주 세세한 부분까지 신경을 쓰는 주도면밀한 모습을 보였어요. 당시에 유영철은 손을 굉장히 많이 다쳤다고 해요. 상대방을 제압한 상태에서 찔렀지만, 잭나이프의 특성상 상대가 반항하면 찌르는 과정에서 자기 손등을 찔리기도 하거든요. 출혈도 심하고 상처 부위가 깊이 찢어져 있었기 때문에 봉합이 필요했었던 것 같아요. 병원에는 갈 수 없는데 상처가 심해서 걱정이 됐겠죠. 그래서 스스로 상처를 꿰맵니다. 우리가 일반적으로 바느질 할 때 사용하는 바늘에다 검정 실을 꿰어서 상처를 봉합하는 거죠. 그리고 봉합한 상처 위에 후시딘을 바르는 방법으로 치료했던 겁니다. 이 사건하고 관계없는 사건 하나만 이야기 할게요. 상처를 스스로 꿰매는 범죄자들이 있는데, 심각한 열창이 생겨서 상처를 빨리 꿰매지 않으면 과다출혈로 사망할 수밖에 없는 경우에 많이 사용하는 방법이에요. 제가 북부 지역에서 강력계 형사를 할 때 조직폭력배들의 전쟁이 있었어요. 충돌이 일어났다는 이야기를 듣고 경찰들이 뒤늦게 출동을 했던 거죠. 현장에서 조직폭력배 일부를 검거했지만, 도주한 조직폭력배들도 많았어요. 그 중에서 부두목 급의 인물을 현장에서 놓쳤어요. 일반적으로 거물급들을 먼저 검거해야 되거든요. 피라미들만 잡고 월척은 모두 놓쳤다고 경찰들이 낙담하고 있었는데, 양주 송추유원지의 골짜기에 있는 모텔에 도주한 부두목급 인물이 투숙해있다는 제보가 들어왔어요. 허벅지를 칼에 찔려서 심각한 부상을 입었는데 출혈이 엄청나게 심했다는 이야기를 이미 들었거든요. 신고만 들어오면 출동해서 검거하려고 병원과 약국에 수배를 해둔 상태였어요. 연락이 전혀 없어서 어딘가로 도주한 것은 아닌지를 고심하고 있던 중에 골짜기 안쪽에 있는 모텔에 숨어있다는 제보를 받은 거죠. 그곳에 가서 동료 형사 몇 사람과 하나 둘 셋! 하고는 문을 발로 차면서 안으로 들어갔더니 영화 같은 장면이 펼쳐져 있더라고요. 촛불을 켜놓았는데 그 옆으로 피에 절어있는 두루마리 휴지가 한 다발이에요. 이 사람이 팬티만 입은 상태에서 칼에 찔린 허벅지의 상처를 바늘로 꿰매고 있는 거예요. 바늘로 자기 허벅지를 찔러야 했기 때문에 매번 비명소리가 났을 것 아니겠어요. 입을 꽉 다물고 비명을 참으면서 계속 상처를 꿰매고 있는 것을 보니 정말로 기가 막히더라고요. "꼼짝 마!"라고 소리쳤더니 바늘을 들고 가만히 있는데 실이 너무 길더라고요. 그때 제가 무슨 생각에서인지 뒤통수 때리면서 "이 멍청한 놈아, 이 실을 짧게 해서 빨리 잡아당기면 훨씬 덜 아플 것 아니냐."라고 했더니 "내 맘이에요."라고 하더라고요. 그 순간에 조직폭력배 부두목이라는데, 그렇게 머리가 좋은 것은 아니라는 생각이 들었어요. 심각한 사건 이야기를 하다가 갑자기 옆으로 빠졌네요. 죄송합니다. 실제로 범죄자들이 이렇게 행동을 해요. 병원에 가면 바로 수배돼서 검거되잖아요. 그렇기 때문에 자기들이 생각해도 도저히 봉합하지 않으면 생명이 위험할 수도 있겠다고 판단되면 스스로 상처를 꿰매고는 합니다.

김윤희 의사 분들은 상처를 보면 아시잖아요. 칼에 찔린 상처나 총에 맞은 상처에 대해서는 신고의무가 있기 때문에 자신의 신분이 노출될 것을 우려해서 자가 치료를 한 거죠.

김복준 이 사건이 저희가 이야기 할 수 있는 마지막 살인사건입니다. 지금까지 밝혀진 20명의 피해자를 다루었습니다. 분명히 말씀 드리고 싶은 것은 피해자가 20명 이상일 수 있다는 겁니다.

최초 진술만큼 정확한 진술은 없다

김윤희 유영철의 최초 진술은 25명을 죽였다는 겁니다.

김복준 저도 25명일 것이라고 생각해요. 아니, 적어도 25명일 것이라는 생각이 들어요. 현장에서 실무를 하는 입장에서 볼 때에는 최초 진술만큼 정확한 진술이 없잖아요.

김윤희 저희도 진술 분석을 할 때, 나중에 했던 진술을 분석하는 것보다는 처음에 했던 진술 분석을 가장 신빙성 있는 것으로 판단해요. 제 경험으로도 첫 번째 진술이 가장 정확했어요. 그래서 제가 수사관 분들께서 부탁드리고 싶은 이야기가 있어요. 자술서가 중요하지 않다고 생각해서 받지 않는 경우가 종종 있더라고요. 자술서는 정말로 중요하거든요. 최초 진술 시에 경찰관 분들이 도와주지 말고 그냥 아무것이나 쓰라고 해서 자술서는 꼭 받으시라고 말씀 드리고 싶어요.

김복준 어법에 안 맞고 개발새발 쓰더라도 직접 쓰게 해야 합니다.

김윤희 파출소나 지구대에서 근무하시는 분들도 자술서를 쓸 때는 옆에서 도와주지 않으셨으면 좋겠습니다. "시간과 날짜 적으시고 이런 내용을 꼭 쓰세요."라는 말도 하지 않으시는 것이 좋습니다. 미진하다고 생각되는 부분은 나중에 뒷 페이지에 따로 첨부하시면 됩니다. 그리고 부족한 내용은 일단 자술서를 받은 다음에 별도로 알려주시고 처음에는 그냥 아무것이나 써 보라고 하시는 것이 좋습니다. 그 자술서가 나중에는 정말로 어마어마한 자료가 되거든요.

김복준 저도 최소한 25명은 된다고 생각하구요. 그러면 오차가 5명이잖아요. 아마 그 5명은 유기한 장소가 다를 것이라고 생각해요. 아무튼 이제 그 부분에 대한 조사는 불가능해 보입니다. 유영철을 대상으로 다시 조사할 수는 없지 않을까요?

김윤희 저도 그렇게 생각합니다. 유영철이 죽을 때쯤에 마음을 바꿀 수는 있겠지만, 그렇지 않으면 불가능하다고 봐야겠죠.

김복준 유영철이 양심이 남아있는 인간이고 싶다면 이야기해야 한다고 생각합니다. 나중에 제가 읽어드릴 편지를 보면 이상한 느낌이 들어요. 이것은 정말 어렵더라고요. 조금 전에 김윤희 프로파일러께서 이야기한 것처럼 유영철 사건을 자료에 기록되어 있는 그대로 범행수법과 범행의 진행과정 등을 낱낱이 설명을 하면, 아마 토할 수도 있어요. 심지어 "인육을 취식했다. 뇌수를 먹었다. 장기를 꺼내 먹었다."는 등의 공식적으로 경찰이나 재판 과정에서 나오지도 않은 이야기들까지 여과 없이 알려지는 부분들도 있어요. 분명한 것은 이런 행위는 공식적으로 전혀 확인된 바 없다는 사실입니다. 제가 유영철을 연구해서 방송한다고 했더니 많은 사람들이 "그 사람이 인육을 먹은 내용 같은 것들도 방송에 나옵니까?"라고 물으시는데 제가 이 자리에서 딱 잘라서 이야기해 드리겠습니다. "그 내용은 공식적으로 확인된 바 없습니다."

김윤희 리처드 체이스Richard Trenton Chase라는 연쇄살인범이 있었어요. 정신분열 병자였어요. 그래서 권총으로 사람을 죽인 다음에 시체에서 혈액이라든지 장기를 취식한 사건이 있었는데, 유영철은 자기도 체이스처럼 행동을 했다고 말합니다. 간이나 뇌수를 먹었다는 것은 단지 유영철의 진술일 뿐이에요. 아직까지 정확하게 확인된 사실은 아닙니다. 유영철이 스스로를 '영웅'처럼 보이기 위해 진술한 것일 뿐입니다. 실제로 유영철이 인육을 취식했는지에 대해서는 확인된 바가 없는 겁니다.

김복준 자료에는 이 내용이 없습니다. 다만 장기가 훼손되어 있었는데 찾지 못한 경우가 있었기 때문에 그런 식으로 추측하는 것 제가 당시에 수사를 담당했던 수사관으로부터 그 내용에 대해서 자세히 들었는데, 인육 취식은 사실과는 상당한 거리가 있는 이야기 같습니다. 그 부분까지 모두 이야기를 한다는 것은 지나친 부분이 있습니다. 거의 '호러'거든요.

김윤희 피해자 분들이 살아있는 것이 아니기 때문에 피의자, 즉 범인의 진술에 따라서 사건을 재구성하는 것이 보편적인 방법이에요. 그래서 범인의 진술에 따라 사건이 부풀려지기도 하고 축소되기도 하는데, 저는 유영철 사건에서 피해자의 수는 축소되었을 수 있지만, 유영철이 진술한 행위 자체는 더 이상 과장될 수 없을 정도로 부풀려져 있다는 생각을 하거든요. 섣불리 "유영철이 인육을 먹었다. 또는 장기를 훼손한 것은 취식의 이유가 있다."는 등의 과격한 행동을 했다고 주장하는 부분에 대해서는 이성적인 접근이 필요한 부분이라는 생각을 해요.

김복준 네, 맞습니다. 사건을 재구성하는 과정에서는 범인의 진술에 의존할 수밖에 없어요. 그런데 범인이 황당한 이야기를 하면 수사관은 그 부분의 진위를 확인하는 과정을 거칠 수밖에 없잖아요. 이를 테면, 유영철이 살해한 여성들의 신원을 확인하지 못하게 만들기 위해 열 손가락의 지문 부분을 모두 잘랐고, 그 살점은 변기에 버렸다고 진술했잖아요. 그 진술에 신빙성이 있는지 유영철이 거짓말을 하는 것은 아닌지를 알아보기 위해서는 경찰이 발굴한 사체의 손가락에서 지문이 훼손된 흔적을 확인하는 방법밖에 없어요. 실제로 지문 부위의 훼손이 있었다고 확인되면, 공식적으로는 그 사람의 진술에 신빙성이 있다고 판단하는 거예요. 공식적인 보고서에 기록된 내용은 이 과정을 거친 내용인데, 그것을 모두 부정하는 것은 문제가 있죠.

김윤희 어쨌든 피해자가 진술한 내용은 모두 기록해야 한다고 생각해요. 그 부분에 대해서 어떻게 판단할 것인지와 관련해서 저는 데이터가 무엇보다 중요하고 면담도 중요하다고 생각해요. 경찰의 조사 단계와 검찰의 조사 단계에서, 선고했을 때와 판결이 내려졌을 때, 그리고 몇 년 수감생활을 했을 때 등 모든 단계에서 진술이 바뀔 수 있어요. 그 부분에 대해서 추적하고 팔로잉 하는 것이 중요한데 그 부분이 시스템화 되어 있지 않기 때문에 '이 부분에 대해서는 어떤 것이 진실이고, 어떤 것이 거짓이다.'라고 정확하게 판단할 수 없는 것은 안타깝죠.

김복준 피의자, 또는 가해자의 진술에 의거해서 범죄 사실을 구성하는 것은 독특한 방식이 아니에요. 전 세계의 거의 모든 나라가 비슷해요. 마치 경찰관들이 범죄자에게 속아서 범죄자의 진술을 그대로 옮겨 적는 것처럼 말하는 것은 사건 수사에 최선을 다하고 있는 수사관들의 노고를 폄훼하는 겁니다. 합리적으로 의심하고 유추하고 해석하고 다른 각도로 보시는 것은 옳다고 생각합니다. 그렇지만 수사관들이 작성한 보고서를 '당신들은 아무 생각이 없는 상태에서 범인에게 완전히 농락당해서 마치 범인이 불러주는 대로 기재한 것처럼' 그렇게 표현하는 것은 수사에 참여했던 수사관들에 대한 모독일 수도 있어요.

김윤희 이 황학동 살인사건이 저희가 다룰 마지막 살인사건이고요. 기타 갈취사건이 조금 남아 있습니다.

『추격자』 '김윤석'의 제보로 유영철 1차 검거

김복준 기타 갈취 사건은 중간에 말씀 드렸지만 모텔로 전화방이나 출장 안마 일을 하는 여성들을 불러서 경찰관 신분증을 보여주고 수갑을 채웁니다. 신분증 보여주고 수갑을 채운 다음 금품을 요구하는 것은 살해의 대상이 아니라 갈취의 대상이에요. 그런데 나와 함께 우리 집에 가서 성관계를 하면 내가 돈을 더 주겠다고 하면서 집으로 데려가면 살해의 대상인 거죠.

김윤희 유영철이 자기 공간으로 끌고 간다는 것은 '사냥감'이라는 의미이기 때문에 살해될 확률이 높은 것이고, 바깥에 나가서는 주로 경제적 이득을 취했다는 거죠. 실제로 드러난 갈취 사건은 빙산의 일각에 지나지 않을 것 같아요.

김복준 네, 아마 어마어마하게 많을 겁니다.

김윤희 그런 유영철이 검거됩니다. 『추적자』라는 유영철을 모티브로 한 영화에도 나왔지만, 출장 마사지 업소의 사장인데 전직 경찰의 제보가 있었어요.

김복준 실존인물이기 때문에 그분에 대한 이야기는 하지 않겠습니다.

유영철이 간과한 사실이 있습니다. 유영철은 나름대로 길거리에 떨어져 있는 전단지를 주워서 앵두, 애송이 등 각각 다른 출장 안마 또는 출장 마사지에 전화를 했겠죠. 실제로 유영철이 사용했던 전화도 여성의 어머니 명의로 되어 있었어요. 그 여성의 어머니는 이미 사망했기 때문에 명의가 사망한 사람의 휴대폰이었던 거죠. 그래서 유영철은 자신을 절대로 알아차리지 못할 것이라고 생각했지만, 실제로 출장 마사지 업소의 전화번호는 모두 하나였던 거예요. 각각 다른 번호로 걸어도 콜센터처럼 하나로 연결이 되어 있었거든요. 유영철이 그 사실을 몰랐던 거죠. 유영철 자신은 각각 다른 곳으로 전화를 했지만, 실제로는 '콜센터'에서 받았다는 거예요. 그렇게 걸려온 전화를 각각의 업주들이 나눠서 썼던 거죠. 업주들은 상당한 친분관계를 형성하고 있었어요. 그 업주들 중에 전직 경찰이 있었어요. 출장 안마나 출장 마사지라고는 하지만 실제로는 윤락을 내보내는 것이기 때문에 정식으로 경찰서에 신고하는 것도 찜찜했을 것 아닙니까? 그래서 정식으로 신고를 하지 않고, 안면이 있는 경찰에게 '소스'를 전달해준 거예요.

김윤희 일반적으로 이것을 첩보라고 하죠. 첩보를 받으면 수사관들이 확인하는 단계를 거칩니다. 경찰관들은 의무적으로 첩보를 제시해야 해요. 그 첩보들 중에서 수사하고 싶은 사건을 캐치하기도 하죠. 이 사건도 잘 아는 경찰에게 첩보를 전달해주면서부터 수사가 시작된 거죠.

김복준 경찰 첩보 이야기를 잠깐 드리면요, 지구대에서 근무하는 경찰관들은 월 4건의 첩보를 보고하도록 의무화되어 있어요. 지구대 경찰관 같은 경우는 일반적인 사회현상과 관련된 첩보 2건, 범죄와 관련된 첩보 2건, 그래서 모두 4건을 보고하도록 되어 있죠. 또 수사경과에 소속되어 있는 수사관들은 범죄와 관련된 첩보만 4건을 보고하도록 되어 있어요. 일반 정보과 있는 형사들은 아마 하루에 한 건씩 해서 한 달에 총 30건의 첩보를 보고해야 하는 것으로 알고 있습니다. 물론 사회, 경제, 정치, 문화 등을 망라해서 쓸 겁니다. 첩보는 인사고과와도 직결되어 있습니다. 인사고과에 반영되면 승진을 하는데 필요한 점수에도 반영되기 때문에 첩보를 인수하는 것에 노력을 기울이죠. 제 생각에 경찰관은 어디를 가든 귀 기울여서 범죄 첩보를 수집해야 한다는 의미이기도 해요.

김윤희 맞습니다. 항상 열려 있으라는 의미죠

김복준 검거 경위 중에서 첩보 입수 단계를 말씀 드릴게요. 2004년 7월 14일입니다. 관악구에 있는 출장 마사지 업소에서 일하는 여성이 용의자의 휴대폰 전화를 받고 신촌로터리 부근으로 나가서 "내가 납치 된 거 같다."라는 전화 통화를 하고는 연락이 두절되었다는 첩보가 들어옵니다. 제공자는 조금 전에 말씀드린 전직 형사이고, 『추격자』라는 영화에 나왔던 김윤석 씨를 떠올리시면 될 것 같습니다. 이때까지만 해도 살인이 의심된다는 첩보는 아니었고, 여성들에 대한 납치 의심 첩보를 입수를 했던 거죠. 그래서 내사에 착수를 해서 출장 마사지 업주를 상대로 진술조서를 작성해요. 진술조서를 작성했던 사람은 당시에

서울경찰청 기동수사대 소속 양○○ 경장이었습니다.

김윤희 교수님께서 관련된 형사 분들을 이야기하겠다고 하시더니 첫 번째 인물이 등장했네요. 양○○ 경장입니다.

김복준 이분이 첩보를 입수한 경찰입니다. 첩보로 입수했지만 신빙성이 낮은 이유는 마사지업소에서 근무하는 여성들이 본명을 사용하지도 않고, 또 전화번호도 아무런 관련이 없는 사람이나 '대포폰'을 개설해서 사용하기도 할 뿐만 아니라, 출장마사지하러 갔다가 만난 남성과 함께 연락도 없이 사라지는 일이 많았기 때문이에요. 그래서 첩보라고 제공하기는 했지만, 실제로 확인해야 하는 것인지에 대해서는 확신할 수 없었겠죠. 하지만, 이 경우에는 납치된 것 같다고 이야기했기 때문에 전직 형사로서 촉이 발동했던 것이겠죠. 그래서 양형사에게 소스를 전해준 것이고, 양형사는 그 사람을 상대로 지금까지의 상황을 진술받은 다음에 그 여성의 사진을 한 장 확보했어요.

김윤희 그런데 용의자가 의심되는 번호로 계속 전화를 했던 거죠?

김복준 그렇습니다. 휴대폰 추적을 하고, 인적사항이나 거주지 등을 계속해서 수사했습니다. 그리고 납치가 의심되는 장소인 신촌로터리 부근으로 가서 현장 탐문수사 등을 진행했어요. 그러던 중에 유영철을 검거하기 위한 본격적인 작전에 들어가게 되는데, 검거된 날짜가 7월 14일이죠?

김윤희 네, 7월 14일에서 15일로 넘어가는 시간에 검거되었습니다. 용의자로 추정되는 번호의 전화가 다시 걸려왔다는 사실을 양형사님께 알려주신 거죠. 그래서 양형사님이 다른 여러 사람들과

함께 유영철이 있다고 알려준 장소로 가서 검거하게 되는 거
죠.

김복준 맞습니다. 그날이 7월 14일입니다. 밤 9시 경에 양형사에게 제
보자인 노씨가 출장마사지 직원이었던 임씨가 행방불명되었다
는 소스를 전해 줍니다. 임씨는 납치된 것 같다고 전화를 했던
여성입니다. 그리고 7월 15일 새벽 2시에 임씨가 전화를 받고
출장 마사지를 나갔던 사람으로부터 다시 전화가 왔다는 사실
을 알려줍니다. 유영철은 처음 전화한 곳일 수도 있는데, 업주
들이 연계되어 있었기 때문에 알아차린 겁니다.

김윤희 그런데 여성이 마음에 들지 않는다고 바꿔달라는 전화를 하고,
또 그 다음에는 홍대, 신촌 등으로 장소를 바꿨다는 거죠. 계속
해서 장소를 바꾸었기 때문에 많은 사람들을 동원해야 했고,
또 검거 과정에서 혼선을 겪게 되었던 거죠.

김복준 저는 양형사를 칭찬하고 싶은데요. 생각해 보세요. 원래 소스나
첩보를 받았다고 해서 바로 내사에 착수하고 수사에 착수하지
않아요. 양형사는 7월 14일 밤 9시에 출장마사지 업주 노씨로
부터 소스를 받았어요. 다음날인 7월 15일부터 바로 내사에 착
수했기 때문에 노씨의 연락을 받을 수 있었던 거예요. 어제 이
야기한 그 사람의 전화번호로 다시 연락이 왔다는 정보가 전해
지자 바로 출동해서 수사했거든요. 이제까지의 상황으로 미루
어 보면 양형사가 이 사건에 대한 수사의지가 굉장히 강했다는
생각이 들어요. 출장마사지 업주인 노씨의 연락을 받자마자 양
형사가 새벽 2시에 득달같이 현장으로 갔는데, 조금 전에 말씀

하신 것처럼 장소를 변경하면서 시간을 질질 끄는 거예요. 처음에 양형사는 만나기로 약속했던 장소에서 기다리고 있었다고 해요. 그런데 계속해서 이동하고 아가씨도 바꾸고 했잖아요. 당시에 현장에는 제보한 노씨가 사람들을 데리고 나와 있었어요. 모두 출장마사지 업주들이고, 경찰관은 양형사 하나였어요. 유영철이 홍대, 신촌으로 약속 장소를 바꾸었기 때문에 처음 약속했던 장소에서부터 계속 한 사람씩을 놔두고 계속해서 다른 곳으로 이동을 했던 거예요. 사실은 유영철에게 당했던 케이스라고 볼 수도 있어요.

김윤희 처음에는 못 잡을 것 같았어요. 지구대 분들까지 모두 동원했었지만, 혼선이 와서 놓쳤어요. 그런데 다행인 것은 마지막에 제보자들이 데리고 온 사람들과 양형사님까지 모두 네 사람이 협력해서 유영철을 검거하게 됩니다.

김복준 솔직히 양형사가 잡은 것은 아니죠. 처음에 만나기로 했던 장소에 유영철이 다시 나타났고 그 장소에 남아 있던 사람이 양형사에게 전화를 했던 거죠. 유영철이 나타났는데 양형사가 다른 장소에 가 있었기 때문에 답답했을 것 아닙니까? 그래서 양형사에게 어떻게 할 것인지를 묻습니다. 이 사람이 확실하다고 생각한 것이죠. 늦은 시간에 전화를 걸면서 이 장소에 나와 있을 만한 사람은 유영철밖에 없다고 생각했기 때문일 거예요. 누구라도 그렇게 생각하지 않았을까요? 그래서 어떻게 할 것인지를 물었더니 양형사가 근처 파출소에 연락해서 지금까지의 사정을 이야기해서 일단 잡으라고 합니다. 파출소에 있던 경찰관의 협조를 받아서 유영철을 잡은 겁니다.

김윤희 그 상황에서 업주가 유영철을 잡았다면 문제가 될 소지가 있었기 때문에 저는 상황에 맞게 현명하게 판단했다고 생각해요. 그런데 유영철은 검거되자마자 가지고 있던 전단지를 없애려고 입에 넣었다고 하더라고요.

김복준 명함처럼 만든 광고 전단 9장을 구겨서 입에 넣은 다음 삼키려고 했다고 합니다. 옆에서 손가락과 숟가락을 이용해서 모두 뽑아냈어요. 아무튼 마포경찰서 서강지구대 경찰관들이 유영철을 검거한 다음 유영철을 서강지구대로 끌고 갑니다.

김윤희 저희는 유영철이라는 인물을 알고 이 사람이 연쇄살인을 했다는 것도 알지만, 경찰이 유영철을 잡았을 때는 사실 아무것도 모르는 상태였던 거예요. 첩보도 그렇고 수사에 착수했던 양형사도 살인이 아니라 납치를 의심하고 있었잖아요. 유영철도 그 사실을 너무 잘 알았기 때문에 명함을 삼키려고 했던 거예요. 자기가 무엇을 하려고 했는지를 증명할 수 없게 만들기 위해서 전단지를 삼키려고 했던 거죠. 그럼, '도대체 이 사람의 범죄가 뭐냐?'에 대한 의문은 일단 신병확보부터 한 다음에 조사를 진행하는 거죠.

김복준 일단 파출소에 끌고 갔어요. 유영철을 검거해서 파출소로 끌고 간 사람은 아마 김○○ 경장일 겁니다. 김 경장이 유영철을 파출소로 끌고 갔고 양형사는 뒤늦게 파출소에 도착했겠죠. 양형사는 자신이 첩보를 입수하고 수사하던 범인인데, 납치가 의심되는 범인이기 때문에 신병을 인수해서 데리고 가겠다고 해요.

양형사의 말을 들은 김 경장이 '이 사람은 내가 검거해 왔는데 당신에게 바로 넘기는 것이 말이 되느냐.'고 해서 약간의 다툼이 있었어요. 결국 상급자가 '이 사건은 양형사가 기획 수사를 하고 있던 중에 검거된 것이기도 하고, 또 납치가 의심되는 사람이기 때문에 기동수사대에서 조사하는 것이 좋겠다.'라고 현장의 상황을 정리합니다.

간질 증세를 보인 유영철, 도주와 증거인멸 그리고 재검거

김복준 아무튼 양형사가 기동수사대로 유영철을 데리고 갑니다. 다음 날인 7월 16일 밤 12시 10분경에 기동수사대에서 조사를 받던 유영철이 갑자기 입에 거품 물고 쓰러집니다. 간질 증세가 나타난 거죠.

김윤희 피의자든 피해자든 관계없이 경찰서 안에서 누가 발작을 일으키거나 다치게 되면 사건보다는 발작이나 부상에 포커스가 맞춰질 수밖에 없어요. 일단 건강을 회복하는 것이 우선이기 때문이죠. 그 상황에서 정말 주의해야 될 것은 특히 피의자의 경우에는 탈출의 의도를 가지고 있는 것은 아닌지를 살펴보는 것입니다. 지구대나 경찰서에서 수사를 받는 도중에 탈출하는 사례가 종종 있기 때문에 그 부분에 대해서 신경을 써야 됩니다. 이 사건의 경우에도 그 부분에 대해 신경을 쓰지 않았기 때문에 나중에 한 차례 질타를 받게 됩니다.

김복준 갑자기 입에 거품을 물고 쓰러졌기 때문에 상당히 놀랐겠죠. 수갑 풀어주면서 안정을 시키는 과정에서 갑자기 유영철이 "내가 11명을 죽여서 암매장을 했는데, 당신들 내 말을 믿느냐?"라고 이야기 합니다. 이것은 고도의 심리전이라고 할 수 있어요. 경찰들을 헷갈리게 하는 거죠. 실제로 너무 황당한 이야기를 하면 오히려 그 사람은 범행을 하지 않았을 것이라고 생각해요. "정신병자네." "미친놈이네."라고 해 버리는 거죠.

김윤희 간질 증세를 보였기 때문에 정신적으로 어떤 질환을 갖고 있는 사람이 아닌가라는 생각을 할 수도 있는 거죠.

김복준 저는 이것도 유영철의 계산된 행위라고 봅니다. 그리고 실제로 본인이 뇌전증을 앓고 있기 때문에 발작이 시작될 때는 입에 흰 거품을 문다는 것과 함께 어떤 증상이 나타나는지를 누구보다 잘 알고 있을 것 아닙니까? 실제로 발작을 했을 수도 있지만, 그 가능성이 굉장히 낮다고 생각하는 이유는 발작을 멈춘 다음에 유영철이 했던 행동들 때문이에요. "내가 11명 죽였는데, 가장 가까운 곳에 가서 시체를 찾으면 내 말이 맞다는 것을 알 수 있지 않느냐?"라며 당당하게 요구를 합니다. 이렇게까지 이야기를 했는데 가보지 않을 수도 없잖아요. 옆에서 듣고 있던 박○○ 주임이 생각했을 때 너무 이상한 거예요. 그래서 유영철을 데리고 밖으로 나가기 위해서 보고를 하러 갑니다. 박 주임이 보고를 하러 갔기 때문에 남겨진 김○○ 경장은 책상을 정리했습니다. 잠시 감시가 느슨해진 틈을 이용해서 유영철이 박주임을 따라가는 척하면서 도주를 해 버립니다. 유영철의 발작에 놀란 경찰이 수갑을 풀어준 상태였기 때문에 가능한 일이었거든요. 유영철을 놓쳐버린 거예요.

김윤희 유영철이 도주를 했기 때문에 다시 잡아야 되잖아요. 그런데 도주한 다음에 보여준 유영철의 행동이 저에게는 굉장히 인상적이었어요. 경찰서를 탈출한 유영철은 도주를 하는 것이 아니라, 증거를 없애는 일부터 했어요. 아직까지는 자신의 범행이 아무것도 드러나지 않았기 때문에 증거만 없애면 빠져나올 수 있다고 생각했던 것 같아요. 그래서 집으로 가서는 해머와 잭나이프, 장갑 등 범행에 사용했던 도구와 장비를 모두 내다버렸어요. 유영철의 증거 인멸 행위 때문에 나중에도 경찰에서는 증거물을 확보하지 못했어요.

김복준 맞아요. 집으로 가서 증거를 인멸하면 된다고 생각했던 것이 핵심이에요. 먼저 공덕동에 있는 할머니 집에 가서는 할머니에게 3만 원을 받았어요. 그리고 어머니에게 오피스텔로 오라는 전화를 해요. 유영철은 미리 집에 가서 범행 도구를 정리해 둡니다. 경찰서 탈출 당일인 7월 16일 오후 1시 무렵에 어머니가 여동생과 함께 오피스텔에 도착을 해요. 그곳에서 1시간 정도의 대화를 한 다음에 범행에 사용했던 해머, 가위, 톱, 그리고 토막 난 시체를 담으려고 준비해둔 봉투까지 모든 범행도구와 장비를 인근에 있는 쓰레기더미에 버립니다. 그동안 동생과 어머니는 오피스텔을 깨끗하게 청소합니다. 청소를 도운 동생과 어머니는 가족이기 때문에 증거인멸죄가 성립되지 않습니다. 유영철의 여동생이라고 알려져 있고, 또 공식적으로는 한 살 아래로 되어 있는 이분이 사실은 이란성 쌍둥이입니다. 유영철과 여동생이 쌍둥이라는 사실은 많이 알려지지 않았어요.

김윤희 "경찰들은 뭐했어?" "왜 유영철을 잡으러 바로 집으로 가지 않았지?" "유영철이 당연히 집으로 갔을 수 있다고 생각해서 빨리 집으로 갔어야 되는 것 아니야?" 여러 가지 의문을 갖고 있는 분들이 있으실 겁니다. 실제 거주하고 있는 주소지가 주민등록상에 등재가 되어 있지 않았기 때문에 집을 특정할 수 없었던 거예요. 그래서 바로 집으로 가지 못했던 부분이 있어요. 유영철이라는 범인을 놓친 것은 한심하게 생각하실 수 있지만, 집을 특정할 수 없었기 때문에 증거 인멸을 막지 못하고 유영철의 오피스텔을 바로 찾아가지 못한 부분은 당시 수사 환경의 한계라는 점도 고려하셔야 될 것 같아요. 이 사실을 알고 있었기 때문에 유영철도 오피스텔로 가서 증거물을 모두 처리했다고 해야겠죠. 어쨌든 저희가 수사를 마치면 항상 반성하는 부분들이 있는데, 수사 환경이 한계라고 해도 경찰이 제대로 대응하지 못한 부분은 돌아봐야 할 것 같아요.

김복준 결국 여동생과 어머니를 오피스텔로 불러서 집안 청소를 깨끗하게 한 다음, 혹시 경찰이 자신을 잡으러 이곳으로 올 수도 있다고 생각해서 밖으로 나와요. 실제로 어머니와 동생을 부른 이유는 돈 때문이었을 거예요. 할머니께 빌린 3만 원으로 택시를 탔고요, 어머니와 여동생에게 돈을 받고 나와서는 영등포 시장 주변에 있는 여관에 들어갑니다. 그리고 7월 16일 아침 10시경에 영등포 시장 주변에 있는 약국들을 돌아다니면서 수면제를 사서 모았습니다. 모두 320알입니다. 수면제 320알을 구매한 가격이 5만 원 정도였다고 하는데 도대체 유영철은 왜 이런 행동을 했던 것일까요?

김윤희 저는 유영철이 자살할 생각이 있었다고 생각하지 않습니다. 이 것은 일종의 퍼포먼스였다고 생각하거든요. 소심한 성격 탓이 기도 하겠지만, 실제로 자살을 하고 싶었다면 어떻게 하는 것 이 확실한지를 알았을 것 같거든요. 그리고 수면제 320알까지 는 필요하지 않다는 것도 알았을 것 같고요. 물론 자살에 대한 생각이 없지는 않았겠지만, 반드시 자살해야겠다는 의도를 가 지고 있었다고는 생각하지 않아요.

김복준 그러면 도주한 다음에 왜 영등포 시장을 배회하면서 수면제를 320알씩이나 샀을까요? 저는 이해를 할 수가 없어요.

김윤희 최악의 경우에 자기가 잡히면 교도소에 가는 것보다는 죽는 것 이 낫다고 생각했을 거예요. 자살을 생각하고는 있었겠지만, 저 는 자살을 생각하는 것과 실제로 자살을 하는 것은 전혀 다른 문제라고 생각하거든요. 유영철 같은 인간형은 모든 상황을 대 비하는 스타일이에요. 그렇기 때문에 잡혔을 때 자살하겠다는 생각이 하나의 계획일 수는 있지만, 그 생각을 실행할 수 있을 만큼의 행동력이 있다고는 생각하지 않아요.

김복준 아무튼 수면제 320알을 구입을 하고요. 같은 날 11시 40분경 에 검거되었는데 그 과정은 굉장히 허망해요. 유영철이 영등포 역에서 인천행 전철 타려고 했나 봐요. 유영철이 월미도에 사 체의 일부를 유기했잖아요. 인천에 대한 지리적 감각이 있었던 것 같아요. 인천행 전철을 타려고 영등포역 앞에 있는 횡단보 도에 서 있는 유영철을 형사가 발견했던 거예요. 그래서 기동

수사대 형사가 유영철을 검거합니다.

"책임자 데려와. 나는 니들이 함부로 할 수 있는 수준의 사람이 아니야."

김윤희 검거될 당시에 유영철이 지닌 소지품을 보면 자살의 의도가 없다는 것이 보다 명확해집니다. 수갑, 위조한 공무원증, 그리고 휴대폰이었어요. 이 소지품을 보면 유영철이 어떤 방식으로든 돈을 갈취해서 생활을 영위하겠다는 목적을 가지고 있었을 것이라고 생각해요.

김복준 죽으려고 수면제를 구입한 사람이라면 수갑을 소지하고 있을 이유가 없다는 거죠.

김윤희 네, 그렇죠. 어쨌든 도주를 계속 하겠다고 생각했기 때문에 수갑이나 공무원증을 버리지 못한 거예요. 수갑이나 공무원증은 돈벌이 수단이거든요. 그것을 버리지 않았다는 것은 스스로 죽을 의지가 없었다는 거예요.

김복준 김윤희 프로파일러께서는 수면제 320알을 구입한 것은 죽으려는 의도는 아니라는 거죠? 죽을 사람이라면 수갑이나 위조한 신분증을 가져가지는 않을 것이기 때문에…….

김윤희 네, 수면제는 마지막 대비인 거예요.

김복준 현장에서 유영철을 검거했더니 바지 오른쪽 주머니에는 납치 당한 것 같다고 전화를 했던 임씨의 손목시계와 휴대폰이 있었어요. 그리고 수면제 320정, 위조한 경찰 공무원증, 수갑도 두 개나 가지고 있었어요. 실제로 죽으러 가는 사람이었다고 하면 수갑이나 위조한 신분증을 소지하지 않았을 것이라는 김윤희 프로파일러의 분석에 저도 공감이 됩니다.

김윤희 교수님 말씀대로 계획적이었다고 생각하는 것이 '내가 이 상황에서 일단 나와야 돼.'라고 생각해서 나왔어요. 그리고 '범죄 상황들을 모두 다 지워야 돼. 그런데 혼자서 할 수는 없어.'라고 생각해서 자기를 도와줄 수 있는 조력자, 즉 가족들을 불러서 집안을 깨끗하게 청소해요. 그리고 나서 '나는 도주를 해야 돼. 잡힐 때까지 도주를 해야 하기 때문에 밥벌이 하면서 해야 돼.'라고 생각해서 도주를 결심하고 '마지막으로 잡히거나 혹은 다른 어떤 상황이 벌어질 것을 미리 대비해서 수면제도 모아둬야 돼.'라고 생각하는 것은 정말 엄청난 계획성이거든요.

김복준 유영철이 재검거 된 다음에 "당신이 전에 11명을 죽였다고 진술했어요. 맞죠?" 경찰들이 가장 궁금했던 부분을 물었겠죠. 그때부터 유영철이 거만해지기 시작합니다. 유영철이 고개를 빳빳이 들고 이야기했다는 거예요. "제일 높은 놈, 책임자 데려와. 이제 그만 때리고 이 새끼들아. 나는 니들이 함부로 할 수 있는 수준의 사람이 아니야."라고 본인이 그랬다고 해요. "야, 그만하라 그래. 11명? 웃기고 있네. 내가 전에 11명 죽였다고 그랬지? 아니야. 사실은 25명 죽였어. 여기 제일 높은 놈 나오라고 하라니까." 이렇게 말했다는 거예요. 이것은 무슨 심리입니까?

김윤희 "내가 당신들보다 위야. 내가 지금부터 당신들을 가지고 놀아보겠어. 당신들은 내 말대로 수사를 하면 되는 거야."라는 심리인 것 같아요. 유영철이라는 사람이 원했던 것은 살인 그 자체이기도 하지만, 살인을 통해서 얻고 싶었던 것은 사람에 대한 통제력이었어요. 사람들을 마음대로 좌지우지할 수 있고, 또 자기가 우위에 있다는 것을 확인할 수 있는, 즉 완전한 통제력을 갖고 싶었던 것이었겠죠. 아마 유영철은 수사 과정에서도 완전한 통제력을 갖고 싶었던 것 같아요.

김복준 경찰을 상대로 "나는 니들이 이렇게 함부로 할 정도의 사람이 아니야. 경장, 경사 따위의 니들하고는 내가 상대할 위치가 아니니까 높은 놈 오라고 그래."라고 말하고, 수갑을 차고 지나가면서 보초를 서고 있는 의경들을 향해서 "야, 이 새끼들아 보초 똑바로 서. 자세가 흐트러졌어. 똑바로 서라고 이 새끼들아."라는 식으로 큰소리를 쳤다고 하는데 정말 같잖은 허세죠.

김윤희 허세가 몸에 베어있다는 거죠. 경찰서에 너무나 많이 들락거렸고, 어느 정도 속성도 파악하고 있잖아요. 내가 어떻게 행동하면 형사들이 어떻게 움직일 것이라는 것도 알고, 수사 과정에서 주도권을 잡아야 자신에게 담배 한 개비라도 더 주고 커피 한 잔이라도 더 나온다는 것을 너무 잘 알고 있는 거죠.

모두 밝혀질 것이라면 차라리 영웅처럼 당당하게

김복준 유영철은 재검거 됐잖아요. 그 전에는 도주하기 위해서 11명을 죽였다고 이야기를 했었어요. 그리고 도주했죠. 그런데 25명을 죽였다고 스스로 밝힌 이유는 무엇일까요?

김윤희 빠져나갈 수 없다는 것을 본인 스스로가 알지 않았을까요? 오피스텔이 특정됐잖아요. 경찰이 감식할 것이고, 거기서 혈흔이 발견될 수밖에 없다는 사실을 알았기 때문이었을 거예요. 이제부터 자신에 대한 것들이 낱낱이 밝혀지고 결국 사람을 죽인 것도 모두 드러나게 된다는 것을 알았기 때문이라는 거죠.

김복준 네, 감식을 통해 다 밝혀지게 됩니다. 살해하고 토막 낸 그 화장실에서 피해자들의 혈흔, 피부 조각과 머리카락까지 모두 발견됐습니다.

김윤희 처음에 11명이라고 이야기 했던 것은 전화방과 출장마시지 여성들만을 상대로 저지른 범죄였을 거예요. 나중에는 점점 자신의 범죄에 대한 여러 가지 정보들을 듣게 되었을 것 같아요. 그 과정에서 자기가 살해했던 부유층 노인들까지도 자기의 행위라고 특정이 되었을 것이라는 생각이 들었을 거예요. 그렇다면 11명에서 점점 늘어갈 수밖에 없는 상황이라는 것을 유영철 자신도 알았을 거예요. 그렇다면 차라리 25명이라고 말하는 것이 더 낫다는 판단을 한 거죠. 이미 범죄자로서 거의 모든 것이 드러난 상태에서 자신이 여기서 누릴 수 있는 것을 최대한 누리는 방법이 무엇일까에 대해 생각했을 것 같아요. 기본적으로 유영철이 굉장히 머리가 좋은 사람이라고 생각하지는 않지만, 잔머리가 잘 돌아가는 사람이라는 것은 분명해 보여요.

김복준 교활한 거죠.

김윤희 자기가 어떤 위치에 서 있어야 된다는 것을 바로 알아차렸다는 거죠. 저는 유영철이 그 방법을 선택한 것이라고 생각해요. 일단 모두 밝혀질 것이라면 차라리 '영웅'처럼 당당하게 행동하면서 누릴 것은 모두 누리자고 판단한 거죠. 저희 같은 경우에는 유영철 같은 유형의 범죄자는 강압적 방법을 사용하기보다는 구슬려야 한다는 것을 알고 있잖아요. 유영철도 그 사실을 알고 있었기 때문에 자신에게 강압적 방법이 통하지 않는다는 것을 어필했겠죠. 그럼, 구슬려야 하는데 구슬리기 위해서는 자기에게 필요한 무엇인가를 제공할 수밖에 없다는 것을 알았다는 거예요. 유영철이 너무나 범죄에 익숙했던 사람이었기 때문에 이 방법이 통했다는 생각이 들어요.

김복준 잡았던 범인을 놓쳤기 때문에 경찰 지휘부에까지 보고가 되었고 아주 긴장된 상황이었어요. 도주한 범인에 대해서 지휘부에서도 관심을 갖고 있었는데, 그 중에서 가장 관심을 보인 사람은 서울지방경찰청의 수사부장인 김○○ 경무관이었어요. 김○○ 경무관은 부유층 노인연쇄살인사건의 범인에 대해 관심을 많이 갖고 있었다고 해요. 어쨌든 도주한 범인이 재검거 되었다는 보고를 받고는 득달같이 현장으로 갑니다. 그리고 유영철을 관찰하는 과정에서 부유층 노인연쇄살인사건의 CCTV에 잡혔던 뒷모습과 유영철의 뒷모습이 너무 흡사한 거예요. 김 경무관은 총경인 현직 경찰서장 보다 한 단계 높은 수사부장으로 군으로 따지면 장성급이라고 할 수 있습니다. 김 경무관이 유영철을 직접 심문합니다. 유영철이 '높은 놈'을 데려 오라고 계속 큰소리쳤는데 어쨌든 김 경무관이 현장으로 가는 바람에 아주 쉽게 25명이라고 이야기했어요. 그때까지도 자신이 살해한 사람은 25명이라고 말했고 자술서도 썼지만, 결국 25명 중에서 20명만 찾게 된 거죠.

김윤희 경무관이 실제로 심문을 하는 경우가 처음이라고 들었어요

김복준 경찰청의 수사국장이면 한 계급 더 높은 치안감이지만, 서울지방경찰청에서는 수사에 관해서는 최고의 지위에 있는 분입니다. 그런 사람이 직접 범인을 조사한 것은 아마 제 생각 전무후무할 겁니다. 결국 경찰의 역사에서 유영철 사건은 유일하게 김 경무관이 직접 조사했다고 기록되겠죠.

김윤희 유영철 입장에서는 자기가 말할 수 있는 포지션을 확보했다고 생각했기 때문에 더 많은 이야기를 했던 것 같기도 해요. 그리고 "그래, 나는 경무관 정도가 직접 심문을 하는 정도의 레벨이야."라는 자기 만족감도 한몫했을 것이라는 생각이 들어요.

김복준 그렇죠. 아주 기고만장했겠죠. 자기의 범행은 어차피 드러났고, 그 과정에서 경무관이 심문을 했기 때문에 스스로 '나는 대단한 범행을 한 사람'이라고 생각했겠죠. 범죄자들의 세계에서 가장 악질에 대한 순위를 매긴다면 유영철이 최상위에 있을 것이잖아요. 유영철의 생각이 틀렸다고 할 수는 없겠죠.

김윤희 평범하게 사회생활을 하면서는 한 번도 1등이나 탑의 자리에 올라가지 못했을 것 같은데, 범죄자가 되면서 탑의 자리에 오른 셈이네요. 아마 그랬기 때문에 자기가 하는 말에 사람들이 귀 기울여주고 관심 가져주는 부분에 대해서 굉장한 만족감을 느꼈을 것이고, 또 그렇기 때문에 책을 펴낼 수도 있었던 것이고, 누군가에게 편지를 보낼 수도 있었을 거예요.

김복준 그렇죠. 아무튼 유영철이 기고만장해졌습니다. 그때부터는 일선 수사관들과는 말도 섞지 않았다고 합니다. 조사 받으면서 양형사에게 "야, 너 계급이 뭐야? 너 경장이야? 나정도 되면 수사부장이 와서 조사하는데 적어도 기동 수사대장 정도는 와서 조사해야 되는 거 아니야?"라고 말했다고 합니다. 아마 기동 수사대장은 경정이었을 겁니다. 수갑 차고 갇혀 있는 범죄자가 할 수 있는 말은 아니죠. 그리고 당시에 유영철이라는 희대의 살인마가 붙잡혀 있었기 때문에 입구에 의경의 지원을 받아서 보초를 세웠어요. 그 의경들을 향해서는 근무 똑바로 서라고 지나갈 때마다 소리쳤다는 거예요.

김윤희 저도 권일용 선배님께 전해 들었는데 면담을 갔더니 유영철이 대뜸 "체이스를 아냐?"는 식으로 테스트를 하더래요. 체이스는 미국의 연쇄살인마입니다. 그렇게 이야기를 시작해서 권 선배님이 대화를 이어갔더니 그때부터 조금씩 이야기를 해주기 시작하더래요. 자기만의 통과 기준을 설정하고, 자기가 컨트롤하고, 이 세계를 자기가 주물럭거리고 있다고 생각하는 거죠.

"나는 비뚤어질 수밖에 없는 상황이었다."라고 말한 성장환경

김윤희 지금까지 아주 장시간에 걸쳐서 사건기록과 검거 과정 등을 살펴봤는데요. 유영철이라는 인물이 지금과 같은 모습이 될 때까지의 과정을 다루면서 저희가 항상 살펴봤던 것이 가정환경이었잖아요. 처음 판결문을 읽으면서 조금 다루기는 했는데, 이 부분을 짚어가면서 유영철을 마무리하면 될 것 같습니다.

김복준 가족 관계부터 설명하죠. 아버지는 유영철이 초등학교 1학년 때 행방불명이 됐다고 해요. 어머니는 마포구에 거주하고 있었고. 큰 형이 있어요. 둘째 형은 사망했고, 이란성 쌍둥이라고 이야기했던 여동생은 서울에 살고 있다고 합니다. 유영철의 전처가 황씨였잖아요. 1992년에 결혼을 했고, 2000년에 유영철이 수감됐을 때 강제로 이혼을 했죠. 그리고 아들은 당시에 초등학교 4학년이었다고 하니 지금은 많이 컸겠네요. 전처인 황씨가 아들을 양육했어요. 유영철의 성장 환경은 예상대로 불우했습니다. 아버지는 큰 아들을 낳은 후에 월남전에 참전했고, 돌아와서 둘째와 셋째인 유영철, 그리고 여동생까지 낳았어요. 월남에서 귀국한 다음에는 음주와 노름으로 재산을 탕진했다고 합니다. 그러다 보니 부부 싸움이 자주 있었는데, 술을 먹으면 가족들에게 손찌검을 했나 봐요. 술을 먹고 들어오기만 하면 잠자는 아이들을 모두 깨워서 무릎 꿇려 앉혀놓고는 밤새도록 했던 이야기를 또 하고 또 하면서 자식들 괴롭히는 주정꾼의 형태라고 생각하시면 될 것 같습니다. 아버지로부터 심각한 가정폭력 당하면서 자라게 됐고요. 유영철이 7살이 되던 해에 아버지와 어머니가 이혼을 해요. 이때부터 유영철은 고집이 세지고 반항도 심해졌다고 해요. 유영철은 세 명의 아들 중에서 아버지에게 특별히 많이 맞았다고 하는데, 이유는 계모에게 '엄마'라고 부르지 않았기 때문이라는 거예요. 그러던 중에 친어머니가 마포로 올라와서 아들 셋을 데리고 갔던 거예요.

김윤희 이때부터 친모와 살게 된 거죠.

김복준 유영철은 초등학교 시절에 장난도 심하고 말썽도 많이 피우는 아이였다고 합니다. ○○중학교를 졸업했고, ○○공고 2학년 때 중퇴를 합니다. 이웃집에 살던 누나 방에서 기타와 현금

23만원을 훔친 절도 혐의로 소년원에 가게 되면서 고등학교 2학년 때 학교에서 퇴학을 당합니다.

김윤희 그때 유영철은 "나는 기타를 분명히 누나에게 돌려줬고, 이것으로 내가 징역을 살게 될 것이라고는 생각하지 못했다. 이때부터 나는 비뚤어질 수밖에 없는 상황이었다."라고 말하면서 자기를 합리화했어요.

김복준 1988년 야간 주거침입과 절도 등의 혐의로 교도소에 갔기 때문에 군대는 면제를 받았어요. 1991년에는 연상인 황씨와 결혼을 해서 아들을 낳았어요. 그리고 이혼을 했는데 약간의 뇌전증 증세가 있었다고 합니다. 국립 서울 병원에서 치료 받은 기록이 남아 있어요. 강간으로 전주 교도소 수감 중에 전처에게 이혼을 당했지 않습니까? 같이 수감되어 있던 동료들의 이야기를 들어보면 이혼 당하고부터 대인기피증이 생겨난 것은 맞다고 합니다. 출소해서도 대인 기피증이 심화됐고, 허공을 쳐다보면서 지낸 날들이 굉장히 많았다는 것으로 봐서 유영철에게 이혼이 상당한 충격이었다는 것은 분명해 보입니다. 이혼을 하면서 아이까지 빼앗겼기 때문에 충격이 상당했을 것이라고 생각됩니다. 마지막으로 유영철은 전과가 상당합니다. 기본적으로 절도가 가장 많고요, 그 다음으로는 신분 사칭과 공정 증서 원본 불실 기재죄, 금품 갈취 등이 있었습니다.

김윤희 강간도 있는데요, 20살 이후 거의 7년 정도를 복역했다고 보시면 될 거예요. 20살 이후에는 인생의 절반을 교도소에서 보냈고요. 유영철은 어느 순간부터 자신의 내부에서 공격성과 반

사회성 같은 것들이 증폭된 부분이 있어요. 내재되어 있었던 것도 있고, 기질적으로 말썽꾸러기 같은 면, 그리고 고집이 세고 자존심이 강한 부분들이 있었던 것 같아요. 유영철의 말을 100% 믿을 수는 없지만, 내재되어 있는 성격이나 기질적인 요소들이 이혼 당하면서부터, 그리고 자기가 다시 함께하고 싶었던 여자에게 거절을 당하면서부터 여성에 대한 혐오에 집중되었던 것은 분명해 보입니다. 그런 부분들이 범죄로 이어지고, 범죄의 잔혹성을 더하는 어떤 원동력이 된 것 같기는 합니다.

자신이 저지른 범죄를 합리화하는 것은 범죄자들의 공통점이다

김복준 프로파일링이 발달되지 않았던 시절에 경찰에서도 프로파일링과 비슷한 심리분석을 했는데 그 내용 중에 주목을 끄는 것이 있어요. 심리적 방어기제에 대해서 이야기한 것인데 '합리화'에 관한 부분이에요. 합리화 부분은 부유층이라든지 전화방이나 출장마시지 업소에서 일하는 여성들에게 마치 자신이 무슨 메시지를 전달했다는 방식으로 자기 자신을 합리화하면서 자신의 범행에 대해 의미를 부여하는 부분과 관련이 있어요. 그리고 '동일시 및 투사'라고 이야기하는 부분은 성장기의 유영철이 경찰을 동경했던 부분과 관련이 있는 것 같습니다. 유영철이 경찰 시험을 봤는데, 만약 유영철이 실제로 경찰관이 됐다면 정말로 끔찍한 일이 벌어질 수도 있었을 겁니다. 다행히 색맹이었기 때문에 좌절하는 것으로 끝났는데, 유영철이 경찰관을 사칭했던 것도 무의식적인 영향을 미쳤을 것 같다는 생각이 들어요. 유영철이 범행 준비를 꼼꼼하게 했다고 말씀드렸잖습니까? 범행 준비 과정에서 알게 된 것이 미국의 연쇄 범죄자 리처드 체이스Richard Trenton Chase 입니다. 피를 마시고 장기를 소지하는 등의 엽기적인 행각을 벌였는데, 결국 장기를 소지하고 있었기 때문에 체포되었어요. 체이스의 경우에는 피해자의 피를 뽑아서 통에 담은 후에 냉장고에 보관했던 것으로도 유명하잖아요. 유영철이 체이스를 보고는 체이스를 흉내 내고 싶었기 때문에 그와 관련된 범행 준비를 했던 것 같습니다. 저도 연쇄 범죄에 대해 논문을 썼습니다만, 유형을 나눌 수 있잖아요. 일반적으로 연쇄살인범의 경우에는 망상형, 쾌락형, 권력형, 그리고 사명감형으로 나누어요. 망상형은 어떤 헛된 꿈, 즉 망상에 의해 연쇄살인범 되는 경우로 일정 정도 정신적인 문제가 있는 사람들의 유형입니다. 다음으로는 쾌락형인데, 사람을 죽이는 행위 그 자체에서 쾌락을 느끼는 유형입니다. 권력형은 힘의 과시형이라고 부르기도 하는데, 피해자의 행동이나 생명 등을 좌지우지 하는 권력을 행사하면서 쾌감을 느끼는 유형입니다. 마지막으로 저는 가장 심각한 유형이라고 생각하는 것이 바로 이 사명감형입니다. 자기 스스로 사명감을 느끼는 유형이라고 할 수 있습니다. 지난번에도 제가 말씀드렸습니다만, 게리 리지웨이Gary Ridgway 같은 사람들은 '이 세상에 창녀는 존재하

리처드 체이스Richard Trenton Chase ─────────────────
3장의 내용 참조

면 안 되기 때문에 창녀는 모두 죽여야 해.'라는 생각으로 집을 나온 윤락 여성들이나 어린 소녀들을 데리고 와서 죽이거든요. 스스로 사명감 같은 것을 느끼는 거죠. '이런 사람들은 제거해야 해. 국가가 하지 않기 때문에 내가 그 일을 해야 해.'라고 생각하는 사명감 유형은 정말로 위험하다는 생각이 들어요. 유영철은 여러 가지 유형으로 분류하는 거 같습니다. 유영철을 살인 그 자체에서 쾌락을 느끼는 쾌락형이나 피해자를 마음대로 조종하고 복종시키려는 권력형으로 분류하는 것은 이해가 되는 측면이 있는데, 저는 유영철을 사명감형으로 분류한 이유는 정말 모르겠어요?

김윤희 유영철을 이야기할 때 쾌락형이나 권력형 등의 이야기가 많이 나오는 이유는 말씀하신 것처럼 연쇄살인범을 나누는 학자들의 분류 방법을 사용했기 때문이에요. 그래서 쾌락형, 또는 권력형이라고도 이야기했던 것인데, 사실 이렇게 연쇄살인범을 분류하는 것이 우리의 현실에 적합한 것인지는 의문이에요. 제 생각에 한국의 연쇄살인범들은 외국의 연쇄살인범 분류법에 들어맞는 스타일도 거의 없을 뿐만 아니라, 어느 순간부터는 거의 쾌락형으로 변해가는 경우가 많기 때문이에요.

김복준 그렇죠. 살인 자체에서 쾌락을 느끼죠.

김윤희 네, 그리고 사명감으로 시작했다고 하더라도 쾌락형이나 힘의 과시형으로 바뀌거나, 권력형이었다가 쾌락형으로 변하기도 하는 등 여러 가지 유형이 복합적으로 드러나는 형태가 가장 많기 때문에 연쇄살인범 분류법으로 구분을 한다는 것은 크게 의미가 있는 것은 아니라고 생각합니다. 저는 유영철의 경우에는 100%라고 할 수는 없지만, 쾌락이 이 사람에게는 가장 강력한 동기였다고 생각합니다.

김복준 사람을 죽이면서 느끼는 쾌락이 동기였다는 것이네요.

김윤희 네, 그런데 그 쾌락이 지배의 쾌락이었다는 생각이 들어요. 자기가 체벌할 수 있고, 또 자기가 처단할 수 있다는 것에서 오는 쾌락이었다는 거죠.

김복준 권력형도 가미되어 있는 것이네요.

김윤희 그리고 자기 스스로가 사명감을 느꼈을 수는 있겠죠. 하지만, 유영철이 처음부터 사명이라는 생각을 하지는 않았을 것 같아요.

김복준 "여성들은 몸을 함부로 굴리는 일이 없고 부유층은 각성했으면 좋겠다"고 말하면서 출장 안마사들은 '썩은 피'라는 이야기를 했어요. 그렇기 때문에 나름대로 그 사람들에게 경고의 메시지를 보낸다는 의미에서 사명 의식을 가지고 있었다는 거죠. 하지만, 저는 그 진술이 철저하게 유영철의 개인적인 합리화에 불과하다 생각해요.

김윤희 파렴치한 범죄를 저지른 조두순이나 정남규도 그렇지만, 대부분의 범죄자들이 자신이 저지른 범죄를 합리화해요.

김복준 지존파도 마찬가지잖아요.

김윤희 자신이 저지른 범죄에 대해 합리화하는 것은 범죄의 경중을 떠나서 모든 범인들이 동일한 것 같아요. 그렇기 때문에 저는 그 부분에 대해서 의미를 둘 필요가 없다는 생각이 들어요.

유영철이 어마어마한 연쇄살인범라는 생각은 '팩트'가 아니다

김복준 미국의 연쇄살인범들 중에서도 일부 극단적인 쾌락형의 범죄자들은 사람을 살해하는 순간에 사정을 한다고 해요. 살인을 하면서, 또는 사체를 훼손하면서 섹스를 할 때와 동일한 정도의 쾌감을 느낀다는 것이겠죠.

김윤희 연쇄살인범이 사이코패스와 동일한 말은 아니지만, 요즈음에는 사이코패스와 연쇄살인범을 동일선상에 놓고 생각하잖아요. 그런데 일반적으로 사이코패스는 우리처럼 평범한 사람들이 느끼는 감정에 대해서는 거의 자극을 느끼지 못해요. 그들이 행복이나 기쁨을 느끼는 것은 평범한 사람들과는 아주 달라요. 사이코패스들은 굉장히 강한 자극을 통해서만 자기가 숨쉬고 있고 살아있다는 것을 느끼게 되거든요. 그래서 더 자극적인 것, 더 공격적인 것을 추구하다 보면 결과적으로 살인으로 이어지기도 하는 거예요. 이들이 가장 크게 자극을 느끼는 감정 요소가 바로 공포에요. 공포를 추구한다는 것은 평범한 사람들이 '아, 정말 기괴하고 이상하다.'라고 생각하는 것에 반응을 한다는 것이고, 결과적으로 사이코패스에게 그나마 자극이 되는 것은 기괴하고 이상한 것들밖에 없다는 것이다. 그들이 추구하는 것들에 대해서 생각해 보면, 사이코패스들이나 연쇄살인범들의 잔혹성을 이해하는 데 있어서 조금이나마 도움이 될 것이라는 생각이 들어요.

김복준 분명한 것은 갈수록 잔인성이 심화된다는 것입니다. 자극의 강도는 계속해서 높아질 뿐, 낮아지지는 않거든요. 사이코패스들이나 연쇄살인범들이 갖는 특성 중의 하나가 토템totem, 또는 트로피trophy라고 할 수 있어요. 희생자들의 신체 일부분을 전리품처럼 수집해서 소지하고 있다가 어떤 순간에 그 신체의 일부분을 꺼내 보면서 자신이 살해하던 순간의 쾌감을 리바이벌하는 것이 사이코패스들이나 연쇄살인범의 특성이라는 거죠.

김윤희 네, 그것도 일종의 시그니처signature거든요. 그 사람들이 어떤 종류의 토템이나 전리품을 가지고 어떤 내용의 환상을 만들 것인가는 연쇄살인범에 따라 모두 다르게 나타나거든요. 그래서 전리품, 즉 사라진 사체의 일부 또는 사건 현장에서 사라진 물건 등을 찾는 이유는 연쇄살인범이나 범죄자의 시그니처를 찾을 수 있는 방법이기 때문입니다.

김복준 제프리 다머Jeffrey Dhamer 같은 경우에는 살해한 피해자의 두개골을 수집했는데, 피와 살 등을 제거하고 페인트칠을 해서 모두 진열해 놓기도 했어요.

김윤희 여러 가지 전리품을 통해서 시그니처 확인할 수 있다는 것이고, 사실 유영철은 저희가 중간 중간에 많은 것들을 이야기했기 때문에 따로 프로파일링 과정이 필요하지 않은 것 같아요.

김복준 상당 부분은 사건의 진행하는 과정을 설명하는 동안 김윤희 프로파일러의 활약으로 프로파일링이 상당히 많이 이루어졌어요.

김윤희 저는 유영철을 높게 평가하지 않기 때문에 더욱 그렇습니다.

김복준 저도 유영철이 엄청나게 대단한 범죄자라거나 담대한 인간이라고 생각하지 않거든요. 실제로 유영철처럼 비굴하고 비열하고 교활한 범죄자도 드물어요. 유영철은 단 한 번도 자기보다 건장한 남성을 공격하지 않았어요. 항상 힘없고 약한 노인, 여성, 또는 장애인이 공격 대상이었어요. 노인이나 여성을 제외하고 희생당한 사람은 35세의 자폐 증상이 있는 남성이 유일한데, 그 사람을 공격할 때에는 오버킬을 했잖아요. 본인이 느낀 두려움 때문에 과도하게 공격한 거예요. 어떤 면에서 보면, 유영철은 아주 소심하고 비열한 인간일 뿐입니다. 그럼에도 불구하고 유영철을 어마어마한 연쇄살인범이라고 이야기하는 것은 팩트에 어긋나는 일입니다.

김윤희 유영철에 대한 수사과정이 언론에 비춰질 때는 비판할 지점이 너무 많아서 수사가 아주 잘못되었다는 시각이 지배적이에요. 그리고 저희가 사실 조금 더 살펴봐야 되는 것은 유영철 같은 살인범이 나타났을 때, 다시는 이렇게 놓치거나 해서 피해자가 늘어나는 것은 있어서는 안 되는 부분이기 때문입니다. 그리고 무엇보다 유영철의 수사 과정에서 비판할 지점 못지않게 칭찬해야 할 지점도 있다는 사실을 짚고 넘어가야 할 것 같습니다.

김복준 네, 실제로 이 사건은 짚고 넘어가야 할 부분이 엄청나게 많습니다. 칭찬해야 할 부분도 많고, 수사에 실패한 부분도 많은데 비판할 지점이 몇 개, 칭찬해야 할 지점이 몇 개 이렇게 칼로 자르듯이 말하기에는 마땅치 않습니다.

대한민국의 범죄사를 다시 쓴 인물, 유영철의 편지

김복준 이제 유영철의 편지를 하나를 읽으면서 이 사건 마무리해야 될 거 같아요. 독자 분들께서 의도를 유추해 보시는 것도 좋을 것 같습니다.

김윤희 그 전에 교수님, 한 가지만 짚고 갈게요. 황학동살인사건이 저에게 굉장히 중요하게 다가왔던 한 가지 이유는 유가족분이 자살을 하셨기 때문이었어요. 실제로 너무 많은 가족들이 파탄이 났어요. 극단적으로 자살을 하신 분도 계시지만, 충격으로 돌아가신 분들도 많거든요. 실제로 형제분들은 거의 돌아가셨어요. 피해자, 즉 범죄의 피해자뿐만 아니라 유족이 겪는 외상 후 스트레스 장애PTSD나 트라우마도 엄청나거든요. 내가 해주지 못한 것, 그리고 내 가족이 어떻게 죽었는가를 들었을 때의 충격이라는 것은 살아가는 동안 평생의 짐이에요. 특히, 황학동살인사건의 피해자 분께서는 실질적으로 형제들을 모두 돌보셨던 가장이었기 때문에 그 충격이 더욱 컸을 것 같아요. 실제로 전화방 피해자분들이나 부유층 노인 분들의 가족들도 엄청난 충격을 받으셨던 것으로 알고 있어요. 제가 이 이야기를 먼저 하는 이유는 뒤에 교수님께서 읽어주실 편지 내용에 유영철이 피해자 가족을 거론하는 부분이 있는데, 그 부분이 너무나 뻔뻔해서 어이가 없을 것이기 때문이에요. 주변에 혹시라도 범죄 피해자 분이 있거나 피해자와 관련된 분들이 계시면 먼저 다가가서 달래주는 것도 부담스럽게 느껴져요. 그냥 묵묵히 지켜봐 주실 것을 부탁드려요. 그 사건이 없었던 것처럼, 평상시처럼 대해 주시는 것이 그분들에게는 많은 힘이 될 거예요. 이제 유영철의 편지로 넘어가는 것이 좋겠습니다.

김복준 다시 한 번 말씀드리지만, 저희는 가장 먼저 희생당하신 분들,

유명을 달리하신 분들에 대해서 안타까운 마음을 가지고 있으며, 더 나아가서는 피해자의 가족 분들께도 죄송한 마음입니다. 사실 그 사건이 일어남으로 인해서 집안이 피폐해지고, 충격으로 얼마 지나지 않아서 유명을 달리하신 피해자 가족들도 많아요. 그런 부분을 생각하면 정말 죄송하다는 생각이 듭니다. 정말 죄송합니다. 저는 《사건 의뢰》를 하면서 『대한민국 살인사건』을 해 보자고 나섰을 때도 제 가슴속에 항상 가지고 있었던 숙제 같은 것이 바로 그 부분이었어요. "내가 방송을 하는데, 반드시 공익을 위한다는 명분을 지키면서 진행해 나갈 것이다. 그런데 그 과정에서 피해를 당하신 분들의 상처를 키운다면 어떻게 될까? 그분들의 사생활과 관련 부분을 지나치게 침해하는 것은 아닐까? 과연 내가 방송을 하는 것이 잘하는 일일까?"라는 생각도 했습니다. 그 부분에 대해서는 저마다 생각이 다르시겠지만, 긍정적 방향으로 이해해주시면 앞으로도 『대한민국 살인사건』을 진행하는데 큰 용기가 될 것 같습니다. 다시 한 번 피해자 분들께 머리 숙여 죄송하다는 말씀 드립니다.

김윤희 저도 "내가 범죄 관련된 이야기들을 왜 해야 될까?"라는 부분을 스스로에게 질문해요. 교육적인 내용도 아닌데 방송을 하는 이유를 스스로 질문해 보면서 문득 저는 이렇게 생각을 하게 됐어요. 세상에는 '악'이라는 부분이 존재하잖아요. "도대체 악이라는 것은 무엇일까?"를 생각하다가 우리 주변의 악이라는 것들, 그리고 악은 어떻게 만들어지고 우리 주변에서 악은 어떻게 키워지는가에 대해서 생각해 봤어요. 저는 사실 그 부분을 알아야 된다고 생각하거든요. 좋은 면만 보고 살 수도 있죠. 하지만 분명히 악한 면도 있고, 또 악이라는 것이 사회에서 키워지는 측면도 있는 것이잖아요. 그래서 저는 악을 알아야 한다는 사명을 가지고 최대한 자극적이지 않게 이야기를 하거든요. 그렇지만 인간이 얼마나 악해질 수 있는지, 그리고 태어났을 때 아무것도 모르는 상태에서 어떻게 악이 만들어지고, 또 그 악을 행한 사람들은 자신의 행위를 어떻게 합리화하고, 어떤 변명을 하는가를 말씀 드리기 위해서 방송을 하는 것입니다.

김복준 파렴치한 살인범 유영철의 편지를 읽는 것으로『대한민국 살인사건』유영철 편을 마무리하겠습니다. 유영철의 편지인데 이모라는 여성 기자와 유영철이 주고받은 겁니다. 이 기자는 유영철에게 취재 목적으로 접근했습니다. 그에게 유영철이 이런 편지를 썼습니다. "끊임없이 시작되는 한탄 속에서 꿋꿋이 견뎌내는 사철나무……." 이 부분은 조금 줄였습니다. "이런 시로 시작되는 저의 학창 시절 습작 노트에는 어리지만 세상을 그렇게 맑고 밝게만 보지는 않았던 것 같습니다. 대학 가요제에 나가겠다고 녹음을 할 때까지는 순수한 인간이었습니다. 집안 형편도 어려운 그때 힘들고 불쌍하게 사는 여자를 알게 되고 연민의 정과 동정을 느끼면서 사랑이 뭔지도 모르는 결혼 생활을 시작하여 이 한탄스러운 세상을 순리가 아닌 밀어붙이기 식으로 이렇게 살았습니다. 피해자 유족들에게 사죄의 말씀을 못 드린 것이 죄송합니다." 이런 이야기도 있어요. "며칠 전 일가족 세 명을 잃으신 어르신께서 담당 검사 앞으로 저를 사형시키지 말아달라는 편지를 전해서 감동을 받았습니다. 지금도 가장 행복했던 순간은 아들과 같이했던 시간이었습니다." 자신에게는 아들이 대단했나 봐요. 2004년 9월 1일 이런 편지도 있어요. "이수만의 「행복」을 부르던 세대. 「아침이슬」, 「나뭇잎 사이로」, 「제비꽃」 형장에서 찬송가나 불경이 아닌 「아침이슬」을 부를까 하는 생각도 합니다. 또, 봉원사 현장에서 동거하자고 했던 여성을 찾지 못해서 안타까웠습니다." 자기가 죽인 여성 중에 누군가는 자기와 동거를 하자고 했다는 거예요. 그런 식으로 이야기하고 있고요. 현장검증에서 모자와 마스크를 쓴 이유는 자신의 아이가 왕따를 당할 것이 걱정되었기 때문이라고 밝힙니다. 『살인범죄의 추억』이라는 이름으로 자신의 이야기가 실린 책에 관한 기사가 《시사저널》에 실렸다고 했을 때에는 기자에게 부탁을 하는 거예요. 다른 이야기도 있습니다. "제가 첫 번째 징역을 받았을 때 경미하다 생각이 돼서 나올 줄 알았습니다. 기타 살 돈이 없어서 옆집 누나의 기타를 훔쳤지만, 나중에 돌려주고 용서도 받았습니다. 법정에서 조그마한 나무십자가를 하나 들고 있었는데, 그때 나무십자가를 부러뜨리고 하느님을 등지게 되었습니다. 강제로 이혼을 당하면서 신은 죽었다고 생각해서 교회 주변에 있는 사람들을 죽였습니다. 경찰을 사칭해서 응징자가 되고자 했습니다." 자신이 경찰을 사칭한 것이 응징자가 되기 위해서였다는 거예요. "오피스텔에서 16명을 그렇게 할 때, 지금 말하면 죽여서 토막을 낼 때 용기를 내기 위해서 음악을 틀고 용기를 냈습니다." 사체를 훼손할 때 용기를 내기 위해서 틀었던 음악이 반젤리스의 「1492 conquest of paradise」라고 이야기 하고 있어요. '오피스텔에서 16명' 즉, 우리는 11명으로 알고 있는데 편지를 쓸 때 16명이 나오는 거예요. 그러면서 "자신만의 의식을 치뤘다."고 이야기했고요. 본인은 화원을 차리는 것이 꿈이었는데 좋아하는 꽃이 며느리밥풀 꽃. 제비꽃. 패랭이꽃. 달맞이꽃. 수국. 코스모스. 호박꽃, 접시꽃, 안개꽃이라고 이야기했고요. 본인이 좋아하는 사람들은 체 게바라. 쇼펜하우어. 히틀러, 에머슨, 키에르케고르, 파스칼 등이고 시인으로는 워즈워드, 샐리, 키츠, 휘트먼이라고 쓰기도 했습니다. 저에게는 단지 '인간말종'이고, 정말 이 세상의 모든 저주를 수백 번 쏟아 부어도 시원치 않을 그런 인간입니다만, 지금 제가 읽어드린 유영철의 편지를 보시고 유영철에 대한 생각은 시청자 분들이 자유롭게 했으면 좋겠습니다.

김윤희 저희가 장시간 유영철을 다뤄봤습니다. 유영철을 다룬 이유는 한국의 범죄사에서 굉장히 많은 변화를 가져다준 사람이기 때문입니다. 사이코패스라는 개념도 널리 사용하게 됐고, 프로파일링 기법의 도입도 가져오게 됐고, 무엇보다 대한민국에 연쇄살인범에 대한 자각을 일깨운 사람이기도 합니다.

김복준 우리 사회에 많은 경고를 준 거죠.

김윤희 그렇다고 해서 대단한 인물이라는 것은 결코 아닙니다. 우리가 유영철에 대해 이야기를 하는 것은 유영철이 대단한 인물이기 때문이 아니라, 유영철이 저지른 범행을 통해 우리가 스스로의 모습을 돌아볼 수 있는 계기가 될 수 있기 때문일 겁니다.

김복준 유영철 사건을 다루면서 굉장히 힘들었을 거예요. 그럼에도 불구하고 정말 예리하고 섬세하게 분석해 주셨어요. 오늘 다시 한 번 느낍니다. 고맙게 생각합니다. 누가 뭐래도 우리 시청자 분들도 느끼실 거예요. 사건에 관해서 프로파일링과 심리분석을 해 주신 부분은 아주 현실적이고 공감이 가는 내용이었습니다. 제가 판단할 때 그렇습니다.

김윤희 사적인 이야기지만, "그렇게 감정 이입이 심한데 어떻게 프로파일러를 했어요?"라는 이야기를 자주 하세요. 제가 감정 이입이 심해진 것은 '회사'를 그만두고 나서부터였던 것 같아요. 현장에서는 CSI팀에 있었기 때문에 저도 1년에 200구 가까이 되는 아주 많은 시신을 보게 됐는데, 그때는 일이라는 생각을 되게 많이 했어요. 제가 감정이입을 하면 그때는 견뎌낼 수가 없었을 것이기 때문이에요. 그런데 그때 그 두 가지를 분리할 수 있었으면 좋았을 것이라고 생각해요. 현장에서도 감정이입이 필요할 때가 있고, 냉철한 사고가 필요할 때도 있었을 것 같거든요. 그때는 구분하지 못했어요. 항상 냉철한 자세를 유지해야 된다는 강박이 있었기 때문이었어요. 돌아보면 저는 그냥 스스로 힘들었다는 생각이 들었거든요. 경찰에서 나와서는 오히려 제가 마음껏 감정이입 해볼 수도 있고 피해자 입장에서 생각해 볼 수 있다는 것들이 저에게는 오히려 더 자유롭게 프로파일링을 할 수 있게 만들어준 부분이라고 생각해요. 더 많은 것들을 볼 수 있는 기회가 됐던 것이 《사건의뢰》이기도 하고, 또 이렇게 나왔기 때문에 많은 것을 느끼고 있는 것도 사실입니다. 여러분들의 응원 덕분에 제가 조금 더 나은 프로파일링을 할 수 있는 것이라는 생각이 듭니다. 감정이 넘치기 전에 이만 하겠습니다.

김복준 김윤희 프로파일러 특히 이번 사건 유영철 사건 하면서 고생 많이 하셨어요.

김윤희 교수님도 고생 많이 하셨습니다.